U1020936

国家社科基金项目

SHEQU JIAOZHENG
ZHIXING TIXI YANJIU

社区矫正执行体系研究

主　编：高　贞
副主编：戴艳玲

撰稿人（以章节序排列）：
陈志海　司绍寒　刘　勇　戴艳玲　赵　森

法律出版社 | LAW PRESS

目　录

Catalog

引　言

我国社区矫正自2003年试点以来，已经走过了14年的历程。在这14年里，社区矫正工作有了较大的发展，经历了从无到有、从小到大、从局部到全部、从零散到系统、从粗放到精细、从规章文件到法律等的发展过程，取得了较好的法律效果和社会效果。国家高度重视社区矫正工作，从国家最高决策到司法体制改革的设计，再到推进社区矫正立法，都得以充分体现。2013年11月12日，中国共产党第十八届中央委员会第三次全体会议通过的《中共中央关于全面深化改革若干重大问题的决定》规定："废止劳动教养制度，完善对违法犯罪行为的惩治和矫正法律，健全社区矫正制度。"社区矫正作为刑罚执行的一个内容，成为我国全面深化改革若干重大问题之一，写进了中央关于全面深化改革若干重大问题的决定中，这在中国的历史上是少有的。在这样的社会背景之下，如何把我国的社区矫正制度设计好、建设好，如何充分发挥社区矫正制度优势和价值，就显得非常重要，已经成为"推动法治中国建设"，进行司法体制改革的重大理论和实践问题。

随着社区矫正工作的深入发展，有关法律、规章制度不断建立和健全，社区矫正写入《中华人民共和国刑法》和《中华人民共和国刑事诉讼法》中，2012年最高人民法院、最高人民检察院、公安部、司法部（以下简称"两院"、"两部"）联合印发了《社区矫正实施办法》，后来又联合制定出台了《关于全面推进社区矫正的意见》；

2012年财政部、司法部又联合出台了《关于加强社区矫正经费保障工作的意见》；司法部制定出台了《关于社会力量参与社区矫正工作的意见》等。各省、自治区、直辖市根据这些法律、法规和规章，又制定出台了具体的规章制度。但是，完整的、成体系的社区矫正制度尚没有建立起来，而真正要使社区矫正这一刑罚执行制度发挥应有的作用，在司法实践取得相应的、好的效果，必须设计出一整套科学的、有效的社区矫正执行体系。这一执行体系是由各个子系统构成的，体系结构科学、合理，各系统之间协调、高效，具有很强的执行力。执行资源配置达到最佳，法律、法规、规章本身科学、合理、可操作性强，它们之间相互协调、没有冲突，各部门之间的职责、定位科学、规范，相互之间的关系协调、和谐、高效等。本书就是基于这一思想，试图从体系化的高度来研究、设计我国社区矫正的执行体系。

第一章　社区矫正执行体系基本理论

“社区矫正”是个舶来词，英文是 community correction 或者 community-based correction，意思是在社区中对罪犯进行监管矫正。它起源于19世纪中后期英美等国家。19世纪，西方主要国家犯罪率上升，监狱爆满、监狱环境恶劣、监狱中的交叉感染现象严重，监狱行刑以单纯关押、惩罚为主，缺乏科学的矫正方法和手段，缺乏相应的公正、人道等内涵，致使监狱行刑效率低下，社会的安全稳定出现问题。在这一社会背景下，西方学者、政府官员对犯罪问题、解决犯罪问题，对刑罚理念、方法、刑罚执行方式等进行反思，促使西方主要国家的刑罚观念发生了很大的变化，刑罚目的从传统的“惩罚”开始转变为“矫正”。他们认识到犯罪问题是一个复杂的社会、政治、经济、文化、人性等问题的综合反映，解决犯罪问题需要多管齐下，需要各种手段、方法的综合应用；对待犯罪人也不能一味地靠单纯的惩罚、监禁，必须针对不同的情况，采用综合的手段和措施，并需要调动全社会的力量来共同应对；对待罪犯最关键的是要让他们悔过自新，最终能够顺利回归社会，适应正常的社会生活，成为自食其力、守法公民。而要实现这一行刑目标，显然监禁的方式不是最好的，单一由刑罚执行机关一家的力量也是无能为力的。而采用社区矫正的方式，更能整合各方力量和资源，更能承载这些功能，更能实现这一目标和使命。因此，西方社会率先使用社区矫正这一刑罚执行方式，并在实践中得到不断发展、壮大。西方多数国家在社区中矫正的罪犯人数大大超过在监狱中服刑的罪犯人数。如美国,2009 年在监狱中服刑的人数为 1,524,513 人,而在社区中服刑的人数为 5,023,797 人(其中缓刑 4,203,967 人,假释 819,830 人),社区矫正的人数为监狱关押人数的 3.3 倍。其他一些西方国家,如英国、加拿大,在社区矫正服刑的人数均超过监狱关押罪犯的人数。一些国家,不仅在社区矫正的人数多,而且也形成了一套比较完善的社区矫正制度体系,形成了社会力量广泛参与社区矫正的体系。从国外经验看,我国在进行社区矫正制度的顶层设计之际,尤其是正在进行的我国社区矫正法的立法论证、研究之际,应通盘考虑、全面研究、探讨我国社区矫正的基本理论问题,研讨社区矫正执行体系中的基础理论问题,探索构建一个科学、高效、规范、合理、完整的社区矫正执行体系就显得尤为紧迫和重要。

第一节　社区矫正执行体系的基础理论

在探讨社区矫正执行体系之前,首先必须研究清楚什么是社区矫正,社区矫正性质是什么?这是社区矫正的一个基本理论问题,社区矫正执行体系建设中必须解决的基本问题,它关系到社区矫正管理体制机制的设计,影响到社区矫正机构性质、人员身份,甚至直接关系到我国刑罚执行制度的改革与完善等。只有将性质搞清楚了,才能建立起与其相适应的、科学的执行制度体系,才能实现社区矫正预期的目标。

一、关于社区矫正性质的不同观点

在我国社区矫正实施了十多年的今天,对于什么是社区矫正,社区矫正是什么样性质的制度或者方法,仍然是见仁见智。目前,学术界和实务界关于我国社区矫正的性质主要有以下观点:

(一)非监禁刑罚执行论

非监禁刑罚执行论是官方关于社区矫正性质的观点。2003 年 7 月 10 日,最高人民法院、最高人民检察院、公安部、司法部联合颁发的《关于开展社区矫正试点工作的通知》(司发〔2003〕12 号)指出:社区矫正是与监禁矫正相对的行刑方式,是指将符合社区矫正条件的罪犯置于社区内,由专门的机关在相关社会团体和民间组织以及社会志愿者的协助下,在判决、裁定或决定确定的期限内,矫正其犯罪心理和行为恶习,并促使其顺利回归社会的非监禁刑罚执行活动。

(二)刑罚执行论

刑罚执行论认为:社区矫正是刑罚执行方式,并不是非监禁刑的执行方式,社区矫正并不完全等同于非监禁刑。非监禁刑是与监禁刑相对应的刑种概念,社区矫正不是刑种概念,而是一种刑罚执行方式。①

(三)刑种、量刑与行刑制度结合论

刑种、量刑与行刑制度结合论认为:社区矫正应当是刑种、量刑与行刑制度的结合,是一种综合性的、主要偏重于执行的措施、方法或者制度。②

(四)双重属性论

双重属性论包括刑罚执行与社会工作双重属性、刑罚执行与社会福利双重属性。刑罚执行和社会工作双重属性论认为:社区矫正不仅仅是一种落实犯罪人刑事义务的刑罚执行工作,更是一种对犯罪人犯罪心理及行为恶习进行矫正的社会工作,即社区矫正具有刑罚执行和社会工作的双重属性,只是前者为主属性而后者为从属性。③ 刑罚执行和社会福利双重属性论认为,社区矫正不仅要对罪犯执行刑罚,也要对罪犯进行教育矫正和服务,对罪犯的教育矫正、服务是社会福利制度的有机组成部分,因此它具有刑罚执行和社会福利的双重属性。④

(五)综合性的非监禁处遇措施论

综合性的非监禁处遇措施论认为,社区矫正不是像官方所认定的"刑罚执行活动"那样简单。在实践中,"社会团体"、"民间组织"、"社会志愿者"也参与到了"矫正"过程中,它是以教育矫正为主旨,注重社会矫正力量参与的处遇措施,是一种综合性的非监禁处遇措施。⑤

---

① 王琼:《行刑的社会化(社区矫正)问题之探讨》,载《中国司法》2004 年第 5 期。

② 郭建安、郑霞泽主编:《社区矫正通论》,法律出版社 2004 年版,第 68 ~69 页。

③ 张昱:《社区矫正中刑罚执行与社会工作的统一性》,载《社会工作》2004 年第 5 期。

④ 史柏年:《刑罚执行与社会福利:社区矫正性质定位思辨》,载《华东理工大学学报》(社会科学版),2009 年第 1 期。

⑤ 吴海峰:《论社区矫正的性质定位及改革》,载《贵州警官职业学院学报》2013 年第 2 期。

（六）保安处分论

保安处分论认为：社区矫正的性质既不是刑罚执行活动，也不是社会工作。社区矫正措施是对犯罪人的保护管束和保护观察措施，具有限制人身自由的保安处分的性质。①

（七）教育改造方法论

教育改造方法论认为：社区矫正的性质为教育改造方法，即社区矫正是充分利用社会资源，积极运用各种方法、手段，整合政法部门、社区等各方力量，着力对社区范围内的假释、监（所）外执行、管制、剥夺政治权利、缓刑等罪犯进行针对性的教育改造的手段和方法。②

（八）矫治帮扶论

矫治帮扶论认为，社区矫正的性质是行为矫治、生活扶助活动，社区矫正是与场所性处遇相对的概念，它是指在社会环境下，由国家有关部门联合社区组织与社会志愿人员，对符合条件的犯罪人或者有犯罪危险的人进行行为矫治、生活扶助的活动；③等等。

二、社区矫正之刑罚执行活动的性质

以上观点，有的是从某一个侧面论证什么是社区矫正，有的是将社区矫正的手段或者方法当作社区矫正的性质，有的关于社区矫正性质的观点缺乏充分的论证。笔者从研究我国社区矫正对象入手，综合梳理社区矫正执行程序、方式手段等特征，结合刑罚及刑罚执行的基本理论和现行法律规定，认为我国社区矫正可以定性为“刑罚执行活动”。可从以下四个方面加以论证：

（一）我国社区矫正的对象是受刑罚处罚的罪犯

刑罚是由国家创制的，由《刑法》所规定的，是对实施了犯罪行为的人的一种处罚

① 程应需：《社区矫正的概念及其性质新论》，载《郑州大学学报》（哲学社会科学版）2006年第4期。

② 李根宝、王国军、谭海云、陈志国：《对社区矫治工作的认识与思考》，载《法治论丛》2003年第2期。

③ 王利荣：《从司法预防视角谈社区矫正制度的发展思路》，载《法治论丛》2004年第2期。

方法。刑罚是最严厉的一种处罚方法，既可以是对犯罪人一般利益或者权利的剥夺，也可以是对犯罪人自由的剥夺，甚至是生命的剥夺。对什么样的行为规定为犯罪，对犯罪行为应该给予什么样的刑罚处罚等权力，是国家权力的重要组成部分，属于公权的范畴，是国家权在刑罚领域的具体表现。只有《刑法》才能对犯罪和刑罚作出规定，"法无明文规定不为罪，法无明文规定不处罚"，没有犯罪就没有刑罚。

我国现行法定的实行社区矫正的四种对象是依法受到刑罚处罚的罪犯。管制犯是被判处管制刑的罪犯；被宣告缓刑的，是被判处三年以下有期徒刑或者拘役的罪犯；被裁定假释的，是被判处有期徒刑、无期徒刑的罪犯；被决定暂予监外执行的是被判处无期徒刑、有期徒刑或者拘役刑罚的罪犯。这些对象都是经过司法机关依法侦查、起诉、审判，最后判处刑罚，虽然有的被判处的刑罚较轻，有的较重，但所受到的都是刑罚处罚，对这些人的监管、教育矫正自然属于刑罚执行活动。

有学者认为，社区矫正不是刑罚执行，而是"综合性的非监禁处遇措施"，①主张将我国社区矫正的范围扩大到安置帮教、戒毒等对象的社会保护等，是值得商榷的。该观点关键问题是混淆了社区矫正对象和其他对象的性质。如果将刑满释放对象等纳入其中，把对他们的安置帮教或者社会保护作为社区矫正的措施，明显无视对罪犯执行刑罚与对非犯罪人的管理措施性质的根本不同，进而违反了现代法治和保护人权的精神。

还有学者认为，社区矫正的性质是"保安处分"，②否认其刑罚执行性质，同样是对社区矫正对象的性质认定偏差而得出的错误结论。保安处分，是指对有人身危险性的人基于保卫社会安全而采取的强制措施。从国外保安处分的情况来看，保安处分主要依据是人身危险性。仅有一定的违法事实存在，而没有人身危险性，不能适用保安处分。如果仅有人身危险性而没有一定的违法事实，却可以适用保安处分。这与我国的刑罚处罚的要件完全不同。保安处分的对象一般是无责任能力的人如精神病人；酒精或者毒品成瘾者；性异常犯人，职业犯、流浪汉；不负刑事责任的少年等。保安处分的方法一般采用强制隔离的方法进行，如在精神病院，戒毒、戒酒所，习艺所、感化院等场所强制隔离管理、戒治。可见，不管是处罚的依据，还是处罚的对象或者是处置的方式，国外有些国家的保安处分与我国对社区矫正对象的刑罚处罚在性质上都是完全不同的，以保安处分定性来否定我国社区矫正的刑罚执行性质显然不成立。

---

① 吴海峰：《论社区矫正的性质定位及改革》，载《贵州警官职业学院学报》2013年第2期。

② 程应需：《社区矫正的概念及其性质新论》，载《郑州大学学报》（哲学社会科学版）2006年第4期。

(二)社区矫正属于刑事司法程序中的执行环节

有学者认为,社区矫正是刑种、量刑与行刑制度的结合,①不是单纯的刑罚执行。把社区矫正的对象分为刑种类如"管制";量刑类如"缓刑";行刑类如"暂予监外执行"等,以致不能准确地表述社区矫正的性质。

刑种是刑罚的种类,设置什么样的刑种是由立法机关通过立法程序规定在法律中的,例如,我国《刑法》所规定的管制、拘役、有期徒刑、无期徒刑、死刑,附加刑包括罚金、剥夺政治权利、没收财产等。刑种是要解决对什么样的犯罪行为处以什么样具体刑罚的问题,如是处以管制、还是判处有期徒刑。对于已经被判处管制或者有期徒刑刑罚的罪犯,如何具体实现是刑罚的执行。刑种是社区矫正的前提,与社区矫正密切相关,但它不是社区矫正的本身。就像监狱行刑制度是对有期徒刑、无期徒刑等罪犯执行刑罚的含义一样,不能将监狱行刑的性质说是有期徒刑或者无期徒刑等刑种。至今为止,世界上没有任何一个国家将社区矫正规定为一个刑种,国外有的国家将社区服务令规定为一个刑种,但社区服务令本身不是社区矫正,使社区服务令的内容得到落实才是社区矫正。我国《刑法》没有规定"社区矫正"这样的刑种,通常所说的非监禁刑与非监禁刑的执行并非同一事物。

社区矫正也不能定性为量刑制度。量刑是刑罚的具体裁量,是指根据《刑法》的规定,在认定构成犯罪的基础上,对犯罪人是否判处刑罚,判处何种刑罚的裁量过程。量刑权只能由人民法院行使,它是使刑罚、刑种适用到具体人的审判活动。一般来说,对构成犯罪的人判处了具体的、确定的刑罚后,量刑的使命就完成了。至于所判处的刑罚怎么执行,是立即执行还是暂缓执行,则是刑罚执行的问题。

我国缓刑制度的性质是什么,是量刑制度,还是行刑制度?这是认定我国社区矫正性质的关键。目前,学术界对于我国缓刑制度的性质主要有如下不同观点:第一种观点"刑罚裁量制度说"。即认为缓刑是一种刑罚裁量制度。刑罚裁量制度包括决定是否对犯罪人判处刑罚、判处什么刑罚、所判处的刑罚是否立即执行等。既然缓刑是决定所判的刑罚暂缓执行的活动,因此,其性质当然属于量刑制度。② 第二种观点"刑罚执行制度说"。即认为我国《刑法》中的缓刑是在刑罚量定以后,解决如何执行的问

① 郭建安、郑霞泽主编:《社区矫正通论》,法律出版社2004年版,第68~69页。
② 高铭暄主编:《刑罚学原理》(第3卷),中国人民大学出版社1994年版,第603页。

题,因此,它是一种行刑制度而非量刑制度。① 第三种观点“刑罚裁量兼刑罚执行说”。认为从裁量是否执行所判刑罚的意义上说,缓刑属于一种量刑制度;从刑罚执行的意义上说,缓刑也是一种刑罚执行制度。② 第四种观点“刑种说”。即认为缓刑是独立的制裁措施,体现了对犯罪的理性反应。③ 此外,还有“有条件赦免说”、④“刑罚消灭制度说”⑤等。

在这些观点中最有影响的,就是“刑罚裁量制度说”和“刑罚执行制度说”。从我国缓刑的理论依据和法律规定及实践层面来看,笔者认为,我国的缓刑制度不是刑罚裁量而是刑罚执行制度。理由如下:首先,我国的缓刑是在刑罚确定以后,是对已经判处三年以下有期徒刑或者拘役罪犯适用的。即在缓刑之前,判处什么样的刑罚已经确定,不存在量什么刑的问题,它要解决的是对已经裁量的刑罚是否立即执行的问题,因而不属于刑罚裁量的范畴。其次,刑罚确定以后,是立即执行还是暂缓执行,这当然是刑罚执行的问题,就像我国的死刑缓期执行一样,对被判处死刑的罪犯,如果不是应当立即执行死刑的,在判决死刑的同时宣告缓期二年执行,缓期二年执行其实就是对死刑的暂缓执行。我们不能因此认为死刑的缓期执行就不是死刑执行的方式。再次,对缓刑犯的社区矫正与假释犯的社区矫正性质其实是一样的。假释是将本来应该在监狱中执行的部分刑期变更到社区来执行,是执行场所的变更,不是刑罚执行本身的变更,更不是刑罚执行性质的改变。缓刑也一样,根据罪犯的犯罪事实和社会危害性,判处监禁刑罚本来应该在监狱或者拘役所执行刑罚的,但考虑到罪犯的犯罪情节较轻,社会危险性不是太大,又有悔罪的表现,因此,可以不需要在监禁的环境下执行刑罚,而是将罪犯放到社区中执行。因此,缓刑的执行其实是执行场所的改变,是监禁刑执行的替代执行方法,并未改变其刑罚执行的性质。最后,从我国的司法实践来看,2016年11月修订、发布的《最高人民法院关于办理减刑、假释案件具体应用法律若干问题的规定》第18条第2款规定:前款规定的罪犯在缓刑考验期限内有重大立功表现的,可以参照刑法第78条的规定,予以减刑,同时应依法缩减其缓刑考验期限。如果缓刑

---

① 陈兴良著:《本体刑法学》,商务印书馆2003年版,第834页;段仁元、郝如建:《我国缓刑制度的几个问题》,载《江苏公安专科学校学报》2001年第2期。

② 张明楷著:《刑法学》(上),法律出版社1997年版,第468页。

③ 段晖、周卫军:《缓刑的刑罚谦抑性考察——兼缓刑的发展趋势探究》,载《当代法学》2001年第7期。

④ 梁恒昌:《缓刑制度之商榷》,载林纪东著:《现代法学论文精选》,台北汉苑出版社1976年版,第131页。

⑤ 左坚卫、肖栈光:《缓刑法律性质新探》,载《云南大学学报》(法学版)2003年第1期。

期间不是刑罚执行,又怎么能够减刑呢?我国减刑的前提,是刑罚执行期间的改造表现,如果没有刑罚执行,即使表现再好也不存在减刑的问题。因此,我国的司法实践中,最高人民法院也将缓刑考验期内的执行活动认定为刑罚执行。

有学者认为,我国法律规定,如果在缓刑考验期限内没有应当撤销缓刑的情形,缓刑考验期满,"原判的刑罚就不再执行",说明缓刑根本不涉及刑罚执行的问题,再将缓刑界定为一种刑罚执行方法,就明显有欠妥当。① 其实,"原判的刑罚就不再执行"指的是原来判处的监禁刑罚不再在监狱等监禁场所执行,而不是指缓刑的不执行,也不是指刑罚的无条件的不执行。刑罚中缓刑的有关内容是必须执行的,缓刑的执行其实就是刑罚的执行,只不过是执行的场所、执行方式不同罢了。另外,这里的不再执行其实与假释规定中的"就认为原判刑罚已经执行完毕"没有什么本质的不同。不能仅仅以刑法规定的某个字眼的不同来判断其性质的不同,从而否认缓刑的刑罚执行性质。而应该从缓刑的理论、法律规定,司法实践等多方面来理解、分析缓刑的性质。

(三)社区矫正手段多样化是实现行刑目的的需要

我国社区矫正工作任务,除了对社区矫正人员进行监管之外,还包括教育和帮扶,如教育矫正、心理干预、治疗、职业培训、帮扶解困。有人因此否定社区矫正是刑罚执行,而将其性质变为社会工作②或者社会福利。③

现代意义上的刑罚执行,早已经摒弃了单纯的惩罚。在惩罚的前提下,如何教育矫正罪犯,使他们悔过自新;如何提高教育矫正质量,使他们素质得到提升,能力得到提高;如何让他们能够尽快回归社会,尽快适用正常的社会生活,不至于再重新犯罪;等等,已经成为现代刑罚执行所追求的主要目标,更是我国行刑的最终目的。我国《监狱法》就明确规定,对罪犯实行惩罚与改造相结合,教育与劳动相结合的原则,将罪犯改造成为守法公民。行刑社会化,以人为本,保护罪犯人权,尊重罪犯的人格、尊严等成为主流的行刑理念,对罪犯进行教育改造、心理矫正、社会帮教已经是我国监狱行刑制度的重要内容和手段,旨在实现行刑最终目的。那些一提社区矫正是刑罚执行,就认为是纯粹的惩罚、是恐怖,显然是对刑罚执行的误解,是对现代刑罚执行思想、理念和目标等缺少了解。社区矫正作为刑罚执行制度当然有惩罚性,但刑罚执行目的决定

---

① 左坚卫、肖栈光:《缓刑法律性质新探》,载《云南大学学报》(法学版)2003年第1期。

② 张昱:《社区矫正中刑罚执行与社会工作的统一性》,载《社会工作》2004年第5期。

③ 王顺安:《社区矫正矫正的法律问题》,载《政法论坛》(中国政法大学学报)2004年第3期。

了它必须有教育矫正、社会帮扶等功能。因为刑罚执行需要教育矫正罪犯、需要帮助他们解决生活的各种困难和问题促其回归社会，而不是因为需要对他们进行教育、帮扶，解决他们的社会福利问题才需要对他们进行社区矫正。也就是说，是社区矫正行刑的性质和目的决定社区矫正的方法和手段，而不是方法和手段反过来决定社区矫正的性质和目的。再说，社会工作和社会福利是一个非常大和广的概念，它几乎涉及社会中的每一个成员，而社区矫正是针对犯罪人所实行的专门的刑罚执行制度，需要借用社会工作的方法和理念进行社区矫正，但不能因此就认定为其性质就是社会工作和社会福利，这是本末倒置，逻辑上也是难以成立的。

（四）社会力量参与社区矫正是行刑社会化的需要

充分动员、利用社会力量参与社区矫正，是社区矫正工作最大的特点和最大的优势。有学者也由此质疑社区矫正的刑罚执行性质，是完全没有必要的。对被判处刑罚的罪犯，除了极少数被判处死刑需要立即执行的以外，最终都是要回归社会的。要让他们回归社会、融入社会就必须应用社会化的理念、方法和措施。可以说，行刑社会化是行刑的根基和落脚点。我国监狱行刑同样需要社会化，需要让犯人了解社会、熟悉社会，需要动员社会力量参与对罪犯的教育改造。社区矫正制度设计的本身就是基于行刑社会化的思想和理念，就是使罪犯在不脱离社会、社区的环境下对他们进行一系列的教育矫正活动，因此，利用社会力量参与社区矫正是社区矫正这一行刑方式的内在要求，也是整合行刑资源、提高行刑效率的客观需要。首先，社区矫正的对象是生活在社会之中的，不是像监狱那样有一个相对封闭、固定的活动场所，他们的活动、生活、工作的场所和范围与社会上的普通人没有什么区别。要对他们进行有效的监管、教育矫正必须依靠社会的力量。其次，犯罪是一个社会性的问题，引起犯罪的原因是多方面的，预防犯罪、教育矫正罪犯是一个社会性的系统工程，必须多管齐下，采用综合性的措施和方法，需要动用、利用、整合方方面面的资源、知识和技术，需要社会各界的广泛参与和协助，否则难有成效。再次，促使罪犯早日回归社会，适应正常的社会生活，不至于再重新违法犯罪，社会力量参与有利于实现这一目标。最后，用最少的投入，产生最大的教育矫正的效益，既是现代行刑应该追求的价值之一，也是社区矫正的优势所在。社会矫正充分动员社会各界的力量参与，充分整合、利用社会的资源，不但可以节省国家许多的刑罚资源，还能整体提高矫正质量和效率。因此，是社区矫正这一刑罚执行活动和方式决定了需要社会力量的广泛参与，而不是反过来，由社会力量的广泛参与来否定社区矫正的性质。

第二节　社区矫正执行体系的内涵

在研究了社区矫正性质后，接下来就要回答什么是社区矫正执行体系，它的含义是什么，包括哪些内容，需要建立什么样的社区矫正执行体系，执行体系的内部结构怎样，构建社区矫正执行体系要达到什么样的目的等。

一、社区矫正执行体系的概念

要探究社区矫正执行体系的内涵，首先应明确什么是体系。

（一）体系的概念

随着科学技术的进步，系统工程领域正在发生着巨大的变化。不管是在自然科学领域还是在社会科学领域等，特定目标的实现通常需要多个系统协调来完成。因此，将多个系统集合在体系中，使系统之间协调、配合成为一个科学的、有机的、高效的整体，来提升系统能力，提高系统运行效率，已经成为现代社会的经济战略手段，广泛应用于工业、能源、军事、交通、运输、通信以及社会管理等各个领域。

“体系”一词在各学科中尤其是在自然科学、工程科学、城市管理科学等领域应用广泛。最早使用这一概念的可以追溯到1964年美国纽约市《城市系统中城市系统》的报告，该报告中提到“Systems within Systems”。后来逐渐发展成为Systems-of-Systems并得到广泛认可和使用。① 不过究竟什么是体系，该怎么给体系下定义却是见仁见智的问题，不同领域的学者从各自领域的背景、需要及角度出发给出了体系的不同定义。

从汉语词义上看：体系，泛指一定范围内或同类的事物按照一定的秩序和内部联系组合而成的整体，是不同系统组成的系统。自然界的体系遵循自然的法则，而人类社会的体系则要复杂得多。影响这个体系的因素除人性的自然发展之外，还有人类社会对自身认识的发展。

从系统工程学意义上看：体系是指一些不同的、能够各自独立运行的系统为了一个共同目标而网络化地组合在一起的大规模集成系统。从这一定义可以看出，体系是

① 转引自陈英武、葛冰峰、熊健、姜江、杨克巍：《基于可执行体系结构的体系化设计过程》，载经济全球化与系统过程——中国系统工程学会第16届学术年会论文集。

由系统组成的，但这一组成不是简单的拼凑或者简单的相加，而是在一个共同目标的统领下，将各系统进行有机地整合，成为一个协调发展的整体，各个系统或者子系统成为整体中不可或缺的部分，整个体系形成结构科学、合理，能够发挥出最佳效能的结合体。这既是体系的优势及价值所在，也是研究体系的目的所在。

体系可谓是无处不在，从大的方面说，宇宙是一个体系，各个星系是一个体系；社会是一个体系，政治、经济、文化、法律、军事等都是各自为体系。从小的方面看，某个学科、某个领域、某个生产过程等也是一个体系。从更小的方面看，一个人就是一个体系，某一个物（包括动物、植物等）也都是一个体系。大体系包含无穷无尽的小体系，小体系构成无穷无尽的大体系。各体系内又包含各种系统、子系统。系统的协调有序，构成体系的协调有序，小体系的系统有序则使大体系协调有序。否则，就会出现问题，产生内耗，轻则出现资源的浪费、效力降低，重则出现灾难甚至毁灭。因此，研究体系，保持体系内的各系统协调、和谐是确保世间万物、一切的一切良好、安全、有序的基础。

（二）社区矫正执行体系的概念

我国社区矫正执行体系是刑罚执行体系的子体系。根据我国现行的刑事法律制度，涉及人身自由的刑罚执行主要包括监禁刑执行和非监禁刑执行两大体系，监禁刑执行主要由司法行政机关主管的监狱负责，非监禁刑执行主要由司法行政机关下设的社区矫正机构负责。要科学理解社区矫正执行体系的概念或者要正确把握社区矫正执行体系的内涵，首先必须明确这不是普通的体系，是国家刑罚执行体系的一部分，是使国家刑罚权得以实施、实现的一个体系。它涉及对施加对象人身自由的限制或者剥夺，既要使人民法院及其他司法机关的判决、裁定、决定付诸实施，使服刑人员得到应有的惩罚，实现社会的公平正义；又要根据法律及相关制度的规定，对社区矫正人员进行监管、教育矫正和帮扶，使社区矫正人员改过自新、养成良好的行为和思维习惯，使他们能够成为适应社会正常生活的守法公民，实现社会的和谐、稳定。要实现社区矫正的惩罚和教育矫正人的目标，需要建立起一系列的法律、法规、政策、制度；需要采取一系列的手段和方法；需要组织专门的机构和队伍；需要动员全社会的力量参与进来。社区矫正是一个庞大的体系，为完成社区矫正的目标需要构建一个科学、高效的体系，围绕着这一目标体系又有一系列的子系统、子体系。

当然，到目前为止，究竟什么是社区矫正执行体系，并没有太多人涉及，在这方面的研究成果非常有限。山东省司法厅的马灵喜对此问题做过一定的研究，他认为：社区矫正执行体系是指司法行政机关依法对社区矫正人员实施教育改造建立的各个系统相互联系而构成的非监禁刑罚执行的有机整体。其内容不仅仅包括执行主体、制度、保障建设等，更重要的是通过构筑一个完整的执行模式来保证执行的有效性。① 这一定义，对社区矫正执行体系的主要内容进行了概括，但不全面、不完整。那么，究竟什么是社区矫正执行体系呢？我们认为，社区矫正执行体系可以定义为：国家为实现惩罚和教育改造社区矫正人员而建立起来的法律、制度、机构人员、监管、教育矫正、帮扶、社会力量参与及保障等多系统的集合系统。详言之，这一概念包含如下含义：

1. 社区矫正执行体系是在社区矫正执行目的——"惩罚与教育矫正社区矫正人员"的统领下而构建的执行体系。建立这样的体系是为了使国家的刑罚目的、刑罚执行目的得以实现。因此，这一体系是为实现非监禁刑罚执行目的服务的，是围绕着这一目标而展开的。关于刑罚执行的目的，尤其是非监禁刑罚执行的目的，在理论界有不同的意见。有学者认为，刑罚执行的目的可分为三个层次：一是对罪犯实施惩罚和改造，二是预防和减少犯罪，三是保障社会主义建设事业的顺利进行；有人认为，行刑目的包括维护法院判决的尊严，给犯罪者应得的报应，预防新的犯罪发生三个方面；有认为，行刑的目的是确保刑罚目的的实现，确保刑罚的实现，预防和矫正犯罪；还有人认为，行刑的目的是降低与消除受刑人的犯罪危险性，使其重归社会成为一个正常的社会人，即完善受刑人人格。②

对于行刑的目的尤其是社区矫正执行目的的观点，最大的分歧在于是否有惩罚的目的，对于改造罪犯，使其成为守法公民目的的看法基本是一致的。那么社区矫正的执行有没有惩罚的目的，或者说含不含有惩罚的目的呢？有学者认为，惩罚不能成为刑罚或者行刑的目的，否则必然会导致刑罚的残酷，必然会导致行刑方式和手段的残酷，惩罚的目的还会造成对抗，会对社会造成更大的伤害等。③ 这种观点是不能成立的，是对惩罚的概念、内涵、本质、内容的误解。将惩罚作为刑罚和刑罚执行的目的与刑罚的残酷，行刑方式和手段的残酷没有联系。我们所说的惩罚，是依照法律规定的惩罚，是按照法律规定的内容和程序对被执行人权利的剥夺或者限制，不是执行机关或者执行人员的任性。惩罚作为刑罚及行刑的目的，是正义的体现，正如美国著名法

① 马灵喜：《社区矫正执行体系研究》，载《中国司法》2015 年第 3 期。

② 参见陈志海著：《行刑理论的多维探究》，北京大学出版社 2008 年版，第 120 ~ 122 页。

③ 参见陈志海著：《行刑理论的多维探究》，北京大学出版社 2008 年版，第 126 ~ 127 页；韩轶著：《刑罚目的的建构与实现》，中国人民公安大学出版社 2005 年版，第 86 ~ 87 页。

学家,约翰·罗尔斯所说的,“正义是社会制度的首要价值,正像真理是思想体系的首要价值一样。一种理论,无论它多么精致和简洁,只有它不真实,就必须加以拒绝;同样,某些法律制度,不管它们如何有效率和有条理,只有它们不正义,就必须加以改造或废除”。① 社区矫正作为一项刑罚执行制度,首先它必须是正义的,犯罪分子必须因为他自己所犯的罪行而受到惩罚。如果一个人实施了危害社会的犯罪行为而得不到应有的惩罚,那么正义就无法得到伸张,社会秩序就无法保证正常、有序。因此,对犯罪分子执行刑罚的目的,不仅仅是为了改造他们,将他们教育改造成为守法公民,这当然是刑罚执行的主要目的,但惩罚也应该是刑罚执行的目的。如果没有惩罚的目的,那么对于那些主观恶性很小或者没有主观恶性的过失罪犯来说,就没有执行刑罚的必要了。因为宣判以后,这些人中的绝大多数都不会再犯罪了,基本可以说随着判决的宣告,教育改造、预防犯罪的目的也就实现了。如果没有惩罚只有教育改造的目的,是否就可以得出这样的结论,有些被判处刑罚的人是可以不实际执行的。这不管是从逻辑的角度,还是从公平正义的角度,还是在世界各国的司法实践中,均不能成立,也没有先例。正如前苏联著名的刑法学家卡尔别茨·特卡切夫斯基等所指出的,“惩罚是刑罚的属性,同时也是刑罚的目的。判处刑罚不仅是为了防止判刑人重新犯罪,而且也是因为他实施了犯罪”。② 我国有的学者也指出:“我们之所以认为‘惩罚’可以成为刑罚的目的,是因为它既包含着给罪犯带来某种痛苦和资格的丧失,以及道义的谴责和政治上的否定评价,也包含着对公正和正义的伸张。惩罚所包含的这些内容,完全可以成为主体所追求的目标。”③因此,构建社区矫正执行体系,必须围绕“惩罚和与改造”这一目标进行。

2. 社区矫正执行体系是由多个系统集合而成的有机整体。社区矫正作为对非监禁刑罚及其措施执行的一项制度,它涉及方方面面的问题,由多个系统构成。作为一项刑罚执行制度,需要专门的法律制度、专门的国家机关及工作人员,需要建立相应监管、教育矫正、执行程序等制度,需要全社会的广泛参与等,每一个方面、部分本身就一个体系,每一个体系中又有许多的子系统,这些方方面面的子体系、子系统最后汇聚成社区矫正的总系统,形成社区矫正的执行体系。

---

① [美]约翰·罗尔斯著:《正义论》,何怀宏、何包钢、廖申自译,中国社会科学出版社 2006 年版,第 3 页。

② 转引自谢瑞麟:《苏联刑法发展概况》,载《政法论坛》1987 年第 2 期。

③ 张全仁主编:《监狱行刑学》,中国物价出版社 2003 年版,第 35 页。

3. 社区矫正执行体系中的执行主体是司法行政机关的社区矫正机构。由司法行政机关专司刑罚执行事务，是国家司法职权科学配置，建立健全公安机关、检察机关、审判机关、司法行政机关各司其职，侦查权、检察权、审判权、执行权相互配合、相互制约体制机制的必然要求。由司法行政机关负责社区矫正的执行也是世界上多数国家通行的做法。当然，对于这个问题，理论及实践部门有不同的意见，有学者认为，社区矫正不应该由司法行政机关一家来负责，应该司法行政机关牵头由多部门、由社会各界共同参与来执行；有学者甚至认为，不需要由专门的机关来执行，可以用政府购买服务的方式来解决社区矫正工作人员的问题。这些观点是不能成立的，作为一项严肃的刑罚执行活动，当然需要由专门的机关来行使相应的职权，尽管社区矫正中的有些事务如教育矫正、社会适应性帮扶等可以由社会力量来参与，但作为承担实现刑罚执行的惩罚与改造目标职责的，必须是国家专门的机关，并且是由法律授权的专门机关来行使。

4. 社区矫正执行体系中的对象是社区矫正人员。我国目前社区矫正的对象包括被判处管制、宣告缓刑、假释或者暂予监外执行的罪犯。关于社区矫正执行对象的问题，绝大多数人认为，我国将社区矫正定性为非监禁刑罚执行方式是正确的，是有法理与现实基础的，《刑法》《刑事诉讼法》将管制、缓刑、假释、暂予监外执行四种罪犯规定为社区矫正执行的对象是适当的、符合国情的。但也有学者认为，应当逐步扩大社区矫正的对象范围，将邪教人员、附条件不起诉人员、戒毒人员纳入社区执行的对象范围。笔者认为，社区矫正作为非监禁刑罚及其措施执行的制度，其对象只能是实施了犯罪行为并依法被判处刑罚的罪犯，邪教人员、附条件不起诉人员、戒毒人员如果没有进入司法程序，没有被认定有罪并被判处相应的刑罚，就不宜作为社区矫正的对象，因为它们是性质完全不同的两类处罚措施，在权利的限制、监管、教育、法律要求等方面均性质不同。

二、社区矫正执行体系的内容

根据社区矫正的性质、目标，结合我国社区矫正的实际情况，我们认为我国社区矫正执行体系至少应该包括如下内容：

（一）社区矫正法律制度体系

社区矫正作为刑罚执行活动，它是国家刑罚权的重要组成部分，是代表国家行使刑罚权的体现。刑罚处罚是最严的处罚方式，关乎公民权利、自由甚至是生命的剥夺，必须依法进行。因此，建立一整套公正、文明、科学的法律制度体系，显得尤为重要。尤其在全面推进依法治国，实现建设中国特色社会主义法治体系，建设社会主义法治国家的总目标的背景下，在刑罚执行领域建立完备的法律制度体系尤其重要。

社区矫正法律制度体系是由刑事基本法，社区矫正法律、法规、规章、规定等构成的多层次的规范体系。在法律层面上，主要包括《刑法》《刑事诉讼法》《监狱法》《社区矫正法》等，其中《社区矫正法》是社区矫正法律体系中最基础、最核心的法律；在法规层面上，主要包括国务院根据《社区矫正法》而制定的《社区矫正实施细则》或者《社区矫正条例》，省、自治区、直辖市人民代表大会及其常务委员会根据《社区矫正法》、国务院的《社区矫正实施细则》等而制定的社区矫正地方性法规；在规章层面上，国务院各部、委员会根据社区矫正法律、法规而制定的社区矫正工作方面的规章，包括最高人民法院、最高人民检察院和司法部等部委联合制定的社区矫正执行方面的规范性文件，省、自治区、直辖市等地方政府根据法律、行政法规、地方性法规、部门规章等而制定的地方性规章；在规定层面上，主要是社区矫正管理部门包括司法部社区矫正管理局及各省、自治区、直辖市社区矫正管理局根据法律、法规、规章所制定的具体的工作层面的规定。

（二）社区矫正机构体系

作为刑罚执行制度，需要专门的、具有刑罚执行权的执行机构来履行相应的职责、行使相应的职权。因此，必须建立起从中央到地方的社区矫正执行机构体系，以保障社区矫正工作的有序开展。社区矫正机构体系包括社区矫正管理机构体系、社区矫正执行机构体系。社区矫正管理机构体系就是在国务院司法行政机关主管全国社区矫正工作的体制下，在司法部下设的社区矫正管理局，省（区、市）、地（市、州）、县（市、区）司法行政机关下设的社区矫正管理局（处、科）等社区矫正管理机构体系；社区矫正执行机构体系，主要是在县级司法行政机关下设的社区矫正机构，是具体负责对社区矫正人员进行刑罚执行、监督管理、教育矫正等职能的机构。在建设社区矫正执行机构中，涉及社区矫正场所建设，即社区矫正机构所设的，为社区矫正执行工作提供办公、教育矫正、职业培训、临时救助等场所，如目前有的地方设立的中途之家、社区矫正中心等。社区矫正场所一般设置在县一级，有的与社区矫正机构合而为一，有的相对独立。

（三）社区矫正工作队伍体系

一支素质高、数量足、结构优、能力强的社区矫正专职工作队伍是社区矫正工作顺利、有效开展的基础。因此，构建社区矫正工作队伍体系，对于社区矫正工作极为重要。社区矫正工作队伍体系包括社区矫正工作人员的类别、序列、招录、定岗、定编、职责、待遇、管理、培训、考核、评价、晋升、辞退等系统。

（四）司法机关配合、制约体系

刑罚执行是我国整个刑事制度下的一个系统，国家对危害社会、构成犯罪并应当给予刑罚处罚的犯罪分子追究刑事责任，是由多个部门、机关分工负责、相互配合、互相制约而共同完成，需要多系统、多部门的协调、配合。我国的刑罚权是由公安机关、检察机关、审判机关、司法行政机关各司其职、共同行使的。公安机关行使侦查权、人民检察院行使检察权、人民法院行使审判权、司法行政机关行使执行权。社区矫正的执行，需要其他司法机关的互相配合，人民法院作出社区矫正相关的判决、裁定是社区矫正执行的前提；人民检察院对社区矫正执行过程依法实行法律监督，确保社区矫正依法、正确执行；公安机关在交付执行、追逃、对违反治安管理规定和重新犯罪的社区矫正人员的处理等方面履行职责，确保社区矫正执行秩序良好、稳定。因此，社区矫正执行体系需要建立公、检、法、司各司其职、相互配合、相互制约的体系。

（五）社区矫正执行程序体系

程序正义是实体正义的前提，西方有一句著名的法律格言说："正义不仅要实现，而且要以看得见的方式实现。"①社区矫正作为一项刑罚执行制度，不但需要按照法律规定的程序来实施，而且所规定的程序必须是公正的、正当的。"正当法律程序"是美国联邦宪法所确立的一项基本原则，该法的第5条修正案规定："非经正当的法律程序，不得剥夺任何人的生命、自由或者财产。"②尽管社区矫正不像刑事审判那么重视程序，但建立基本的程序体系对社区矫正的依法公正执行，对保护社区矫正人员的权利，对维护社区矫正工作的安全、稳定和秩序，对提高教育矫正质量，对防止腐败等均有重要价值。社区矫正执行程序体系主要包括调查评估程序、监管程序、执行变更程序、强

---

① [英]丹宁勋爵著：《法律的正当程序》，法律出版社2011年版，第15页。

② 转引自陈瑞华著：《刑事审判原理论》（第2版），北京大学出版社2003年版，第50页。

制及处罚程序等。

（六）社区矫正监管体系

作为执行刑罚制度，需要采取相应的措施和手段，将判决、裁定或者决定的内容落到实处，即对社区矫正服刑人员依法应该剥夺或者限制的权利得到切实的剥夺或者限制，法律、法规及规章等规定的社区矫正人员在社区矫正期间应该遵守的各项规定应该得到切实的遵守，这就需要建立一整套合法、科学、有效的监管体系。社区矫正监管体系包括分类监管、日常监管、信息化监管、强制性监管以及考核奖惩体系等。

（七）社区矫正教育矫正体系

将社区矫正人员教育矫正成守法公民是社区矫正工作的中心。因此，构建一整套完整、高效的教育矫正体系，是实现社区矫正执行目的，提高教育矫正质量的根本保证。要把社区矫正人员教育矫正好需要采用科学的方法和手段、需要适当的内容、科学的评价体系，这些内容、方法等共同构成教育矫正体系。

（八）社区矫正帮困扶助体系

对有困难的社区矫正人员提供帮扶，既是行刑人道的表现，也是教育矫正他们的需要。帮困扶助体系，就是要构建一个为有特殊困难的社区矫正人员提供临时居住、落实最低生活保障、临时救助、社会保险、就业、就学等方面的制度和工作体系。

（九）社区矫正的社会力量参与体系

鼓励、引导社会力量广泛参与社区矫正工作，是社区矫正执行方式的最大特色之一。如何构建社会力量参与社区矫正工作的体制机制，对社会力量参与社区矫正的职能定位、组织实施、法律政策保障、效果评价等均需要建立相关的制度体系和工作体系。

（十）社区矫正保障体系

社区矫正的顺利、有效进行，需要建立相应的保障体系，需要有相应的物质、资金、技术等方面的支持。因此，构建科学、适合中国国情的经费保障的体制机制；将现代技术尤其是现代信息技术、网络技术、科学技术等应用于社区矫正工作中，对于提高社区矫正工作的质量、效率均有重大意义。

第三节　社区矫正执行体系的价值目标

社区矫正本身就是一个系统工程，涉及方方面面的问题，需要各方面的共同协作、配合，形成整体的合力才能完成各项工作任务，才能实现社区矫正的总体目标，即将社区矫正人员教育改造成为守法公民，预防和减少他们重新犯罪，实现社会和谐稳定。社区矫正的目标能否实现，取决于社区矫正执行体系内的各个系统是否科学、有效，取决于各系统之间是否科学、协调，取决于系统是否能够形成整体、形成合力，能否形成"1 +1 > 2"的效果。

价值是从人们对他们需要的关系中产生的，价值关系实际是一种意义关系或是一种效用关系，价值是客体对主体的意义，是客体对主体的作用、效用。某一事物或者某一制度有没有价值其实就是说该事物或者该制度有没有用，有价值、价值大就意味该事物或者该制度有作用、作用大、有效果。价值是法律制度构建和评价的基本范畴，一项法律制度如何，有没有效用需要价值的尺度、准则来衡量和评价。美国学者庞德曾经指出："价值问题虽然是一个困难的问题，但它是法律科学不能回避的。即使是最粗糙的、最草率的或者最反复无常的关系调整或行为安排，在其背后总有对各种互相冲突和互相重叠的利益进行评价的某种准则。这种准则可能仅仅是保持和平，可能是保持社会的现状，也可能是促进最大限度的自由的个人自我肯定。在西方法律史的各个经典时期，无论在古代还是近代世界里，对价值准则的论证、批判或合乎逻辑的适用，都曾是法学家的主要活动。"①对于社区矫正执行体系的价值，我们可以从以下方面加以考察。

一、社区矫正执行体系的公正价值

公正意指公平、正义，相当于英文中的 Justice。其基本含义就是"各得其所得"，即每一个人获得其应得的东西。古罗马法学家乌尔庇安(Ulpian)认为："正义乃是使每一个人获得其应得的东西的永恒不变的意志。"西塞罗认为，正义是"使每个人获得其应得的东西的人类精神取向。"瑞士神学家埃米尔. 布伦纳(Emil Brunner)进一步指出：

① [美]庞德著：《通过法律的社会控——法律的任务》，沈宗灵、董世忠译，商务印书馆1984年版，第67页。

“无论他还是它只要给每个人以应得的东西，那么该人或该物就是正义的；一种态度、一种制度、一部法律、一种关系，只要能使每一个人获得其应得的东西，那么它就是正义的。”①使每个人得到其应得的东西，其实也就是要公平地对待每一个人。美国哲学家、伦理学家罗尔斯为此将正义称之为“作为公平的正义”。英国学者哲学家 A. J. M. 米尔恩提出了“作为公平对待”的“公正”的概念，并深入研究了其所包含的三方面的内容：一是与特定环境中适当的对待方式有关的特定方面来说。一切相等的情况必须平等地对待；二是一切在这方面不相等的情况必须不平等地对待；三是比较不相等的对待必须与比较不相等的情况保持对应关系。② 因此，相同的情况相同对待，不同的情况不同对待，同样也是“每一个人得到其应得的东西”的应有之意。

构建社区矫正执行体系的首要价值就是确保公平正义在社区矫正执行中得以实现。不仅让社区矫正人员自己感受到对他们进行社区矫正是公正的，他们在社区矫正的执行过程中得到了公正的对待，他们应有的权利得到保障，他们应受到的惩罚也依法得到了惩罚，他们应该获得的教育、帮助也都得到了落实。在社区矫体系中的每一个社区矫正人员均是一视同仁，毫不例外，即没有一个人因为如地位、金钱、关系或者地域等原因而得到不应得的东西。而且让社会其他公民都能够感受到对他们实行社区矫正是公正的，他们在社区矫正过程中应该受到的监管、惩罚、教育矫正、帮扶等都得到了充分的实现。如果我们建立的社区矫正执行体系，能够实现上述内容，那么可以说这样的社区矫正执行体系是公正的、正义的、当然也是有生命力的、有价值的、能够得到绝大多数拥护的制度体系。具体来说，社区矫正执行体系是否具有公平正义的品质，是否能彰显和实现公正的价值，可以从以下标准考察和评价：

（一）社区矫正执行体系的合理性标准

理性是指人类在认识事物本质、规律的基础上来处理、应对各种事件的思维、行为、能力的综合体现，是法律和正义的基础，是评价一项法律制度正义与否的标准。美国学者博登海默认为：“理性乃是人用知识理解和应对实现的能力。有理性的人能够辨识一般性原则并能够把握事物内部、人与事物之间以及人与人之间的某种基本关

---

① 转引自［美］E. 博登海默著：《法理学——法哲学与法律方法》，邓正来译，中国政法大学出版社 2004 年版，第 277 ~ 278 页。

② 参见［英］A. J. M. 米尔恩著：《人权哲学》，王先恒、施青林、孔德元等译，东方出版社 1991 年版，第 85 页。

系。有理性的人,能客观地和超自然地看待世界和判断他人。他对事实、人和事件所作出的评价,并不是基于他本人的那些未经分析的冲动、前见和成见,而是基于他对所有有助于形成深思熟虑之判决的证据所作出的开放性的和审慎明断的评断。”①

因此,社区矫正执行体系能否实现“公正”的价值,首先在于制度体系本身是否理性,是否符合社区矫正的客观规律。在社区矫正各项制度制定的时候,是否经过了充分的调查、研究和论证,是否有正当的理由,决策者是否听取了各方面的意见,尤其是反对者及没有直接利害关系者的意见;制度、规范、手段和方法的选择、安排上是否经过审慎的、深思熟虑的考量等。真正做到通过理性的程序,设计、制定出理性的制度,这才是实现社区矫正公平正义的前提。如果制度体系本身就有问题,就违反了社区矫正的客观规律,制度本身违反了公正的基本准则,或者本身就不具有公正的品质,谈何在实施中实现公平正义?如果是这样的制度,执行得越好,越到位,与公平正义的距离就越远。

(二)社区矫正执行体系的平等原则标准

如果我们所构建的社区矫正执行体系能够使每一个社区矫正人员得到平等的对待,任何时候都不会因为社区矫正人员的种族、肤色、性别、语言、宗教、出身、财产、身份的不同而受到不同的待遇,那么我们可以说这样的制度体系是公正的,也是能够实现社会公平正义的。人人生而平等,在法律面前人人平等,已经成为现代人权观、法律观的基石。英国哲学家约翰·洛克指出:人的本性是善的。在政治社会建立之前,任何人都没有凌驾于他人之上的权利。因此,人人都是生而平等的,一切都受自然法的管辖。② 具体地说,一是所有符合社区矫正适用条件的人,都能够被作出相应的在社区中执行刑罚的判决、裁定或者决定。任何一个符合条件的罪犯不会因为地域、身份、种族、性别、背景的不同而区别对待;反之,任何一个不符合社区矫正条件的罪犯,都不能在社区中执行刑罚。二是对于任何人有关社区矫正的判决、裁定、决定等都能毫不例外地得到执行。对于司法机关关于社区矫正的决定,如果不是都能够得到执行,而是有的执行,有的可以不执行或者有的可以逍遥法外,那么就不是公正的,就意味有的罪

---

① [美]E.博登海默著:《法理学——法哲学与法律方法》,邓正来译,中国政法大学出版社2004年版,第473页。

② [美]彼得·斯坦、约翰·香德著:《西方社会的法律价值》,王献平译,中国人民公安大学出版社1990年版,第15页。

犯没有得到“其应得的惩罚”。如果是因为制度设计的问题,造成有的人无法得到实际的、及时的接收执行,就说明制度及其体系有问题。这样的制度就算不上理性、就无公正可言。三是在社区矫正执行过程中,每一个社区矫正人员的人格尊严都能得到一视同仁的尊重,诋毁、侮辱、损害社区矫正人员人格,或者有的社区矫正人员的人格得到尊重,有的得不到尊重,如果这种区别是由于制度本身造成的,或者是由于制度体系漏洞而形成的,那么这种制度体系与公正的价值追求就格格不入。如果这种情况的出现不是由于制度本身的原因,而是由于制度在执行过程中出现的偏差,那么说明制度体系在执行层面同样存在问题。四是平等原则在对社区矫正人员的奖惩方面,表现为:每一个达到奖励条件的人都能获得其应得的奖励,每一个违反了社区矫正的相关规定,都能够没有例外地得其应得的处罚。例如,对于表现好的,符合表扬、减刑或者缩短矫正期的社区矫正人员,都能够得到相应的奖励;对表现不好,违反有关规定,达到撤销缓刑、假释和收监执行标准的,不管什么人都必须依法予以撤销缓刑、假释和收监执行,任何人都没有特权和例外。五是不同的情况必须区别对待,这也是平等原则的应有之意。我们所建立的社区矫正执行体系,必须充分考虑到社区矫正人员的差异性,根据矫正人员的不同情况,采用不同的监管、教育矫正、帮扶等方面的不同措施,给予社区矫正人员不同的处遇。例如,根据社区矫正人员的犯罪性质、人身危险性程度、监管的难易程度采用不同宽严度的监管制度进行监管;根据社区矫正人员教育矫正的难易程度和他们自身的不同需要,采用区别的教育矫正措施和方法;根据社区矫正人员困难的不同情况,采用与其实际困难相适应的帮扶政策、方式和不同的帮扶力度,这也是公平正义的具体体现。

(三)社区矫正执行体系的公开原则标准

英国的休厄特大法官曾经指出:“公平的实现本身是不够的。公平必须公开地,在毫无疑问地被人们所能够看见的情况下实现。这一点至关重要。”①这一思想后来发展成了西方著名的法律格言:“正义不仅应当得到实现,而且还应当以人们能够看得见的方式得以实现”(Justice must not only be done,but must be seen to be done)。公开标准具体包括以下两个方面的内容:一是所有的法律、法规、规章制度,尤其是涉及社区矫正人员权利、义务内容的规定,都必须毫无保留地公开,明确地告知每一个社区矫正人

① [美]E.博登海默著:《法理学——法哲学与法律方法》,邓正来译,中国政法大学出版社2004年版,第316页。

员。二是社区矫正执行过程全部公开，对罪犯的监管、考核、奖惩等过程必须公开，对每一个社区矫正人员是怎么监管的，通过什么方式监管的；对他们考核的标准是什么，考核的过程、程序是什么，考核的结果是怎么得出来的；奖惩的依据是什么，奖惩通过什么途径、环节、程序作出的等，都必须进行公开公示。

（四）社区矫正执行体系的正当程序标准

《〈联合国囚犯待遇最低标准规则〉详解》第2章第8条指出："只有按照正式制定的惩戒程序，才能对囚犯进行处罚。如果囚犯对处罚本身或处理的程序不满，他们可以申诉，要求复查对其实施的处罚。"①《刑法》第79条规定："对于犯罪分子的减刑，由执行机关向中级以上人民法院提出减刑建议书。人民法院应当组成合议庭进行审理，对确有悔改或者立功事实的，裁定予以减刑。非经法定程序不得减刑。"第82条规定："对于犯罪分子的假释，依照本法第七十九条规定的程序进行。非经法定程序不得假释。"在现代社会中，人们越来越重视程序公正的价值，如果程序不公正，或者没有经过正当的法律程序，即使实体是公正的，给罪犯的处罚是公正的，但是这样的结果也是无效的、非法的。因此，在社区矫正执行体系中，构建起正当、公正的执行程序，就显得极为重要。

二、社区矫正执行体系的效率价值

效率是指收益与投入之间的比值，比值越高说明效率越高。在投入不变的情况下，收益越高效率就越高；在投入增加的情况下，收益也相应地增加，说明投入是有效的；如果投入增加很小一部分，而产出却能够增加很大一部分，说明是有效的投入。最佳状态是在最少的投入下能够产生最大的效益，达到效益最大化的境界，这就是我们所追求的效益最大化目标。

当然，社区矫正作为刑罚执行的制度，它的效率主要体现在对社区矫正人员的监管安全和教育矫正质量上，也就是将国家有限的刑罚执行资源配置好、使用好、发挥好，使其能够在最少的投入中取得最好的监管安全效果，取得最大的教育矫正效果。要达到这一目标，就需要我们构建一整套科学、协调的社区矫正执行体系。具体可以从以下方面来考察和衡量。

---

① 刑法改革国际编：《联合国囚犯待遇最低限度标准规则》，于南译，法律出版社1998年版，第35页。

(一)社区矫正执行体系的科学标准

社区矫正是一个系统的工程,它涉及人和社会的方方面面,因此,需要设立许多与其需要适应的制度体系。这些制度体系中的每一个制度,都必须科学、合理,符合社区矫正的客观规律。否则,就达不到应有的效果,所有的投入就会白费,所有的努力就会徒劳,有的甚至会走向反面。要使整个社区矫正执行体系科学、协调、有效,首先必须使体系内的每一个组成部分及每一个制度本身科学、有效。如果我们把人作为一个系统的话,那么一个人要健康,他的每一个器官、每一个组织、甚至每一个细胞都必须是健康的。否则就会影响相应的系统,比如,胃不好就会影响消化系统功能,消化系统功能不好,就会造成吸收不好,吸收不好就会造成营养不良,营养不良就会出现健康问题,甚至会引起一系列的问题。社区矫正执行体系也是一样,执行体系要有效,首先必须体系内的每一个组成部分也即每一个具体的制度科学、合理、有效,否则,就必然会影响整体执行的效率,影响整个体系的功能。

例如,社区矫正适用条件制度及调查评估制度,涉及什么样的罪犯能够进入社区矫正的问题。如果这些制度不合理、不科学,将不适宜进行社区矫正的人放到社区中执行刑罚,就会给社区矫正秩序、社会安全稳定造成威胁,给教育矫正工作带来困难,达不到应有的教育矫正效果。反之,如果符合条件的罪犯不能进入社区矫正,而是被监禁执行,那么一方面,会造成罪犯及其亲属、社会对刑罚制度及适用的公正性产生怀疑,得不到他们的理解、帮助和支持;另一方面,罪犯会因为自己受到了不公正的对待,产生怨恨、对立情绪,不仅无法教育矫正他们,很可能会强化他们负面的心理和行为,这样对他们的教育矫正的任何投入恐怕都不会起作用,产生不了好的效果,甚至会适得其反,很难实现刑罚执行的目标。

再如,社区矫正监管制度,关系到社区矫正的安全稳定;关系到司法机关的判决、裁定、决定的切实、准确执行;关系到公平正义的实现;关系到教育矫正及其他相关措施、目标的落实、实现;关系到监管资源的有效配置及监管效率的提高等问题。如果所制定的监管制度,无法实现对所有社区矫正人员的有效监管,有的甚至经常处于脱管状态,那么就必然会影响整个社区矫正执行体系的运转及效率。此外,对于社区矫正人员的监管,应根据监管的难易程度、罪犯的人身危险性程度采用不同宽严度的措施进行监管,即需要建立和完善分类、分级等相应的监管制度。如果不加区别地,对所有社区矫正人都采用相同的监管措施和方式,那么不仅会造成监管资源的浪费,对于不需要严密监管的人投入过多的监管资源，就会造成监管资源的不足，对于需要加强监管的人又会出现监管力量和资源不足。因此，如何建立科学的、与罪犯的人身危险性相关的、实现刑罚执行目的相适应的监管制度，是提高社区矫正执行效率的重要内容之一。

其他制度，如社区矫正机构、人员管理制度，刑罚执行、教育矫正、社会力量参与、帮困扶助等各项制度，都要求自身达到科学、合理、有效的标准。只有每一个部分、每一个分系统科学、有效，才能实现整个体系的科学、合理、有效。

（二）系统之间协调标准

社区矫正执行体系的科学、合理、有效，除了体系内每一个制度、系统要科学、合理、有效外，制度与制度之间，系统与系统之间也必须协调，不能互相矛盾、冲突。体系内各组成部分的结构及体系的整体结构要合理，科学，具有逻辑合理性，能够确保体系的有序、有效运转。如果每一个制度、系统能够协调、有效运转，那么整个体系就能够协调、有效运转，但如果在整个体系中出现了不协调的情况，或者出现冲突、矛盾的现象，那么可能体系内的结构出了问题，或者系统的排列组合有问题，或者逻辑关系有问题，或者可能是单个制度或系统本身有问题。有时候，就某一个角度，某一局部来评价，某一制度可能是合理，但如果从整体的角度，从整个体系和总目标的角度来分析，这一制度可能就有问题，可能会与总体目标和功能相冲突。例如，从监管、安全、惩罚的角度来看，可能是越严厉，对社区矫正人员进行24小时的监控，所有可能的技术手段、监督管理方式用得越多越好；但从教育矫正的角度来看，从有利于他们回归社会、顺利适应正常的社会生活，从培育他们的责任心、自觉性，从尽量不影响他们正常工作、生活的前提下进行教育矫正，从尊重、保障罪犯的权利，从刑罚执行资源合理配置等角度综合来考察、评价，对社区矫正人员的监管并非越严越好，有时过度的严厉会适得其反，会使监管、教育矫正等失效，会与社区矫正的总宗旨、总目标背道而驰。这就是为什么，我们在强调单个制度、单个系统科学、有效的同时，要追求制度之间、系统之间协调的重要原因。这就好像一个单位、一个团队，不仅要每一个人素质高、有能力，更需要每一个人有团队精神、合作精神，团队需要凝聚力、向心力，能够形成合力，形成一个结构合理的整体。个人与个人之间，部门与部门之间关系协调、和谐，不会出现扯皮、推诿，或者职能交叉，重复劳动或者互相钩心斗角，造成内耗等情况。因此，体系内的协调，对于体系的执行力，体系的功能最大化，效率的最大化等方面都是非常重要的。

社区矫正执行体系内部的协调,制度之间、系统之间是否协调可以从以下方面进行考察和评价:一是法律、法规制度是否完备。即在社区矫正执行中所涉及的所有方面是否都有相应的规定,如果有缺项,有的内容、工作没有相应的规定,使实际执行中有的问题无所适从。没有相应的制度和规定,当然谈不上协调。例如,如何设置社区矫正机构,目前就没有相应的规定,实践中各地的设置可谓是五花八门,有的独立、有的与其他部门合署办公,有的是两块牌子一套人马,有的甚至多块牌子一套人马,有的甚至没有专门的人马。由于没有统一规定,其设置、职权、职责及相互关系也就无法理顺,也就不可能协调起来。二是制度、规定是否协调、统一。包括:首先,法律与法律之间的规定是否协调、统一。因为社区矫正执行体系中涉及多部法律,对于同一问题或类似问题,在不同的法律中可能均需要作出规定,但如果相同的或者类似的问题,在不同的法律中规定不一致,就会出现冲突、打架、不协调的情况。尤其是处于同一地位的法律之间规定的不一致,就会出现执行中的矛盾。例如,需要送达的法律文书种类、送达的时间、送达的程序等,在刑事诉讼法、监狱法、社区矫正法等法律中规定的不一致,实际工作中就无法顺利、依法、及时地接收社区矫正人员。其次,法律与法规、制度、规章之间是否协调、统一。从理论上讲,下位规定应该根据上位规定来细化和规范,但由于立法的技术、水平、部门利益以及对上位法律规定精神的理解不同,很可能造成规定之间的冲突问题。最后,区域之间对同一问题的规定是否统一。我国是一个幅员辽阔的国家,根据法律、法规和部门规章,各省(市、区)也需要根据各地的实际情况,制定本辖区内的具体执行制度和规范,但由于各地的情况不同,对同一问题或者类似问题各地规定不一致,这就会造成省(市、区)之间执行的不统一,造成省际之间协调的困难和问题。例如,对居住地的规定,如果按照 A 省的规定,某罪犯应该回原籍 B 省进行社区矫正,但如果按照 B 省的规定,该罪犯可能不符合 B 省关于居住地的认定标准,不符合 B 省接收的条件,这就可能造成有的罪犯无法接收的困境。

(三)每一系统的目标与社区矫正总目标相适应的标准

在社区矫正执行体系中,每一制度、每一系统、某一方面的工作均可能有自己的职责和目标,正是这些具体的、局部的、阶段性的目标汇聚成社区矫正的总体目标。这些具体的、局部的、阶段性的目标的完成才能使社区矫正总目标得以完成。我国社区矫正作为刑罚执行的方式,其目的是惩罚和教育矫正罪犯,最终目标是将社区矫正人员教育矫正成守法公民，不再违法犯罪，不再危害社会。

社区矫正最终目标的实现，依赖于若干个小目标、阶段性目标的实现，而许许多多的小目标和阶段性目标能否实现又与具体的制度、系统的制定、设计、运转密切相关。只有小目标、具体目标、阶段性目标与总目标协调一致，小目标、阶段性目标成为总目标的有机组成部分，才能使社区矫正的最终目标得以实现。例如，调查评估制度的目标是要评价出符合社区矫正条件的社区矫正人员。如果所设计的调查评估制度无法实现这一目标，不能确保适宜的罪犯进入社区矫正，那么就可能与社区矫正执行的最终目标相冲突，导致很难或者无法实现社区矫正的终极目标。再如，监管制度的目标既是确保刑罚的正确执行，使罪犯得到应用的惩罚，实现社区矫正的安全稳定，又是实现教育矫正的前提条件。如果所制定的监管制度，无法实现这些目标，使社区矫正人员经常处于脱管状况，或者社区矫正秩序处于无序、混乱状态，那么不但社会的公平正义目标无法实现，正常的教育矫正无法开展，社区矫正最终目标的实现也就无从谈起。或者监管制度的目标设定本身就与教育矫正的目标不相容，如导致社区矫正人员的逆反、怨恨、抵抗等，也不可能使社区矫正的最终目标实现。因此，在社区矫正执行体系设计、制定时，不但应该考虑具体的、局部的、阶段性的目标要与具体的系统、制度、方法相适应，而且具体的、局部的、阶段性的目标必须与社区矫正的总目标相适应、相一致，否则就会出现冲突、不协调，就无法形成体系的合力。

构建社区矫正执行体系，建立与完善我国社区矫正执行法律、制度体系，对于我国刑事司法制度的改革与完善，刑罚执行制度的改革与完善，强化刑罚执行功能，提高对罪犯的教育改造质量，减少和预防犯罪，促进社会主义司法文明进步、维护社会和谐稳定、促进国家的长治久安具有重要意义。应该从依法治国，从改革与完善我国刑事司法体制，从改革与完善我国刑罚执行体制，从监禁刑的执行与非监禁刑的执行并重等高度来谋划；应该坚持以司法行政机关主管社区矫正工作，在司法行政机关下设社区矫正专门执行机构的前提下，构建各司法机关、政府有关部门密切配合，社会力量广泛参与的结构完整、体系和谐、执行有力的科学、有效的、具有中国特色的社区矫正执行体系；应该从预防和减少犯罪，从整个社会的和谐、安全稳定的高度，谋划、构建我国的社区矫正执行体系；应该从我国国情出发，同时借鉴国外成功经验和有效做法的基础上，建构有中国特色的社区矫正执行体系。

第二章 社区矫正法律体系

社区矫正法律体系，是指规范社区矫正工作的所有法律、法规、规章、制度、规定等所构成的集合体，是社区矫正工作的基本依据、操作规范、行动指南，是社区矫正工作规范化、法制化的前提，是使社区矫正工作有法可依、有法必依、执法必严、违法必究的法治基本要求的前提和基础。社区矫正作为刑罚执行制度，必须有法律上的依据，必须有完整的法律制度体系。中国共产党第十八届中央委员会第四次全体会议通过的《中共中央关于全面推进依法治国若干重大问题的决定》明确提出："全面推进依法治国，总目标是建设中国特色社会主义法治体系，建设社会主义法治国家。这就是，在中国共产党领导下，坚持中国特色社会主义制度，贯彻中国特色社会主义法治理论，形成完备的法律规范体系、高效的法治实施体系、严密的法治监督体系、有力的法治保障体系，形成完善的党内法规体系，坚持依法治国、依法执政、依法行政共同推进，坚持法治国家、法治政府、法治社会一体建设，实现科学立法、严格执法、公正司法、全民守法，促进国家治理体系和治理能力现代化。"①

社区矫正法律体系作为我国社会主义法治体系的一部分，应

① 《〈中共中央关于全面推进依法治国若干重大问题的决定〉辅导读本》，人民出版社2014年版，第4页。

该从依法治国的战略高度,从完善社会主义法律体系完善刑事法律、刑事执行法律制度体系的高度,来构建、完善和实施。在社区矫正执行中,只有建立科学、规范、高效、严密的法律体系,才能保证社区矫正工作顺利、高效地进行,才能提高教育矫正的质量,才能实现我国刑罚执行的目标。我国社区矫正的法律体系是由刑事基本法律、刑事执行法律、法规、规章、规定等构成。

第一节　社区矫正的刑事基本法律

社区矫正的刑事基本法律主要包括《刑法》《刑事诉讼法》以及相关的司法解释等。2011 年 2 月 25 日通过的《刑法修正案(八)》,2012 年 3 月 14 日修正的《刑事诉讼法》正式确立我国的社区矫正制度,规定对被判处管制、宣告缓刑、假释和暂予监外执行的四类罪犯实行社区矫正。

一、刑法

刑法是规定犯罪、刑事责任和刑罚的法律,是规定哪些行为是犯罪并应当负何种刑事责任,给予犯罪人何种刑事处罚的法律规范的总称。我国刑法中主要对社区矫正的对象、条件以及社区矫正人员应当遵守的规定作出规制。2011 年 2 月 25 日通过的《刑法修正案(八)》正式规定:"对判处管制的犯罪分子,依法实行社区矫正";"对宣告缓刑的犯罪分子,在缓刑考验期限内,依法实行社区矫正,如果没有本法第七十七条规定的情形,缓刑考验期满,原判的刑罚就不再执行,并公开予以宣告";"对假释的犯罪分子,在假释考验期限内,依法实行社区矫正,如果没有本法第八十六条规定的情形,假释考验期满,就认为原判刑罚已经执行完毕,并公开予以宣告。"

(一)管制

管制我国刑法规定的主刑之一,是指对犯罪分子不实行关押但限制其一定自由的刑罚方法。

1. 刑法中关于管制的规定

(1)管制的期限。根据《刑法》第 38 条、第 69 条的规定:管制的期限,为三个月以上二年以下;数罪并罚时最高不超过三年。第 41 条规定:管制的刑期,从判决执行之日起计算;判决执行以前先行羁押的,羁押一日折抵刑期二日。

(2)管制犯的禁止令。《刑法》第 38 条第 2 款规定："判处管制,可以根据犯罪情况,同时禁止犯罪分子在执行期间从事特定活动,进入特定区域、场所,接触特定的人。"违反第 2 款规定的禁止令的,由公安机关依照《治安管理处罚法》的规定处罚。这是《刑法修正案(八)》新加的内容,也是对管制犯的人身自由及权利作出了更加明确、具体的限制。

(3)管制的执行。《刑法》第 38 条第 3 款规定:对判处管制的犯罪分子,依法实行社区矫正。

《刑法》第 39 条规定了被判处管制的犯罪分子,在执行期间,应当遵守的规定。包括:遵守法律、行政法规,服从监督;未经执行机关批准,不得行使言论、出版、集会、结社、游行、示威自由的权利;按照执行机关规定报告自己的活动情况;遵守执行机关关于会客的规定;离开所居住的市、县或者迁居,应当报经执行机关批准。

(4)管制的解除。《刑法》第 40 条规定:被判处管制的犯罪分子,管制期满,执行机关应即向本人和其所在单位或者居住地的群众宣布解除管制。

2. 刑法中管制规定的问题及实际适用的情况

管制是我国刑法中特创的一个刑种,体现了专门机关与群众相结合的方针,历史上在同犯罪作斗争中发挥过重要作用。但近些年来,管制刑没有发挥出应有的作用,这跟管制刑在刑法所占的地位及审判实践适用数量少有直接关系。

(1)刑法分则中规定可以适用管制刑的条文偏少。根初步统计,在我国现行《刑法》分则的 345 个条文中,可以适用管制或者列有管制刑罚的只有 75 条,占 21.7%。相比 1997 年的《刑法》,现行《刑法》关于可以适用管制刑的条文有减少之趋势。1997 年的刑法中,规定可以适用管制刑的条文有 85 条,占当时刑法分则 318 个条文的 26.7%。①

(2)审判实践中实际适用管制刑数量少。由于刑法规定中可以适用管制刑的条文本身就少,再加上审判实践中法官不太愿意适用管制刑,导致实际被判处管制刑的罪犯数量偏少。据统计,截至 2015 年年底,全国在册社区矫正人员 697,946 人,其中管制 1186 人,占 1.7%。管制的人数 2015 年比 2014 年少了 2878 人。② 在社区矫正在册人数中下降了 0.3 个百分点。下降人数占管制总人数的 20% 左右。

① 吴宗宪、陈志海、叶旦声、马晓东著:《非监禁刑研究》,中国人民公安大学出版社 2003 年版,第 468 页。

② 司法部社区矫正管理局统计资料。

说明管制刑不仅在刑法中可以适用的条文在减少，实践中适用的数量也在逐步减少。

3. 完善管制刑的刑法规定及司法适用

首先，应当在刑法分则条文中，增加可适用管制刑的条文，对于法定刑在三年有期徒刑以下刑罚的犯罪均可以考虑增加管制刑，可以表述为“处三年以下有期徒刑、拘役或者管制”。现行的《刑法》中有一些条文是这样规定的，但多数应处三年以下有期徒刑的犯罪，只并列了拘役，如“处三年以下有期徒刑或者拘役”，没有将管制列上。

其次，最高人民法院应该加强审判监督指导，出台相关适用管制刑的司法解释，对符合适用管制条件的案件，应尽可能地适用管制刑。曾经有一段时间，人民法院几乎不适用管制刑，有的人民法院甚至从来没有使用过这一刑种。当然，以前由于没有实行社区矫正制度，被判处管制的罪犯，实际上是处于无人执行、监管的状态，造成被判处管制的罪犯实际上就和没有受刑罚处罚一样，从而导致一些法院、法官不愿意使用管制刑。但现在情况完全不同，我国社区矫正制度正在逐步建立和完善，被判处管制刑的罪犯不但能够得到依法监管，而且还能够得到较系统的教育矫正。因此，从刑罚发展的轻刑化趋势来看，我国应该发展并完善管制刑制度，增加管制刑的适用。

（二）缓刑

缓刑是附条件地不执行原判刑罚的制度。缓刑是以被告人构成犯罪并已经确定刑罚为前提和基础的。只有被告人已经构成犯罪并且已经判处刑罚，才能宣告缓刑。缓刑作为一种刑罚制度最早起源于英国。1842年，英国对有悔改可能的初犯、少年犯采用训斥、责令具结悔过、保证不再重犯、交付监督后予以释放。后来，在美国、欧洲大陆等地逐步发展为成熟的、刑罚中的缓刑制度。由于这一制度，不实际执行所判处的刑罚，但又保留随时实际执行的可能性，这样可以促使罪犯改过自新、积极向上，从而达到比实际执行原刑罚更好的惩罚、教育改造罪犯的效果。因为它没有实际执行监禁刑的副作用，并且还可以节省大量的费用。由于缓刑制度具有这些独特的优势，因此它一出现就受到各国广泛关注和青睐，已经成为世界各国最重要的刑罚制度之一。我国近些年来，对缓刑越来越重视，立法中多次修改缓刑的条款和内容，使其不断成熟和完善。

1. 刑法中关于缓刑的规定

（1）缓刑的条件。根据我国《刑法》第72条的规定：“对于被判处拘役、三年以下有期徒刑的犯罪分子，同时符合下列条件的，可以宣告缓刑，对其中不满十八周岁的人、怀孕的妇女和已满七十五周岁的人,应当宣告缓刑:(一)犯罪情节较轻;(二)有悔罪表现;(三)没有再犯罪的危险;(四)宣告缓刑对所居住社区没有重大不良影响。"与1997年的刑法规定相比,新增加了"对其中不满十八周岁的人、怀孕的妇女和已满七十五周岁的人,应当宣告缓刑"的规定,将原来"根据犯罪分子的犯罪情节和悔罪表现,适用缓刑确实不致再危害社会的"规定,修改为"犯罪情节较轻;有悔罪表现;没有再犯罪的危险;宣告缓刑对所居住社区没有重大不良影响"。使缓刑的条件更明确、直观、更具可操作性。

此外,刑法还规定了"对于累犯和犯罪集团的首要分子,不适用缓刑"。与1997年刑法相比,现行刑法增加了"犯罪集团的首要分子"不适用缓刑的规定。

(2)缓刑考验期。根据刑法的规定,拘役的缓刑考验期限为原判刑期以上一年以下,但是不能少于二个月。有期徒刑的缓刑考验期限为原判刑期以上五年以下,但是不能少于一年。缓刑考验期限,从判决确定之日起计算。

(3)缓刑的执行。根据我国《刑法》第76条的规定,对宣告缓刑的犯罪分子,在缓刑考验期限内,依法实行社区矫正,如果没有刑法第77条规定的情形,缓刑考验期满,原判的刑罚就不再执行,并公开予以宣告。关于缓刑考验期内的监管、考察,是否属于执行,有不同的观点,有学者认为:"附条件地不执行是缓刑的本质特征,也是它与实际执行刑罚的区别。实际执行可以分为监内执行与监外执行,缓刑与监内执行的区别是十分明显的,但与监外执行则容易混淆。我认为,监外执行也是一种执行,只是执行场所上的变通而已;但缓刑是附条件地不执行,因此,它根本不同于监外执行。"①关于缓刑的性质,是属于量刑制度还是刑罚执行制度,在本书的第一章社区矫正执行体系基本理论中已经有专门的论述,在此不再赘述。不过我国绝大多数学者都认为缓刑是行刑制度而不是量刑制度,它是在刑罚量定以后,解决如何执行的问题。② 这里有一个不好理解的问题就是,缓刑既然不是实际执行刑罚的制度,但又是"刑罚执行制度",这岂不是自相矛盾?其实,前面的"不是实际执行"中的执行,是指对于原判监禁刑罚内容的执行,是对原判有期徒刑或者拘役的执行,从这一意义上说,当然可以说"不是实际执行刑罚"。后面"刑罚执行制度"中的"执行"是指对缓刑期间罪犯应遵守有关规定的执行,但这一"执行"性质上仍然属于刑罚执行的范畴。

缓刑执行的主要内容包括:首先,将《刑法》第75条被宣告缓刑的犯罪分子应当遵

---

① 陈兴良著:《陈兴良刑法学教科书之规范刑法学》,中国政法大学出版社2003年版,第259页。

② 陈兴良著:《本体刑法学》,商务印书馆2003年版,第834页。

守的规定落实到位:即遵守法律、行政法规,服从监督;按照考察机关的规定报告自己的活动情况;遵守考察机关关于会客的规定;离开所居住的市、县或者迁居,应当报经考察机关批准。其次,将人民法院判决的禁止令付诸执行。《刑法》第 72 条第 2 款规定:“宣告缓刑,可以根据犯罪情况,同时禁止犯罪分子在缓刑考验期限内从事特定活动,进入特定区域、场所,接触特定的人。”如果人民法院在宣告缓刑时作出了禁止令的判决,社区矫正执行机构应当将这一判决内容付诸实施,确保社区矫正人员不进入特定区域、场所,不接触特定的人。最后,刑法规定依法实行社区矫正,意味对社区矫正人员进行教育矫正也应该是刑罚执行的内容。

(4)缓刑的撤销。《刑法》第 77 条规定:被宣告缓刑的犯罪分子,在缓刑考验期限内犯新罪或者发现判决宣告以前还有其他罪没有判决的,应当撤销缓刑,对新犯的罪或者新发现的罪作出判决,把前罪和后罪所判处的刑罚,依照《刑法》第 69 条的规定,决定执行的刑罚。

被宣告缓刑的犯罪分子,在缓刑考验期限内,违反法律、行政法规或者国务院有关部门关于缓刑的监督管理规定,或者违反人民法院判决中的禁止令,情节严重的,应当撤销缓刑,执行原判刑罚。

根据这一规定,有三种撤销缓刑的情形:

一是再犯新罪。社区矫正人员在缓刑考验期限内,再犯新罪,说明该犯罪分子不符合缓刑的条件,没有悔罪的表现,当然应该撤销缓刑,执行原判刑罚。这里有一个问题就是,如果所犯新罪是在缓刑考验期满以后才发现的,要不要撤销缓刑,执行原判刑罚?根据规定:对被宣告缓刑的犯罪分子不再执行原判的刑罚,是以罪犯在缓刑考验期限内不再犯新罪为条件的;如果罪犯在缓刑考验期限内再犯新罪,就应当撤销缓刑,把前罪和后罪所判处的刑罚,依照《刑法》第 64 条的规定,决定执行的刑罚。即使是在缓刑考验期满后,才发现该罪犯在缓刑考验期限内所犯的新罪,如未超过追诉时效期限的,也应当按照《刑法》第 70 条的有关规定执行。这就是说,只要罪犯在缓刑考验期内犯了新罪,不管是什么时间发现,只要在追诉时效内,均应该撤销缓刑,将新罪和已判决之罪实行数罪并罚,对所判的刑罚予以执行。

二是发现漏罪。在缓刑考验期限内,发现被宣告缓刑的犯罪分子在缓刑宣告以前还有其他罪没有判决的,应当参照我国《刑法》第 70 条的规定,并依照《刑法》第 65 条的规定,对漏罪定罪判刑,再对前罪与漏罪实行数罪并罚,决定执行的刑罚。如果必须判处实刑,则应撤销对前罪所宣告的缓刑,已经执行的缓刑考验期,不予折抵刑期;但是,判决执行以前先行羁押的日期应当予以折抵刑期;如果仍符合缓刑条件,仍可宣告缓刑,已经执行的缓刑考验期,应当计算在新决定的缓刑考验期以内。根据这一规定,在缓刑考验期限内,发现漏罪的,并非一律都要撤销缓刑,是否撤销缓刑,取决于数罪并罚后所判处的刑罚。如果是判处实刑,则必须撤销缓刑;如果是仍然符合缓刑的条件,可以宣告缓刑。

三是严重违法。对于在缓刑考验期限内,社区矫正人员违反法律、行政法规或者国务院有关部门关于缓刑的监督管理规定,或者违反人民法院判决的禁止令,情节严重的,应当撤销缓刑,收监执行原判刑罚。对于这一撤销缓刑的条件是,情节严重的违法或者严重违反缓刑的监督管理规定。但什么是严重,严重的标准是什么,刑法没有作出规定,需要其他法律、法规、规章等进行细化。

2. 刑法中缓刑规定及缓刑适用的问题

应该说,我国刑法中关于缓刑制度的规定正在处于逐步完善之中。2011 年的《刑法修正案(八)》对缓刑的规定,进行较大的修改,使我国缓刑制度在刑法规定中更趋向于完善。例如,将原来的"根据犯罪分子的犯罪情节和悔罪表现,适用缓刑确实不致再危害社会的"规定,修改完善为:"犯罪情节较轻;有悔罪表现;没有再犯罪的危险;宣告缓刑对所居住社区没有重大不良影响。"这样修改比原来更明确、更好把握,有利于审判实践中适用。但这样的规定仍然有完善的空间,司法实践中仍然存在因为不好把握或者无法落实而不用或者少用缓刑。

(1)"没有再犯罪的危险"是一个难以认定和落实的标准。没有再犯罪的危险,其实是对缓刑犯在缓刑以后是不是会重新犯罪的问题进行判断和预测,它是一种可能性的预测,是根据已有的事实、现象、信息所作出的对未来的预测和判断。从理论上来讲,这种预测和判断具有可能性,但人是极为复杂的,对人未来行为的预测和判决是非常困难的,且不说别人对自己的行为作出预测和判断,就是本人对今后或者在某一情况下可能采取什么样的行为,都无法预测或者把握。因为许多行为并非深思熟虑的产物,有的行为是下意识的,或者在那种场景下某种激情、丧失理智的产物。我国目前的关于粗放、经验、感觉式的评价标准难以作出预测和判断,就是美国、加拿大等已经研制出第五代风险评估工具的西方国家,其预测再犯可能性的准确率也不到 30%。因此,"没有再犯罪的危险",是很难评价和预测的。

(2)"宣告缓刑对所居住社区没有重大不良影响"的规定也是难以评价的。什么是重大不良影响,没有相应的标准。说实在的,一个被判三年以下有期徒刑的罪犯,又能够产生什么样的重大不影响？实践中对此类情况的评估，无非是罪犯的经历、家庭情况、居住情况、生活来源等情况，与重大不良影响其实没有多大的关系。将没有住宿、或者没有生活来源当作重大不良影响，可能会造成执法的不公正，可能会造成相同的情况而得到不同的对待，使应该适用社区矫正的罪犯不能进入社区矫正。

(3)关于缓刑适用的情况及问题。目前，我国社区矫正人员中，主要是缓刑犯。据统计，截止到2015年底，全国在册的697,946人社区矫正人员中，缓刑的为619,441人，占88.7%。从整个趋势来看，我国适用缓刑的数量、比例在逐年增加。据全国缓刑适用统计情况：1999年我国的缓刑适用率为14.86%，2001年为14.71%。[①] 2011年我国的缓刑适用率达到32.68%；2014年缓刑适用率达到了40.52%。2015年缓刑适用率为33.5%。应该说中国15年尤其是实行社区矫正制度以来的10多年时间里，我国缓刑适用率提高幅度不小，达到25个百分点。不过，根据我国缓刑制度的发展，缓刑适用率还有上升的空间，与西方发达国家相比，缓刑适用的数量仍然可以再提高一些。到20世纪末，世界上许多国家缓刑适用率都达到50%左右，有些国家甚至超过了60%~70%。[②]

3. 缓刑刑法规范及适用的完善

主要可以考虑修改完善刑法中缓刑适用条件中“没有再犯罪的危险，宣告缓刑对所居住社区没有重大不良影响”的规定，建议修改为：“经过评估，再犯罪危险性较小的，对所居住社区影响不大的。”在审判实践中，可以考虑继续加大对缓刑的适用力度，尤其对于在异地打工的轻微犯罪人员，要一视同仁地适用缓刑措施，不能因为所生活的地方不符合居住地的条件，或者应该放宽居住地的限定条件，尽可能地将符合缓刑条件的罪犯适用缓刑措施。

(三)假释

假释是指对被判处有期徒刑、无期徒刑的犯罪分子，在执行一定刑期以后，如果认真遵守监规，接受教育改造，确有悔改表现，没有再犯罪危险的，附条件地将其释放的制度。假释制度是罪犯从监禁到完全回归社会的过渡措施，它对巩固监狱行刑效果，促使罪犯顺利回归社会具有重要的作用。可以使罪犯度过敏感期、危险期，减少他们重新犯罪的概率。假释在世界各国的刑罚执行制度占据极为重要的地位。

---

① 许冷、王祖明：《北京实行罪犯“社区矫正”的设想》，载《犯罪与改造研究》2003年第9期。

② 郭建安、郑霞泽主编：《社区矫正通论》，法律出版社2004年版，第380~381页。

1. 我国刑法有关假释的规定

(1)假释的条件。根据《刑法》第 81 条的规定,“被判处有期徒刑的犯罪分子,执行原判刑期二分之一以上,被判处无期徒刑的犯罪分子,实际执行 13 年以上,如果认真遵守监规,接受教育改造,确有悔改表现,没有再犯罪危险的,可以假释。如果有特殊情况,经最高人民法院核准,可以不受上述执行刑期的限制。

对累犯以及因故意杀人、强奸、抢劫、绑架、放火、爆炸、投放危险物质或者有组织的暴力性犯罪被判处十年以上有期徒刑、无期徒刑的犯罪分子,不得假释”。这是对假释对象的限制性规定,因为这些罪犯,犯罪性质严重、社会危害性、人身危险性大,不适宜假释。不过实际情况很复杂,犯这些罪的人并非都是十恶不赦的。

对犯罪分子决定假释时,还应当考虑其假释后对所居住社区的影响。如果有重大影响,就不能适用假释。

(2)假释的程序。《刑法》第 82 条规定:“对于犯罪分子的假释,依照本法第七十九条规定的程序进行。非经法定程序不得假释。”对于犯罪分子的假释,由执行机关向中级以上人民法院提出假释建议书。人民法院应当组成合议庭进行审理,对确有悔改或者立功事实的,没有再犯罪危险的,裁定予以假释。按照法定程序进行假释,是假释公正、有效的前提,如没有经过法定程序的假释,是无效的。

(3)假释的考验期。假释是附条件地不执行剩余刑罚的制度,在假释期间设定一定的考验期,如果在假释期间没有再犯新罪、没有发现漏罪、没有违反法律、行政法规和国务院有关部门关于假释的监督管理规定的行为,假释考验期满,就认为原判刑罚已经执行完毕并公开予以宣告。根据《刑法》第 83 条的规定,有期徒刑的假释考验期限,为没有执行完毕的刑期;无期徒刑的假释考验期限为 10 年。假释考验期限,从假释之日起计算。

(4)假释的执行。《刑法》第 85 条规定:对假释的犯罪分子,在假释考验期限内,依法实行社区矫正。被宣告假释的犯罪分子应当:遵守法律、行政法规,服从监督;按照监督机关的规定报告自己的活动情况;遵守监督机关关于会客的规定;离开所居住的市、县或者迁居,应当报经监督机关批准。这是刑法规定对假释犯罪分子执行的主要内容。另外,执行机关对假释犯的教育矫正的有关内容,也应该属于假释执行的主要内容。在社区矫正执行中,不仅要求假释犯遵守各项规定,而且更重要的是要将他们教育矫正成为守法公民。因此,教育矫正应该是对假释执行的主要内容。

(5)假释的撤销。《刑法》第 86 条规定了撤销假释的三种情形:一是再犯新罪。被假释的犯罪分子,在假释考验期限内犯新罪,应当撤销假释,依照本法第71条的规定实行数罪并罚。如果被假释的犯罪分子在假释期间又犯新罪,说明他并没有真正的悔改,仍然具有人身危险性,因此应当撤销假释。二是发现漏罪。在假释考验期限内,发现被假释的犯罪分子在判决宣告以前还有其他罪没有判决的,应当撤销假释,依照刑法第70条的规定实行数罪并罚。发现了漏罪,说明罪犯隐瞒以前所犯的罪行,证明该犯并没有悔罪、悔改的真实表现,应该撤销假释。三是违法行为。即被假释的犯罪分子,在假释考验期限内,有违反法律、行政法规或者国务院有关部门关于假释的监督管理规定的行为,尚未构成新的犯罪的,应当依照法定程序撤销假释,收监执行未执行完毕的刑罚。这里的违法行为是指比较严重但又没有构成新的犯罪的行为。罪犯在假释期间有较严重的违法行为,同样说明其不思悔改,有人身危险性,不适宜假释。

2. 我国刑法中假释规定及适用的问题

(1)刑法中关于假释规定的问题。我国刑法中关于假释的规定也是处于不断地善之中。首先,《刑法修正案(八)》将原来"假释后不致再危害社会"的规定修改为"没有再犯罪危险",应该说条件更宽松,要求更明确了,但仍然存在缺乏明确的标准,不好评估、不好把握、无法认定的问题。具体的理由与缓刑中的有关内容相同。其次,《刑法》关于"对累犯以及因故意杀人、强奸、抢劫、绑架、放火、爆炸、投放危险物质或者有组织的暴力性犯罪被判处十年以上有期徒刑、无期徒刑的犯罪分子,不得假释"的规定,并非十分科学。这些犯罪中的罪犯,并非都是人身危险性很大、死不悔改的人。例如,有些故意杀人,尤其女性的故意杀人,可能是在被丈夫或其他亲属逼得忍无可忍的情况下而杀人,她们所犯的罪行或许很重,但她们的主观恶性、人身危险性并不一定很大,因此不加区分地一律不得假释,与我国的行刑目的相违背。此外,我国采用的减刑优于假释制度,尽管这些人不得假释,但除限制减刑以外,这些人同样可以获得减刑而提前出狱。假释出狱还有一个被监管、考验的过渡期,而减刑出狱后却是不受任何监管,直接回到社会,细想一下这两者谁的危险性更大?

(2)假释的适用率偏低。我国对罪犯假释的适用率一直很低。据司法部统计,1996年全国假释率为2.58%;1998年为2.06%;2000年为1.63%。[①] 2005年~2007年全国的假释适用率分别为1.18%、1.29%和1.06%。[②] 近几年全国假释适用率有所

① 郭建安、郑霞泽主编:《社区矫正通论》,法律出版社2004年版,第405页。

② 山东省高级人民法院课题组:《关于完善减刑假释制度的调研报告》,载《山东法官培训学院学报》2009年第4期。

提高,2012 年全国假释率约为 2.35% ,2013 年约为 3.08% ,2014 年约为 2.59% 。[1] 这一比例与全国平均 30% 左右的减刑率相比相差甚远,与其他国家相比我国的假释率也是偏低的。

3. 完善假释的刑法规范及适用

将"没有再犯罪危险"的规定修改为"经过评估再犯罪危险性较低的"。将"对累犯以及因故意杀人、强奸、抢劫、绑架、放火、爆炸、投放危险物质或者有组织的暴力性犯罪被判处十年以上有期徒刑、无期徒刑的犯罪分子,不得假释"修改为"对累犯以及因故意杀人、强奸、抢劫、绑架、放火、爆炸、投放危险物质或者有组织的暴力性犯罪被判处十年以上有期徒刑、无期徒刑的犯罪分子,经过评估再犯罪危险性没有明显下降的,不得假释"。此外,刑法中应该增加"减刑与假释协调适用,除刑满释放以外,应通过假释释放出狱"的规定。

我国的假释适用率低,与我国刑法提高假释适用的门槛,司法实践中习惯适用减刑而不愿意适用假释有很大的关系,与国际通行做法正好相反。世界上多数国家,减刑很少,而假释的适用率较高,尽可能让更多的罪犯通过假释而不是通过减刑直接回归社会,是国际上比较通行的做法。因此,除修改刑法,逐步降低假释适用的条件外,还应该加强对司法实践的监督和指导,出台相应的提高假释适用率的司法解释,以便充分发挥假释制度促进罪犯改过自新、顺利回归社会的作用。

二、刑事诉讼法

我国的社区矫正属于刑事诉讼中的执行环节,因此,刑事诉讼法对社区矫正的执行具有源头的规范意义。我国的刑事诉讼法设专门的执行篇,对各种刑罚种类的执行都有相应的规定。

(一)刑事诉讼法关于社区矫正的规定

2012 年 3 月 14 日修正的《刑事诉讼法》第 258 条规定:"对被判处管制、宣告缓刑、假释或者暂予监外执行的罪犯,依法实行社区矫正,由社区矫正机构负责执行。"对于管制、缓刑、假释罪犯的社区矫正执行主要在刑法中加以规定,刑事诉讼法着重对暂予监外执行的有关问题作出具体的规定。在此着重介绍暂予监外执行的规定。

① 根据司法部社区矫局统计数据计算得出。

1. 暂予监外执行的对象

根据《刑事诉讼法》第254条的规定，对被判处有期徒刑或者拘役的罪犯，有下列情形之一的，可以暂予监外执行：有严重疾病需要保外就医的；怀孕或者正在哺乳自己婴儿的妇女；生活不能自理，适用暂予监外执行不致危害社会的。对被判处无期徒刑的罪犯，有前款第二项规定情形的，可以暂予监外执行。

2. 暂予监外执行的限制性规定

尽管罪犯符合前面的条件，但如果适用保外就医可能有社会危险性的罪犯，或者自伤自残的罪犯，不得暂予监外执行。

3. 暂予监外执行的程序

(1)开具证明文件。对罪犯确有严重疾病，必须保外就医的，由省级人民政府指定的医院诊断并开具证明文件。(2)提出书面意见。对于确实有严重疾病，符合保外就医条件的罪犯，监狱、看守所向决定或者批准机关提出书面意见。(3)决定或者批准。在交付执行前，暂予监外执行由交付执行的人民法院决定；在交付执行后，暂予监外执行由监狱或者看守所提出书面意见，报省级以上监狱管理机关或者设区的市一级以上公安机关批准。(4)监督程序。监狱、看守所提出暂予监外执行的书面意见的，应当将书面意见的副本抄送人民检察院。人民检察院可以向决定或者批准机关提出书面意见。决定或者批准暂予监外执行的机关应当将暂予监外执行决定抄送人民检察院。人民检察院认为暂予监外执行不当的，应当自接到通知之日起一个月以内将书面意见送交决定或者批准暂予监外执行的机关，决定或者批准暂予监外执行的机关接到人民检察院的书面意见后，应当立即对该决定进行重新核查。

4. 收监执行

《刑事诉讼法》第257条规定：对暂予监外执行的罪犯，有下列情形之一的，应当及时收监：(1)发现不符合暂予监外执行条件的；(2)严重违反有关暂予监外执行监督管理规定的；(3)暂予监外执行的情形消失后，罪犯刑期未满的。对于人民法院决定暂予监外执行的罪犯应当予以收监的，由人民法院作出决定，将有关的法律文书送达公安机关、监狱或者其他执行机关。

5. 不计入刑期的情况

新修定的《刑事诉讼法》确立了暂予监外执行不计入执行刑期的制度。具体规定了两种不计入执行刑期的情形：一是不符合暂予监外执行条件的罪犯通过贿赂等非法手段被暂予监外执行的，在监外执行的期间不计入执行刑期。二是罪犯在暂予监外执行期间脱逃的，脱逃的期间不计入执行刑期。

（二）刑事诉讼法有关社区矫正规定的问题

首先，2012 年 3 月 14 日新修正的《刑事诉讼法》将"对被判处管制、宣告缓刑、假释或者暂予监外执行的罪犯，依法实行社区矫正，由社区矫正机构负责执行"写入其中，正式确立了我国社区矫正由社区矫正机构负责执行的法律制度，对于我国社区矫正执行制度的建立具有里程碑意义。但是，对于"由社区矫正机构负责执行"的规定，是含糊的、不明确的。社区矫正机构是什么样的机构？属于哪一个机关的机构？社区矫正由哪一个机关负责执行？刑事诉讼法并没有明确规定。这跟刑事诉讼法规定的对于拘役、剥夺政治权利罪犯的执行规定是完全不同的。根据《刑事诉讼法》第 253 条、第 259 条的规定，"对被判处拘役的罪犯，由公安机关执行；对被判处剥夺政治权利的罪犯，由公安机关执行"。这是明确规定了执行主体机关的。而社区矫正执行的主体机关，法律是没有明确。由于法律没有明确的规定，有的地方也不知道究竟什么样的机构是社区矫正机构，例如，各地成立的社区矫正管理局（处、科）是否属于社区矫正机构，理论和实践界对此有不同的看法。从而造成实践中，所设置机构的规格、职能定位不统一，有的是管理机构加执行机构，有的只有管理机构没有执行机构。全国多数地方实际负责社区矫正工作的是基层司法所。

其次，新修正的《刑事诉讼法》第 7 条，仍然沿用原来的规定：即人民法院、人民检察院和公安机关进行刑事诉讼，应当分工负责，互相配合，互相制约，以保证准确有效地执行法律。没有把主要负责刑罚执行的司法行政机关纳入其中。《刑事诉讼法》的第四编为执行篇，但主要负责刑罚执行的行政机关又排斥在刑事诉讼法的执行之外，这既不利于形成真正的刑事诉讼分工负责、互相配合、互相制约的体制机制，也不利于刑罚执行功能的发挥，是属于典型的刑事诉讼"最后一公里"没有打通的情况。其实，刑事诉讼的侦查、起诉、审判等程序完成后，最终要落脚到执行程序中。执行是使前面所有过程落到实处的重要环节，没有最后的执行，前面的所有过程将不会起作用。没有最后的执行，社会的公平正义无法落实，预防犯罪、教育改造罪犯的刑罚目的无法实现。《中共中央关于全面推进依法治国若干重大问题的决定》明确指出："法律的生命力在于实施、法律的权威也在于实施。"①刑事判决的生命力在执行，刑事判决的权威更

① 《〈中共中央关于全面推进依法治国若干重大问题的决定〉辅导读本》，人民出版社 2014 年版，第 15 页。

在于执行。如果人民法院的刑事判决得不到切实的执行,那谁会在乎刑事审判,谁又会在乎犯罪呢?

最后,尽管新修定的刑事诉讼法对暂予监外执行的制度进行了修改,应该说比原来更加完善了,但仍然有改善的空间,实践中仍然存在不少问题,有权、有钱、有关系的罪犯,可能会通过各种途径假借有严重疾病的名义,逍遥法外。当然,这有执行层面的问题,但也有法律制度不完善方面的问题。例如,《刑事诉讼法》第 257 条第 3 款规定:“不符合暂予监外执行条件的罪犯通过贿赂等非法手段被暂予监外执行的,在监外执行的期间不计入执行刑期。”乍一看,这一规定好像很有道理,细分析却存在问题:如果符合暂予监外执行条件的罪犯,通过贿赂等非法手段被暂予监外执行的,是否就可以计入执行刑期?因为,在我国的司法实践中,符合暂予监外执行条件的人不一定就能够暂予监外执行。更何况法律还有“对适用保外就医可能有社会危险性的罪犯,或者自伤自残的罪犯,不得保外就医”的规定。这就意味实践中,符合暂予监外执行条件的罪犯,可能需要通过贿赂等手段才能被暂予监外执行执行。此外,“在交付执行后,暂予监外执行由监狱或者看守所提出书面意见,报省级以上监狱管理机关或者设区的市一级以上公安机关批准”的规定是否合适?是否存在制度设计的漏洞,从而让有些有权、有钱的人有机可乘,出现腐败现象?还有,对于被判处无期徒刑的罪犯,有严重疾病需要保外就医,是否就一律不允许保外就医?保外就医的制度设计,其价值取向首先应该是人道主义精神,这里主要应该考虑罪犯的生命、健康,如果罪犯确实有生命危险,而监狱、看守所本身又没有条件和能力及时医治、挽救其生命,笔者认为,就应该允许其保外就医。否则,生命安全都不能保证的话,还谈什么刑罚执行,还谈什么教育改造。实践中,因为这一规定,有的被判处无期徒刑又患严重疾病甚至生命垂危的罪犯,坐着担架、插着氧气管被抬到监狱来,有背人道主义精神。

(三)完善刑事诉讼法有关社区矫正的规定

在刑事诉讼法中,重点应该从以下方面加以完善:

1. 建议将《刑事诉讼法》第 7 条修改为:“人民法院、人民检察院、公安机关和司法行政机关进行刑事诉讼,应当分工负责,互相配合,互相制,以保证准确有效地执行法律。”理由是,《中共中央关于全面推进依法治国若干重大问题的决定》中规定:“优化司法职权配置。健全公安机关、检察机关、审判机关、司法行政机关各司其职,侦查权、检察权、审判权、执行权相互配合、相互制约的体制机制。”根据这一规定修改《刑事诉讼法》是将党的意志变成法律的具体体现。

2. 建议在“社区矫正机构”前增加“司法行政机关”的规定。将《刑事诉讼法》第258条修改为“对被判处管制、宣告缓刑、假释或者暂予监外执行的罪犯，依法实行社区矫正，由司法行政机关社区矫正机构负责执行。”

3. 建议修改完善《刑事诉讼法》中有关暂予监外执行的规定。(1)建议将《刑事诉讼法》第257条第3款修改为：“不符合暂予监外执行条件的罪犯被暂予监外执行的，或者符合暂予监外执行条件通过非法手段被暂予监外执行的，在监外执行的期间不计入执行刑期。”(2)建议修改《刑事诉讼法》第254条第2款的规定，在“对被判处无期徒刑的罪犯，有前款第二项规定情形的，可以暂予监外执行”的前面增加“对于被判处无期徒刑的罪犯，有前款第一规定的情形且不保外就医有生命危险的，可以保外就医。”(3)建议修改《刑事诉讼法》第254条第5款的规定。取消“在交付执行前，暂予监外执行由交付执行的人民法院决定；在交付执行后，暂予监外执行由监狱或者看守所提出书面意见，报省级以上监狱管理机关或者设区的市一级以上公安机关批准”的规定，建议修改为“暂予监外执行由人民法院依法决定”。即取消监狱管理机关和公安机关决定暂予监外执行的权力，统一由人民法院按照司法程序来审查决定。

三、刑法、刑事诉讼法的司法解释体系

《最高人民法院关于司法解释工作的规定》(法发〔2007〕12号)第5条规定：“最高人民法院发布的司法解释，具有法律力。”因此，将最高人民法院制定的关于刑法、刑事诉讼法的司法解释也归为刑事基本法律体系中。2015年12月31日发布《最高人民检察院司法解释工作规定》第5条规定：“最高人民检察院制定并发布的司法解释具有法律效力。人民检察院在起诉书、抗诉书、检察建议书等法律文书中，需要引用法律和司法解释的应当先援引法律，后援引司法解释。”但由于最高人民检察院的司法解释与社区矫正工作关系不是太密切，故在此主要介绍最高人民法院关于刑法、刑事诉讼法的司法解释。

最高人民法院为了正确适用刑法、刑事诉讼法制定了一系列司法解释。其中与社区矫正关系密切的司法解释主要有：《最高人民法院关于适用〈中华人民共和国刑事诉讼法〉的解释》(法释〔2012〕21号)《最高人民法院关于办理减刑、假释案件具体应用法律若干问题的规定》(法释〔2016〕23号)等。这两部司法解释对社区矫正的问题作出较为详细的规定。

（一）《最高人民法院关于办理减刑、假释案件具体应用法律若干问题的规定》（法释〔2012〕2号）（以下简称《减刑假释规定》），该规定对“确有悔改表现”“立功表现”“重大立功表现”“没有再犯罪的危险”“管制、缓刑的减刑”等作出了具体的规定

1. 确有悔改表现

《减刑假释规定》第3条规定：“确有悔改表现”是指同时具备以下四个方面情形：认罪悔罪；认真遵守法律法规及监规，接受教育改造；积极参加思想、文化、职业技术教育；积极参加劳动，努力完成劳动任务。对罪犯在刑罚执行期间提出申诉的，要依法保护其申诉权利，对罪犯申诉不应不加分析地认为是不认罪悔罪。罪犯积极执行财产刑和履行附带民事赔偿义务的，可视为有认罪悔罪表现，在减刑、假释时可以从宽掌握；确有执行、履行能力而不执行、不履行的，在减刑、假释时应当从严掌握。

2. 立功表现

《减刑假释规定》第4条规定：具有下列情形之一的，应当认定为有“立功表现”：（1）阻止他人实施犯罪活动的；（2）检举、揭发监狱内外犯罪活动，或者提供重要的破案线索，经查证属实的；（3）协助司法机关抓捕其他犯罪嫌疑人的；（4）在生产、科研中进行技术革新，成绩突出的；（5）在抗御自然灾害或者排除重大事故中，表现突出的；（6）对国家和社会有其他贡献的。

3. 重大立功表现

《减刑假释规定》第5条规定：具有下列情形之一的，应当认定为有“重大立功表现”：（1）阻止他人实施重大犯罪活动的；（2）检举监狱内外重大犯罪活动，经查证属实的；（3）协助司法机关抓捕其他重大犯罪嫌疑人的；（4）有发明创造或者重大技术革新的；（5）在日常生产、生活中舍己救人的；（6）在抗御自然灾害或者排除重大事故中，有突出表现的；（7）对国家和社会有其他重大贡献的。

4. 没有再犯罪危险

什么是没有再犯罪危险，根据什么标准、方法、工具来评价和认定，是目前社区矫正工作的重点和难点，这也是世界性的难题。最高人民法院的《减刑假释规定》对此作出了指导性的规定：办理假释案件，判断“没有再犯罪的危险”，除符合《刑法》第81条规定的情形外，还应根据犯罪的具体情节、原判刑罚情况，在刑罚执行中的一贯表现，罪犯的年龄、身体状况、性格特征，假释后生活来源以及监管条件等因素综合考虑。

5. 管制、缓刑罪犯的减刑

《减刑假释规定》第16条规定：判处管制、拘役的罪犯，……符合减刑条件的，可以

酌情减刑,其实际执行的刑期不能少于原判刑期的二分之一。第13条规定:判处拘役或者三年以下有期徒刑并宣告缓刑的罪犯,一般不适用减刑。前款规定的罪犯在缓刑考验期限内有重大立功表现的,可以参照刑法第七十八条的规定,予以减刑,同时应依法缩减其缓刑考验期限。拘役的缓刑考验期限不能少于二个月,有期徒刑的缓刑考验期限不能少于一年。

这些规定应该说比刑法的规定更加细化,更具可操作性,但仍然有进一步完善的空间。例如,确有悔改表现方面的情形,并不一定能够真实、全面地反映出罪犯内心的真实意志,也就是说这四方面表现很好不一定就表明罪犯"确实悔改了"。再如,立功表现或者重大立功发现,与罪犯的思想、道德品质、真实悔改也不完全是一致的,一些有立功表现的人,不一定就能够说明他(她)有悔改表现,不一定就能判断他已经改造好。"没有再犯罪的危险"中所列出的综合考虑因素,确实很重要,但这些因素怎么综合起来,怎么去评价和判断,仍然是概略性的东西,实践中仍然无法操作。不过,对于人的未来行为的预测和判断非常困难,我国在这方面不乏经验的评价,缺少的是量化的、精细的、科学的评价、判断工具。因此,应该在我国已有的经验判断的基础上,研发悔改表现、再犯危险的测量、评估工具,将经验的判断和科学的测量、评估工具的评估有机结合起来,对罪犯的悔改表现、再犯罪危险性的预测、判断就会更科学、更准确。

(二)《最高人民法院关于适用〈中华人民共和国刑事诉讼法〉的解释》(法释〔2012〕21号)(以下简称《刑诉法解释》)

1. 暂予监外执行罪犯的收监执行

《刑诉法解释》第433条第1款规定:暂予监外执行的罪犯具有下列情形之一的,原作出暂予监外执行决定的人民法院,应当在收到执行机关的收监执行建议书后十五日内,作出收监执行的决定:(1)不符合暂予监外执行条件的;(2)未经批准离开所居住的市、县,经警告拒不改正,或者拒不报告行踪,脱离监管的;(3)因违反监督管理规定受到治安管理处罚,仍不改正的;(4)受到执行机关两次警告,仍不改正的;(5)保外就医期间不按规定提交病情复查情况,经警告拒不改正的;(6)暂予监外执行的情形消失后,刑期未满的;(7)保证人丧失保证条件或者因不履行义务被取消保证人资格,不能在规定期限内提出新的保证人的;(8)违反法律、行政法规和监督管理规定,情节严重的其他情形。第434条规定:人民法院应当将收监执行决定书送交罪犯居住地的县级司法行政机关,由其根据有关规定将罪犯交付执行。收监执行决定书应当同时抄送罪犯居住地的同级人民检察院和公安机关。第435条规定:被收监执行的罪犯有不计入执行刑期情形的，人民法院应当在作出收监决定时，确定不计入执行刑期的具体时间。

2. 被判处管制、宣告缓刑罪犯交付执行

《刑诉法解释》第436条规定：对被判处管制、宣告缓刑的罪犯，人民法院应当核实其居住地。宣判时，应当书面告知罪犯到居住地县级司法行政机关报到的期限和不按期报到的后果。判决、裁定生效后十日内，应当将判决书、裁定书、执行通知书等法律文书送达罪犯居住地的县级司法行政机关，同时抄送罪犯居住地的县级人民检察院。

3. 缓刑、假释的撤销

（1）犯新罪及发现漏罪的缓刑、假释撤销。《刑诉法解释》第457条规定：罪犯在缓刑、假释考验期限内犯新罪或者被发现在判决宣告前还有其他罪没有判决，应当撤销缓刑、假释的，由审判新罪的人民法院撤销原判决、裁定宣告的缓刑、假释，并书面通知原审人民法院和执行机关。

（2）因违法而撤销缓刑、假释。《刑诉法解释》第458条第1款规定：罪犯在缓刑、假释考验期限内，有下列情形之一的，原作出缓刑、假释判决、裁定的人民法院应当在收到执行机关的撤销缓刑、假释建议书后一个月内，作出撤销缓刑、假释的裁定：①违反禁止令，情节严重的；②无正当理由不按规定时间报到或者接受社区矫正期间脱离监管，超过一个月的；③因违反监督管理规定受到治安管理处罚，仍不改正的；④受到执行机关三次警告仍不改正的；⑤违反有关法律、行政法规和监督管理规定，情节严重的其他情形。

《刑诉法解释》第458条第3款规定：人民法院应当将撤销缓刑、假释裁定书送交罪犯居住地的县级司法行政机关，由其根据有关规定将罪犯交付执行。撤销缓刑、假释裁定书应当同时抄送罪犯居住地的同级人民检察院和公安机关。

《刑诉法解释》对社区矫正执行中的问题进一步细化，有利于更为准确地贯彻执行刑事诉讼法的有关规定。不过，《刑诉法解释》中有些规定，仍然值得进一步商榷。例如，刑事诉讼法规定的社区矫正机构，《刑诉法解释》解释为"县级司法行政机关"，是否符合立法的原意？对《刑事诉讼法》规定的"对适用保外就医可能有社会危险性的罪犯"怎么把握，根据什么标准来衡量等问题没有作出明确的解释。

第二节　社区矫正相关刑事执行法律法规

这一法律体系应该包括所有涉及刑罚执行的法律规范，包括监禁刑罚、非监禁刑刑罚，主刑、附加刑，生命刑、自由刑、资格刑、财产刑等执行的法律、法规及具有法律效力的司法解释等构成的有机整体。由于我国是属于多部门分别执行刑罚的体制,死刑、罚金刑、没收财产刑等由人民法院执行;拘役、剥夺政治权利由公安机关执行;死刑缓期两年执行、无期徒刑、有期徒刑由监狱执行;管制、缓刑、假释、暂予监外执行由社区矫正机构执行。这种分散执行的体制其实是不利于刑罚执行的统一和资源配置的。《中共中央关于全面推进依法治国若干重大问题的决定》提出:"完善司法体制,推动实行审判权和执行权分离的体制改革试点。完善刑罚执行制度,统一刑罚执行体制。"①从这一规定来看,我国今后将会逐步建立起刑罚统一由司法行政机关执行的体制机制。今后人民法院、公安机关将会逐步退出刑罚执行,将刑罚执行职责统一交由司法行政机关行使。有学者主张:应该制定《刑事执行法》,使它处于与《刑法》《刑事诉讼法》相并列的地位,从而使《刑事执行法》与《刑法》《刑事诉讼法》一起构成我国刑事法律体系的三大支柱,并提出了《刑事执行法》(建议稿),将刑罚的执行(包括死刑、监禁刑、非监禁刑、资格刑、财产刑)、非刑罚方法的执行和保安处分的执行内容全部纳入。② 其他学者也持同样的观点,主张制定《刑事执行法》,认为只有制定《刑事执行法》,才能彻底解决刑事执行立法规格低,刑事司法体系不完善,在刑事司法过程中不能充分实现"相互配合、相互制约"的基本原则等重大问题。③

笔者认为,从我国刑罚执行体制长远改革发展的角度看,中央对这领域的改革完善已经有了明确的方向和要求,统一的刑罚执行体制的建立是我国司法体制改革的最终目标。但就目前来看,仍然会维持这一分散、分部门共同履行刑罚执行职责的格局。由于目前人民法院主要负责死刑、罚金刑、没收财产刑的执行,与社区矫正关系不是太大。因此,这里所探讨的主要是监禁刑、非监禁刑执行的法律制度体系,主要包括监狱法、社区矫正法等相关的法律、法规。

一、监狱法

《监狱法》是规定被判处死刑缓期二年执行、无期徒刑、有期徒刑的罪犯,在监狱内执行刑罚的法律。但由于监狱法对暂予监外执行、假释等作出了相应的规定,与社区矫正密切相关,因此,在社区矫正法律体系中必须将监狱法纳入其中。

---

① 《〈中共中央关于全面推进依法治国若干重大问题的决定〉辅导读本》,人民出版社2014年版,第22页。

② 邵名正著:《邵名正文集》,法律出版社2008年版,第209、270～309页(中华人民共和国刑事执行法建议稿)。

③ 吴宗宪:《论社区矫正立法与刑法修正案》,载《中国司法》2009年第3期。

(一)监狱法关于暂予监外执行、假释的规定

1. 监狱法中暂予监外执行的规定

(1)暂予监外执行的对象。监狱法规定暂予监外执行的对象包括被判处无期徒刑、有期徒刑在监内服刑的罪犯,如果符合刑事诉讼法规定的监外执行条件的,可以暂予监外执行。刑事诉讼法规定的暂予监外执行的对象条件,在前面已经有论述,这里不再重复,这里需要说明的是,《刑事诉讼法》规定被判处无期徒刑的罪犯,只有怀孕或者正在哺乳自己婴儿的妇女,才可以暂予监外执行。这一规定意味,无期徒刑罪犯在无期徒刑没有减为有期徒刑期间,有严重疾病是不能暂予监外执行的。

(2)暂予监外执行的批准程序。《监狱法》第 26 条第 1 款规定:暂予监外执行,由监狱提出书面意见,报省、自治区、直辖市监狱管理局机关批准。批准机关应当将批准的暂予监外执行决定通知公安机关和原判人民法院,并抄送人民检察院。

(3)暂予监外执行罪犯的收监。《监狱法》第 28 条规定:“暂予监外执行的罪犯具有刑事诉讼法规定的应当收监的情形的,社区矫正机构应当及时通知监狱收监。”

2. 监狱法关于假释的规定

(1)假释的对象。被判处无期徒刑、有期徒刑在监内服刑的罪犯,符合法律规定的假释条件的,可以假释。法律规定的假释条件是指刑法所规定的有关假释的条件,前面已经作了详细的介绍。

(2)假释的程序。《监狱法》规定:对符合法律规定的假释条件的罪犯,由监狱根据考核结果向人民法院提出假释建议,人民法院应当自收到假释建议书之日起一个月内予以审核裁定;案情复杂或者情况特殊的,可以延长一个月。假释裁定的副本应当抄送人民检察院。

(3)假释的执行。人民法院裁定假释的,监狱应当按期假释并发给假释证明书,对被假释的罪犯,在假释考验期限内依法实行社区矫正,由社区矫正机构负责执行。

(4)假释的撤销及收监。《监狱法》第 33 条第 2 款规定:被假释的罪犯,在假释考验期限内有违反法律、行政法规或者国务院有关部门关于假释的监督管理规定的行为,尚未构成新的犯罪的,社区矫正机构应当向人民法院提出撤销假释的建议,人民法院应当自收到撤销假释建议书之日起一个月内予以审核裁定。人民法院裁定撤销假释的,由公安机关将罪犯送交监狱收监。

（二）监狱法关于暂予监外执行、假释规定的问题及完善

1. 监狱法关于暂予监外执行的对象与刑事诉讼法的规定不完全一致。按照刑事诉讼法的规定，有严重疾病需要保外就医的；生活不能自理，适用暂予监外执行不致危害社会的，是有期徒刑和拘役罪犯的适用暂予监外执行的条件，而不是无期徒刑罪犯适用暂予监外执行的条件。无期徒刑的罪犯可以暂予监外执行的只有一种人，那就是“怀孕或者正在哺乳自己婴儿的妇女”。而这种人从理论上说是不可能进入监狱中服刑的。尽管笔者不主张将严重疾病尤其是有生命危险的无期徒刑罪犯排除在保外就医之外，但在刑事诉讼法没有修改之前，监狱法不应该将“无期徒刑”放在暂予监外执行对象的第一位。建议将《监狱法》第25条修改为：“对于被判处有期徒刑在监内服刑的罪犯，符合刑事诉讼法规定的暂予监外执行条件的，可以暂予监外执行；对于被判处无期徒刑的罪犯，被减为有期徒刑后，符合《刑事诉讼法》规定的暂予监外执行条件的，可以暂予监外执行。”

2. 暂予监外执行、假释收监执行的规定与刑事诉讼法、最高人民法院的司法解释不一致，应修改完善。（1）监狱法规定“暂予监外执行的罪犯具有刑事诉讼法规定的应当收监的情形的，社区矫正机构应及时通知监狱收监”。这一规定是不严谨的，建议修改为：“暂予监外执行的罪犯具有刑事诉讼法规定的应当收监的情形，经决定或者批准机关批准收监执行后，社区矫正机构应及时通知监狱收监。”（2）暂予监外执行收监交付执行的机关各种法律的规定应该统一。《监狱法》规定，“社区矫正机构应当通知监狱收监”，这就是说，由监狱赴社区矫正机构所在地将罪犯收押至监狱执行。而《刑诉法解释》则规定：“人民法院应当将收监执行决定书送交罪犯居住地的县级司法行政机关，由其根据有关规定将罪犯交付执行。”也就是说，同样是有社区矫正机构提请收监执行建议的暂予监外执行罪犯的收监，人民法院决定的由社区矫正机构送交监狱或者看守所收监执行，而如果是省级监狱管理机关批准的暂予监外执行罪犯的收监，就由监狱赴羁押地将罪犯收监执行。这就造成交付执行主体的不统一，容易造成衔接不畅或者交付执行的混乱。建议统一起来，可以考虑统一由社区矫正机构交付收监执行，不再区分不同的情况，将简单的问题复杂化。交付执行费用由财政统一拨付给社区矫正机构。（3）对假释犯的收监执行，同样存在法律规定不统一的情况。《监狱法》规定：“人民法院裁定撤销假释的，由公安机关将罪犯送交监狱收监。”《刑诉法解释》规定：人民法院应当将撤销缓刑、假释裁定书送交罪犯居住地的县级司法行政机关，由其根据

有关规定将罪犯交付执行。这些规定与下面将要介绍的《社区矫正执行办法》的规定也不一致。就造成实际执行中无所适从,不知应该由哪一个机关交付收监执行。建议将《监狱法》修改为:“人民法院裁定撤销假释的,由罪犯居住地县级社区矫正机构将罪犯送交监狱收监执行,公安机关予以协助。”

二、社区矫正法

社区矫正法是社区矫正法律体系中最重要的一部法律之一,它是直接、专门规定社区矫正有关问题的法律。目前,这部法律尚处在起草、研究、论证之中。司法部于2013年2月4日向国务院上报了司法部关于提请审议《中华人民共和国社区矫正法(草案送审稿)》。该法律草案目前正在国务院审议之中。法律草案送审稿共设6章63条,包括第1章总则,就社区矫正的目的、适用范围、基本原则、社区矫正人员权利义务、主管部门、相关部门的职责、经费保障等问题作出了规定。第2章社区矫正机构,主要规定了社区矫正机构职责、工作人员及其职责、责任等。第3章刑罚执行,主要对执行地,调查评估,文书送达,接收、登记、宣告,奖惩,撤销缓刑、假释,暂予监外执行收监,不计入刑期,减刑、缩短考验期,解除矫正等作出了规定。第4章监督管理,主要包括矫正小组,分类管理,报告、会见、外出、居住地变更的规定,调查取证、脱管查找、制止与带离,集中管理,未成年人社区矫正等。第5章教育帮扶,就教育的方式、内容,社区服务,心理矫治,协调帮扶、就业指导、社会帮扶等作出了规定。第6章附则,就居住地、生效的时间等作出了规定。

国务院法制办在2016年12月1日就《中华人民共和国社区矫正法(征求意见稿)》向社会公开征求意见。《社区矫正法(征求意见稿)》共5章36条,内容包括总则、实施社区矫正的程序、监督管理、教育帮扶和附则等内容。不管最后提交给全国人大常委会审议的社区矫正法草案怎么样,但我们认为,对于社区矫正中一些重大的问题,尤其是那些有较大争议的问题,应该达成共识并且社区矫正法加以明确规定。

1.明确规定社区矫正的适用范围。社区矫正法中应该对社区矫正的适用对象范围作出明确规定。

对于我国社区矫正的适用对象范围,目前理论界和实践界主要有以下不同的观点。

有学者认为:“从国际领域社区矫正的发展趋势来看,社区矫正的定位由单纯的行刑活动向行刑与矫正活动转移,并进一步向行刑、矫正与对犯罪人帮助与服务等综合性质转移，……。”①

有学者认为：“扩大社区矫正的适用对象，使其不仅只是一种行刑方式，还应当是预防犯罪、控制犯罪的综合治理手段。这样的定位就会使社区矫正的对象能拓展到实施了违法行为，有犯罪危险性的违法者。”②有学者更是具体提出社区矫正适用对象拓展的具体范围：包括将半监禁的罪犯（离监探亲的罪犯）、监禁刑满释放前3个月的罪犯、附条件不起诉的未成年犯罪嫌疑人、已经构成犯罪但未达到刑事责任年龄的未成年人、刑满释放人员、劳教人员（原）及受到治安管理处罚的未成年人等，纳入社区矫正的范围。③ 还有学者认为：“社区矫正范围的重点并不是那些已经被判处刑罚的犯罪人，而应当是那些严重违反社会治安的违法人或‘犯罪的边缘人’。因此，除了被宣告缓刑、假释等犯罪人之外，社区矫正还应当将劳动教养（原）中部分初犯和偶犯的违法人员并入社区矫正中来。”④这种观点曾几时很流行，特别是在2013年11月12日中国共产党第十八届中央委员会第三次全体会议通过《中共中央关于全面深化改革若干重大问题的决定》规定：“废止劳动教养制度，完善对违法犯罪行为的惩治和矫正法律，健全社区矫正制度。”以及2013年12月28日第十二届全国人民代表大会常务委员会第六次会议通过《全国人民代表大会常务委员会关于废止有关劳动教养法律规定的决定》后。一些人就认为废除劳动教养制度以后，原来应该适用劳动教养的人就自然纳入社区矫正中了，有学者认为，要用社区矫正制度代替劳动教养制度。一些媒体曾用醒目的标题：“以社区矫正替代劳教更合适”“用社区矫正矫正替代劳动教养”等进行宣传报道。甚至有人担心，社区矫正在劳动教养废止以后成为另一种形式的劳教，或者成为一种在社区中的劳动教养。

其实，这既是对社区矫正制度的误读，也是对我国劳动教养制度不了解的结果。社区矫正与劳动教养是性质完全不同的制度，两者不能混淆，无法等同，更无法替代。原劳动教养是行政处罚措施，是对违法但不构成犯罪的人的处罚措施，它是由行政机关决定，而社区矫正触犯了刑法，构成了犯罪，依法应当受到刑罚处罚并被人民法院认定构成犯罪并判处刑罚的犯罪分子。社区矫正与原劳动教养制度不管是在性质、适用的对象、适用的机关，还是在适用的法律、适用的程序、处罚的严厉程度、后果等方面都

---

① 张昕航：《试论社区矫正适用对象的完善——以劳动教养为视角》，载《中国司法》2006年第2期。

② 万菁、王利荣：《社区矫正制度化的若干建议》，载《河南司法警官职业学院学报》2005年第3期。

③ 袁爱华、谭艳：《论社区矫正的适用对象》，载《云南农业大学学报》2012年第6期。

④ 李本森：《劳动教养与监狱、社区矫正吸收合并与可行性探讨》，载《中国刑事法杂志》2011年第10期。

是完全不同的。

我们认为,现在不会、今后也不可能以社区矫正来替代劳动教养制度。社区矫正制度的建立与完善,与废除劳动教养制度没有任何关系。如果说,以前被劳教的某些行为需要入罪,被作为轻微犯罪行为来处理,那么需要通过修改《刑法》来实现,行为人作为社区矫正的对象,必须是触犯了刑事法律,通过司法程序被判处刑罚的才能进入社区矫正,成为社区矫正的对象。

多数人认为:我国社区矫正的刑罚执行的性质是符合中国国情的,是适当的、合理的,也是有理论、法律和实践基础和依据的,应该坚持刑罚执行的性质不变、适用对象范围不变,不宜盲目扩大适用范围。

我们同意大多数人的观点:尽管有的人提出要将附条件不起诉未成年嫌疑犯、屡教不改的违法人员、涉邪教人员等纳入社区矫正的适用范围,但不管是从理论、我国的刑事法律体系上,还是从预防犯罪、维护社会的安全稳定上来看,目前均无须改变社区矫正作为刑罚执行的性质,社区矫正的适用范围也无法任意扩大,对于那些轻微违法的,尤其是对于那些已经刑满释放的人员更不应成为社区矫正的对象。

对于剥夺政治权利的罪犯,是否需要纳入社区矫正的范围,倒是个可以继续研究的问题,从公、检、法、司各司其职、相互配合、互相制约的角度考虑,应该将剥夺政治权利的罪犯纳入社区矫正中,由社区矫正机构对其执行刑罚,不过执行的内容和方式应该区别于其他社区矫正对象。

综上,建议在我国即将制定的《社区矫正法》中明确规定对被判处管制、宣告缓刑、假释、暂予监外执行的四类罪犯实行社区矫正。

2. 明确规定社区矫正的主管机关。尽管有的人提出社区矫正机构应由司法行政、公安机关、民政等多元主体组成,但这种观点不管是理论上,还是实践层面上均无法成立。作为履行刑罚执行职能的机构,应该由专门的国家机关来主管。建议立法中明确:国务院司法行政部门主管全国的社区矫正工作。县级以上地方政府司法行政部门管理本行政区域的社区矫正工作。这次国务院法制办的征求意见稿中有这样的规定。

3. 明确规定人民法院、人民检察院、公安机关在社区矫正中职责、权利义务,建立公、检、法、司在社区矫正中相互配合、相互制约的体制机制。明确民政部门及其他有关部门在社区矫正工作中的职责、权利、义务。

4. 明确规定社区矫正经费保障的体制机制。社区矫正所需要的经费应当列入国家和各级人民政府的财政预算,并建立社区矫正经费动态增长机制。

5. 明确规定社区矫正机构的设置、职责。主要应该区分社区矫正管理机构与社区矫正执行机构的职责、任务，明确司法所在社区矫正中的定位、职责、职权、任务，明确界定社区矫正机构与司法所的关系。

6. 明确规定社区矫正工作人员的设置、身份、职责、职权和任务。对于社区矫正工作人员应该明确：工作人员的任职条件、资格，工作人员的配备，工作人员是否具备警察身份等。关于社区矫正工作人员中是否需要配备一定数量的人民警察，目前尚有较大的争议。我们认为应当配备一定数量的人民警察，具体理由请参见有关章节。

7. 明确赋予社区矫正机构、工作人员相应的执法权。例如，监管权、监控权、警戒权、使用戒具权、强制隔离权、强制带离权、押送权、调查取证权、脱管查找权、集中管理，教育矫正权等。

8. 明确规定社区矫正场所的设置、功能、职责、任务。社区矫正场所是社区矫正工作的物质载体，实践中在对社区矫正人员进行接收宣告、电子定位、集体学习、心理矫治、教育培训、社会适应指导等方面取得了明显效果，对"三无"社区矫正人员提供过渡性、临时食宿服务方面起到了很好的作用。建议立法中对社区矫正场所的有关问题作出明确规定。

9. 明确规定社区矫正调查评估的相关问题。包括调查评估的程序、内容、评估机构、评估报告的使用等。

10. 明确规定对社区矫正服刑人员的奖惩。包括考核评估的标准、程序，奖惩的种类、条件、程序、作出奖惩的机关等。在这一方面，目前实践做法不一，执行的依据、标准、方法各地也千差万别，不能体现执法的严肃性、权威性和统一性。应该由法律统一规范，按照统一的标准、条件、程序执行。尤其对于涉及撤销缓刑、假释，暂予监外执行收监执行，减刑、缩短社区矫正期限等问题，应该明确规定相关的条件、标准、对象、程序、决定机关等。

11. 明确规定教育矫正的目标、内容、方式、评估标准，帮扶的内容、方式，各参与帮扶部门的职责等。

12. 明确规定社会力量参与社区矫正的有关问题。包括参与社区矫正社会力量的种类、职责、保障、权利义务、优惠政策、奖励政策、参与方式、组织形式、评价标准等。

以上十二个方面的内容是社区矫正法应该重点明确、不能回避的问题，当然还有其他一些相关问题，例如，社区矫正矫正人员的权利、义务，社区矫正工作人员的行为规范、准则等都应该加以规范。

三、社区矫正法实施条例或细则

从法律体系的角度看，一般在《社区矫正法》颁布实施以后，国务院应该就贯彻执行《社区矫正法》中的有关问题，制定实施《社区矫正法实施条例》或者《社区矫正法实施细则》等配套行政法规，对法律中比较原则的、概括的条款进行细化，或者对可能造成执行中有不同理解、容易引起歧义的条款进行细化或者解释。尤其是对于涉及相关部门分工、互相配合的条款，更需要国务院以法规的形式加以明确和细化。《社区矫正法》配套行政法律对于准确、有效地执行《社区矫正法》，充分发挥社区矫正制度的作用，具有极为重要的意义。

第三节　社区矫正规章及规范性文件

根据《立法法》的规定，“国务院各部、委员会、中国人民银行、审计署和具有行政管理职能的直属机构，可以根据法律和国务院的行政法规、决定、命令，在本部门的权限范围内，制定规章。部门规章规定的事项应当属于执行法律或者国务院的行政法规、决定、命令的事项。涉及两个以上国务院部门职权范围的事项，应当提请国务院制定行政法规或者由国务院有关部门联合制定规章”。在我国社区矫正工作中，由于法律法规的制定相对滞后，为了保证社区矫正工作的稳步推进，通过多部门联合制定规章的方式，规范、指引社区矫正工作。目前，主要有：2012 年 1 月 10 日，最高人民法院、最高人民检察院、公安部、司法部印发的《社区矫正实施办法》。2014 年 10 月 24 日，最高人民法院、最高人民检察院、公安部、司法部、国家卫生计生委印发的《暂予监外执行规定》。2014 年 11 月 14 日，司法部、中央综治办、教育部、民政部、财政部、人力资源社会保障部印发的《关于组织社会力量参与社区矫正工作的意见》等部门规章。2016 年 8 月 30 日，最高人民法院、最高人民检察院、公安部、司法部印发的《关于进一步加强社区矫正工作衔接配合管理的意见》。

一、社区矫正实施办法

自 2012 年 3 月 1 日起施行的《社区矫正实施办法》（以下简称《实施办法》）共 40 条，对社区矫正工作中所涉及的主要问题作出了规定。

（一）《实施办法》的主要内容

1. 规定了司法行政机关、人民法院、人民检察院、公安机关各自的职责

（1）司法行政机关的职责是，负责指导、管理、组织实施社区矫正矫正工作。县级

司法行政机关社区矫正机构对社区矫正人员进行监督管理和教育帮助。司法所承担社区矫正日常工作。(2)人民法院的职责是,对符合社区矫正适用条件的被告人、罪犯依法作出判决、裁定或者决定。(3)人民检察院的职责是,对社区矫正各执法环节依法实行法律监督。(4)公安机关的职责是,对违反治安管理规定和重新犯罪的社区矫正人员及时依法处理。

2. 规定了社会工作者、志愿者、有关部门、人员参与社区矫正的方式

《实施办法》规定:社会工作者和志愿者在社区矫正机构的组织指导下参与社区矫正工作;有关部门、村(居)民委员会、社区矫正人员所在单位、就业学校、家庭成员或者监护人、保证人等协助社区矫正机构进行社区矫正。

3. 规定了调查评估的有关问题

(1)委托调查评估的机关。包括人民法院、人民检察院、公安机关、监狱。(2)受托机关。受委托调查拟适用社区矫正的被告人、罪犯对所居住社区影响的机关是县级司法行政机关。(3)调查评估的内容。包括对被告人或者罪犯的居所情况、家庭和社会关系、犯罪行为的后果和影响、居住地村(居)民委员会和被害人意见、拟禁止的事项等进行调查了解,形成评估意见,提交委托机关。

4. 规定了法律文书送达、报到、接收、宣告等事项

(1)书面告知。人民法院、公安机关、监狱在向罪犯宣判时或者在其离开监所时应当书面告知其到居住地县级司法行政机关报到的时间、期限以及逾期报到的后果。(2)法律文书的送达。实施办法规定,在判决书、裁定书生效起三个工作日内,送达判决书、裁定书、决定书、执行通知书、假释证明书等法律文书。县级司法行政机关收到法律文书后,应当在三日内送达回执。(3)报到。执行办法规定,自人民法院判决、裁定生效之日或者离开监所之日起十日内,社区矫正人员应当到居住地县级司法行政机关报到。县级司法行政机关应当及时为其办理登记接收手续,并告知其三日内到制定的司法所接受社区矫正。(4)宣告。执行办法规定:司法所接收社区矫正人员后,应当及时向社区矫正人员宣告法律文书的主要内容,社区矫正期限,社区矫正人员应当遵守的规定、被禁止的事项、权利义务等。

5. 规定了矫正小组的组成及工作方式

《实施办法》规定:司法所应当为社区矫正人员确定专门的社区矫正小组。矫正小组由司法所工作人员担任组长,由社会工作者,志愿者,有关部门的人员,村(居)委员会成员,社区矫正人员所在单位、就读学校的人员,社区矫正人员的家庭成员、监护人、

保证人等组成。社区矫正人员为女性,矫正小组应当有女性成员。矫正小组通过与司法所签订责任书的方式,明确矫正小组各成员的责任和义务,确保各项矫正措施落实。

6. 规定了报告制度

社区矫正人员应当定期向司法所报告遵纪守法、接受监督管理、参加教育学习、社区服务和社会活动的情况。保外就医的社区矫正人员还应当每月向司法所报告本人身体情况,每三个月向司法所提交病情复查情况。

7. 规定了离开、变更居住地的审批制度

社区矫正人员未经批准不得离开所居住的市、县(旗)。如果因就医、家庭重大变故,确需离开的,七日以内由司法所批准;超过七日的,由司法所签署意见后报县级司法行政机关批准。社区矫正人员离开所居住市、县(旗)不得超过一个月。未经批准,社区矫正人员不得变更居住的县(市、区、旗)。如果确需变更居住地的,应当提前一个月提出书面申请,由司法所签署意见后,报经县级司法行政机关审批,在征求新居住地县级司法行政机关的意见后作出决定。批准变更居住地的,由新居住地的县级司法行政机关负责社区矫正。

8. 规定了监管的措施

司法所应当根据社区矫正人员生活、工作及所处社区的实际情况,有针对性地采取实地检查、通信联络、信息化核查等措施,了解、掌握社区矫正人员的活动情况,必要时可以要求社区矫正人员到办公场所报告、说明情况。

9. 规定了教育学习的内容、时间

社区矫正人员在社区矫正期间,应当参加公共道德、法律常识、时事政治等教育学习活动,每月参加教育学习的时间不少于 8 小时;有劳动能力的社区矫正人员应当参加社区服务,参加社区服务的时间每月不少于 8 小时;根据社区矫正人员的心理状态、行为特点,对社区矫正人员进行个别教育和心理辅导;根据需要对社区矫正人员开展职业培训、就业指导、帮助落实社会保障等。

10. 规定了考核、奖惩制度

对社区矫正人员进行科学的考核、奖惩,是维持正常的矫正秩序,营造良好矫正环境,促使社区矫正人员积极向上、悔改自新的基本手段。实施办法规定司法所应当及时记录社区矫正人员接受监督管理、参加教育学习和社区服务等情况,定期对他们进行考核,根据考核结果实施分类管理。在奖惩方面,主要包括行政处罚、司法处罚和司法奖励等。

(1)行政处罚。实施办法规定的对社区矫正人员实施的行政处罚措施包括警告、治安管理处罚。

①警告。警告的决定机关是县级司法行政机关,警告的条件包括社区矫正人员有下列情形之一的:①未按规定时间报到的;②违反关于报告、会客、外出、居住地变更规定的;③不按规定参加教育学习、社区服务等活动,经教育仍不改正的;④保外就医的社区矫正人员无正当理由不按时提交病情复查情况,或者未经批准进行就医以外的社会活动且经教育仍不改正的;⑤违反人民法院禁止令,情节轻微的;⑥其他违反监督管理规定的。

②治安管理处罚。《实施办法》规定:社区矫正人员违反监督管理规定或者人民法院禁止令,依法应予治安管理处罚的,县级司法行政机关应当及时提请同级公安机关依法给予处罚。公安机关应当将处理结果通知司法行政机关。

(2)司法处罚。包括撤销缓刑、假释,暂予监外执行的收监执行。撤销缓刑、假释、暂予监外执行收监的条件、程序与前面最高人民法院的《刑诉法解释》规定的内容大致相同,这里不再赘述。这里需要说明的有两点:首先,暂予监外执行中,因暂予监外执行的情形消失后,刑期未满而收监执行的,不属于处罚的情形。这种收监不是因为罪犯违反有关监管规定而被撤销暂予监外执行的。其次,关于撤销缓刑、假释、暂予监外执行收监交付执行的规定,《实施办法》与前面所述的一些法律、司法解释的规定不完全一致。《实施办法》规定:人民法院裁定撤销缓刑、假释或者对暂予监外执行罪犯决定收监执行的,居住地县级司法行政机关应当及时将罪犯送交监狱或者看守所,公安机关予以协助。监狱管理局机关对暂予监外执行罪犯决定收监的,监狱应当立即赴羁押地将罪犯收监执行。公安机关对暂予监外执行罪犯决定收监执行的,由罪犯居住地看守所将罪犯收监执行。

(3)司法奖励。《实施办法》规定的司法奖励减刑。社区矫正人员符合减刑条件的,由居住地县级司法行政机关提出减刑建议书并附相关证明材料,经地(市)级司法行政机关审核同意会提请社区矫正居住地中级人民法院裁定。人民法院应当自收到之日起一个月内依法裁定。这一规定表明,对社区矫正人员减刑的裁定机关是中级人民法院,减刑的建议机关是地(市)级司法行政机关。根据有关法律的规定,社区矫正减刑的对象主要是被判处管制的罪犯,缓刑的罪犯只有在有重大立功表现时,才可以减刑。

11. 对未成年人实施社区矫正的规定

对未成年人实施社区矫正应当遵守教育、感化、挽救的方针。实行与成年人分开矫正，宣告不公开进行，对其身份的档案保密，采用有益于其身心健康发展的监管措施、教育矫正措施，对其就学、就业提供特殊帮助，督促其监护人履行监护职责、承担抚养、管教义务。

12. 宣告解除社区矫正

社区矫正期满的，司法所应当组织解除社区矫正宣告。县级司法行政机关对社区矫正人员发放解除社区矫正证明书，并通知决定机关，同时抄送县级人民检察院和公安机关。

（二）《实施办法》的问题及完善

《实施办法》在社区矫正法没有制定以前，对于规范社区矫正工作，促进社区矫正稳步、有序推进，具有重要的作用。但由于《实施办法》是我国第一部比较系统地规范我国社区矫正执行中所有问题的部门规章，它存在一些问题是情理之中的。

1. 实施办法中对有些问题的规定还比较原则，影响可操作性

例如，关于公、检、法在社区矫正中各自的职责、职权、协调配合机制等就规定得很原则，实践中遇到具体的问题，尤其是涉及跨省（市、区）的配合、协调问题，就很难具体落实。调查评估的问题，如何委托、在什么时间委托、接受委托的机关在什么时间内完成、调查评估的报告通过什么样的程序形成、如何使用调查报告等问题，规定的均不是太明确具体。实践中，有时调查评估报告还没有提交上去，判决就下来了。还有，如社区矫正机构是什么，职责、职权、任务是什么？司法所是属于什么性质的机构？它在社区矫正的职责、职权是什么？与县级司法行政机关、社区矫正机构是什么样的关系？社会工作者、志愿者在社区矫正中承担什么样的角色，他们的职责、权利义务是什么？他们怎么开展社区矫正工作等，规定得都很原则。

2. 执行中的一些重要问题实施办法中没有作出规定

例如，社区矫正人员不是因为就医、家庭重大变故而是因为工作、打工等原因离开居住的市、县（旗），比如，到相邻的市、县（旗）去上班、干活，早上去、晚上回来，或者星期一去，星期五回来，是否需要批准，是否允许？如何执行"社区矫正人员离开所居住市、县（旗）不得超过一个月"的规定，如果出现这种情况，社区矫正人员是否就要辞调工作？如果不是因为居所变化，而是因为出去谋生，是否允许，是否需要变更执行地、执行机关？再如，刑事诉讼法中有对管制脱管的、违反暂予监外执行规定等不计入刑期的规定，执行办法中没有这一方面的内容。

3. 有些规定与有关法律规定不一致

（1）究竟由谁来负责执行社区矫正，各种规定是有冲突的。《刑事诉讼法》规定是由社区矫正机构负责执行，《刑诉法解释》规定是由县级司法行政机关来执行，《执行办法》规定是由县级司法行政机关和司法所来执行。这些规定使大家对什么是社区矫正机构、应该由什么机构负责社区矫正执行？可谓是云里雾里的。就《实施办法》自身的规定而言，也看不出来究竟谁是负责社区矫正的执行机构，从《实施办法》第 5 条"书面告知其到居住地县级司法行政机关报到的时间期限及逾期报到的后果"的规定看，县级司法行政机关应该是接收机构，也应该是社区矫正机构，但从第 7 条"司法所接收社区矫正人员后，应当及时向社区矫正人员宣告判决书、裁定书、决定书、执行通知书等有关法律文书的主要内容"的规定看，司法所应该是社区矫正人员的接收机关，司法所好像是社区矫正机构。

（2）实施办法规定法律文书送达时间与刑诉法、刑诉法解释等规定也不一致。《刑事诉讼法》第 253 条规定：罪犯被交付执行刑罚的时候，应当由交付执行的人民法院在判决生效后 10 日以内将有关的法律文书送达公安机关、监狱或者其他执行机关。《刑诉法解释》第 436 条规定：对被判处管制、宣告缓刑的罪犯，人民法院应当核实其居住地。宣判时，应当书面告知罪犯到居住地县级司法行政机关报到的期限和不按期报到的后果。判决、裁定生效后 10 日内，应当将判决书、裁定书、执行通知书等法律文书送达罪犯居住地的县级司法行政机关，同时抄送罪犯居住地的县级人民检察院。而《实施办法》第 5 条规定：在判决、裁定生效起三个工作日内，送达判决书、裁定书、决定书、执行通知书、假释证明书副本等法律文书，同时抄送其居住地县级人民检察院和公安机关。

（3）实施办法规定的对撤销缓刑、假释或者暂予监外执行的收监执行与相关法律规定的也不一致。《实施办法》规定：人民法院裁定撤销缓刑、假释或者对暂予监外执行罪犯决定收监执行的，居住地县级司法行政机关应当及时将罪犯送交监狱或者看守所，公安机关予以协助。《监狱法》规定的是，人民法院裁定撤销假释的，由公安机关将罪犯送交监狱收监。暂予监外执行的罪犯应当收监，社区矫正机构应当及时通知监狱收监。《刑诉法解释》规定的是，由县级司法行政机关根据有关规定交付执行。对于同一事项，出现公安机关、司法行政机关、社区矫正机构三个交付执行的主体。这就是法律体系中不协调，出现相互矛盾的问题。

4. 有些规定不尽合理

这里所说的不合理，不仅仅是指《实施办法》中的规定，包括刑法等上位法的规定也存在不合理的问题。例如,《刑法》第 38 条“违反第二款规定的禁止令的,由公安机关依照《治安管理处罚法》的规定处罚”的规定,就有许多问题。首先,禁止令究竟应该由谁来执行?其次,违反禁止令的行为,究竟是属于什么性质的行为,是属于普通的治安问题,还是属于刑罚执行中的问题。最后,治安处罚最严重的也就行政拘留十五天,而这样的一个处罚需要司法所报县级司法行政机关再报公安机关按照《治安管理处罚法》的规定处罚,而治安管理处罚法还没有直接可以用的条款,更何况公安机关并不掌握实情。它又不是需要经过司法程序的行政处罚,这样绕一大圈后,作出的处罚还有什么实际的教育意义吗?这是典型的执行者无管理权、处罚权,有处罚权者不管理、不执行的隔靴搔痒式的治理模式。

实施办法更是将这种不合理规定扩大化,将“社区矫正人员违反监督管理规定”也列入“治安管理处罚”的范畴,由同级公安机关依法给予治安管理处罚处罚。这种规定,社区矫正机构还能够维持社区矫正的正常秩序吗?这就好像法官在执行人民法院判决时,遇到被执行者抵抗,需要提请公安机关给予处罚,这样的执行法官还有人听他的吗?因此,在社区矫正执行过程中涉及的行政奖惩的问题,根本没有必要通过公安机关来处罚,包括行政奖励等,法律应该也必须赋予执行机关管理和处罚的权力,否则,社区矫正执行机关将会没有任何权威,也不可能将社区矫正服刑人员监管好,教育矫正好。

实施办法中出现的这些问题,有的是属于实施办法无法解决的问题,需要由更高层次的法律加以规定,例如,社区矫正机构究竟是属于什么样的机构,应该由社区矫正法作出规定。有些问题,尤其是内容缺项,或者是相互冲突的问题,多数是因为实施办法制定在前,而有的法律修改在后造成的。有的问题,可能是在制定的时候没有出现,而是在以后的实践中才出现。有些问题,可能是法律规定就存在不合理之处,导致在制定社区矫正实施办法时只能遵循其规定。实施办法所存在的上述问题,有的需要等《社区矫正法》出台以后才能修改,有的需要通过修改刑法、刑事诉讼法的规定才能修改,有的可以通过制定补充规定的方式来修改完善。不管通过什么方式来修改完善,但有一点必须明确的,社区矫正的法律体系必须是统一、协调的,即使是有些规定暂时不合理,也不能出现相互冲突、相互矛盾的情况,否则实践中无所适从。具体修改完善的内容,在相关章节中均有论述,不再重复。

二、《暂予监外执行规定》

2014 年 10 月 24 日,最高人民法院、最高人民检察院、公安部、司法部、国家卫生计生委印发了《暂予监外执行规定》(司发通〔2014〕112 号)。该规定共 34 条,就暂予监外执行中的主要问题作出了较为详细、具体的规定。

(一)《暂予监外执行规定》的主要内容

暂予监外执行规定了对罪犯暂予监外执行的决定或批准机关,罪犯暂予监外执行期间的生活、医疗和护理等费用的承担,暂予监外执行的对象、条件,疾病及生活不能自理情况的诊断、鉴别的机构、程序,保证人的条件、义务,暂予监外执行的提起、申请、报批程序,暂予监外执行决定或者批准后的交接手续、监督管理,对暂予监外执行罪犯的身体状况以及疾病治疗等情况复查,暂予监外执行罪犯收监的条件、程序、执行,不计入刑期的条件、裁定的程序,暂予监外执行罪犯刑期届满、死亡的处理等内容。

(二)《暂予监外执行规定》的问题及完善

《暂予监外执行规定》对于细化、规范和完善暂予监外执行制度具有积极意义,对于保证暂予监外执行依法实施、减少腐败现象的发生有一定的作用。但不管暂予监外执行制度怎么修改、完善,实际执行中总会出现这样、那样的问题,尤其是对于那些有权、有钱、有关系的人来说,总能够找到可乘之机、总是能够利用这一制度逍遥法外。为此,中央政法委出台了《关于严格规范减刑、假释、暂予监外执行,切实防止司法腐败的指导意见》,旨在切实防止徇私舞弊、权钱交易等腐败行为,坚决杜绝社会反映强烈的"有权人"、"有钱人"被判刑后减刑快、假释及暂予监外执行比例高、实际服刑时间偏短等现象,确保司法公正,提高司法公信力。要求对职务犯罪、破坏金融管理秩序和金融诈骗犯罪、组织(领导、参加、包庇、纵容)黑社会性质组织犯罪等三类罪犯减刑、假释,必须从严把握法律规定的"确有悔改表现"、"立功表现"、"重大立功表现"的标准。对三类罪犯适用保外就医,必须从严把握严重疾病范围和条件。虽然患有高血压、糖尿病、心脏病等疾病,但经诊断在短期内不致危及生命的,或者不积极配合刑罚执行机关安排治疗的,或者适用保外就医可能有社会危险性的,或者自伤自残的,一律不得保外就医。尽管有这样严格的规定,也无法完全避免办理暂予监外执行中违法违规现象。一方面,由于我们在执行层面,执行过程中存在问题,跟我们的监督机制、违法成本、违法被查处的概率低等有很大的关系;另一方面,也与我们暂予监外执行法律制度设计本身有关。例如,疾病诊断的科学依据和标准问题,暂予监外执行程序的公正性、科学性问题,更重要的是暂予监外执行期间计算刑期的问题等。如果我们将暂予监外监执行期间,只要不是在刑罚执行机关自己的或者指定的机构内就医的,就不计入执行的刑期,恐怕也就没有那么多人会冒违法犯罪的风险保外就医了。再如,设计一个司法审查的程序决定暂予监外执行,恐怕违法违规操作暂予监外执行的人数也会大大减少。当然,现行的刑事诉讼法中也规定了通过贿赂手段暂予监外执行的或者暂予监外执行期间脱管的,不计入刑期。但这种规定,首先,无法知晓是否是通过贿赂而获准暂予监外执行,真正能够查出来或者揭露出来通过贿赂手段的少之又少。其次,他们既然可以通过贿赂手段获得暂予监外执行,那么这些人同样可以通过类似的手段解决脱管问题。因此,从根上改革完善暂予监外执行制度,恐怕是治理暂予监外执行中腐败现象的治本之策。

此外,《暂予监外执行规定》也存在与其他法律规定不一致的问题。例如,该规定第24条:"人民法院对暂予监外执行罪犯决定收监执行的,决定暂予收监执行时剩余刑期在三个月以下的,由居住地公安机关送交看守所收监执行;决定收监执行时剩余刑期在三个月以上的,由居住地公安机关送交监狱收监执行"。这与《刑诉法解释》《实施办法》等规定均不一致。

因此,对《暂予监外执行规定》的完善,除了等待今后法律修改完善以后再修改完善外,目前,应该就冲突的条款、不够周密的条件、程序、违法的处罚等方面进行细化完善。

三、《关于组织社会力量参与社区矫正工作的意见》

2014年11月14日,司法部、中央综治办、教育部、民政部、人力资源社会保障部印发了《关于组织社会力量参与社区矫正工作的意见》,对组织社会力量参与社区矫正工作的有关问题,作出了规定。

(一)《关于组织社会力量参与社区矫正工作的意见》的主要内容(以下简称《工作意见》)

《工作意见》包括五个大方面的内容:(1)充分认识社会力量参与社区矫正工作的重要性。《工作意见》从完善我国非监禁刑罚执行制度、健全社区矫正制度;提高教育矫正质量,促使社区矫正人员更好地融入社会;创新特殊人群管理服务,充分发挥社会主义制度优越性,预防和减少重新犯罪,维护社会和谐稳定等方面阐述了新形势下,进一步鼓励引导社会力量参与社区矫正的重要意义。(2)进一步鼓励引导社会力量参与社区矫正工作。从引导政府向社会力量购买社区矫正社会工作服务,鼓励引导社会组织参与社区矫正工作,发挥基层群众性自治组织的作用,鼓励企事业单位参与社区矫正工作,切实加强社区矫正志愿者队伍建设,进一步加强矫正小组建设等六个方面提出如何鼓励引导社会力量参与社区矫正工作。(3)做好政府已公开招聘的社区矫正社会工作者的保障工作。我国社区矫正从2003年试点以来,多数地方政府有关部门公开招聘了社区矫正社会工作者。如何发挥好、保障好这部分社会工作者的工作热情、积极性,对于做好社区矫正工作具有重要意义。(4)着力解决社区矫正服刑人员就业就学和社会救助、社会保险等问题。从促进就业、帮助接受教育、做好基本生活救助、落实社会保险等方面提出解决社区矫正人员社会帮扶的政策措施。(5)进一步加强对社会力量参与社区矫正工作的组织领导。

(二)《工作意见》的问题及完善

应该说,《工作意见》对于如何鼓励、引导社会力量参与社区矫正工作,如何发挥社会力量在社区矫正中的积极作用,具有引导、指导和鼓励的意义。但由于这仅仅是一个工作意见,不具有法律约束力,在执行力及推进力度方面均会大打折扣。其次,《工作意见》所规定的内容有些还是过于原则、不具有可操作性。例如,如何引导政府向社会力量购买社会工作服务没有具体的政策措施;究竟应该采取什么样的普惠政策、优惠政策鼓励社会力量参与社区矫正工作,不是太明确;对于参与社区矫正的社会力量的权利义务、参与方式、组织形式、评价方式、保障体系等问题规定得不够具体;对于社会力量参与社区矫正的经费筹措、使用、保障的体制机制等尚不明确;等等。这些问题需要在立法、规章制度等方面不断总结、修改完善。具体的完善措施请参见社会力量参与社区矫正工作体系一章的有关内容。

四、《关于进一步加强社区矫正工作衔接配合管理的意见》

2016年8月30日,最高人民法院、最高人民检察院、公安部、司法部联合印发了《关于进一步加强社区矫正工作衔接配合管理的意见》(以下简称《衔接配合意见》),对于各机关在社区矫正工作的职责、分工、衔接、配合等问题进行了进一步的细化。

(一)《衔接配合意见》的主要内容

《衔接配合意见》主要包括加强四个方面的衔接配合:(1)加强社区矫正适用前的

衔接配合管理。对委托调查评估的机关、受托机关,委托调查评估的程序、时间、应附的材料,调查评估意见作出的期限、内容及使用等进行了规范。(2)加强对社区矫正人员交付接收的衔接配合管理。对人民法院、看守所、监狱在交付接收时的职责,交付接收时法律文书不齐全的处理,漏管的情况及组织查找,人民检察院对交付接收中的监督检察职责等问题进行细化。(3)加强对社区矫正人员监督管理的衔接配合。对脱管的定义、处理,人民检察院对监督管理活动的监督,公、检、法、司的联席会议制度、情况通报制度,信息交换平台的建立、共享、功能以及社区矫正人员在社区矫正期间被采取强制措施的情况通知制度等作出了规定。(4)加强对社区矫正人员收监执行的衔接配合管理。对社区矫正人员收监执行建议、所需的材料,裁定、决定的程序,收监执行的法律文书的种类、移交,被裁决或者决定收监执行的社区矫正人员在逃的处理,人民检察院对收监执行活动的监督等作出了较为详细的规定。

(二)《衔接配合意见》的问题及完善

《衔接配合意见》对公、检、法、司在社区矫正工作中的衔接配合管理中的相关问题指出了更为具体、明确的规范,对于完善各机关的衔接配合,加强对社区矫正人员的监督管理,提高社区矫正的工作效率等均有积极的意义。不过《衔接配合意见》仍然也有不断细化和完善的空间,例如,第5条第2款规定:“社区矫正人员前来报到时,居住地县级司法行政机关未收到法律文书或者法律文书不齐全,可以先记录在案,并通知人民法院、监狱或者看守所在5日内送达或者补齐法律文书。”按照这一规定,社区矫正人员前来报到时,社区矫正机构是接收还是不接收?如果接收是属于法律手续不全,如果不接收是属于漏管还是属于脱管?或者这种情况算什么?并没有相应的规定。还有,第17条规定:“社区矫正服刑人员因违反监督管理规定被依法撤销缓刑、撤销假释或者暂予监外执行被决定收监执行的,应当本着就近、便利、安全的原则,送交其居住地所属的省(区、市)的看守所、监狱执行刑罚。”居住地所属的省(区、市)的看守所是什么看守所?送到居住地所属的省(区、市)的看守所如果有这样的看守所,也与就近、便利、安全的原则不相称。

此外,2012年财政部、司法部出台了《关于加强社区矫正经费保障工作的意见》,对社区矫正经费开支范围,进一步加强社区矫正经费保障工作和加强社区矫正工作经费的管理等方面作出了相应的规定,这对于提高社区矫正经费保障的力度及水平具有重要的意义。

除了以上所论述的社区矫正法律、法规、规章以外，各省（市、区）还根据社区矫正相关的法律、法规、规章制定了各种具体执行的工作制度，这些工作制度也属于社区矫正法律体系中的一部分，共同构成我国社区矫正法律体系。例如，各省（直辖市、自治区）制定的社区矫正实施细则、社区矫正工作条例、社区矫正工作流程、社区矫正人员监督管理办法、教育矫正办法、调查评估工作实施细则、社区矫正人员考核奖惩办法、监狱与社区矫正机构衔接规定；等等。这些工作制度、规定，都是各地根据法律、法规、规章的规定，结合各地的具体情况而细化的、具有可操作性的制度。不过，这些工作制度要具有效力，不能与法律、法规、规章相抵触。

第三章　社区矫正机构体系

社区矫正机构体系由管理机构和执行机构组成。社区矫正管理机构，是指县（市、区）以上各级司法行政机关下设的社区矫正管理局（处、科）等，负责管理、协调和监督所辖区域的社区矫正工作；社区矫正执行机构，主要是在县级司法行政机关下设的社区矫正中心（局），具体负责对社区矫正人员进行刑罚执行、监督管理、教育矫正等职能。作为基层单位，县级社区矫正工作主要任务是直接对社区矫正人员执行刑罚，一般与县级社区矫正管理机构实行一套人马，合署办公，避免机构人员的重复设置。一些地级市的社区矫正管理局出于实际需要，既要直接对外行使执法权，又要承担对区县社区矫正机构的管理职责，可能既设"管理机构"，也设"执行机构"。而省级社区矫正管理局一般不进行一线执法，更多地作为"管理机构"行使行政管理、规范制定、监督检查等权力。

整个社区矫正机构体系运转的核心在于"社区矫正执法权"的行使。从理论上讲，社区矫正管理机构具有社区矫正执法权，如司法部社区矫正管理局和各省司法厅社区矫正管理局，但是，这些机构并非直接行使全部执法权，而是根据法律规定和实际需要，执掌对执法权的管理权责，而社区矫正执行机构则是直接向社区矫正人员行使执法权的机构。本章分别就"社区矫正管理机构"与"社区矫正执法机构"两类，从现状、问题、发展与完善的方向展开探讨。

第一节 社区矫正机构体系现状

在整个社区矫正权力分配中,法律先对法院、检察院、公安机关和司法行政机关在社区矫正工作中的事务进行横向分工。横向分工后,由于社区矫正的执行主要由司法行政机关管理,在司法行政系统内部还涉及各级司法行政机关的纵向分工。横向分工与纵向分工属于机构体系的顶层设计问题,本节先就这两个问题展开讨论。

顶层设计完成后,便涉及社区矫正的具体执行,处在一线的社区矫正执行机构承担着社区矫正绝大部分的执行任务。2003 年试点之初,对执行机构的设置就曾有过是"司法所模式"还是"区县司法局模式"的探讨。2004 年《司法行政机关社区矫正工作暂行办法》(以下简称《暂行办法》)确立了"司法所模式",并在司法行政系统广泛推行;2011 年《社区矫正实施办法》对原有的"司法所模式"有所修改,强化了县级司法局的职责;后来部分地区又在此基础上将县级司法局"实战化",开始"县级司法局模式"的尝试。本节第二部分对在这一演变过程中可以被称为"社区矫正执行机构"的区县级司法局、司法所,以及其他社区矫正机构进行分析和讨论,从而对"社区矫正执行机构"的内涵和外延进行界定。

一、社区矫正管理机构概况

(一)社区矫正的横向分工

社区矫正工作中的横向分工,是指法院、检察院、公安机关、司法行政机关之间在社区矫正工作中的分工。

2003 年最高人民法院、最高人民检察院、公安部、司法部《关于开展社区矫正试点工作的通知》基本确定了社区矫正试点初期,四部门在社区矫正工作上"分工负责,密切配合,共同做好社区矫正试点工作"的总要求。在总结经验的基础上,2011 年《社区矫正实施办法》第 2 条对目前社区矫正的横向分工作出了规定:"司法行政机关负责指导管理、组织实施社区矫正工作。人民法院对符合社区矫正适用条件的被告人、罪犯依法作出判决、裁定或者决定。人民检察院对社区矫正各执法环节依法实行法律监督。公安机关对违反治安管理规定和重新犯罪的社区矫正人员及时依法处理。"

从实际运行情况看,法院、监狱、看守所主要负责社区矫正的适用阶段的工作,一旦依据法律程序适用社区矫正,则转由司法行政机关执行,在执行过程中,遇有追逃、治安处罚、重新犯罪侦查等超出司法行政机关职权范围的事项时,则转由公安机关执行,检察机关则负责对社区矫正各执法环节依法实行法律监督。

我们所说的社区矫正管理机构,是执行体系和执行程序中的社区矫正管理机构。法院、监狱、看守所的职责主要是在社区矫正适用阶段,执行阶段的管理主要是由司法行政机关和社区矫正管理机构完成。因此,社区矫正管理机构是指在社区矫正横向分工体系中,司法行政机关内部负责管理社区矫正事务的机构系列。

(二)社区矫正的纵向分工

社区矫正的核心环节在于社区内的执行和矫正,此任务主要由司法行政机关负责。司法行政机关负责指导管理、组织实施社区矫正工作,是社区矫正执行和矫正的最主要部门,因此,本部分所指的“纵向分工”是在横向分工的基础上,司法行政系统内的纵向分工。

在确立司法行政系统内部社区矫正机构的纵向分工时,我国采用了渐进式改革的方式:2004 年《暂行办法》第 8 条规定:“省(自治区、直辖市)、市(地、州)和县(市、区)司法行政机关应当设立社区矫正工作领导小组办公室,作为同级社区矫正工作领导小组的办事机构,负责指导、监督有关法律、法规和规章的实施,协调相关部门解决社区矫正工作中的重大问题,检查、考核本地区社区矫正实施情况。”因此,在社区矫正初期,大部分社区矫正管理机构都是通过“领导小组”和“办公室”的方式建立,这些“小组”和“办公室”大多挂靠在司法行政系统的某个部门下,依靠原有部门的系统实现纵向管理。

之后,国家着手建立中央机关的社区矫正指导管理机构,将社区矫正从原来的挂靠或者“办公室”中独立出来,成为独立的社区矫正主管部门。2008 年国务院办公厅在《关于印发司法部主要职责内设机构和人员编制规定的通知》中规定,司法部“基层工作指导司社区矫正管理处具体负责全国社区矫正的指导管理工作”。到了 2010 年,司法部在基层司社区矫正处的基础上,成立了社区矫正办公室。2011 年,根据中编办的批复,司法部社区矫正管理局正式组建,下设办公室、刑罚执行处、矫正管理处三个处室。社区矫正管理局和监狱管理局、戒毒管理局(原劳教局)一并,成为司法部负责刑事执行和矫正工作的三个局之一。司法部社区矫正管理局的设立,标志着司法行政机关社区矫正管理部门的正式成立，司法行政系统有了正式的社区矫正管理“顶层”机构。

司法部社区矫正管理局正式组建以后，各地社区矫正管理机构的建设有了正式的对应关系和对应要求。许多地方相继参照司法部社区矫正管理局的设置模式，在各司法厅局内部设立社区矫正的二级局。有的地方不具备设立社区矫正局的条件，则成立了社区矫正处，上下级之间都有了“对口”部门，社区矫正纵向管理系统初步建成。

（三）各地社区矫正管理机构的建设

北京市是全国首批开展社区矫正试点地区之一。北京市开展社区矫正以来，结合社区矫正工作的实际需要，成立北京市社区矫正工作领导小组，各区县、乡镇也相继成立本区县、乡镇的社区矫正工作领导小组。领导小组由社会治安综合治理委员会主任牵头，法院、检察院、公安局、司法局、民政局、人力资源和社会保障局、综治办等有关部门负责人为成员，办公室设在司法局，负责日常工作。随着社区矫正工作的发展，北京市司法局设立了社区矫正和帮教安置工作处，其主要职责是“拟订本市社区矫正和帮教安置工作规划及相关政策；协调解决社区矫正和帮教安置工作中的重大问题；指导区县社区矫正和帮教安置工作”。[①] 各区县也设立了“社区矫正和帮教安置工作科”，负责社区矫正和安置帮教事宜。

上海市司法局在 2003 年 10 月设立了上海市社区矫正工作办公室（副局级），负责领导和管理全市的社区矫正工作。2014 年，上海市社区矫正工作办公室更名为上海市社区矫正工作管理局，作为上海市司法局内设的副厅级机构，人员编制由 20 人增加到 30 人。上海市社区矫正管理局负责规划、协调与推进全市的社区矫正工作；研究制定有关社区矫正工作的政策、制度；督促、检查和指导各区县的社区矫正工作；负责审批社区矫正人员的日常管理奖惩，审核社区矫正人员的司法奖惩；做好与政法各部门的沟通与协调工作；指导、监督社区矫正社会组织的工作；负责政府购买服务项目的评估及经费核定、申请；负责社区矫正有关的宣传与对外交往工作。上海市社区矫正管理局下设综合处、刑罚执行处、教育矫正处、安置帮教工作指导处。作为业务主管单位，指导、规范并监督专业性社区矫正工作社团——上海市新航社区服务总站的常规性工作。[②] 上海各区县司法局设立了矫正科（浦东新区为矫正处），负责指导本辖区的社区

---

① 载北京市司法局网站，http://www.bjsf.gov.cn/publish/portal0/tab97/info9131.htm。

② 载上海市司法局网站，http://www.justice.gov.cn/content/detail/548119959a05c2ef3ad5685d.html。

矫正工作，各级街镇司法所具体承担社区矫正的日常管理工作。一些区县的社区矫正处兼有安置帮教职责，如浦东新区司法局设有社区矫正工作处（安置帮教指导处）。2005年，市矫正办下发《街道乡镇司法所（科）社区矫正工作职责》规定了司法所（科）社区矫正工作的十项职能。

浙江省作为首批试点省份，在省、市、县（市、区）三级都成立社区矫正工作委员会作为早期的管理机构，由党委政府分管领导担任主任，法院、检察、公安、司法行政、编委办、财政等职能部门相关负责人任委员，办公室设在同级司法行政机关。在乡镇（街道）成立社区矫正工作领导小组。2005年12月，浙江省司法厅增设了“监狱劳教与社区矫正工作指导处”，承担全省社区矫正试点工作管理指导职能。各级市县也通过增设、增挂或职能整合等方式解决社区矫正管理机构问题。2014年浙江省司法厅增设社区矫正管理局。该局为省司法厅正处级内设机构，主要职责是：贯彻执行社区矫正相关法律法规和方针政策；研究拟订全省社区矫正发展规划并组织实施；负责制定全省社区矫正工作政策和规章制度；负责协调省级有关部门研究解决社区矫正工作中遇到的重大问题；负责督促、检查、指导全省社区矫正工作；承担省社区矫正工作委员会办公室的日常工作。[①] 目前，浙江省70%的市、县（市、区）司法局设立了社区矫正工作机构。

江苏省省、市、县三级社区矫正工作机构已经建立。其中省司法厅设立社区矫正工作局，正处级建制，为省司法厅内设机构，其与作为部门管理机构的监狱管理局和直属行政机构的戒毒管理局还有所区别。13个省辖市中有8个市级司法局成立社区矫正管理局，5个市设立社区矫正工作处，均为内设正科级建制；南通市司法局在社区矫正工作处增设社区矫正执法支队。全省99个县全部建成社区矫正工作机构，其中45个设立社区矫正管理局（或执法大队）。在省、市级层面，社区矫正管理机构的主要职能是贯彻执行社区矫正法律法规和相关政策；研究制定辖区范围内社区矫正工作规划和管理制度；指导监督辖区社区矫正工作的刑罚执行和管理教育；指导社区矫正社会工作者、社会志愿者的聘用、管理、考核工作；负责指导社区矫正突发事件的应急处置工作；组织指导社区矫正工作的宣传、培训和理论研究工作等。在县、乡级层面，社区矫正管理机构依托“社区矫正中心”这一基本平台，对社区矫正人员进行监督管理和教育帮助，司法所承担日常工作。按照《江苏省县（市、区）社区矫正管理教育服务中心建

① 载浙江省司法厅网站，http://www.zjsft.gov.cn/col/col19/index.html。

设标准》的要求，明确县级社区矫正管理机构与中心合署办公，从而实现了县级司法局社区矫正部门的实战化。

截至2016年9月底，全国各省（区、市）和新疆司法厅（局）经所在省（自治区、直辖市）、兵团编办批准设立了社区矫正局（处）。其中，宁夏、青海、江苏、湖北、湖南、西藏、浙江、河南、上海、内蒙古、重庆、广西、河北、吉林、安徽、北京、天津、福建、辽宁、江西20个省（自治区、直辖市）司法厅（局）单独设立社区矫正局（总队），黑龙江、广东、贵州、云南、山西、新疆、甘肃、山东、陕西、四川10个省（自治区、直辖市）司法厅（局）单独设立社区矫正处，海南省司法厅和新疆生产建设兵团司法局在基层处加挂社区矫正局（处）牌子；全国共有341个地（市、州）司法局单独设立社区矫正局（处、室）、2813个县（市、区）司法局单独设立社区矫正局（科、股），占全国地（市、州）和县（市、区）建制数（以上建制数均包含新疆生产建设兵团的师、垦区）的98%左右。

二、社区矫正执行机构概况

（一）司法所模式

所谓“司法所模式”，是指社区矫正的一线执法权主要由司法所日常行使，司法所成为社区矫正执法主体的基层社区矫正执法体系。

自社区矫正试点工作伊始，司法所就被定位为社区矫正的执行机构。2004年《暂行办法》第9条规定：“乡镇、街道司法所具体负责实施社区矫正，履行下列职责：（一）贯彻落实国家有关非监禁刑罚执行的法律、法规、规章和政策；（二）依照有关规定，对社区矫正人员实施管理，会同公安机关对社区矫正人员进行监督、考察；（三）对社区矫正人员进行考核，根据考核结果实施奖惩；（四）组织相关社会团体、民间组织和社区矫正工作志愿者，对社区矫正人员开展多种形式的教育，帮助社区矫正人员解决遇到的困难和问题；（五）组织有劳动能力的社区矫正人员参加公益劳动；（六）完成上级司法行政机关交办的其他有关工作。”第12条规定：“社区矫正工作者应当由司法所工作人员、有关社会团体成员和社会志愿者组成”，这直接将司法行政机关工作人员排除“社区矫正工作者”之外，同时将“司法所工作人员”定位成唯一的主管机关内“社区矫正工作者”。《暂行办法》确立的以司法所为中心的社区矫正执行机构体系在实践中长期使用。

2011年《社区矫正实施办法》对原有的“司法所模式”有所修改，《社区矫正实施办法》第3条规定:“县级司法行政机关社区矫正机构对社区矫正人员进行监督管理和教育帮助。司法所承担社区矫正日常工作。”其中明确提到的县级司法行政机关职权的有:文书接收(第5条),人员报到(第6条)、建立社区矫正执行档案(第10条)、进入特定场所的审批(第12条)、离开居住地7日以上的(第13条)、居住地变更(第14条)、脱管追查(第19条)、违反禁止令的处理(第22条)、违反规定的处罚(第23条、第24条)、建议撤销缓刑假释、收监执行(第25条、第26条、第27条)、减刑建议(第28条)、发放解除社区矫正证明书(第30条),其他一些提到“司法行政机关”的则为与公检法相对应地笼统规定司法行政机关职权。这种调整实际上是在继续确认了司法所模式的基础上,将部分司法所权力上收县级司法局行使。鉴于《暂行办法》和《社区矫正实施办法》的“司法所模式”的基本框架和试行中的惯性,大量开展社区矫正较晚的地区仍然保留着司法所模式的痕迹。

(二)县级司法局模式

所谓“县级司法局模式”,是指社区矫正的一线执法权主要由县级司法行政机关行使,司法所或者其他机构辅助,县级司法行政机关成为社区矫正执法主体的基层社区矫正执法体系。

随着社区矫正工作的深入,一些地方认识到司法所模式的不足,开始逐步强化县级司法行政机关的地位和职权,县级司法局社区矫正部门逐步向一线执法单位转变,开始了“县级司法局模式”的尝试和改革。江苏、浙江是较早开展“县级司法局模式”的。

2011年起,江苏省县级司法局的社区矫正部门向一线实战单位转型,与乡镇(街道)司法所共同担当社区矫正工作任务。江苏省在县(市、区)一级全部建立了社区矫正管理教育服务中心,作为社区矫正工作场所和工作平台。实现县级社区矫正部门、教育服务中心合署办公。区县司法局职权的强化和社区矫正管理教育服务中心的建设,使得区县司法局模式不断加强。2014年1月16日江苏省人大常务委员会通过的《江苏省社区矫正工作条例》将《社区矫正实施办法》中的“司法所工作人员”全部改称“社区矫正执法工作者”,这是逐步淡化司法所模式,推行县级司法局模式的一个重要标志。

浙江省将县级社区矫正机构定位于社区矫正工作最直接的组织者和管理者,承担社区矫正监管执法职能,行使执法权。明确规定县级社区矫正机构承担本辖区内社区矫正人员接收、事项审批、司法奖惩、收监、追查、禁止令执行、应急处置和审前社会调查八项执法职能。[1] 浙江省在县级司法局社区矫正管理科基础上成立社区矫正执法大队，承担和履行县级社区矫正机构监管执法职能。同时还推动县级社区矫正监管指挥中心建设，由执法大队进驻监管指挥中心，统一协调和办理本辖区社区矫正执法事务；统一协调和指挥司法所社区矫正日常工作；统一协调和处置社区矫正突发事件，确保社区矫正执法权依法规范、集中统一行使。

（三）各地社区矫正机构运行模式的探索

各地在构建社区矫正机构过程中，根据需要，将社区矫正机构建设与社区场所建设相结合，并在机构建制、队伍配备、功能发挥进行了多方面的探索，取得了阶段性成效，需要加以总结。

2007 年 12 月，北京市朝阳区建立阳光矫正管理培训中心，即阳光中途之家的前身，并于 2008 年 7 月奥运会前投入使用。2009 年底，北京市司法局决定在全市范围内推广"阳光中途之家"模式。2011 年，北京市基本实现了"一区县一家""阳光中途之家"的体系。[2] 各区县政府财政全额保障"阳光中途之家"建设，区县司法局负责建设、管理和运行。2012 年 5 月 21 日《北京市社区矫正实施细则》颁布。该《实施细则》第 4 条第 1 款规定："区县司法局对社区矫正人员进行监督管理和教育帮助。司法所承担社区矫正日常工作"；第 22 条规定："区县司法局应当在阳光中途之家对新接收的社区矫正人员进行以社区矫正规定为主要内容的社区矫正初始教育……"北京市通过该《实施细则》基本上将阳光中途之家的法律地位确定下来。

江苏省依托"社区矫正中心"这一基本平台，对社区矫正人员进行监督管理和教育帮助，司法所承担日常工作。按照《江苏省县（市、区）社区矫正管理教育服务中心建设标准》的要求，明确县级社区矫正管理机构与中心合署办公，统一设置入矫宣告、集中教育、心理咨询、就学就业指导等功能室和服务窗口，充分发挥中心在整合资源、协调调度监督管理、落实教育帮扶措施等方面的基本平台作用，从而实现了县级司法局社区矫正部门的实战化。

一些地方在基层社区矫正机构中建立执法队。2014 年 6 月 13 日，浙江省台州市机构编制委员会同意将原先在市司法局基层工作处挂牌的社区矫正工作处单独设置，更名为社区矫正管理局，并增挂社区矫正执法支队牌子。同时，各县（市、区）编委也已

---

① 参见 2012 年《浙江省社区矫正实施细则（试行）》。

② 载 http://www.legaldaily.com.cn/bm/content/2011-06/22/content_2755258.htm?node=20729。

全部将社区矫正管理科更名为社区矫正执法大队。目前，台州市 9 个县（市、区）已将原先的社区矫正科全部更名为社区矫正执法大队，天台、仙居等地试点设立 10 个乡镇（街道）执法中队，充分整合内部资源，用足用好编制，配齐配强人员，强化监管执法职能。台州市社区矫正管理局（社区矫正执法支队）、县社区矫正执法大队、社区矫正执法中队和乡镇司法所、村级工作站的四级组织体系已经基本建成并规范运行。①

目前看来，阳光中途之家、矫正中心等具有实体场所的机构具有行刑、教育、安置、公益劳动、培训等较为齐全的功能。例如，江苏宜兴方圆帮教中心就包含临时安置、监督管理、教育矫正、公益劳动、心理咨询、技能培训、就业指导、就业安置等多种功能。有的主要包括教育矫正、技能培训、过度安置等功能，例如，北京市朝阳区阳光中途之家，主要职能是为所管辖社区矫正人员和刑释解教人员提供教育培训、心理辅导、就业指导、过渡性安置（提供临时食宿）、理论研究等服务。北京市各区县的阳光中途之家的功能均相类似。有的主要功能是提供帮扶，例如，上海洪智中心的主要功能是推荐就业、技能培训、心理辅导、法律援助、食宿、帮教服务等，不具有刑罚执行等方面的功能。社区矫正场所面向的对象基本是社区矫正服刑人员和刑释解教人员。不过有的对刑释解教人员设有一定的界限，有的还安置戒毒人员和其他途径难以安置的“三无人员”。例如，洪智中心就将刑释解教人员设定在 5 年内刑满释放的或者解教的人员，还有戒毒人员等。

各地在建立、运行具有实体场所的社区矫正机构的过程中，不断地总结经验、完善管理，出台了相应的管理制度。例如，北京市出台了《北京市阳光中途之家管理暂行规定》，各区、县的中途之家也制定了具体的运行管理规定。上海洪智中心制定了《洪智中心中途之家管理暂行规定》《洪智中心中途之家入住管理规定》《洪智中心中途之家住宿守则》《洪智中心中途之家值班规定》等管理制度。江苏省出台了《江苏省县（市、区）社区矫正管理教育服务中心建设标准（试行）》，该标准对社区矫正管理教育服务中心的性质、功能，基础设施建设、组织队伍建设、管理运行机制建设等方面作出了较为详细、具体的规定。

第二节　社区矫正机构体系构建中存在的问题

现行的社区矫正机构体系虽然已经经过十余年的试运行，并不断地发展完善，但

① 载浙江省政府网站，http://www.zj.gov.cn/art/2014/6/16/art_13098_1211857.html。

是仍然存在一定的不足。其中司法所难以承担社区矫正重任,执行机构定位和发展方向不清,以及社区矫正机构法治化不足是社区矫正机构体系中存在的主要问题。这些问题影响着社区矫正工作的发展,也是未来立法和社区矫正顶层设计所应着重解决的问题。

一、司法所难以承担社区矫正执行重任

作为当前普遍存在的司法所模式,司法所在社区矫正的实施中起到了非常重要的作用,为社区矫正的起步积累了大量的实践经验,充实了司法所的工作内容,因此,也得到实践部门的认可并写入了《社区矫正实施办法》。然而,随着社区矫正的逐渐发展,司法所模式的不足之处逐渐凸显出来:

一是司法所法律地位不明,执法权威性不足。目前,司法所的管理体制争议较大,有的是乡镇政府管理,作为乡镇政府的组成部门;有的是区县司法局管理,作为司法局派出机构。但根据行政法律一般原理,不论司法所为乡镇政府组成部门还是县级司法局派出机构,都不具有独立的公法主体资格。纵观各类法律规定,能将公安派出所、工商所、税务所等机构写入法律规范的,凤毛麟角,其背后深层次的原因就是这些"所"不具备公法主体资格。因此,将司法所定位成社区矫正的一线执行机构,承担执法功能不具备法理上的基础。

由于司法所缺少独立公法主体资格,其只能拥有不完整的执法权,且大部分执法权源于县级司法局的授权。社区矫正具有刑罚执行属性,将如此重要的任务交由缺少法律明确授权、不具备公法主体资格的司法所行使,会严重的损害执法权威性。

二是司法所独立性有限,执法能力不足。目前司法所任务繁杂,普遍人员编制执法训练、执法经费、物质保障都有限。司法所在乡镇政府中的地位,容易导致其有限的人力、物力和其他资源被统筹使用开展其他工作。所以,司法所从其实际执法能力上讲,难以承担社区矫正这项严肃的刑罚执行活动。

三是司法所人员和资源发展空间有限,难以承担社区矫正日益增强的职责任务。我们以社区矫正开展较晚的并采用司法所模式的江西省萍乡市为例。萍乡市上栗县县辖 10 个乡镇、1 个垦殖场和 155 个行政村,12 个居委会。2010 年前后 10 个乡镇司法所新增社区矫正工作职能。司法所工作人员是具体承担矫正工作的主要力量,每所 2 ~ 6 名工作人员承担着辖区社区矫正、安置帮教、普法宣传、人民调解、社会治安综合治理等九项工作职能,工作强度大,使得真正用于社区矫正的精力和时间较少。如

2012年长平司法所包括所长仅3人,东源司法所包括所长仅2人,桐木司法所5人,鸡冠山司法所3人,最多的上栗镇司法所6人。近几年社区矫正职能增加,但人员数量一直没有太大变化。到2013年3月,该县11个乡镇司法所中没有一个设专门负责社区矫正工作的人员,乡镇司法所力量薄弱。按照《江西省司法所规范化建设标准》规定,司法所工作人员法律大专以上的占70%,但该县11个乡镇司法所没有一个达到此标准,离社区矫正工作需具备的法学、心理学、社会学和教育学等全方位的人才需要更是相差甚远。按照上级要求,对每个社区矫正人员的投入经费每年需达2800元/人,而该县财政对社区矫正经费预算为5万/年,按2012年在册社区矫正人员来算,社区矫正的经费缺口达90余万元。投入过少,保障不力,再加上人员分散、地域广阔,致使社区矫正工作陷入困境。① 我们从一个中部地区的县为例进行观察,发现按照司法所模式推进社区矫正所需的人、财、物资源都已经非常庞大,目前,乡镇、街道司法所依行政区划设置,数量巨大。如果推至全国,以每个司法所2~3人计算,每个司法所中从事社区矫正的专职人员1人和社会工作者1人计,仅司法所所需之工作人员就极为庞大。如果考虑到在建设社区矫正的同时还要建设司法所其他业务,当前国情下的人员编制和经费保障实在难以满足如此巨大之需求。即使经济较为发达地区的司法所建设能够得到保障,但实际运行中仍然会出现资源投入与工作成绩产出不成比例的情况。另外,中西部大量地区,特别是一些偏远地区尚无司法所,有的仅为1人所,在我国目前开展政府机构改革、精简人员和机构的大背景下,通过社区矫正加强司法所建设难度很大。

因此,司法所模式虽然为社区矫正制度建立和发展做出过巨大贡献,但是,难以满足当前社区矫正发展的实际需要,在社区矫正制度改革发展中,改变甚至摆脱司法所模式,乃是大势所趋。

二、执行机构的定位和发展方向不清

一方面,"社区矫正机构"这一新名称带来新的困境。我国原有的行政机构体系中没有"社区矫正机构",《刑事诉讼法》创设了"社区矫正机构",似乎想仿照"监狱"在《刑事诉讼法》的地位,由监狱直接对接公、检、法,同时将"社区矫正机构"留给《社区矫正法》解决。在《刑事诉讼法》修改前,大量的工作都由司法行政机关来承担,司法行政机关有着完整的行政机构体系,但《刑事诉讼法》没有规定司法行政机关是社区矫正

① 载参见萍乡市政府网站,http://xxgk.pingxiang.gov.cn/slx/xzbmxxgk/xsfj/fgwj/qtygwj/201303/t20130329_1095077.htm。

的执行机关,而是创设了"社区矫正机构"这一概念,但又没有解决社区矫正机构到底是什么的问题。目前的县(区)司法局社区矫正部门、司法所、中途之家、矫正中心等都承担社区矫正工作职责,都可以称为"社区矫正机构",又都不是法律规定的"社区矫正机构"。已有的司法所、矫正中心工作人员是公务员、事业单位人员身份问题无法解决,待遇保障程度低,队伍不稳定。这都是基层执行机构建设中面临的现实困难,这种困境已经严重影响到社区矫正工作的开展。而按照中国的立法传统,新的模式实验成熟后才有立法予以确认,执行机构体系建设难度过大,缺少经验的积累,又导致日后立法确认的不确定性。

另一方面,谁是一线执法主体的问题没有解决。在区县司法局、司法所、中途之家、矫正中心、执法大队等诸多"社区矫正机构"中,到底谁是一线执法主体的问题没有解决。这是社区矫正机构体系中最需要厘清的问题,这个问题不解决将影响社区矫正工作的发展。一线执法机构的建设,是综合性、系统性、前瞻性很强的工作,涉及人力、财力、物力、权力的分配和协调,涉及司法行政其他业务工作的统筹,涉及不同地区个性化设置和中央统一布局之间的融合,也涉及新体系、新制度建设的规划和设计。《社区矫正实施办法》的对于县级司法局职责的规定总的说来是对原有司法所模式的修正,并非新的模式的建设方案,并没有彻底解决这一关键性问题,社区矫正的主管部门也未对一线执法机构的设置提出一个具有可操作性的解决方案。

三、社区矫正机构法治化不足

缺少明确的法律依据使整个社区矫正机构体系建设面临较大的"正当性"问题。在中国现有的行政体制中,由于缺少行政主体组织法,从而导致滥设行政主体,主体职责不清、权力不明、多头执法、编制不统一、人员不足等问题。

一是现有社区矫正管理机构的设立法律依据不足,法律阶位不高。现有的关于社区矫正管理机构的分工和职责,是通过国务院通知、最高人民法院、最高人民检察院、司法部、公安部的通知或意见、中编办的批复以及司法部的行政规章确立,仅对部门分工和职责作出了最为原则性的规定。不论是司法部的社区矫正管理局,还是各省、市、县的社区矫正管理机构,其并非依据法律授权而组织建立,都是依据各级编办的批复成立。在编办没有批复同意的情况下,多是采用办公室、小组等临时机构形式办公,或者由其他机构或部门兼管、在其他部门下面挂靠。这种临时性的举措在试点初期是可行的,但随着社区矫正正式实施,迫切需要有正式的机构或者部门负责。即使是依据编办批复成立的各局、处、科，依然存在组织机构的主体的法律地位不明的问题。这些文件大多是从行政系统的工作层面对社区矫正管理机构予以规范，但没有关于社区矫正管理机构的设置、权力、职责、人员、保障，以及上下级管理机构的分工，地域管辖等方面明确的、具有的法律效力规定。社区矫正管理机构是司法厅局等司法行政机关，还是社区矫正管理局这一司法行政机关的二级局并无明确的界定。特别是到了区县一级，社区矫正管理机构与司法局以及司法局下属社区矫正科室之间的关系到底怎样界定，尚不清晰。管理机构的大量具体工作都是通过实践中的惯例予以协调解决，很多文件没有规定的跨部门、跨地域的事件，都是通过个案协调的方式予以解决。行政主体法律规范的系统性和完整性严重不足。

二是“社区矫正机构”到底是不是独立的公法主体尚未解决。目前只有刑事诉讼法提到了“社区矫正机构”，但并没有说明是什么样的机构，县(区)司法局社区矫正局(科)、司法所、中途之家、矫正中心等机构到底是不是法律上的“社区矫正机构”，也不确定。随着社会经济的发展，社会对政府法治水平的要求越来越高，缺少明确的法律依据，将严重制约社区矫正管理机构的建设和社区矫正事业的发展。

三是社区矫正机构的内外职权范围尚待完善。从目前看，社区矫正管理机构的职权应分为外部职权和内部职权，外部职权针对的是社会和矫正对象，内部职权针对的是社区矫正管理机构系统和司法行政系统内的事务。在外部职权方面，《社区矫正实施办法》等现有的规章制度对部分外部职权作出了规定，一定程度上为社区矫正实践提供了规范依据，但仍有不足之处，特别是中央、省、市、县等各级社区矫正管理机构的外部职权分配上的区别的问题上有待进一步明确。管理机构内部职权分配是行政机关职责划分上的重要内容。由于我们习惯强调单一制国家中上级行政机关对下级的领导和指导，忽视了上下级行政机关中间职责的明确划分，可能导致行政效率降低、推诿扯皮的情况。目前，《社区矫正实施办法》仅对县级司法行政机关和司法所的职责作出了原则性的规定，“县级司法行政机关社区矫正机构对社区矫正人员进行监督管理和教育帮助。司法所承担社区矫正日常工作”。从国家政府机构改革的方向上、从执法机构的公法主体地位上、从执法所需的具体权限和授权上等各个方面看，这种笼统的表述已经不能满足实际的需要。

目前，在内外部职责权限方面迫切需要解决的问题有：

1. 社区矫正管理机构体系内，上级管理机构和下级管理机构是指导关系还是领导关系尚不明确；在处罚、收监、脱管犯查找等具体案件中，上级机构可否直接行使下级机构的职权，也不明确。

2. 目前社区矫正管理机构仍然实行的是“上面千条线，下面一根针”的管理方式，无上下分权，上级机关的任务不分种类的层层下压，直到压到区县司法局，甚至区县司法局还要压到司法所。上下级管理机构工作任务的差异，中央、省、市、县、乡等各级社区矫正管理机构的内部分工和外部职权分配上的区别，目前还都没有得到系统的梳理和解决。这种管理体制给最基层的一线工作人员带来很大的工作压力，不利于社区矫正工作的开展。

3. 流动人口的犯罪导致的异地服刑也给不同地区的社区矫正管理机构之间的配合带来很大的挑战。由于地方政府部门人力、物力、财力无法跨地区协调，流动人口的社区矫正面临经济发达的人口流入地工作压力大、经费支出大，而经济落后的人口流出地工作压力小、经费支出小的局面。流入地为流出地承担了大量的矫正工作，一定程度上影响了跨地区社区矫正工作的开展。

第三节　社区矫正机构体系的发展与完善

基于社区矫正机构体系的现状，针对其中存在的影响社区矫正发展的现实问题，我们认为，应该从两方面着手，发展和完善社区矫正机构体系：一方面应该通过健全社区矫正机构的法律框架和明确各级社区矫正管理机构之间的职责分工来强化社区矫正机构体系的法治化；另一方面应该针对我国不同层级和种类的行政区划，设计相应的社区矫正机构体系。

一、通过法治化建设完善社区矫正机构体系

（一）建立健全社区矫正机构法律框架体系

推进社区矫正机构体系建设的首要内容，就是要建立健全社区矫正机构法律框架体系。《社区矫正法》已经列入全国人大立法规划，但仅仅通过《社区矫正法》和《社区矫正实施办法》那样组织法和实体法、程序法合一的方式，原则性地规定社区矫正机构是不够的。随着政府机构改革的深入，通过系统性的法律框架体系，规范社区矫正机构的设置是大势所趋。

从理论上讲，首选方案应是采用组织法和程序法分立的形式较为科学，即制定《社

区矫正机构组织法》和《社区矫正程序法》。组织法和程序法属于不同的法律部门,有不同的法律目的。将社区矫正机构在组织法中单独规定可以对管理机构、执行机构等的设立、权限、内设机构、人员编制、经费来源等事项提供充分的立法空间。

次优方案是在《社区矫正法》通过后制定《社区矫正机构组织条例》,《社区矫正法》对社区矫正机构的设置、权限等问题作出原则性规定,然后授权国务院制定《社区矫正机构组织条例》,在《条例》中对社区矫正管理机构和执行机构等进行详细规定。

保守方案仍是维持既有的立法体例,即制定组织法和程序法合一的《社区矫正法》。我们建议,如果采用此立法例,应最大限度地在组织法部分细化社区矫正机构设置的具体规定。

(二)明确各级社区矫正机构的职责分配和授权

我们认为,政府机构改革的大方向应该是明确各级政府机构的权限、分工及其相应的人、财、物配套制度,并以法律的形式予以固定。因此,未来各级社区矫正管理机构的职责和分工应该在《社区矫正法》中或者《社区矫正机构组织条例》中予以体现。部门规章和地方性法规可以在授权范围内,制定相关的实施细则。

一是明确纵向各级社区矫正机构之间职责的分配。虽然根据现有制度,上级社区矫正管理机构负责指导管理辖区内的社区矫正事务,但是上级机构不可能事事指导,因此,即使法律没有明确规定,上下级之间的职责分工也必然会出现。我们认为,司法部社区矫正管理局显然应该具有社区矫正方面的规则制定权和立法建议权,并有权复核下级社区矫正管理机构制定的社区矫正实施细则;还拥有全国信息统计、发展规划、信息系统标准制定,全国范围内监督检查等职权。省级管理机构应有本省范围内的规则制定权,以及信息统计、发展规划、监督检查、省际协调、监督检查等职权。中央和省级社区矫正管理局理论上都享有的执法权,但大多备而不用,或是授权下级管理局行使,仅在出现重大案件或特殊情况时方才使用。

县、区司法行政机关具有社区矫正管理权,但县级更主要的是履行社区矫正执行机构的职责。这些职责包括:(1)执行刑罚的职能。即将人民法院的判决、裁定、决定或者监狱管理机关、公安机关批准文书所确认的、对被判处管制、宣告缓刑、裁定假释或者暂予监外执行的罪犯所适用的刑罚及相关刑罚措施的内容付之实施。具体包括:接收、登记、入矫宣告、考核奖惩、限制离开居住地或者迁居、限制进入特定的区域或者场所、限制接触特定的人、协助追逃、提出治安管理处罚建议、提出撤销缓刑、假释和收监执行的建议、宣告解除社区矫正等。(2)监督管理职能。依法对社区矫正人员进行有效的监督管理，防止他们脱管、漏管，促使他们遵守法律法规及社区矫正执行机关的有关规定。包括有关强制性的职权、使用戒具、定位监控、强制带离、调查取证、脱管查找、集中管理以及相关的强制到场、隔离措施等。(3)教育矫正职能。在执行刑罚、实现有效管理的基础上，对社区矫正服刑人员进行科学、系统、有效的教育矫正。包括通过思想教育、心理矫正、个案矫正、社区服务等一系列的教育矫正措施，使他们能够悔过自新，能够适应正常的社会生活，不再重新违法犯罪，成为守法的公民。(4)帮困扶助职能。协调有关部门落实国家有关政策，组织社会各方力量帮助解决社区矫正人员工作、学习、生活中的各种问题。

由于司法所不是独立公法主体，县、区司法局不能将执法类权力授予司法所，对非执法类权力，比如，安置帮教、教育矫正、心理辅导、公益劳动等可以由司法所行使。

总体说来，越往基层，执法权的使用越凸显，管理权越弱化；越往高层，管理权越重要，对下级的监督检查权比重越大，而执法权越却更加备而不用。

二是明确社区矫正机构和公检法机关以及司法行政机关其他相关部门的协作关系。特别是与监狱管理、安置帮教，以及公安机关监所管理机构、治安管理机构等涉及罪犯刑罚执行和矫正业务的部门之间的协作方面，可以在《社区矫正法》和《社区矫正机构组织条例》方面予以明确，一些涉及司法行政机关内部的事务，可以通过司法部部门规章的形式予以细化。目前许多地方出台了关于社区矫正工作中跨部门衔接方面的规定，较好的厘清了这些部门之间的关系，积累了较为成功的经验，我们认为，应将其中较为成熟的内容适时地吸纳到更高阶位的《社区矫正法》和《社区矫正机构组织条例》中，实现部门间协作关系的制度化。

三是明确社区矫正机构和社会辅助力量之间的关系。社会辅助力量是社区矫正工作中不可或缺的组成部分，只有明确其与社区矫正机构之间的权责关系，才可能更好地推进社区矫正工作。我们建议，应在《社区矫正法》中明确规定，管理和指导社会辅助力量参与社区矫正工作，是社区矫正管理机构的一项重要职责；对于哪些具体工作需要社会辅助力量参与，及参与的程度，可根据需要规定在《社区矫正法》的相关条款及配套规定中。社会辅助力量的发展规划、规范制定、遴选标准应由司法部社区矫正管理局和各省级社区矫正管理局负责。而具体的社会工作者和社会志愿者的招募、公益劳动基地的选取、社会联络点和联络人的确定等可以由区、县级的社区矫正管理机构负责。

二、改进社区矫正执行机构体系的建议

根据社区矫正制度的性质和工作特点，按照我国行政管理机构设置体制，结合这些年司法行政机关推进社区矫正机构建设的实践，我们认为，我国社区矫正机构体系的设计，可以考虑在部、省、市、县四级司法行政机关设立社区矫正管理机构，负责社区矫正工作的管理、协调和监督，县级司法行政机关设立社区矫正执行机构，二者合署办公，负责社区矫正执行工作。据此，应在立法中明确：国务院司法行政部门主管全国的社区矫正工作，县级以上地方人民政府司法行政部门管理本行政区域的社区矫正工作。社区矫正机构负责社区矫正的执行工作。

（一）将县级（市、区）社区矫正机构作为一线执法机构

社区矫正的具体执行工作主要集中在县一级，除考虑地域范围、生活习惯、文化习俗等因素外，与公、检、法机关在县级建制相协调，也与我国《刑法》中关于社区矫正人员“离开所居住的市、县，应当报经执行机关批准”的规定相一致。因此，在县级设置社区矫正机构作为基本的社区矫正执行单位，比较符合我国的国情。我国社区矫正十多年的实践证明，在县（市、区）司法局设置社区矫正机构，既有利于执法、行刑的统一，也有利于对社区矫正人员的监管、教育矫正及帮扶，同时也有利于专业化、规范化的社区矫正工作队伍的培养和建设。

建议采用“县级司法局模式”，在县（市、区）司法局下直接设××县（市、区）社区矫正中心（或社区矫正局）。作为基层单位，县级社区矫正工作主要任务是直接对社区矫正人员执行刑罚，与县级社区矫正管理机构实行一套人马、合署办公，避免机构人员的重复设置。该机构在规格上可以考虑副科级建制，具有相对独立的人、财、物及场所，能够对外独立承担权利义务。

根据社区矫正机构履行管理、教育矫正、帮困扶助社区矫正人员的职责，可以考虑在社区矫正机构内设置刑罚执行室、监督管理室、教育矫正室、帮困扶助协调室、办公室、执法警察大队等内设机构。根据中国国情，结合县级社区矫正机构的实战需要，考虑到执行机构工作人员的待遇，内设机构也可以都成为大队，例如，刑罚执行大队、监管大队等。

（二）直辖市、设区的市根据需要设立社区矫正执法机构

我们建议将省（区、市），地（市、州）两级的社区矫正管理机构独立设置，待条件成

熟后，这两级社区矫正管理机构升格为具有独立法人资格的二级局，与各省（市、区）监狱管理局的规格、设置类似，并分别明确其职责。这样考虑是基于社区矫正作为刑罚执行工作，需要由独立的机构来履行职能、承担责任，同时，便于直接与相关部门进行协调、配合等，保证社区矫正机构自身的独立性和统一性。

省、自治区司法厅的社区矫正机构主要是管理机构，与司法部社区矫正管理局的作用类似，负责本区域内的社区矫正的宏观管理，一般不需要行使执法权，不需要直接下设社区矫正执行机构。

直辖市的社区矫正管理局可以下设社区矫正执行机构，这与省、自治区司法厅的社区矫正管理机构有所不同。直辖市与省、自治区有很大的不同，具有城区集中、可直接面向服务管理对象的特点，同时具有财力、物力和广泛组织吸纳社会资源的能力优势，如果根据需要设置执行层面的社区矫正机构，配以场所建设，将有利于动员整合全市资源，发挥其独特作用。直辖市司法行政机关社区矫正机构可接收经过评估需要重点监管教育的服刑人员，或者不宜交给区县的矫正人员，除组织全市社区矫正人员集中教育外，针对重点监管的矫正人员开展针对性的综合矫治，探索多样化的教育矫正模式，提升社区教育矫正科学化水平。据了解，目前，北京市编办批准在市司法局社区矫正和安置帮教工作处加挂“北京市司法局社区矫正管理总队”，明确其职责之一“负责行使法律、法规、规章规定应由省级司法行政机关行使的社区矫正执法职责”，还另设有教育矫正中心，主要承担全市社区矫正人员入矫时的集中教育的任务。天津市也设有社区矫正中心，根据需要支持各区县司法局的社区矫正工作，但没有属于其自身管理的社区矫正人员。北京市和天津市的探索值得总结。

设区的市与直辖市的情况类似，存在设置社区矫正执行机构的实际需要，可以在市级社区矫正管理机构下设置执法机构。目前，各地在较大的城市普遍设开发区、经济区、产业园区或者功能区，这些区域不是民政部门认可的行政辖区，一般不设置县级司法行政机关，区域内的社区矫正服刑人员可能出现无机构接收的情况；实践中还存在跨区域、城乡接合部以及流动社区矫正人员的监管困难等问题，都可以通过设立市一级的社区矫正机构加以解决。江苏省扬州市已经开始了设立社区矫正机构的探索，积累了一定的经验。

因此，我们建议：立法中明确“直辖市、设区的市司法行政机关根据需要可以设置社区矫正执行机构”，接受同级社区矫正管理机构指导管理，其职能、职责以及内设工作机构及配备的人员与县级社区矫正执行机构大致相同。直辖市、设区的市、县级社区矫正机构之间没有隶属关系。

(三)司法所在社区矫正工作的职责界定

司法所是司法行政机关的基层组织,扎根社区、了解民意,熟悉、掌握社区矫正人员的背景及相关情况,以司法所为依托开展社区矫正工作,是符合我国国情的选择。但基于司法所客观上存在基层司法行政职能多,应对街道、乡镇工作任务重,管理体制不统一,人员编制有限等现实情况,在立法中既要明确司法所在社区矫正工作中的作用,又要考虑符合司法所实际的定位。建议在立法中采用列举的方式明确司法所承担社区矫正工作的职责,包括:协助调查评估,组建矫正小组,参与接收宣告,负责社区矫正人员的报告走访,协助对社区矫正人员的考核、奖惩及外出、变更居住地审批,参与教育矫正、社区服务、帮扶等工作。

直接列举司法所参与社区矫正的具体工作职责,可以解决三个问题:一是司法所承担社区矫正工作符合职责法定的要求,任务更加明确具体,也避免地方执行不统一。二是强化县级社区矫正机构的执法主体、责任承担者地位,司法所只对法定的几项具体单项工作负责,不对整体的社区矫正执行负责,这与司法所的实际承受能力相一致,解决了实践中司法所长期不堪社区矫正职业风险巨大压力的问题。不少地方社区矫正任务几乎全部由司法所承担的做法应当在实践中逐步调整、转变。三是推动解决社区矫正人财物保障,特别是专职人员不足问题。作为社区矫正执行主体的县级社区矫正机构建设应当在未来实施社区矫正法中得到全面加强,无论在人员编制、经费保障还是场所建设,以及吸纳社会力量等方面,县级社区矫正机构的能力和空间远远超过司法所。通过争取增加县级机构专职人员向司法所派驻,以部分解决司法所社区矫正专职人员问题。同时,继续依托政府购买"社区矫正公益岗位"补充司法所专业人员,多渠道解决司法所人员不足问题。

(四)加强社区矫正联络点(工作站)的建设

社区矫正中,社区的监督作用非常重要。如果不能充分发挥社区的作用,将社区建成日常监督管理的触角,那么社区矫正也就名存实亡。因此,建立社区联络点,并通过社区联络点和联络人对社区矫正人员进行日常监管非常有必要。

浙江省在社区矫正联络点的建设上走在前列,浙江省自2011年以来积极整合基层社会治理资源,努力实现对社区矫正人员全天候、全方位、全过程的实时动态监管、教育和帮扶目标，发布规范[1]明确工作站的建设，在有社区矫正人员的村（居）、企业、经济开发区和工业园区等地陆续成立社区矫正工作站，按照"日见其人、日闻其声、日有记载"的要求，实现对社区矫正人员的日常监管。同时将社区矫正联络点的职责写入《浙江省社区矫正实施细则（试行）》。

我们认为，从严格意义上讲，社区矫正联络点（工作站）不具有执法权，不属于社区矫正执行机构。联络点的联络人可以为社会普通人，其负有监督社区矫正人员的职责，应属于社会力量范畴。联络点的主要职责就是依托学校、医院、社区、工作单位等社区矫正人员日常活动的场所，利用其日常接触的人员，努力实现对社区矫正人员全天候、全方位、全过程的实时动态监管、教育和帮扶目标。社区矫正联络点的发展是社区矫正社会化的集中体现，也是实现社区矫正机构日常监管的灵敏触角，是未来社区矫正发展的一个重要方向。

---

① 《关于进一步加强村（居）社区矫正帮教工作的通知》和《关于加强村（居）社区矫正工作站规范化建设的若干意见》。

第四章　社区矫正专职队伍体系

社区矫正专职队伍，指的是在司法行政系统专门从事社区矫正工作，具有正式编制和身份的工作人员。社区矫正专职队伍作为社区矫正工作的管理者和执法者，与参与社区矫正的社会辅助力量一道，在社区矫正的监管、教育和帮扶中发挥重要的作用。本章主要探讨的是社区矫正专职队伍，关于社会参与力量，本书另有专章论述。

我国社区矫正自2003年试点以来，专职队伍建设取得明显进展和较大突破，有力推动了社区矫正工作的发展。但随着社区矫正全面推进，社区矫正人员迅速增长，工作要求进一步提高，专职队伍建设面临新的挑战。围绕推动社区矫正专职队伍的发展，实务部门和学界普遍关注以下问题：如何界定专职工作队伍的范围及其职责；是否有必要在社区矫正机构内配备人民警察；是否在充分估算社区矫正人员人数和工作量的基础上，按照合理的比例配置社区矫正专职工作人员；是否可以借鉴国外经验探索建立矫正官制度；等等。本章试图针对这几方面的问题进行探讨。

第一节　社区矫正专职队伍的现状

目前，法律上没有“社区矫正专职队伍”标准的称谓和范围的界定。相对于社会参与力量来讲，专职队伍应属于司法行政系统内的社区矫正人员配备，一般包括司法部及各地司法厅局社区矫正局、处、科的工作人员，司法所工作人员，从监狱、戒毒、警校或者其他部门转岗或者借调从事社区矫正的警察，以及在阳光中途之家、社区矫正中心中的具有公务员或者事业编制的工作人员。本节着重对社区矫正专职队伍的构成、职权和人力资源配置的状况作简要的介绍。

一、社区矫正专职队伍的界定

目前，法律上没有“社区矫正专职队伍”的定义，在理论、立法与实践中，经常出现“社区矫正工作人员”一词，不同的文件中其定义和范围各有不同，从而影响着“社区矫正专职队伍”的范围：

第一种是将“司法所工作人员”作为专职工作队伍的名称，比如，2004 年《司法行政机关社区矫正工作暂行办法》（以下简称《暂行办法》）第 12 条规定：“社区矫正工作者应当由司法所工作人员、有关社会团体成员和社会志愿者组成。”2012 年《社区矫正实施办法》取消了“社区矫正工作者”的定义，但通篇仍以“司法所工作人员”为主。北京、浙江等地关于社区矫正的规定也是采用“司法所工作人员”的称谓。①

第二种是“社区矫正工作人员”。比如，2014 年《江苏省社区矫正工作条例》第 8 条第 1 款规定：“社区矫正工作人员由社区矫正执法工作者、社区矫正社会工作者组成。”实际上是将执法工作者、社会工作者都划入专职工作者的范围。

第三种是认为社区矫正专职工作人员包括警察和执法人员两类。2013 年 2 月的《社区矫正法（草案送审稿）》第 9 条“社区矫正工作人员”规定：“社区矫正机构的人民警察组织执行刑罚，对违反有关监督管理规定的社区矫正人员实施制止、惩戒、收监等措施。社区矫正机构根据需要配备其他执法人员，开展社区矫正工作。社会工作者、志愿者在社区矫正机构组织下，协助开展社区矫正工作。”即该《草案送审稿》认为，社区矫正专职工作人员包括警察和其他执法人员两类。

从目前有关文件和实践中看，我国社区矫正工作队伍由社区矫正执法工作者、社区矫正社会工作者和社区矫正志愿者三方面人员组成。社区矫正执法工作者，主要包括社区矫正机构、司法所的公务员，抽调一定数量的原劳教（戒毒）干警；社区矫正社会工作者队伍，主要包括由县（市、区）人民政府公开招聘的社会工作者以及通过政府购买服务的方式委托社会组织派出的人员，称为社区矫正协管员，或矫正社工，或社区矫

① 参见《浙江省社区矫正实施细则（试行）》、《北京社区矫正实施细则》。

正专管员等;社区矫正志愿者,主要包括社区的退休人员、下岗人员、村(居)委会工作人员、学生(大学生、研究生)等。

从目前现状来看,可以这么理解:社区矫正专职队伍是指在社区矫正管理机构和社区矫正机构内的公务员和人民警察,以及经当地政府面向社会公开招聘的、在社区矫正机构内为其专设的社区矫正专业技术岗位的社会工作者。

二、专职工作者的构成

目前,在司法行政系统内的社区矫正专职队伍主要有以下几类组成:

第一类是司法部及各地司法厅局社区矫正局、处、科的工作人员。这类人员主要是在中央、省、市、县/区司法厅局或社区矫正局、处、科中从事社区矫正工作的人员。他们多具有公务员身份,也包括政府正式招聘的社会工作者,构成了社区矫正专职工作者队伍的主干。

第二类是司法所工作人员。由于目前社区矫正工作在基层主要依托司法所进行,因此乡镇、街道司法所的工作人员从事了大量的社区矫正工作。但是,司法所工作人员由于还承担了大量的法律宣传、法律援助、调解、信访、维稳工作任务,其身份大多隶属于乡镇、街道政府,因此,其并不属于严格意义的"专职工作者"。

第三类是从监狱、戒毒、警校或者其他部门转岗或者借调过来的警察。在从社区矫正试点开始时,由于社区矫正工作人手紧缺,各地形成了从监狱、戒毒警察中抽调警力开展社区矫正工作的做法,有的地方还大批量的转岗。比如,北京较早就采取了抽调监狱戒毒警察派驻司法所的模式,每个司法所至少派驻一名监狱戒毒警察,并初步形成一系列制度。① 2012 年《北京市社区矫正实施细则》第 4 条第 2 款明确规定:"抽调监狱劳教人民警察、社会工作者和志愿者在司法行政机关的组织指导下参与社区矫正工作。"江苏省自 2014 年开始,每年选派 150 余名监狱、戒毒民警到全省 13 个省辖市和 100 余个县市区司法局,担任派驻司法局社区矫正机构副职领导,负责或协助开展安置帮教、社区矫正、驻地监外执行罪犯考察工作。我国《人民警察法》没有规定社区矫正警察序列,目前各地都是借用或套用监狱戒毒系统司法警察身份。2013 年劳动教养制度废除后,大量劳教警察被分派到社区矫正机构中开展社区矫正工作,从而也使

---

① 《参加社区矫正工作监狱劳教干警管理规定》《社区矫正工作监狱劳教干警岗位职责》《参加社区矫正工作监狱劳教干警考核办法》《关于建立监狱劳教干警从事社区矫正工作长效机制的意见》《社区矫正抽调干警考勤工作规定》《社区矫正干警行为准则》等。

社区矫正执法人员具有警察的身份。这部分人员大多专门从事社区矫正工作，但是由于制度限制，其身份、编制、职权等问题并没有得到很好地解决。

第四类是在阳光中途之家、矫正中心中的具有公务员或者事业编制的工作人员。目前北京、江苏等地的阳光中途之家、社区矫正中心多是经过编办批准成立，其工作人员多具有事业编制身份。这些单位的工作人员属于专职从事社区矫正工作。

三、专职工作者的履职情况

不论是2004年的《暂行办法》还是2012年的《社区矫正实施办法》，都没有就社区矫正专职工作者的职责作出详细规定，大量的规定只是通过“司法行政机关”和“司法所”的职责来表述社区矫正工作人员执法权。目前，基层社区矫正工作人员普遍反映的一个问题是职权不明，法律授予的权力不清、不足、不够。2013年《社区矫正法（草案送审稿）》中涉及了这一问题。[①] 但由于内容过于简单，操作性不强，还需要予以细化。

目前，江苏省对社区矫正工作人员的执法权问题有了较为详尽的规定，走在了全国的前列。《江苏省社区矫正工作条例》首先是明确了社区矫正工作人员由执法工作者和社会工作者组成（第8条第1款），并概括规定了“社区矫正工作人员应当严格遵守法律，忠于职守，严守纪律，清正廉洁”的基本义务（第8条第2款）和“社区矫正工作人员依法履行职责，受法律保护”的基本权利（第8条第3款）。该《条例》第9条规定：“社区矫正执法工作者由社区矫正机构和司法所的公务员担任。下列执法事项应当由社区矫正执法工作者办理：（一）社区矫正人员的接收；（二）社区矫正的执行宣告和解除宣告；（三）社区矫正监督管理事项的审批；（四）对社区矫正人员的考核奖惩。社区矫正执法工作者执行公务时应当出示社区矫正工作证件。”第10条第1款规定：“社区矫正社会工作者在社区矫正机构组织下，协助开展社区矫正工作。”这实际上并没有赋予专职工作者独立的执法权。江苏省这样的规定虽较为简略，但对确定专职工作者的职权具有很重要的意义。

从全国多数地方的情况看，社区矫正专职人员履行社区矫正管理机构和执行机构的全部职责，并未划分执法类和非执法类职权，也并未区分不同身份人员承担不同性质的职责。

---

① 2013年《社区矫正法（草案送审稿）》第9条【社区矫正工作人员】：“社区矫正机构的人民警察组织执行刑罚，对违反有关监督管理规定的社区服刑人员实施制止、惩戒、收监等措施。”

四、社区矫正专职人员的资源配置现状

目前,由于专职人员的构成种类较多,很多从事社区矫正的工作人员并非"专职",社区矫正队伍又处在不断变化之中,社区矫正管理部门尚无关于社区矫正专职人员的确切统计数据。在一段时间,管理部门将司法所工作人员作为社区矫正专职工作者进行统计。比如,截止到2014年10月,全国司法所从事社区矫正工作79,207人,平均每个司法所1.9人,其中政法专项编的公务员44,493人,占56.17%;地方行政编制17,405人,占21.97%;事业编制17,309人,占21.86%。全国共社区矫正专职社工80,170人。

以社区矫正开展较好的江苏省为例,江苏省司法所社区矫正工作人员共2411人,平均每个司法所1.5人;省市级司法局社区矫正机构执法工作者47人,平均为3.6人/市,县(市、区)司法局社区矫正机构(矫正中心)执法工作者343人,平均为3.4人/县(市、区),司法所执法工作者2021人,全省1310个司法所中,核定编制数2698人,实际到位2021人,到位率75%(其中政法专项编1777人,政法编配备率66%),平均到司法所为1.5人/所,极少数司法所为"一人所"。市级和县级社区矫正机构以镇江市(地级市)为例,镇江市矫正局2人,另有共建挂职干部1人。镇江共有6个市辖区,1个开发区。6个市辖区有5个成立了社区矫正局,丹阳市、扬中市矫正局各6人,其中3名公务员(含1名挂职民警),3名社工;句容市矫正局5人,其中3名公务员(含1挂职民警),2名社工;京口区矫正局4人(含1名挂职民警),3名社工;丹徒区矫正科3人,2名公务员(含1名挂职民警),1名社工;另有镇江新区为开发区,没有司法局,只有1名非公务员身份的司法办工作人员,另外社区矫正中心有3名社工。

根据相关规定,社区矫正机构中,社区矫正执法工作者为主,而专职社会工作者在社区矫正机构的组织下协助开展工作。截至2016年5月底,江苏省共有社区矫正社会工作者2665人,社区矫正人员34,898人,实际配比达1:14。各地通过县司法局单独招聘、联合人事部门招聘、乡镇政府招聘、教育系统教师转岗、公益性岗位招录、劳务公司派遣等方式,加强社区矫正社会工作者队伍建设,弥补了工作力量的不足。特别是2013年,江苏省人力资源和社会保障厅、财政厅、卫生厅、民政厅、司法厅等部门联合下发通知,确立在司法行政(社区矫正和安置帮教)等七个领域开发基层公共服务公益性岗位,各地司法行政机关共开发了1453个公益性岗位,面向社会招录具备法律、心理学、教育学和社会学背景的专业技术型的社区矫正社会工作者675名,协助执法工作

者开展日常工作，增强了社区矫正工作力量。

第二节　社区矫正专职队伍存在的问题

社区矫正自试点以来，专职队伍的建设有了长足的发展，有力地推动了社区矫正工作的开展。但随着社区矫正全面推进，社区矫正人员迅速增长，工作要求不断提高，专职队伍建设面临发展规划的不足，缺少警察身份和执法权力，人力资源短缺和配置不均衡等各种问题，给社区矫正执法工作带来了困扰，加大了专职工作人员的工作负荷，专职队伍建设的稳定性缺少制度性保障。

一、对社区矫正专职队伍的发展规划不足

虽然司法行政系统管辖下的社区矫正工作队伍由专职队伍和参与社区矫正的社会力量两类人员组成。但是各方对于专职工作者的定义、范围和构成仍然存在较大的分歧，对于专职工作者队伍改革和发展的路径仍不清晰。

首先，囿于既有体制和实践做法的限制，专职队伍被割裂称诸多身份。有的专职人员为司法行政机关和社区矫正管理机关的工作人员，有的是司法所工作人员，有的是监狱戒毒警察被委派从事社区矫正工作，有的是阳光中途之家中的工作人员。他们有一部分是公务员编，有一部分是事业编，还有的是“政法专项编制”。这种身份的割裂和编制多元化，虽然在社区矫正发展初期有利于解决实际问题，但是到了目前的阶段，已经对社区矫正的发展产生了较大的制约。比如，根据课题组在河南的调研，发现身份问题极大地困扰着专职队伍建设。工作人员编制较为杂乱，缺编严重，既有司法行政专项编制，也有地方行政编制、地方事业编制（其中包括事业全供、事业差额供给、事业自收自支），还有没有任何编制但地方财政全供的其他人员。

其次，囿于现有的人事、行政和经费管理体制，社区矫正专职工作人员的管理和发展难度较大。比如，在司法所工作人员承担了大量的社区矫正工作，但是，大量的司法所属于乡镇街道管理，司法所工作人员的人事管理也隶属于乡镇街道，区县司法局仅为业务指导，划拨一定数量的社区矫正经费给司法所。实践中基层司法所承担了大量的信访、维稳工作，有限的人力和财力难以满足社区矫正工作的需要，这部分人员从事社区矫正工作名为“专职”实为“兼职”。

最后，缺少关于专职工作者的法律规范性文件和发展路径设计。目前从中央到地

方，鲜有关于社区矫正工作人员的法律规范性文件。即便是在《社区矫正实施办法》及各地的执行细则中，仍然缺少社区矫正专职工作者的系统、明确的规范，各地对其称谓、构成、职权、资格、待遇等各个方面都缺少规范，更缺少这支队伍的发展路线规划。这些直接影响了作为个体的专职工作者的信心、待遇和职业发展规划，影响了队伍的稳定性。

二、身份和执法权不明确导致执法中的问题

社区矫正是一项执法活动，执法的对象都是罪犯，具有一定的人身危险性，为了震慑罪犯，维护法律尊严，以及保护工作人员的人身安全，有必要赋予社区矫正工作人员相应身份和执法权。但现行的规范性文件都缺少关于专职工作者身份和执法权的规定，基层社区矫正工作人员普遍反映，编制割裂，缺少警察身份，缺少执法权，导致执法工作中经常遇到困扰：

一方面，表现为对社区矫正人员震慑力低，刑罚执行手段弱化。特别是在罪犯交付环节，强制社区矫正人员到场，撤销缓刑、假释、收监执行时，在发生脱逃脱管、社区矫正人员违反禁止令时的强制带离、违法犯罪等重要环节和时段，由于缺少法律的授权，专职工作者无法对社区矫正人员行使强制带离权，调查取证权等，无法遏制违法行为和结果的发生、制止事态的扩大、防止危害结果的发生。一些地区已经发生多起社区矫正人员在报到或日常监管中对县区司法局和司法所工作人员言语侮辱甚至人身威胁的情况，由于专职工作者没有限制人身自由的权力及警械装备，在收监等关键环节，如果罪犯反抗或脱逃，则会出现束手无策情况，司法局协调公安机关配合收监也存在一定的难度。目前，中部某省已被法院裁定收监后因社区矫正人员脱逃而未被投监的达到 19 人，因司法行政机关无力追逃，公安机关又不积极配合，导致这些人逍遥法外。

另一方面，社会对社区矫正工作的认知度低，公众配合程度低。包括一些国家公职人员在内的大量群众不知道社区矫正，看到身着便服的工作人员开展调查评估时，罪犯家庭、工作单位、案件被害人及其家属、社区组织和社区居民时常不配合，有地方甚至出现过司法所工作人员在劝解社区矫正人员与他人打架斗殴时，被公安机关误认为是参与打架斗殴的违法犯罪嫌疑人的案例。

三、专职工作者人力资源短缺、配置失衡

首先，社区矫正面临巨大的人力资源短缺问题。据调查走访，随着社区矫正人员

数量的迅猛增长，社区矫正工作人员普遍感到工作量激增。从专职工作者和社区矫正人员数量总体比例上看，尽管全国司法所从事社区矫正工作人员有79,207人，而同期全国的社区矫正人员为731,567人，工作人员与社区矫正人员比例为1∶9左右。但实际上这79,207人中，都是身兼多职的人员，一般只能将30%～50%的时间和精力用在社区矫正工作中。并且，这一人员数量状况并没有随着社区矫正人员的增加而增加：2009年全国社区矫正人员只有21.5万人，而到2014年10月增加到73万人后，但司法所从事社区矫正专职工作人员并没有增加。① 特别是在基层司法局和司法所，社区矫正工作人员工作压力大，执法保障不足，部分情况下面临一定的人身危险。很多地方的司法所承担了大量的工作，却仍然是“一人所”，无法真正担负起社区矫正的繁重任务。

以社区矫正开展较好的江苏省为例，专职工作者与社区矫正人员的比例也不平衡，大多数地区矫正力量不足。目前，江苏全省执法工作者和社区矫正人员比例达到1∶18。《江苏省社区矫正工作流程》规定，1名社区矫正人员从入矫到解矫期间，需要经历4大环节，26道工作项目，但假设以司法所2名执法工作者，30名社区矫正人员进行统计，要完成《权力清单》中规定的12项职能，平均工作时间达46小时/周。此外，司法所工作人员在还要承担其他司法行政工作任务，这样的工作强度显然是不合理的。②

在河南省，省辖市社区矫正工作人员每人每周的工作量平均达到45小时以上，按一周5个工作日计算，平均每天工作时间在9小时以上。部分社区矫正人员较多的大市，每人每周工作时间达50小时；县（市、区）司法局社区矫正工作人员每人每周工作时间达到54小时，平均每天工作10.8小时；司法所社区矫正工作人员平均每人每周工作时间接近60小时，平均每天工作时间在12小时左右。

其次，基层司法所及县级司法局的工作人员中，专业素养、专业能力也难以适应社区矫正工作的实际需要及工作发展的需要。司法所具有社区矫正所需相应专业素质和能力的人占比比较少。据河南省统计，县（市、区）司法局从事社区矫正工作人员中，有法律大专以上学历的仅占34.8%；司法所则为32.2%。其他具有教育学、心理学学历的人就更少了。因此，从整体来看，社区矫正专职人员尤其是合格的社区矫正专职人员缺乏是我国社区矫正队伍建设面临的最迫切的问题。③

① 数据来源于司法部社区矫正管理局统计数据。

② 数据来源于河南省司法厅统计数据。

③ 数据来源于河南省司法厅统计数据。

再次,司法行政系统内的人力资源配置没有及时优化。社区矫正工作量大,但专职人员很少。在中央提出了精简机构,压缩公务员队伍的大方向下,通过大幅度扩充专职社区矫正工作人员编制解决人力资源短缺的路径,难度很大。此时,优化司法行政系统内的人力资源配置显得更加重要和现实。罪犯出监入矫和出矫入监导致监狱和社区矫正两个系统内的罪犯发生流动,从理论上讲,两个系统内的工作人员也应该随着罪犯的流动而予以调整。但遗憾的是,在目前的制度下,矫正队伍在两个系统间的无法流动,或者流动又没有制度化予以保证,从而导致"警囚比"无法自然调整。

最后,专职社会工作者队伍力量不足。专职社会工作者作为社区矫正专职工作者的重要组成部分,也面临队伍不稳定、素质不高和人力资源短缺问题。由于现阶段缺乏国家层面的政策支持,也没有相关职业制度的配套保障,社会工作者的招聘渠道、岗位设置、职业培训、工资报酬、上升通道、疾病伤残保障没有相应标准,待遇过低(江苏省全省社区矫正专职工作者平均月薪在1916元/月,最高地区为苏州市,达到3783元/月,最低地区为连云港,为1000元/月。其他经济不发达地区的社工工资可想而知)部分社区矫正社会工作者将此项工作视为跳板,频繁跳槽,部分地方社工年流动率在30%以上,难以留住符合社区矫正发展需求的人才,在个人能力和整体队伍素质上很难实现"质"的提升。

第三节　对社区矫正专职队伍建设的意见建议

"正确的路线确定之后,干部就是决定的因素。"我们认为,建设一支素质水平高、执法能力过硬的社区矫正专职队伍,为社区矫正工作提供优秀的人才保障,是推进社区矫正工作的关键。针对社区矫正专职队伍建设中存在的问题,我们在社区矫正专职队伍建设的如下方面提出相应的建议:

一、社区矫正专职队伍的界定

社区矫正队伍建设中首当其冲应该解决专职队伍建设问题。从目前有关文件和实践中看,我国社区矫正工作队伍由社区矫正执法工作者、社区矫正社会工作者和社区矫正志愿者三方面人员组成。社区矫正执法工作者,主要包括社区矫正机构、司法所的公务员,抽调一定数量的原劳教(戒毒)干警;社区矫正社会工作者队伍,主要包括由县(市、区)人民政府公开招聘的社会工作者以及通过政府购买服务的方式委托社会组织派出的人员，称为社区矫正协管员，或矫正社工，或社区矫正专管员等；社区矫正志愿者，主要包括社区的退休人员、下岗人员、村(居)委会工作人员、学生(大学生、研究生)等。

我们认为：社区矫正专职队伍应包括社区矫正管理机构和社区矫正执行机构内的公务员和人民警察，以及经当地政府面向社会公开招聘的、在社区矫正机构内为其专设的社区矫正专业技术岗位的社会工作者。社区矫正机构中这几部分人员的配备、职责及保障需要社区矫正立法和相关政策予以明确。而各种所谓的“编制”是一种内部行政管理和数量控制方式，应服务于社区矫正队伍建设和工作需要，而不应该成为限制专职工作人员对外工作和执法的牢笼。

二、社区矫正专职人员的警察身份论证

关于社区矫正专职工作人员是否需要警察身份，理论界和实务界有不同意见。有人认为，社区矫正不应该由警察来管理，理由是：警察身份会改变社区矫正的特色，不利于社区矫正工作的开展，社区矫正执行中需要的警察工作可以通过公安机关来协助完成，增加警察的种类和数量不利于改变国家的形象，由警察来管理社区矫正人员不符合联合国倡导的原则等。但也有越来越多的专家学者赞成社区矫正机构配备一定数量的人民警察，实务部门更是呼声强烈。我们认为，在社区矫正机构内配备人民警察是完全必要的。

一是社区矫正刑罚执行的工作性质所决定。社区矫正与监禁矫正一样，在本质上属于刑罚执行活动。刑罚执行活动具有严肃性、惩罚性、强制性。被实施监禁刑的罪犯由监狱或看守所的人民警察进行管理，刑罚执行活动的统一性也要求社区矫正应当有警察参与管理。《人民警察法》明确将对被判处管制、拘役、剥夺政治权利的罪犯和监外执行的罪犯执行刑罚，对被宣告缓刑、假释的罪犯实行监督、考察作为人民警察的职权之一。

二是社区矫正工作实际需要所决定。社区矫正所面对的是被判处刑罚的犯罪分子，他们仍然有一定程度的人身危险性，实际工作当中就出现过社区矫正人员殴打工作人员的情况。实际上，社区矫正中的很多工作只有警察才能完成。例如，强制带离、强制到场、收监、脱逃查找、押送、调查取证、突发事件的处理、违法犯罪行为的制止、服刑人员风险的控制、社区矫正秩序的维护等均需要人民警察作为强制力的保障。有人提出，涉及这些强制性的工作，并非经常性的，如果需要可以借用公安的警力来协助。

我们认为,这种建议实践中行不通。调研表明,公安警力有限,而这些工作多数具有突发性、紧迫性的特点,多数情况下公安机关派不出人,等协调公安机关能够出警时,可能为时已晚,甚至可能发生严重后果。另外,从依法履职的要求看,法定职责只能由法定的执法主体来完成,临时借用力量不合法治要求,也因职责不清导致任务落空,长此以往,社区矫正制度将受到损害。

三是中国国情所决定。受现实社会环境和传统重刑文化的影响,群众认为,罪犯还是要警察来监管,这样群众才会有一定的安全感。同时,社区矫正警察面对社区矫正人员具有身份上和心理上的优势,社区矫正警察管理社区矫正人员,能够使他们有一种心理认同,有利于他们遵守矫正制度、接受教育矫正。

至于有人认为,在社区矫正机构中配备一定数量警察,会损害国家形象或者不符合联合国倡导的原则,实际上存在理解上的偏差。对待犯罪、对待罪犯需要国家强制力,需要配备警察这是合理的事情,新加坡就是由警察来管理社区矫正人员,但这丝毫没有因此而损害新加坡在国际社会中的国家形象。有学者引用《联合国囚犯待遇最低限度标准规则》中关于"但监督不可委之于警察,而应该结合有效的社会援助"来作为论证社区矫正工作人员不能是警察身份的依据。我们不能仅从字面去解释,应当从其本意去理解。其实我们仔细分析一下就可以看出,该条是指假释人员不能只由警察来监督,而应该从有利于回归社会的角度,结合其他社会的救助手段。且联合国针对社区矫正对象的《联合国非监禁措施最低限度标准规则》中并没有提到警察不能监管非监禁措施中的对象。

此外,还有人认为社区矫正警察会妨碍社区矫正工作,其实是对某些概念的混淆。我们说社区矫正需要警察身份的工作人员,并非主张所有社区矫正专职工作人员都是警察,只是需要配备一定比例的警察队伍,负责应对需要强制、采取临时性限制自由措施、处理突发、危机事件等情形,对于社区矫正人员的日常的管理、教育矫正等工作还是由专职公务员负责。

因此,我们认为,在社区矫正工作中配备一定数量的警察从理论上是成立的,实践中是必要的,法律上是有依据的。

三、社区矫正专职人员的配备

在专职人员配置层级上,我们认为,应以区县司法行政机关为配置重点。如第三章所述,考虑宏观政府机构改革的方向,势必要在有限的人力资源条件下完成更多的工作。司法所由于定位不清、数量较大且过于分散，难以承担社区矫正的执法工作。区县司法局模式能够集中相对较多的资源，因此，人力资源的配备也应该以区县司法局为主，由区县司法局对社区矫正专职工作者的人力配备进行统筹使用，从而实现“集中优势兵力”的良好效果。

在人员比例设置上，我们认为，社区矫正警察的配备，应该根据服刑人员的数量、监管难易程度及需要警察执行的工作量来设置配备比例。在美国，一般缓刑管理中，缓刑官与罪犯的比例平均是 1 : 133；在强化缓刑管理中，平均为 1 : 28；电子监控的比例是 1 : 15。一般假释管理中，假释官与罪犯的比例是 1 : 73；强化管理的比例是 1 : 25，电子监控的比例是 1 : 21。在缓刑假释混合管理中，一般管理的平均比例为 1 : 94 人，强化管理的为 1 : 25，电子监控的为 1 : 33 人。① 据我们调研了解，在国内一些地方对需要警察来处理、完成的工作量进行统计和计算，估算出 1 : 50 左右的比例来配置警察（每 50 名社区矫正人员配备一名警察），基本可以满足社区矫正工作的需要。当然，服刑人员的数量很好确定，但管理的难易程度就相对复杂、不好确定。实践中，有的地方也探索了分级管理的制度，例如，北京市的有些区，根据风险等级的不同，将服刑人员分为 A、B、C 三级，不同等级的人采用不同的管理方式和要求，但目前的探索还不能为确定社区矫正专职人员比例提供支持。综合国内外的实践情况，我们认为，考虑到目前我国监管技术手段比较粗放等特点，普通专职工作人员的配备比例可为 1 : 30 左右，社区矫正人员人数不足 30 人的按 30 人配备；从事社区矫正工作的警察可以 1 : 50 的比例配备，社区矫正人员比较多的县（市、区）可以考虑配备 8 ~ 10 名警察，社区矫正人员比较少的县（市、区）可以考虑配备 3 ~ 5 名警察。如果按照每个县（市、区）平均配备 5 名警察计算，全国共有 2862 个县（市、区），应该需要 14, 310 名警察，基本可以全面覆盖全国 70 万余名社区矫正人员。从可行性上讲，此种配备方案可行性较高，其中部分社区矫正警察可以考虑从已借调的警察中选调，不足的部分可适当增加警察编制。

在立法方面，我们认为，警察的配备，只要原则规定在社区矫正机构中配备一定数量的警察即可；其他专职人员的配备，可以在社区矫正法中明确规定，按照社区矫正人员的数量和管理的难易程度配备相应比例的社区矫正专职人员。警察和其他专职人员的具体比例可由司法行政部门会同编制部门根据实际工作需要确定。

在任职资格方面，社区矫正警察的任职资格、条件、招聘、晋升、考核、奖惩等，可以

---

① 刘强主编：《社区矫正制度研究》，法律出版社 2007 年版，第 387 页。

按照警察法、公务员法等相关法律法规执行。其他专职人员的任职资格和条件除了需要达到国家公务员的任职资格和条件以外,还应该增加专业背景及实践经验的条件,优先考虑受过法律、教育、心理、社会及社会工作、管理等专业训练的人员。对于已经从事社区矫正工作的专职人员,如果没有相应的专业背景,可以通过培训方式来解决。对新招聘的人员,可以重点考虑有上述专业背景的人员,有参加社区矫正志愿者活动经历的人员,应该优先考虑,一方面可以招聘到有一定实践经验的工作人员;另一方面可以促使社区矫正志愿活动的广泛开展。

四、关于构建“矫正官”制度的设想

社区矫正专职工作者队伍的建设是关系到社区矫正和刑事执行一体化乃至整个刑事司法体制改革的重要内容。在进行制度设计时既要考虑到当下现实的需要,也要考虑为将来社区矫正和刑事执行的发展做出顶层设计和制度框架,应当兼具现实的可操作性和长远的前瞻性。

我们认为,构建矫正官体系是矫正工作长远发展的需要。矫正工作是一项长期性的工作,很多人士为社区矫正工作付出毕生的精力,如果将矫正工作与普通行政管理工作混为一谈,则无法为从事矫正工作的人士,特别是基层一线矫正工作者提供长久的职业发展空间,也不利于矫正工作队伍建设。此外,矫正官获得法律的一些特别授权,可以针对被矫正人行使一定的剥夺人身自由的权力、调查取证权等,这都需要其有专门的身份。因此,有必要为矫正工作人员设置专业职务体系。

我们建议以矫正官模式作为长远规划和发展目标。在现阶段甚至《社区矫正法》通过后的一段时间里,都属于矫正官队伍的建设阶段,可以采用“专职工作人员 + 警察”的方式弥补权力分配的不足和实际执法中的需要。在实际推进过程中,应保证两项制度设计的同时进行,一方面充分利用现有的制度资源,建立完善专职工作者队伍;另一方面不可忽视矫正官队伍的理论研究,为建设一支专业化、正规化的矫正官队伍打好理论基础。

社区矫正与监禁矫正和戒毒矫正,都同属于矫正体系,应该建设统一的矫正官队伍。矫正官制度应统筹考虑监狱或者社区矫正等矫正系统工作人员的身份问题,避免身份割裂造成的弊端。还应统筹考虑监狱系统、戒毒系统人力资源配置如流动需要,打通身份“瓶颈”,建立统一的矫正官队伍,解决矫正队伍的长远发展问题。

建立专业的矫正官队伍同时也是国际社会的共识。《联合国非拘禁措施最低限度标准规则》对矫正官的专业性提出了“专业培训”、“具有实际经验”、“明确任职资格”、“与其工作性质相称的适当的薪金和福利，并应有充分的机会在专业和事业上发展”等要求。《欧洲社区制裁与措施规则》对“专门工作人员”单列一章加以规定，并强调“专业资格”、“专业技能和经验”，“专业培训”，其配套规划要保障工作人员“专业和个人发展方面的连续性”，并保障其收入和地位“与承担类似职责的专门工作人员地位相同”。

矫正官制度有成熟的立法例。世界许多国家和地区的社区矫正工作人员都具有专业的职务，但都不是警察。德国专门的考验帮助人和行为监督人属中高级职阶（gehobener Dienst），处于A9至A12级别，其地位、职责和待遇都有法律予以保障；日本称保护观察官；我国台湾地区的“司法人员人事条例”规定，检察官、观护人属于司法人员，为单独种类之公务人员；美国的缓刑官、假释官，英国的缓刑官、缓刑服务官和监督官也均专业职务。

矫正官应定位于专业从事矫正工作的人员。其类似于法院系统的法官、检察院系统的检察官、外交系统的外交官，具有一定的职级，体现不同的专业经验，并根据法律授权行使一定的权力。矫正官不应仅是社区矫正系统的工作人员，监禁矫正、戒毒矫正等矫正领域的工作人员亦为矫正官，司法部可以根据实际需要，在不同领域调配矫正官力量。

虽然一些观点和立法建议认为可以建立“社区矫正官”，但我们认为，以“矫正官”作为该职务的名称最为恰当：一是明确了该职务是为从事矫正事业的工作人员而设；二是明确了该职务属于国家工作人员身份；三是在刑事执行一体化的大趋势和大背景下，矫正官称谓不仅可以适用于社区矫正工作人员，还可以适用于监狱矫正、强制戒毒、违法行为矫治等其他种类的矫正工作人员，为日后进一步改革打下基础。

矫正官应是国家工作人员，属于特殊种类的公务员，由司法部统一单独管理。我国国家工作人员包括的种类较多，有公务员，参公管理人员，事业单位人员，国有企业中从事公务的人员等。我们认为，对于社区矫正这一刑罚执行工作来讲，公务员身份最具有正当性、合理性和权威性，矫正官应是一种特殊身份的公务员。但在目前公务员、事业单位人员二元身份体制难以消除的情况下，正式的事业单位工作人员身份亦可成为矫正官。

矫正官的任职需要满足一定的条件。从事社区矫正工作，需要具备一定的法学、教育学、管理学、侦查学、心理学等专业知识，具有矫正专业经验和技能，较强社会责任感和沟通能力,须经过一定的培训方可上岗。矫正工作的专业性要求矫正官应具有本科学历,目前发展初期可以放宽至大专学历或者一定的公职公益行业从业年限。

矫正官应有自己的职阶等级。职阶体系关系到从业人员的发展、空间和待遇,对于个体发展影响很大,从而影响到整个队伍建设的专业性、稳定性,影响到社区矫正工作的整体发展,属于非常重要的问题。如国家为保障专业水平和专业发展,法官、检察官、外交官等都设置了专业等级制。我们认为,矫正官也应具有独立的职级体系,建议将矫正官分为五级:总矫正官、高级矫正官、中级矫正官、初级矫正官、助理矫正官,职级不同于行政级别,而是专业级别,每个职级都有不同的待遇。

矫正官的设置,应有单独的法律予以保障。矫正官体系横跨监禁矫正、社区矫正、戒毒矫正等多个领域,应通过法律的形式予以保障。我们认为,从长远看,可以仿照《法官法》《检察官法》《人民警察法》等专业身份法律的方式制定《矫正官法》,或者以国务院行政法规的方式通过《矫正官条例》。

综上,我们认为,社区矫正专职队伍建设的方向是矫正官制度。矫正官是为从事矫正工作的专业人员而设的专业职务体系。建立矫正官制度符合世界主要国家的通行做法,符合国际社会的共同规则,符合我国矫正事业的发展规律,有利于矫正工作队伍的发展壮大,有利于司法行政机关社区矫正工作的管理。在刑事执行一体化的大背景下,还可以成为我国监狱矫正、戒毒以及其他矫正工作人员专业身份的发展方向。矫正官制度具有较好的理论基础和较为可行的操作方案,应为社区矫正和其他矫正工作人员身份建设的首选模式,未来社区矫正专职队伍的建设应放在矫正官制度这一大框架下进行。

第五章　社区矫正执行的基本程序

随着社区矫正的深入发展和《刑法》、《刑事诉讼法》的修改、《社区矫正实施办法》、《关于进一步加强社区矫正工作衔接配合管理的意见》等相关规定的出台，促进了社区矫正工作的制度化、规范化、法制化。在社区矫正执行程序方面，规范了社会调查评估、接收、矫正、奖惩、解除等主要执法环节，规范了社区矫正的操作流程，与监督管理、教育矫正、帮困扶助三大任务相结合共同构成了社区矫正工作的基本内容。社区矫正执行的基本程序一般可以分为两个环节，即决定和执行。前者指社区矫正决定机关依法作出社区矫正判决、裁定的过程，包括法院对缓刑、假释、管制、暂予监外执行的判决、裁定和公安机关、监狱管理机关对暂予监外执行决定的过程。后者指社区矫正机构依法对社区矫正人员开展非监禁刑罚执行活动的过程，包括交付接收、监督管理、教育矫正、奖励惩罚、结束矫正等环节。本章主要对社区矫正调查评估、交付接收、奖励惩罚、社区矫正变更、解除和终止在实践中遇到的主要问题进行分析并提出建议。

第一节　社区矫正调查评估

社区矫正调查评估是专门机构对拟适用社区矫正人员的相关情况作专门调查，并对其人身危险性和是否具备社区矫正监管条件进行评估，以供法院等决定机关裁决适用社区矫正时参考的制度。科学的调查评估是法院等决定机关合理适用社区矫正的重要基础性工作。目前，社区矫正调查评估尚未实现制度化，有关社区矫正工作的文件通过授权性规范的方式对社区矫正调查评估作了原则规定，各地据此进行了积极探索和实践，并出台了一些规则。

一、社区矫正调查评估起源和发展

在国外，社区矫正调查评估被称为人格调查、量刑前调查报告、判决前调查报告等。量刑前调查报告是根据法官要求而由缓刑官准备并向法庭提交的包含有关犯罪、犯罪人和量刑建议等内容的书面报告。①

量刑前调查报告的起源。现代量刑前调查的起源与波士顿的一名鞋匠奥古斯塔斯（John Augustus）在19世纪中期（1841年～1859年）所付出的艰辛努力密不可分。奥古斯塔斯的信条是："法律的目标是为了改造罪犯和预防犯罪，而不是蓄意惩罚或者以牙还牙。"为了救赎他想要提供帮助的罪犯，奥古斯塔斯主动收集罪犯的个人经历和犯罪经历方面的背景信息，如果他认定那个人是值得挽救的，奥古斯塔斯自掏腰包，为他人提供保释金。如果那个人成功地被保释，他会继续帮助被保释人员寻找工作和住房。如果被保释人被定罪，他则会在量刑听证中向法官提供被保释人员行为表现的详细报告，并向法官建议判处缓刑，将其释放后由其代为监管。因此，奥古斯塔斯也被美国人尊称为"现代缓刑之父"。②

"二战"后，量刑前调查报告制度在许多国家的刑事立法中得以确立。这一制度的适用案件类型经历了从缓刑案件到普通案件、未成年人案件到成年人案件的拓展。目前已成为当今世界法治发达国家量刑活动中的一项重要刑事司法制度，在量刑阶段发挥着举足轻重的作用。

这一制度主要是建立在刑罚的教育刑、再社会化、刑罚个别化等理论基础之上的。刑罚的教育刑理论认为，罪犯具有可塑性与改造可能性，刑罚是教育和改造犯罪人的一种方法，要根据每个个体的特征而实施，手段和方法要因人而异。犯罪人再社会化理论认为，在刑罚的设定、裁量及执行中，都应当关注犯罪人再社会化问题，以促进犯罪人再度适应社会作为刑罚运作的基本目标。刑罚个别化理论的要义在于，刑罚轻重不仅取决于所犯罪行大小，而且要充分考虑犯罪人的人身危险性。调查评估制度是实

---

① 吴宗宪著：《社区矫正比较研究》（上）（第1版），中国人民大学出版社2011年版，第95页。

② 胡红军、李昌盛：《美国量刑前调查报告的历史发展》，载《人民法院报》2013年6月28日第8版。

现上述目的的必由之路。1955 年 8 月在日内瓦召开的联合国第一届防止犯罪及罪犯处遇会议上,各国代表及专家均认为:"实行个别处遇,应从人格之调查分类着手,必先根据精密的调查,由是进而决定个别处遇之方法,始便于分类收容。"在法治发达国家,不仅未成年人犯罪,而且所有犯罪都在适用刑罚之前对犯罪人的个人情况进行调查,这就是判决前调查制度。① 目前,调查评估制度已被世界各国广泛采纳。

国外的调查评估制度相对完善成熟,其核心目的就是在刑罚个别化的基础上充分关注犯罪人的个体情况,全面评价其人身危险性,为犯罪预防和罪犯矫治提供科学依据。自 20 世纪 20 年代起,调查评估报告就成为美国刑事司法领域内最重要的文件,是决定是否对有关犯罪人适用社区矫正的基本依据。英国也把调查评估报告作为判决社区刑罚的前提条件。加拿大等发达国家也都建立类似制度。调查评估制度使社区矫正制度的适用提前进入量刑阶段,一方面,为确定缓刑犯或假释犯的监督和矫正提供依据,有利于社区矫正的执行;另一方面,降低了社区矫正适用的风险,增加了社区矫正裁量的可操作性。② 由此看出,社区矫正调查评估是伴随着对刑罚功能认识的深化而在西方发达国家发展、建立起来的刑事法律制度,有着深厚的法律基础和社会基础,是法治文明进步的体现。

二、我国社区矫正调查评估的现状

(一)社区矫正调查评估在我国的发展及法律依据

我国的社会调查评估制度始于未成年人刑事案件。1999 年《公安机关办理未成年人违法犯罪案件的规定》第 10 条规定:"对违法犯罪未成年人的讯问应当采取不同于成年人的方式。讯问前,除掌握案件情况和证据材料外,还应当了解其生活、学习环境、成长经历、性格特点、心理状态及社会交往等情况,有针对性地制作讯问提纲。"2001 年《最高人民法院关于审理未成年人刑事案件的若干规定》第 21 条规定:"开庭审理前,控辩双方可以分别就未成年被告人的性格特点、家庭情况、社会交往、成长经历以及实施被指控的犯罪前后的表现等情况进行调查,并制作书面材料提交合议庭。必要时,人民法院也可以委托有关社会团体组织就上述情况进行调查或者自行进行调查。"2013 年修订的《人民检察院办理未成年人刑事案件的规定》第 22 条第 4 款规定,

---

① 陈兴良:《人格调查制度的法理考察》,载《法制日报》2003 年 6 月 4 日第 5 版。

② 陈俊生、郭华著:《国(境)外社区矫正立法》(第 1 版),法律出版社 2013 年版,第 54 页。

审查起诉未成年犯罪嫌疑人,应当听取其父母或者其他法定代理人、辩护人、被害人及其法定代理人的意见。这些规定开启了未成年人刑事案件社会调查制度。2010 年,中央综治委等六部门出台了《关于进一步建立和完善办理未成年人刑事案件配套工作体系的若干意见》,对未成年犯罪嫌疑人、被告人的社会调查进行专门规定。2012 年,新修改的《刑事诉讼法》第 268 条正式以法律的形式确定了未成年人刑事案件社会调查评估制度。

社会调查评估制度在未成年人刑事案件中取得的良好效果,给社区矫正适用带来了积极影响。我国《刑法》第 72 条和第 81 条规定的缓刑、假释等适用条件,对适用社区矫正开展社会调查评估提供了最直接的法律依据。最高人民法院《关于办理减刑、假释案件具体应用法律的规定》(法释〔2016〕23 号)和司法部《监狱提请减刑、假释工作程序规定》要求适用假释应当进行社会调查评估。最高人民法院、最高人民检察院、公安部、司法部出台的《社区矫正实施办法》对社区矫正调查评估作出了明确规定:人民法院、人民检察院、公安机关、监狱对拟适用社区矫正的被告人、罪犯,需要调查其对所居住社区影响的,可以委托县级司法行政机关进行调查评估。最高人民法院、最高人民检察院、公安部、司法部出台的《关于进一步加强社区矫正工作衔接配合管理的意见》进一步明确,人民法院、人民检察院、公安机关、监狱对拟适用或者提请适用社区矫正的被告人、犯罪嫌疑人或者罪犯,需要调查其对所居住社区影响的,可以委托其居住地司法行政机关调查评估。对罪犯提请假释的,应当委托其居住地县级司法行政机关调查评估。在适用社区矫正案件中,各地司法行政部门和人民法院也进行了积极的探索,许多省市还专门出台了规范性文件,为法院在判决时提供更可靠的参考依据,减少适用社区矫正的随意性。实践表明,在面对不同的犯罪人选择适用不同的刑罚措施时,通过开展社区矫正调查评估考虑犯罪人人身危险性、可改造的余地等个人情况就显示出其应有作用。这不仅有利于量刑规范化改革,进一步强化了刑事审判的公正性,而且提高了风险预见性,有利于更好发挥社区矫正非监禁刑罚特有功能。通过开展社区矫正调查评估,还有利于社区矫正部门提前了解拟适用社区矫正人员情况,便于提前做好准备工作,促进社区矫正人员顺利回归社会。

(二)社区矫正调查评估的实施情况

目前,社区矫正调查评估的委托方是人民法院、人民检察院、公安机关(看守所)、监狱,受托方是居住地的县级司法行政机关,具体由司法所实施调查,也有的由社会组织开展调查。调查评估适用范围为拟适用社区矫正的被告人、犯罪嫌疑人、罪犯和人民法院拟适用禁止令的被告人。调查评估内容主要包括被调查人的基本情况、社会评价、社区矫正条件等。被调查人的基本情况主要包括被调查人的家庭和社会关系、居所情况、一贯表现、犯罪行为的后果和影响等。社会评价主要包括居住地村(居)民委员会、工作单位、家属和被害人意见等。社区矫正条件主要包括具备监管能力近亲属是否愿意帮教、生活状况和生活环境是否适合矫正、居住地派出所和村(居)民委员会对实行社区矫正的态度等。

社区矫正调查评估一般是按照下列程序开展的:(1)由委托机关发出调查评估委托函,并附相关法律文书;(2)收到委托函后,县级司法行政机关及时登记并指定居住地的乡镇(街道)司法所进行调查。被指定的乡镇(街道)司法所指派两名以上人员采取多种形式开展调查;(3)司法所形成调查意见并上报县级司法行政机关。县级司法行政机关形成调查评估报告,反馈给委托方。司法所和县级司法行政机关主要围绕是否具有再犯罪风险和社会危害性、是否能够实现有效监管、是否可以适用社区矫正等要素出具调查评估报告。调查评估报告有的由专门成立的评议小组、局长办公会等集体讨论决定;有的是由县级司法行政机关社区矫正部门负责人、主管局长决定的。

有的省市把社区矫正调查评估制度作为适用社区矫正的必经程序,有的则不是。部分省市的相关规定和司法实践认为社区矫正调查评估报告是法院教育和量刑的参考。湖北、湖南、福建、甘肃等地还要求,在开庭审理过程中要对调查评估报告进行宣读、质询和审查,以决定是否采纳调查报告的意见。湖南等地还要求,将是否采信社区矫正调查评估报告函告受委托的县级司法行政机关及其同级人民检察院,对不予采信的,应说明理由。

社区矫正调查评估的时限,各省市的规定各不相同,短的为 5～8 个工作日,一般的为 10 个工作日,长的为 15 个工作日。其中案情复杂、情况特殊或需要补充调查的,调查时限可延长。2016 年 8 月,最高人民法院、最高人民检察院、司法部、公安部出台的《关于进一步加强社区矫正工作衔接配合管理的意见》规定,居住地县级司法行政机关应当自收到调查评估委托函及所附材料之日起 10 个工作日内完成调查评估,提交评估意见。对于适用刑事案件速裁程序的,居住地县级司法行政机关应当在 5 个工作日内完成调查评估,提交评估意见。这为各省市统一社区矫正调查评估时限提供了依据。

三、社区矫正调查评估面临的问题

根据目前的社区矫正相关规范和实践,社区矫正调查评估还存在以下几个方面的问题。

(一)法律依据不统一、不规范

虽然《社区矫正实施办法》和《关于进一步加强社区矫正工作衔接配合管理的意见》设置专门条款对社区矫正调查评估作出了规定,但总的看来,关于社区矫正调查评估的规定散见于法律和相关司法解释之中,而且内容较为原则。同时,各省市关于社区矫正调查评估的规定也不尽一致,严重影响了社区矫正调查评估工作的统一性、规范性和严肃性。

(二)对调查评估适用范围争议较大

《社区矫正实施办法》通过授权性规范的方式对社区矫正调查评估适用范围作了原则规定。由于对调查评估的适用范围认识不同,各地的做法也不尽一致。有的省份规定,调查评估是适用社区矫正的必经程序;有的规定,可以根据需要决定是否进行调查评估。有的地方认为,对拟适用社区矫正的均应进行调查评估;有的认为,不必对所有拟适用社区矫正的都进行调查评估;有的认为,对拟适用社区矫正的管制犯、缓刑犯、假释犯应进行调查评估,暂予监外执行犯进行调查评估意义不大。还有的认为,对未成年人适用社区矫正,必须进行调查评估。

调查评估适用范围不统一导致了社区矫正调查评估的随意性较大,致使有的地方评估适用率较低,不利于提高量刑的准确性和科学性,增加了社区矫正执行的社会风险。截至 2015 年 12 月,全国累计接收社区矫正人员 270.1 万人,已经办理调查评估案件 95.7 万件。2015 年比 2014 年增幅达 1.7 倍。[①] 各地区的受托比率也不平衡。湖北省自 2005 年至 2012 年 10 月,累计接收社区矫正人员 40,648 人,共计办理审前调查评估案件 2494 件,[②]受托进行调查评估的比率只有 6% 。2004 年 5 月至 2013 年年底,浙江全省累计接收社区矫正人员 17.1 万人,办理调查评估案件 3.4 余万起,受托进行调

① 《司法部社区矫正管理局简报》2016 年第 3 期。

② 载 http://news.cnhubei.com/xw/zw/201210/t2289921.shtml。

查评估的比率达到20%。[①] 截至2015年6月底,河南省累计开展社区矫正调查评估35,745起,约占累计接收社区矫正人员总数的30%。湖南等省的《社区矫正实施细则》把调查评估列为硬性要求,所有社区矫正人员在适用社区矫正前都100%进行调查评估。

(三)委托主体单一、受托主体不明确

《社区矫正实施办法》规定,调查评估的委托主体是法院、检察院、公安机关和监狱;由于适用于"拟适用社区矫正被告人、罪犯"的范围将检察院排除在委托主体以外。但是,最高人民法院、最高人民检察院、司法部、公安部于2016年8月发布的《关于进一步加强社区矫正工作衔接配合管理的意见》,又明确了检察院可以委托调查评估。检察院作为委托主体,是只限于速裁案件还是将调查评估延伸到起诉阶段,还需要进一步明确。在目前的实践中,主要由法院在审判阶段启动调查评估,公安机关(看守所)在提请暂予监外执行阶段和监狱在提请暂予监外执行、提请假释阶段启动调查评估,检察院对速裁案件在起诉阶段启动调查评估。社区矫正调查评估形成了主要由人民法院启动、主要集中在审判阶段的局面。而公安机关、检察机关在侦查、起诉等阶段则基本没有成为启动调查评估主体。由此形成了因委托主体单一造成启动时间滞后造成了如调查评估的作用得不到应有发挥、调查时限与审限冲突等问题。

关于受托主体,受托的绝大多数是居住地县级司法行政机关,但也存在因社区矫正居住地不明确而无法确定受托方的情况,给社区矫正调查评估特别是跨省调查带来较大难度。有的司法行政机关还将调查评估工作交由社会组织实施。同时,各地都规定实施调查人员应由两名以上社区矫正工作人员担任,建立了回避制度。但在两名以上调查人员的构成上也有所区别,有的要求调查人员中必须有一名具有公务员身份的社区矫正执法人员参加,有的要求由司法助理员负责,有的没有要求。调查人员身份不统一。

(四)调查评估的程序不规范

目前,调查评估的程序都是由各省市自行规定的,导致整个调查评估工作不规范,

---

① 载http://news.ifeng.com/gundong/detail_2014_01/04/32722186_0.shtml。

与刑事案件的审判等工作衔接不畅。主要表现在调查评估的启动阶段委托主体提供的法律文书和送达方式不统一、受托方调查方式不明确、调查时限与刑事案件审限规定不协调、出具调查评估报告的主体和形式不统一等。

（五）调查评估报告法律属性不明确

调查评估报告的法律属性，争议较大。有观点认为，调查评估报告不属于证据，只能作为量刑的参考因素，不宜在庭审中进行质证；有的观点指出，调查评估报告属于证据，至少是广义的证据材料，对调查评估报告应当当庭宣读；还有观点认为，调查评估报告虽不属于证据，而仅是司法机关办案参考的重要材料，但对调查报告进行庭审质证，有利于促进审判公开透明和量刑公正。正是由于前述对调查评估报告的性质不明确，导致司法实践中不同的法院或法官对调查评估报告有不同的对待。

四、完善社区矫正调查评估的措施

（一）建立规范、统一的社区矫正调查评估制度

社区矫正调查评估是一项重要的刑事司法制度，对法官形成最终的刑事裁断决定和对当事人的人权保障都具有重要影响。各地的探索与实践，特别是各地形成了一些规范性的规则，为建立社区矫正调查评估制度积累了丰富经验。同时，建立社区矫正调查评估制度既有利于量刑规范化改革，反映司法审判改革的内在要求；又能规范、统一各地的不同做法，维护社区矫正的统一性和规范性，更好地促进社区矫正教育功能和再社会化功能的发挥。

为促进司法公正，维护法律的统一和严肃性，应当在法律层面建立和规范社区矫正调查评估制度，明确社区矫正调查评估的法律属性、调查评估主体、适用范围、工作程序和工作时限。

（二）统一社区矫正调查评估范围

在贯彻宽严相济刑事政策和全面推行量刑规范化改革的背景下，对拟适用社区矫正的罪犯进行调查评估，有利于提高量刑的准确性和科学性，有利于维护当事人的合法权益，促使刑事司法审判更加公正。同时，能够避免把那些主观恶性大、缺乏监管条件的罪犯放到社会上来，从而把好社区矫正的“入口关”。而且，从英美等发达国家的

经验来看,调查评估也经历了从未成年人案件向普通刑事案件发展的过程。我国在未成年人刑事案件中开展调查评估已经积累了经验并在法律上得以确认,在社区矫正领域开展调查评估,应当是调查评估制度发展完善的应有之意,也是社区矫正调查评估实现规范化和制度化的内在需求。

适用缓刑和假释应当进行社区矫正调查评估。新修改的有关法律为此提供了依据。《刑法修正案(八)》对犯罪分子决定适用宣告缓刑和假释的要件之一由原来的"确实不致再危害社会"变更为人民法院认为其"没有再犯罪的危险"并且增加了"宣告缓刑对所居住社区没有重大不良影响"和"对犯罪分子决定假释时,应当考虑其假释后对所居住社区的影响"。最高人民法院的《关于办理减刑、假释案件具体应用法律的规定》(法释〔2016〕23 号)和司法部的《监狱提请减刑假释工作程序规定》都规定,提请假释的,应当附有社区矫正机构(县级司法行政机关)关于罪犯假释后对所居住社区影响的调查评估报告。同时还要求,办理假释案件,判断"没有再犯罪的危险",除符合《刑法》第 81 条规定的情形外,还应根据犯罪的具体情节、原判刑罚情况,在刑罚执行中的一贯表现,罪犯的年龄、身体状况、性格特征,假释后生活来源以及监管条件等因素综合考虑。这些规定意味对缓刑、假释等,在判决或决定之前应当进行社区矫正调查评估。

对拟被判处管制的也应当纳入调查评估范围。管制的适用对象有两个特点:一是罪行性质不十分严重,社会危害性较小。我国刑法分则规定可以适用管制的犯罪主要集中在妨害社会管理秩序罪和妨害婚姻家庭罪中。二是人身危险性较小。如果犯罪的人身危险性非常大,管制将难以达到预防犯罪的目的。对社会危害性和人身危险性的分析评估,重要来源之一就是对拟被判处管制进行的调查评估。这可以使审判者能够更加全面掌握量刑情节,更客观判断其社会危害性和人身危险性,增强适用社区矫正的准确性和科学性。

同时,刑法规定,判处管制、宣告缓刑,可以根据犯罪情况,同时禁止犯罪分子在管制执行期间、缓刑考验期限内从事特定活动,进入特定区域、场所、接触特定的人。刑事禁止令的实行,丰富了监管管制、宣告缓刑犯的具体执行措施。犯罪情况是刑事禁止令的适用条件,如何理解、判断可以适用刑事禁止令的"犯罪情况"呢?既要依照不同罪犯的不同犯罪情节和性质、犯罪原因和动机、人格特点、一贯表现等因素作出判断,也要结合罪犯的案外情节及其性格特点、爱好、家庭情况、成长经历、犯罪的原因以及实施被指控的犯罪前后的表现等情况进行调查、分析从而得出结论。因此,对法院适用刑事禁止令,亦应当进行调查评估。

对暂予监外执行罪犯原则上应当进行社区矫正调查评估，特殊情况例外。对于暂予监外执行是否需要进行社区矫正调查评估，一般认为，对于被暂予监外执行的罪犯，其所犯罪行、改造表现并非直接决定因素，主要是基于其身体或生理上具备特殊原因而对其监外执行，因而对其进行调查评估起不到应有的作用。虽然身体或生理上的特殊原因是决定其暂予监外执行的主要因素，但是，《刑事诉讼法》规定的适用条件，既考虑了身体或生理上的特殊原因，也考虑了社会危险性。“生活不能自理，适用暂予监外执行不致危害社会的，可以暂予监外执行”“对适用保外就医可能有社会危险性的罪犯，不得保外就医”。也就是说，对需要保外就医或者属于生活不能自理，但适用暂予监外执行可能有社会危险性的，不得暂予监外执行。社会危险性已经成为是否适用暂予监外执行的重要因素。对于社会危险性的分析判断，除了从监所内的改造情况等来判断，还应考虑其对被害人影响、家庭帮教条件等，后者需要进行调查评估才能获得。但对于符合“怀孕或者正在哺乳自己婴儿的妇女”则没有设定社会危险因素的考量。因此，对于适用暂予监外执行应当进行调查评估，但因“怀孕或者正在哺乳自己婴儿的妇女”除外。

未成年人拟适用社区矫正也应当调查评估。刑事诉讼法规定公安机关、人民检察院、人民法院在办理未成年人刑事案件可以对未成年犯罪嫌疑人、被告人进行调查。最高人民法院《关于适用〈中华人民共和国刑事诉讼法〉的解释》第483条规定：“控辩双方提出对未成年被告人判处管制、宣告缓刑等量刑建议的，应当向法庭提供有关未成年被告人能够获得监护、帮教以及对所居住社区无重大不良影响的书面材料。”因此，对未成年被告人应当进行社区矫正调查评估。

但有学者提出，适用简易程序、速裁程序的案件审限短，与调查评估时限冲突，案件也简单，不必进行调查评估。在调查评估制度整体设计中，向侦查、起诉阶段延伸扩大委托主体可以解决审限短与调查评估时限的矛盾；同时案件简单不能成为不进行调查评估的理由，对所居住社区没有重大不良影响、社会危害性小、人身危险性小是适用社区矫正的必备条件，而且2016年8月《关于进一步加强社区矫正工作衔接配合管理的意见》也规定，对于适用刑事案件速裁程序的，居住地县级司法行政机关应当在5个工作日内完成调查评估，提交评估意见。因此，适用简易程序、速裁程序的案件也应当进行调查评估。

综上，拟适用社区矫正的应当进行调查评估，但因“怀孕或者正在哺乳自己婴儿的妇女”适用暂予监外执行的除外。

(三)扩大委托主体、明确受托主体

社区矫正调查评估工作由什么组织作为主体,直接影响调查评估质量和制度设计能否成功。应当将社区矫正调查评估主体分为委托主体和受托主体。委托主体可以自行调查,也可以委托居住地县级司法行政机关进行调查评估。虽然适用社区矫正应当进行调查评估,但是只要充分考虑了适用社区矫正对所居住社区的影响,全面把握了影响量刑的情节,具体采取何种途径对犯罪嫌疑人、被告人、罪犯进行调查评估,不宜作统一性规定。既可以由委托主体自行调查了解,也可以委托调查评估。这既与现行的未成年犯罪人情况调查评估主体制度保持一致,即《刑事诉讼法》第 268 条和相关司法解释已经在未成年犯罪人情况调查评估中确立了公安机关、人民检察院、人民法院可以自行进行调查,也可以委托调查;又与社区矫正的相关规定和实践相吻合。在此制度框架下,应当进一步扩大委托主体、明确调查主体,由人民法院扩大到公安机关、人民检察院,调查评估向侦查、起诉阶段延伸。从调查评估的特征来看,调查评估的作用不仅限于审判阶段,而应贯穿于整个诉讼阶段,启动时间越早,可发挥作用的空间越大。在侦查、起诉阶段进行及时调查评估,可以作为采取强制措施、审查起诉的重要参考依据。同时,将调查评估前置到诉讼程序的前期,还可以解决审限与调查评估时限冲突的问题。

从我国未成年人案件的调查评估来看,综合刑事诉讼法和相关的司法解释规定可知,调查评估工作已经贯穿于侦查、起诉、审判各个阶段,公安机关、人民检察院、人民法院都是调查评估的委托主体。从法律和实践上解决了公安机关和人民检察院是否可以启动调查评估的问题。同时,人民检察院作为委托主体,学界在认识上较为一致,认为人民检察院在审查起诉阶段启动调查评估,正好为提出适用社区矫正的量刑建议提供充分的合理性依据。实践中,北京、江苏、吉林等地方已经把人民检察院作为委托主体。2016 年 8 月,最高人民法院、最高人民检察院、公安部、司法部发布的《关于进一步加强社区矫正工作衔接配合管理的意见》也把人民检察院作为委托主体,虽然没有明确调查评估延伸到起诉阶段,但明确了速裁案件需要启动调查评估。这与《社区矫正实施办法》规定相比,是一个进步。

但是,学界对于公安机关是否能够作为调查评估主体尚有争议。有的认为公安机关的侦查职能与社区矫正调查评估性质、目的不同,不适宜作为调查评估启动主体。有的认为公安机关依法收集能够证实犯罪嫌疑人犯罪情节轻重的各种证据是其职责,

开展调查评估，有利于保障犯罪嫌疑人的权利。我们认为公安机关侦查职能与社区矫正调查评估性质、目的虽然不同，但在某种程度上调查评估与其侦查职能相辅相成。法律规定，公安机关对已经立案的刑事案件，应当及时进行侦查，全面、客观地收集、调取犯罪嫌疑人有罪或者无罪、罪轻或者罪重的证据材料。这不仅包括自行侦查的证据材料，也应当包括辩护律师的意见、有关机构出具的调查评估报告。委托调查评估在一定程度上弥补了公安机关重视案件侦破、有罪证据搜集和法定情节考察，忽视搜集罪轻、酌定情节和嫌疑人犯罪原因等证据材料的局限性，更好地实现了证据材料的全面、客观性。而且，这也为检察机关在提出量刑建议方面提供了较为客观的材料。公安机关在侦查阶段启动调查评估是适宜的。

因此，在侦查阶段，公安机关对可能适用社区矫正的犯罪嫌疑人应当启动调查评估；在审查起诉阶段，人民检察院对提出适用社区矫正、公安机关没有启动调查评估的犯罪嫌疑人，应当启动调查评估，而不应仅仅局限于速裁案件；在提请假释和暂予监外执行阶段，监狱和公安机关（看守所）应当启动调查评估；在审判阶段，对可能适用社区矫正、公安机关、人民检察院和监狱没有启动调查评估的被告、罪犯，法院应当启动调查评估。

明确受托主体。在社区矫正调查评估中，受托主体是一个关键问题，不仅事关调查评估质量，而且影响案件的公正，直接影响到调查评估制度本身。2016 年 8 月最高人民法院、最高人民检察院、司法部、公安部出台的《关于进一步加强社区矫正工作衔接配合管理的意见》明确了受托主体为居住地县级司法行政机关，基本解决了受托主体不明确的问题。

县级司法行政机关已经成为社区矫正和未成年人案件的受托主体，积累了一定经验。在社区矫正实践中，县级司法行政机关及其司法所已经承担着社会调查评估的工作，只有极少数地区是由社会组织开展调查评估工作。在众多的未成年人案件调查评估主体中，县级司法行政机关及其司法所已成为公检法优先委托的调查评估主体。与社会组织等比较而言，受托主体应确定为司法行政机关。首先，受托主体具有稳定性，县级司法行政机关和司法所的机构设置和人员稳定。其次，能够保证风险评估工作的连贯性。由于风险评估在入矫后和解矫前都需要进行，统一受托主体既可保证评估工作的连贯性，也可为入矫后的分类管理、心理矫正、教育改造提供良好的基础；最后，有利于保证受托主体的相对独立性和中立性。

与户籍地相比较，居住地县级司法行政机关是社区矫正的执行机关，更有优势成为调查评估受托的主体。虽然户籍是个人身份认定的重要依据,但对于人户分离人员,其经常居住地实际已经成为其生长环境。因此,对于人户分离人员,在其户籍所在地进行社会调查没有过多的意义,应以居住地进行调查。目前,大多数省份都明确规定,由居住地县级司法行政机关即社区矫正执行机关承担调查评估的职责,并已经形成一定经验。由其开展调查评估工作,还可以实现执行机关与公检法的合作与制约。

由社区矫正执行机关进行调查评估也是英、法等国的做法。在英国,判决前报告由缓刑局提供。在美国,提供量刑前调查报告是缓刑部门的重要任务和使命。缓刑机关的工作量中有超过25%的时间用于PSI①(量刑前调查)。法官也可以委托具有专业知识和经验的第三方提供量刑前调查报告……受托准备这类量刑前调查报告的第三方,主要是犯罪学家、其他有关的科学家、以前的缓刑官等,②而且第三方提供的量刑前调查报告是作为缓刑部门准备的量刑前调查报告的补充或者替代形式。

考虑到调查报告的科学性,必要时,居住地的县级司法行政机关可以邀请专业机构对调查对象进行精神病学、心理学等方面进行鉴定。同时,《关于进一步建立和完善办理未成年人刑事案件配套工作体系的若干意见》规定,未成年人刑事案件的调查评估工作,可以邀请共青团、妇联、教育部门、未成年人保护组织的工作人员参加。因此,未成年人的社区矫正调查评估工作,可以邀请共青团、妇联、教育部门、未成年人保护组织参加。

在调查人员方面,在各省市实践中,也多由社区矫正执法人员开展调查。虽然有其他人员参与调查,是由于司法所的人员不足造成的。考虑到基层司法所人员实际情况,建议调查人员中必须有一名具有公务员身份的社区矫正执法人员参加。同时,明确调查回避情形,一般来说,调查人员是案件的当事人或者是当事人的近亲属的;调查人员本人或者其近亲属与调查案件有利害关系的;或者担任过案件的证人、鉴定人、辩护人、诉讼代理人等可能影响调查评估公正性情形的,调查人员应当自行回避,或者由被调查人员提出回避,由受托主体作出回避决定。

(四)规范调查评估的程序

1. 接受调查评估委托函和调查评估时限

居住地的县级司法行政机关收到委托函,应当接受委托。若无法确定调查对象居

① 陈俊生、郭华著:《国(境)外社区矫正立法》(第1版),法律出版社2013年版,第54页。

② 吴宗宪著:《社区矫正比较研究》(上)(第1版),中国人民大学出版社2011年版,第113页。

住地的,居住地的县级司法行政机关应及时将相关文书退回委托方并说明理由。委托方再委托户籍地县级司法行政机关调查,户籍地司法行政机关负责调查评估并回复委托方,不得再退回,以避免文书旅行。

2. 受托方应当在规定的调查时限内反馈调查评估报告

目前,北京、浙江、福建、云南、四川、甘肃等地要求在10个工作日内完成调查评估并反馈,陕西、湖南、河南、青海是7个工作日,上海、海南是5个工作日,广东是15日,湖北是3周。同时,大多省、市都规定,特殊情况可以延长3~5日。可以看出,绝大多数省市包括中部和西部省市,在10个工作日内可以完成调查评估并反馈。《关于进一步加强社区矫正工作衔接配合管理的意见》也规定,居住地县级司法行政机关应当自收到调查评估委托函及所附材料之日起10个工作日内完成调查评估,提交评估意见。但考虑到法律的表述习惯和10个工作日的实际期限以及特殊情况,建议调查评估时限统一为15日。未在调查时限内反馈调查评估报告的,不影响案件的处理。

对于适用简易程序的案件,目前大多是由委托方和受托方协商。考虑到简易程序审限短,受托方应当在收到调查评估委托函及相关材料之日起7日内完成调查评估工作。遇有特殊情况,征得委托机关同意后可以延长。对于适用速裁程序的案件,《关于进一步加强社区矫正工作衔接配合管理的意见》规定,对于适用刑事案件速裁程序的,居住地县级司法行政机关应当在5个工作日内完成调查评估,提交评估意见。建议适用刑事案件速裁程序的调查评估时限统一为7日。

关于调查方式和出具调查评估报告的主体。目前,司法行政机关内部流转程序、调查人员、调查评估的内容等都较明确。在调查的方式上,综合各地的经验,调查人员进行调查时,应当出示调查评估委托函和工作证件。调查人员应当实地走访调查对象居所或共同居住的亲属,以便掌握居住条件是否符合社区矫正条件。可以采取调查、查取资料、召开座谈会等方式进行,同时,应当明确社区、村委会和派出所以及相关单位应当配合司法行政机关的走访调查。因为调查对象对所住社区的影响需要社区、村委会出具意见,同时调查对象的犯罪记录等在派出所等可以查到。

3. 出具调查评估报告的主体

有些省市规定,司法所应成立专门的评议小组并经区县司法局局长办公会等集体讨论决定。这虽然发扬了民主集中制原则,但由于调查评估的数量较多,不可能件件都上局长办公会,而且容易流于形式且延误时限。建议在司法行政机关内部将调查主体分为三个层次并明确责任：第一个层次是具体的调查人员；第二个层次是司法所长；第三个层次是县级司法行政机关业务部门负责人和主管领导。调查人员具体负责事实的调查并出具初步意见；司法所长负责人事实审查并提出调查评估报告；县级司法行政机关业务部门负责人和主管领导负责书面审核和合法性审查，主管领导认为事情重大或者有其他特殊情况的，可以建议召开局长办公会议讨论决定，必要时可以要求司法所补充调查或要求司法所长、调查人员参加。这既明确了主体的责任，也符合基层的工作实际，利于提高效率。

4. 调查评估报告的形式

关于调查评估报告的形式，《社区矫正实施办法》提供了文书的模板，各省市有的采用该模板，有的则设计了表格式文本。不论是文书模板还是表格式文本，各省市的形式也各不相同，严重影响了调查评估报告的质量和使用。

相比较而言，表格式文本更直观，更能准确地反映调查的内容，更便于基层工作人员操作且提高工作效率，也利于审判机关有效使用。美国的量刑前调查报告大部分都有现成的报告格式或者表格，缓刑官只要按照格式要求撰写就能顺利完成。因此，应当以表格形式规范全国的调查评估报告的形式。较好的形式能够较好地反映调查评估的内容。

综合北京、浙江、湖南、湖北、青海等地的经验，表格式调查评估报告主要包括被调查人的基本情况、居所和生活来源情况、家庭和社会关系、家庭帮教条件、被调查人一贯表现、犯罪行为的后果和影响、居住地村(居)民委员会和工作单位、被害人意见等、调查人员意见、司法所意见、区县司法行政机关意见十个部分，能够非常清楚地反映调查评估的内容和意见。

关于委托方发出的调查评估委托函内容不明确、提供的法律文书不统一、存在委托方让当事人等转交委托书等情形，在《关于进一步加强社区矫正工作衔接配合管理的意见》已经予以规范。

(五)明确调查评估报告的法律属性

在现阶段将调查评估报告定性为公安机关、检察院办案、法院教育和量刑的参考较为合适。

调查评估报告并非证据。新修改的《刑事诉讼法》将证据定义为“可以用于证明案件真实情况的材料”。而调查评估报告内容所反映的主要是被告人的成长经历、家庭情况、日常表现等，这些仅仅是法官在量刑时的参考依据，而非认定案件事实的证据。

调查评估报告虽然不属于证据，但对是否适用社区矫正产生一定影响。在英美法系国家中，普遍建立了品格证据规则，调查评估报告属于品格证据。品格证据对被告人的刑事责任产生一定影响，但这种影响有着严格的条件限制。在我国法律上尚没有确认品格证据的法律地位，但在司法实践中，品格因素如前科劣迹等一直是刑事案件审判中考虑的因素。同时，从调查评估制度的统一性考虑，相关司法解释已经把未成年人调查评估报告作为法院教育和量刑的参考，社区矫正的调查评估报告也应作上述定性。

调查报告是否应当当场宣读或质证？在英、美国家有专门规定。比如，美国联邦刑事诉讼规则规定，法庭应当根据请求准许被告律师和被告人阅读调查评估报告，但有关诊断建议、信息来源以及可能对被告人和其他人造成伤害的信息则不让他们接触。这个规定较好地解决了调查报告使用中既要公开又要保护其秘密性的矛盾。这样的规定值得我们学习借鉴。建议在法律中明确规定，对调查报告不需要当庭宣读或质证，但考虑到其对是否适用社区矫正以及审判公正产生一定影响，可以在坚持调查报告信息披露不会对被告和调查人等造成伤害的前提下，根据请求准许被告律师和被告人阅读调查评估报告相关内容。

第二节　社区矫正交付执行

社区矫正交付执行活动是一种刑事诉讼活动，是连接审判活动和刑罚执行活动的重要环节，包括社区矫正接收和收监执行。社区矫正交付执行是指人民法院、公安机关、监狱管理机关分别对管制、缓刑、假释、暂予监外执行作出的判决、裁定、批准、决定生效后，人民法院、公安机关、监狱及时将法律文书送达社区矫正执行机构；管制、缓刑、假释罪犯自行到居住地社区矫正执行机构报到，暂予监外执行罪犯由监狱、看守所押送至居住地社区矫正执行机构交付执行或者由人民法院当庭与其居住地社区矫正执行机构办理交付执行；或者在社区矫正期间，人民法院、公安机关、监狱管理机关根据社区矫正机构建议，依法裁定撤销缓刑、假释或者对暂予监外执行罪犯决定收监执行，由社区矫正执行机构、监狱、看守所依法将罪犯收监执行刑罚。本节主要阐述社区矫正接收活动。

社区矫正接收是社区矫正工作的一个重要环节。规范社区矫正接收工作，是确保社区矫正依法开始，避免脱管、漏管的一项基础性工作。现行的《刑事诉讼法》《监狱法》、最高人民法院关于适用《〈中华人民共和国刑事诉讼法〉的解释》《公安机关办理刑事案件程序规定（2012）》，特别是《社区矫正实施办法》对社区矫正接收制度作出了规范。上述规范确定了社区矫正接收的决定机关、交付机关、接收机关和监督机关；明确了居住地核实和告知义务；确立了居住地县级司法行政机关管辖原则、交付和接收方式、矫正宣告制度和未报到查找机制。

社区矫正的决定机关包括人民法院、公安机关、监狱管理机关，交付机关包括人民法院、监狱、看守所，接收机关是居住地的县级司法行政机关，法律监督机关是人民检察院。

一、社区矫正接收基本程序

（一）确定接收管辖机关

接收管辖是社区矫正执行机构对社区矫正人员行使刑罚执行活动的权力或权限。社区矫正接收管辖比较单一，管辖机关是社区矫正人员居住地的县级司法行政机关；在地域范围上一般由社区矫正人员居住地管辖，无法确定居住地的由户籍地管辖。

最高人民法院《关于适用〈中华人民共和国刑事诉讼法〉的解释》第436条规定，对被判处管制、宣告缓刑的罪犯，人民法院应当核实其居住地。《社区矫正实施办法》第5条规定，对于适用社区矫正的罪犯，人民法院、公安机关、监狱应当核实其居住地。一般来说，人民法院、公安机关、监狱根据拟适用社区矫正的人员提供的居住地址，向居住地址的县级司法行政机关发函核实其居住地址是否真实，由此确定社区矫正人员的管辖机关。

（二）决定和交付机关的告知、通知义务

在交付社区矫正执行前，人民法院、公安机关、监狱应当在向社区矫正人员宣判时或者在其离开监所之前，以书面形式告知其到居住地县级司法行政机关报到的时间期限以及逾期报到的后果，履行告知义务；同时，人民法院、公安机关、监狱应当对拟适用社区矫正的事宜通知居住地县级司法行政机关，使其做好接收社区矫正人员的准备工作。

(三)文书送达和文书接收

生效的法律文书是社区矫正执行具体依据,因此文书的送达、接收在社区矫正接收过程中很重要。最高人民法院《关于适用〈中华人民共和国刑事诉讼法〉的解释》规定,判决、裁定生效后10日内,应当将判决书、裁定书、执行通知书等法律文书送达罪犯居住地的县级司法行政机关,同时抄送罪犯居住地的县级人民检察院。《社区矫正实施办法》规定,在判决、裁定生效起三个工作日内,送达判决书、裁定书、决定书、执行通知书、假释证明书副本等法律文书,同时抄送其居住地县级人民检察院和公安机关。县级司法行政机关收到法律文书后,应当在三个工作日内送达回执。由此明确了社区矫正法律文书送达机关、送达时限、送达内容、送达对象、抄送对象以及送达回执等内容。

(四)社区矫正人员交付和接收

社区矫正人员交付和接收是指在社区矫正判决、裁定或决定的法律文书生效后,社区矫正人员在指定期限内到社区矫正机构报到或被交付执行的活动。规范的交付接收制度是避免社区矫正人员脱、漏管的重要保障。根据社区矫正的种类不同,确定了不同的交付、接收方式,即社区矫正人员自行报到、暂予监外执行社区矫正人员在居住地或当庭交付、接收两种方式。

社区矫正人员自行报到,是指管制、缓刑、假释三类社区矫正人员在人民法院判决、裁定生效之日或者离开监所之日起在10日内自行到居住地县级司法行政机关报到。社区矫正人员在规定时限内报到的,居住地县级司法行政机关应对照已收到的法律文书核实其身份,并填写接收登记有关法律文书。办理完接收手续后,告知社区矫正人员在3日内到指定的司法所接受社区矫正并通知司法所。

暂予监外执行社区矫正人员居住地或当庭交付、接收包括两种情形:一种是由人民法院决定暂予监外执行的,由居住地县级司法行政机关根据法院通知的时间派工作人员到法院法庭办理法律文书移交、核实罪犯身份、办理罪犯交接手续。另一种是由公安机关、监狱管理机关批准暂予监外执行的,居住地县级司法行政机关接到批准机关的通知后,与看守所、监狱约定社区矫正人员交付接收的日期和地点,由看守所、监狱将社区矫正人员押送至居住地,与居住地县级司法行政机关办理法律文书和社区矫正人员交付接收手续。

（五）进行矫正宣告

社区矫正宣告由司法所工作人员主持，参加人员有矫正小组成员及其他相关人员。宣告的主要内容包括判决书、裁定书、决定书、执行通知书等有关法律文书的主要内容；社区矫正期限；社区矫正人员应当遵守的规定、被禁止的事项以及违反规定的法律后果；社区矫正人员依法享有的权利和被限制行使的权利；矫正小组人员组成及职责等有关事项。社区矫正宣告是体现社区矫正刑罚执行特性的重要措施，对于彰显刑罚执行的严肃性，强化社区矫正人员的身份意识，增强其接受社区矫正的自觉性，明确司法所、社区基层组织、所在单位以及社区矫正人员的监护人、亲属、保证人等承担责任，都有重要的意义。

（六）漏管的查找机制

自行报到的管制、缓刑、假释三类社区矫正人员未按规定时间到居住地县级司法行政机关和司法所报到，造成漏管的，居住地县级司法行政机关和司法所应当及时组织查找，并通报决定机关，包括人民法院和监狱、看守所。

二、社区矫正接收存在的主要问题

（一）确定接收管辖机关的标准不统一

《社区矫正实施办法》确定了社区矫正的管辖机关是社区矫正人员居住地的县级司法行政机关。社区矫正人员在居住地接受社区矫正，由居住地的县级司法行政机关负责执行。对于无法确定居住地的，各省市规定，社区矫正的管辖机关是其户籍地县级司法行政机关。社区矫正执行地范围为同一县（市、区、旗）。由此确立了以社区矫正人员居住地为原则、户籍地为补充的社区矫正执行管辖制度。但现行的法律、法规没有对社区矫正居住地的认定标准予以明确。在出现人户分离的情况下，有的以户籍地确定执行管辖，有的以打工地或工作地确定执行管辖。这就造成管辖标准不统一、交付执行难、执行变更难等问题。

（二）法律文书送达、接收不规范

因《社区矫正实施办法》和《刑事诉讼法》、最高人民法院《关于适用〈中华人民共和国刑事诉讼法〉的解释》在规定社区矫正法律文书的交付与接收方面存在冲突，即在送达时限上，前者规定判决、裁定生效起三个工作日内，后两者规定判决、裁定生效后十日内；送达的文书不统一、不明确，前者规定送达判决书、裁定书、决定书、执行通知书、假释证明书副本等法律文书，后者规定送达判决书、裁定书、执行通知书等法律文书；抄送对象不同，前者要求抄送居住地县级人民检察院和公安机关，后者只抄送罪犯居住地的县级人民检察院。同时，由于送达的文书不统一、不明确，送达回执程序和期限不完善，各省市对送达的文书、送达回执程序和期限等又作了不同的规定，严重影响了法律文书送达、接收和社区矫正人员的交付接收。

（三）社区矫正人员交付接收条件不统一

对于社区矫正人员自行报到的，各地司法行政机关接收社区矫正人员入矫的条件不统一，有的是"见人即接收"，有的是"见档即接收"，有的是"见人见档才接收"，社区矫正人员异地（主要是跨省）交付问题较多。

（四）漏管的查找机制不完善

未按规定时间报到造成漏管的，应当由县级司法行政机关及时组织查找。在现实工作中，考虑到社会稳定以及县级司法行政机关查找技术手段缺乏等因素，在查找机制上，各地方明确了县级司法行政机关组织追查，公安机关协助，同时通报决定机关和检察院等做法。上海、江苏、广东等地还对公安机关采取的协助措施予以明确。但是由于手段单一和力量不足等因素，基层反映查找困难，查找工作程序不明确。

三、完善社区矫正接收的措施建议

（一）健全以居住地为主、户籍地为辅社区矫正管辖制度

1. 建立社区矫正管辖制度

社区矫正管辖是社区矫正执行机构对社区矫正人员行使刑罚执行活动的权力或权限。建立社区矫正管辖制度能够更好地明确不同社区矫正执行机构的管辖权限，实现社区矫正决定机关与社区矫正执行机构的顺利衔接，规范社区矫正执行活动，同时也避免与限制迁徙等活动相混淆。

建立社区矫正管辖制度，应当明确社区矫正人员由其居住地的县级司法行政机关

管辖;无法确定居住地的,由其户籍地县级司法行政机关管辖。对管辖有争议的,由其共同上一级司法行政机关指定管辖。

(1)确定地域管辖。社区矫正管辖的地域范围应当是社区矫正人员居住地所在的县级行政区域范围。从法律衔接上看,把县级行政区域作为地域管辖范围与我国《刑法》中关于社区矫正人员“离开所居住的市、县,应当报经执行机关批准”的规定相一致;从职责上看,县级司法行政机关直接负责对社区矫正人员进行监管,与公、检、法机关在县级建制相协调,执行权与侦查权、检察权、审判权相互配合、相互制约。十多年的实践证明,县级行政区域范围有利于对社区矫正人员的监管、教育矫正及帮扶。

从管辖的地域范围的认定条件来看,应当以社区矫正人员的实际居住地为认定标准。以居住地作为接收管辖的标准可以与现行法律规定实现很好地衔接。《刑法》《监狱法》最高人民法院《关于适用〈中华人民共和国刑事诉讼法〉的解释》都把社区矫正人员居住地作为社区矫正执行地。同时,随着经济社会发展,人户分离的情况日趋普遍。以实际居住地为标准,可以实现人户分离人员实际生活地与矫正执行地相统一,既利于执行机构有效监管,又利于社区矫正人员接受矫正。而且,全面实施居住证制度,也为把社区矫正人员居住地作为社区矫正执行地提供了保障。

(2)确定管辖变更制度。应当把原有的居住地变更制度调整为管辖权的变更。居住地变更是社区矫正人员的权利,不需要社区矫正执行机构批准,社区矫正执行机构行使的是基于居住地变更这一事实而产生的管辖权。

(3)确定指定管辖制度。实践中,由于相互推诿,或者对居住地的规定理解不一致,对管辖有争议的,应当由其共同上一级司法行政机关根据实际情况指定管辖。

2. 统一居住地认定标准

社区矫正人员居住地决定了社区矫正管辖。对于人户一致的人员,其户籍地就是其居住地,实践中无异议。但对于人户分离的人员,居住地的认定条件差异较大。

对于人户分离的社区矫正人员,《社区矫正实施办法》等没有明确居住地的认定标准。在有关部门对《社区矫正实施办法》解读中提出,居住地一般是指社区矫正人员能够连续居住六个月以上的居所所在的县(市、区、旗)。居住地应当同时具备以下条件:一是社区矫正人员应当有固定居所,由其本人或者与亲友共有、承租,或者其他人、单位愿意为社区矫正人员提供,社区矫正人员能够在此居所连续居住六个月以上。二是社区矫正人员在居住地有固定的生活来源,或者有亲友、其他人、有关单位为其提供生活保障。不能确定居住地的,在户籍所在地接受社区矫正。

上述解读虽然没有法律效力,但在居住地认定上提供了一定的指导,即具备居住一定期限的固定居所和生活基础,并且不超出所在的县(市、区、旗)。各地方在居住地的认定标准上也多以上述条件为基础上进行细化。

《北京市社区矫正实施细则》及其《补充规定》明确,居住地特指产权由社区矫正人员所有或者自己合法租赁且剩余租期在六个月以上;产权由亲友所有或者合法租赁剩余租期在六个月以上,书面同意接纳社区矫正人员居住的;原工作单位提供的住处等五种情形。在时限上要求在拟接受社区矫正的暂住地已连续居住六个月以上;生活保障上要求有劳动能力、在就业年龄段内的人员在京有正当职业;无劳动能力或不在就业年龄段内的,亲属愿意并能够为其提供稳定生活来源。同时,还规定非京籍要有亲属担任矫正小组成员。

上海市《关于贯彻落实〈社区矫正实施办法〉的实施细则》规定,社区矫正人员自有产权房;或连续居住一年以上租赁房屋;或与本市企事业单位签订一年以上劳动合同并在矫正期人回单位工作,其产权房、租赁房或工作单位是为居住地。

《江苏省社区矫正工作流程》规定,社区矫正人员有固定住所且能够连续居住六个月以上;有固定的生活来源。

《浙江省社区矫正实施细则(试行)》规定,社区矫正人员应当具有其本人所有、承租或者他人、有关单位提供且能够连续居住一年(含)以上的固定居所,社区矫正执行期少于一年的除外;同时,社区矫正人员有固定生活来源,或者有他人、有关单位为其提供的生活保障。

《广东省贯彻落实〈社区矫正实施办法〉细则》规定,罪犯的户籍地为其居住地。经常居住地与户籍地不一致的,经常居住地为其居住地。经常居住地为罪犯被追诉前已连续居住一年以上的地方,但住院就医的除外。

《天津市社区矫正工作实施细则》规定,拥有自主产权住房所在地;不得少于六个月的房屋租赁地;予以接纳的亲属或保证人提供的居住场所;监护人提供的居住场所。

北京强调租赁的合法性,并且要求亲属担任矫正小组成员,条件较严格。上海、广东、浙江要求已经居住一年以上。北京、上海、天津、广东、浙江、江苏等人口流入地区对居住地认定的标准较一致的主要包括:一是有固定住所,包括自有、租赁、亲友和单位提供的居所;二是在居住时限上,除自有房屋外,要求在居住地已经连续居住六个月以上,并能够继续居住六个月以上,社区矫正期限短于上述期限的除外;三是已就业或生活来源有保障;四是居住地无法认定的以户籍地为准。

同时,河南、重庆、四川、吉林、云南、陕西、甘肃等地的社区矫正规定,租赁、租借的房屋要求已经连续居住六个月以上,重庆、四川等人口大省还要求能够继续居住一年以上。

由此可以看出,在居住地的认定上主要考虑有无固定住所,已经居住的时间和能够继续居住的时间,有无生活保障。在有无固定住所方面,主要有自有、租赁、租借、单位和亲友提供五种形式,同时北京等省市还要求住所合法。在已经居住和能够居住的时限要求上,大多数要求六个月以上;上海、广东、浙江要求已经居住一年以上;重庆、四川等要求能够继续居住一年以上。同时规定就医、就学的除外。

国务院发布、已于2016年1月1日实施的《居住证暂行条例》规定:"公民离开常住户口所在地,到其他城市居住半年以上,符合有合法稳定就业、合法稳定住所、连续就读条件之一的,可以依照本条例的规定申领居住证。""申领居住证,应当向居住地公安派出所或者受公安机关委托的社区服务机构提交本人居民身份证、本人相片以及居住地住址、就业、就读等证明材料。居住地住址证明包括房屋租赁合同、房屋产权证明文件、购房合同或者房屋出租人、用人单位、就读学校出具的住宿证明等;就业证明包括工商营业执照、劳动合同、用人单位出具的劳动关系证明或者其他能够证明有合法稳定就业的材料等;就读证明包括学生证、就读学校出具的其他能够证明连续就读的材料等。"

由此可以看出,居住证办理的条件既要求有固定住所、已经居住时间要达到六个月以上;这与多数省市要求人户分离的社区矫正人员要具备居住六个月以上条件相同;同时又要求具备就业或就读或合法稳定住所;这意味其能够在居住地能够继续居住,有一定的生活基础;这个条件虽然与多数省市要求的社区矫正人员能够继续居住六个月条件有所不同,但两者的核心要求是一致的,要求其能够稳定居住。

据此可以明确居住地认定标准:符合国家规定的居住证申领条件的,当地公安机关出具书面证明,或本人持有居住证,即可认定居住地。

(二)规范法律文书的送达与接收

1.统一送达法律文书

各省市对送达的法律文书标准不统一。

表1 各省市对送达的法律文书标准

省市	缓刑 管制	假释	暂予监外执行
北京	执行通知书、起诉书副本、刑事判决书,结案登记表,接受社区矫正保证书,社区矫正告知书,送达回执等。	假释裁定书,刑事判决书,历次减刑裁定书,假释证明书、出监所鉴定表或改造表现鉴定材料,接受社区矫正保证书,社区矫正告知书,送达回执。	暂予监外执行通知书或决定书,暂予监外执行审批表,病残鉴定表或鉴定书,暂予监外执行具保书,刑事判决书,历次减刑裁定书,出监所鉴定表或改造表现鉴定材料,接受社区矫正保证书,送达回执。
广东	判决书、裁定书、执行通知书。	判决书、假释裁定书、假释证明书副本、社区矫正告知书、出监鉴定表、出监评估表、心理评估表。	判决书、最后一次减刑裁定书、保外就医审批表、暂予监外执行决定书、保外就医取保书、病残鉴定表、社区矫正告知书。
上海	执行通知书、刑事判决书、接受社区矫正保证书,社区矫正告知书。	假释裁定书,刑事判决书,假释证明书、接受社区矫正保证书,社区矫正告知书。	暂予监外执行通知书或决定书,暂予监外执行审批表,病残鉴定表或鉴定书,暂予监外执行具保书,刑事判决书,历次减刑裁定书,出监所鉴定表或改造表现鉴定材料,接受社区矫正保证书,送达回执等。
湖北	刑事判决书、起诉书副本、执行通知书、结案登记表和接受社区矫正保证书。	刑事判决书、假释裁定书、罪犯出监鉴定表和接受社区矫正保证书。	刑事判决书、起诉书副本、执行通知书、暂予监外执行审批表、病残鉴定书、具保书和接受社区矫正保证书。

接受社区矫正保证书是人民法院或其他有关机关在作出社区矫正决定时,要求被告人或罪犯作出的接受社区矫正的书面保证。让罪犯签署接受社区矫正保证书,有关国际刑事司法准则中也有类似要求,如联合国《东京规则》第3.4条规定,正规诉讼或审判之前或拟替代此类诉讼或审判的所有非拘禁措施实施前,应征得罪犯同意。《欧洲社区制裁与措施规则》中,更将"犯罪人的合作与同意"作为专章规定。①

社区矫正告知书是北京和上海等省市根据《社区矫正实施办法》的规定制定的,即人民法院、公安机关、监狱应当核实其居住地,在向其宣判时或者在其离开监所之前,书面告知其到居住地县级司法行政机关报到的时间期限以及逾期报到的后果。它既是人民法院、公安机关、监狱应当履行的告知义务,也是社区矫正人员报到的依据之一。它载明了矫正期间、报到时间、报到地址和联系方式等,可以很好地帮助社区矫正

① 吴宗宪著:《社区矫正导论》(第1版),中国人民大学出版社2011年版,第162页。

人员了解报到所需事项。

统一送达的法律文书，一方面，要参考相关的规定，如最高人民法院《关于适用〈中华人民共和国刑事诉讼法〉的解释》第429条第1款规定：被判处死刑缓期执行、无期徒刑、有期徒刑、拘役的罪犯，交付执行时在押的，第一审人民法院应当在判决、裁定生效后十日内，将判决书、裁定书、起诉书副本、自诉状复印件、执行通知书、结案登记表送达看守所，由公安机关将罪犯交付执行。另一方面，也要考虑社区矫正的特殊性。做出适用社区矫正的机关不尽相同，既有人民法院，也有公安机关和监狱管理机关，社区矫正人员在接受社区矫正前的状况不同，有的在监狱服刑，有的在看守所羁押，有的被采取监视居住等仍活动在社会上。因此，对不同类型的社区矫正人员，送达的法律文书也应当有所区别。

关于宣告缓刑、判处管制的罪犯应当送达的法律文书和材料应当包括：起诉书副本、刑事判决书、执行通知书、结案登记表、接受社区矫正保证书、社区矫正告知书和送达回执。

假释罪犯应当送达的法律文书和材料应当包括：假释裁定书、假释证明书、刑事判决书、出监所鉴定表或改造表现鉴定材料、接受社区矫正保证书、社区矫正告知书、送达回执等。历次减刑裁定情况、出监评估表、心理评估表等可以在出监所鉴定表或改造表现鉴定上体现，可以舍弃。

暂予监外执行的罪犯应当送达的法律文书和材料，各地较为一致，包括暂予监外执行通知书或决定书、暂予监外执行审批表、病残鉴定表或鉴定书、暂予监外执行具保书、刑事判决书、历次减刑裁定书、出监所鉴定表或改造表现鉴定材料、接受社区矫正保证书、送达回执等。至于广东要求的社区矫正告知书，由于暂予监外执行是当庭或当面交付执行，不再需要社区矫正告知书。

2. 规范送达时限等内容

《刑事诉讼法》第253条第1款规定：罪犯被交付执行刑罚的时候，应当由交付执行的人民法院在判决生效后十日以内将有关的法律文书送达公安机关、监狱或者其他执行机关。最高人民法院《关于适用〈中华人民共和国刑事诉讼法〉的解释》对此规定与《刑事诉讼法》一致。为保持法律的统一性，应当把法律文书的送达时限更改为判决、裁定生效后十日内。在抄送对象上，由于在实际工作中，社区矫正人员也被公安部门纳入重点人口管理，因此，抄送对象中应统一为居住地的县级人民检察院和公安机关。在送达方式上，应当采取派员或特快专递等形式送达，传统的邮寄方式效率较低。

为维护法律的严肃性，应当禁止由社区矫正人员及其代理人、监护人等代为送达法律文书。

同时应当明确送达机关和送达对象之间的职责，做好法律文书的送达。居住地县级司法行政机关在收到法律文书和相关材料，应当进行审查，符合规定要求的，在收件之日起三日内向送达机关寄发回执，并将法律文书和相关材料转居住地司法所。送达的法律文书和相关材料不齐或有误的，居住地县级司法行政机关应当在收件之日起一定期限内通知送达机关。送达机关应当在接到通知之日起一定期限内予以补齐、更正并送达。

3. 明确社区矫正人员自行报到的接收标准

由于社区矫正人员自行报到时限和法律文书送达时限不一致，因此，社区矫正人员接收和法律文书接收时间就会出现不一致情况，直接导致接收入矫的标准存在或“见人”或“见档”或“见人见档”的不同的接收标准。

生效的法律文书是适用社区矫正的法律依据，是社区矫正人员交付接收的法律凭证，而社区矫正人员是交付接收的对象，两者缺一不可。“见人”就接收入矫，缺少接收入矫的法律依据，也无法律文书对照核实其身份。《关于进一步加强社区矫正工作衔接配合管理的意见》也明确，社区矫正人员前来报到时，居住地县级司法行政机关未收到法律文书或者法律文书不齐全，可以先记录在案，并通知人民法院、监狱或者看守所在5日内送达或者补齐法律文书。

“见档”就接收入矫，缺少接收入矫的对象，而且，社区矫正人员报到时间是有规定的，只要在规定期间报到就是合法的。决定机关在社区矫正告知书上载明的社区矫正人员报到时间至关重要，它是司法行政机关判断社区矫正人员是否在法律文书规定的期间内报到的重要依据。因此，只有“见人见档”才具备接收入矫的条件，即遵循了接收社区矫正人员和接收法律文书相统一的原则，但在时间上要核对清楚，是否是在判决或裁定生效以后，否则也不能接收入矫。同时，“见人见档”的接收入矫标准也与罪犯交付监狱执行刑罚的标准一致。《监狱法》第16条规定：罪犯被交付执行刑罚时，交付执行的人民法院应当将人民检察院的起诉书副本、人民法院的判决书、执行通知书、结案登记表同时送达监狱。监狱没有收到上述文件的，不得收监。

由于没有进行审前调查或居住地核实，或者各省市对居住地认定标准不统一，导致跨省交付执行难。但在居住地认定标准和适用社区矫正调查评估制度建立的基础上，跨省交付执行难会大大降低。

4. 完善漏管的查找机制

社区矫正人员未按规定时间报到并且未超过一个月的情形，只符合矫正警告处罚，尚不构成收监执行的条件，因此，此时的查找工作是社区矫正机构职责范围之内的事情。组织查找的主体是居住地县级司法行政机关，而非其他部门，有关省市提请本地同级公安机关协助的做法有违规行使社区矫正执行权力的嫌疑。

在查找的工作程序上把握好四个关键点：一是查找的启动时间，应当是社区矫正人员报到期满的次日；二是告知利害关系人，向罪犯家属、监护人、保证人或直系亲属书面告知其未按规定时间报到的情况及未按时报到的法律后果；三是书面通知裁判、决定的人民法院或原执行机关，同时抄送同级人民检察院。四是居住地县级司法行政机关应当给予警告；符合收监执行条件的，依法提出撤销缓刑、撤销假释或者对暂予监外执行收监执行的建议。

第三节　社区矫正奖励与惩罚

社区矫正奖励和惩罚关系到社区矫正人员的切身利益，关系到社区矫正目的的实现。根据奖励和惩罚的性质不同，社区矫正奖励和惩罚可以分为行政奖励和惩罚、司法奖励和惩罚。据统计，自《社区矫正实施办法》实施以来，全国累计警告 6.3 余万人，治安处罚 2775 人，撤销缓刑 7453 人，撤销假释 858 人，对暂予监外执行罪犯决定收监执行 5438 人，①有效发挥了社区矫正惩罚措施对社区矫正人员的教育和警示作用。

一、行政奖励和惩罚

行政奖励和惩罚是指司法行政机关根据行政权限对社区矫正人员的良好表现给予奖赏和鼓励或者对不良表现给予处罚。

（一）行政奖励

2004 年司法部出台的《司法行政机关社区矫正工作暂行办法》确立了行政奖励制度。该办法第 34 条规定：司法所应当建立对社区矫正人员认罪悔罪、遵纪守法、学习劳动等方面表现情况的考核制度。根据考核结果，对于表现良好的给予表扬奖励。各

① 载 http://www.legaldaily.com.cn/index/content/2015-04/21/content_6053380.htm?node=20908。

省市据此对行政奖励进行了探索和创新。现行的《社区矫正实施办法》并未对行政奖励作出规定。

目前,各省市确定的行政奖励的种类主要包括表扬、社区矫正积极分子、记功、重大记功和物质奖励等,同时规定了奖励的条件、程序。但是,各省市确定的行政奖励种类各不相同,奖励的条件也千差万别,部分省市还将行政奖励与司法奖励进行了衔接,但衔接的条件也不同。各省市关于行政奖励种类、条件等的不同规定,反映了需要在制度层面统一行政奖励,特别是行政奖励与司法奖励衔接条件的迫切性,强化社区矫正的规范性和严肃性。

(二)行政惩罚

行政惩罚主要包括对社区矫正人员的警告、治安管理处罚。

1. 警告

警告是司法行政机关对符合条件的社区矫正人员给予警示、告诫的处罚活动。关于警告的适用条件,《社区矫正实施办法》列举了六种应当给予警告的情形,即未按规定时间报到的;违反关于报告、会客、外出、居住地变更规定的;不按规定参加教育学习、社区服务等活动,经教育仍不改正的;保外就医的社区矫正人员无正当理由不按时提交病情复查情况,或者未经批准进行就医以外的社会活动且经教育仍不改正的;违反人民法院禁止令,情节轻微的;其他违反监督管理规定的。社区矫正人员只要有其中一种情形,就应当给予警告。

大部分省市基本上与《社区矫正实施办法》规定保持一致,部分省市对适用条件进行了补充。《浙江省社区矫正人员考核奖惩办法(试行)》规定"一年内违反社区矫正机构信息化核查规定三次以上的";《福建省社区矫正信息系统使用管理办法(试行)》规定"社区矫正人员故意不携带、不开机或者故意丢失、损坏定位手机,造成人机分离、定位失效、通信中断的,司法所可以提请县级司法行政机关给予警告"。广东、湖北、湖南还采用积分考核等办法给予警告处罚。《山东省社区矫正执法工作规范》《江苏省社区服刑人员监督管理办法》《浙江省社区矫正人员考核奖惩办法(试行)》明确"无正当理由未按规定时间报到或者接受社区矫正期间脱离监管,不满十五天的"给予警告。

关于警告的程序,一是调查取证。司法行政机关发现社区矫正人员有违反监督管理规定或者禁止令情形的,应当及时派员调查核实情况,收集有关证明材料,并提出处理意见。二是由县级司法行政机关根据事实作出决定。三是社区矫正人员对警告决定不服的，可以向县级司法行政机关申请复议，也可以向人民检察院申诉。

2. 治安管理处罚

治安管理处罚提请建议机关为居住地的县级司法行政机关，确定了适用治安管理处罚的三种情形，即社区矫正人员违反监督管理规定，依法应予治安管理处罚的；被判处管制的犯罪分子违反禁止令；被宣告缓刑的犯罪分子违反禁止令尚不属情节严重的。在适用条件上，《山东省社区矫正执法工作规范》《江苏省社区服刑人员监督管理办法》《浙江省社区矫正人员考核奖惩办法（试行）》规定，未按照规定时间报到或者社区矫正期间脱离监管超过十五天，不满一个月的给予治安处罚。

在处罚程序上，一是由司法行政机关调查取证并提出治安管理处罚的建议。二是由公安机关作出是否处罚的决定。三是公安机关将处理结果通知县级司法行政机关。

3. 关于行政惩罚的完善

一是应当合理界定警告和治安管理处罚两者之间的梯度。从适用条件看，适用警告的条件比较明确，但是适用治安处罚条件较为原则，各地规定的条件标准又不同，难以区分两者之间的梯度。而且假释人员被治安管理处罚法排除在治安管理处罚之外，这与《社区矫正实施办法》和各地把假释人员纳入治安管理处罚相矛盾。应当明确哪类社区矫正人员、违反监督管理规定的哪些情形适用治安管理处罚，由此在警告和治安管理处罚之间形成合理的梯度。比如，山东、江苏、浙江规定"无正当理由未按规定时间报到或者接受社区矫正期间脱离监管，不满十五天的"给予警告；超过15天，不满一个月的，给予治安管理处罚，较好地区分了警告和治安管理处罚的条件并形成合理梯度。

二是应当确定警告的性质。从救济途径看，虽然《社区矫正实施办法》没有规定，但在其解释中提出"社区矫正人员对警告决定不服的，可以向县级司法行政机关申请复议，也可以向人民检察院申诉"。"向县级司法行政机关申请复议"说明警告具有行政处罚性质，但"向人民检察院申诉"又说明警告具有刑事处理决定的性质。

从适用条件的轻重程度来看，警告与治安管理处罚又应当属于同一性质。警告的性质不仅关系到如何规范作出警告的司法行政机关的行为，也关系到社区矫正人员的切身利益以及如何行使救济权利，因此，应当在制度上明确警告的性质。

二、司法奖励和惩罚

司法奖励是司法行政机关针对社区矫正人员的良好表现提出建议，由法院对社区矫正人员的良好表现给予奖赏和鼓励。司法惩罚是司法行政机关针对社区矫正人员的不良表现提出建议,由法院对社区矫正人员的不良表现给予处罚。

(一)司法奖励

司法奖励主要体现在减刑和缩短考验期。《社区矫正实施办法》确定了司法奖励的程序:社区矫正人员居住地县级司法行政机关提出减刑建议书,地(市)级司法行政机关审核同意,居住地的中级人民法院裁定。人民法院应当自收到之日起一个月内依法裁定;暂予监外执行罪犯的减刑,案情复杂或者情况特殊的,可以延长一个月。司法行政机关减刑建议书和人民法院减刑裁定书副本,应当同时抄送社区矫正矫正人员居住地同级人民检察院和公安机关。

在适用条件上,《社区矫正实施办法》并未作出规定,各省市根据实际情况规定了减刑条件,但条件宽严不一,有很大的差异。因此,应当明确减刑的适用对象和适用条件。

1.明确减刑的基本原则和基本条件

适用社区矫正本身就是行刑轻刑化、行刑社会化的一种措施。中央政法委也要求,严格规范减刑、假释、暂予监外执行。为澄清司法实践中对减刑、假释性质的认识偏差并纠正一些不正确做法,最高人民法院《关于办理减刑、假释案件具体应用法律的规定》(法释〔2016〕23号)在第1条中即规定“减刑、假释是激励罪犯改造的刑罚制度”。罪犯只有积极改造,表现优异者,才能获得减刑、假释。适用减刑、假释,必须贯彻宽严相济刑事政策,最大限度地发挥刑罚的功能和实现刑罚的目的。因此,对社区矫正人员减刑应当从严掌握。

根据现有的规定被宣告缓刑的罪犯,一般不适用减刑,有重大立功表现的,可以减刑。被假释的罪犯,除有特殊情形,一般不得减刑,其假释考验期也不能缩短。管制罪犯符合减刑条件的,可以酌情减刑。其他事项应当按照刑法、刑事诉讼法、最高人民法院《关于办理减刑、假释案件具体应用法律的规定》(法释〔2016〕23号)等规定执行。

被宣告缓刑的罪犯,一般不适用减刑,有重大立功表现的,可以减刑。最高人民法院关于《办理减刑、假释案件具体应用法律的规定》(法释〔2016〕23号)第18条规定,被判处拘役或者3年以下有期徒刑,并宣告缓刑的罪犯,一般不适用减刑。前款规定的罪犯在缓刑考验期内有重大立功表现的,可以参照《刑法》第78条的规定予以减刑,同时应当依法缩减其缓刑考验期。缩减后,拘役的缓刑考验期限不得少于二个月,有期徒刑的缓刑考验期限不得少于一年。这与2012年最高人民法院《关于办理减刑、假释案件具体应用法律若干问题的决定》一脉相承，当时据此出台相关文件的上海、重庆、浙江、江苏等也都作出与最高院规相同规定。

除有特殊情况，假释罪犯一般不得减刑。《江苏省社区服刑人员监督管理办法》规定，假释的社区矫正人员连续获得两次以上表扬或者累计获得三次以上表扬的，或者有立功表现的，可以减刑，有重大立功表现的，应当减刑。《上海市关于办理减刑、假释案件实施细则（试行）》规定，被假释的罪犯，除具有《刑法》第81条第1款规定的特殊情况，一般不得减刑，其假释考验期也不能缩短。如果罪犯在假释考验期内有重大立功表现的，可以参照《刑法》第78条的规定，予以减刑，其假释考验期亦可相应缩短。但是重庆市、浙江省等规定，被假释的罪犯，一般不得减刑，其假释考验期也不能缩短。上述四个省市对假释罪犯是否应当减刑以及减刑适用条件差别很大。

刑法规定，有期徒刑的假释考验期限为没有执行完毕的刑期；假释考验期限，从假释之日起计算。此规定对假释的考验期作出了明确规定，而且假释是对被判处有期徒刑、无期徒刑的犯罪分子，在执行一定刑期后，附有条件地提前释放，因此，除有特殊情况（指有国家政治、国防、外交等方面特殊需要的情况），经假释的罪犯一般不得减刑，其假释考验期也不能缩短。

管制罪犯，符合减刑条件的，可以酌情减刑。《刑法》第78条规定，被判处管制、拘役、有期徒刑、无期徒刑的犯罪分子，在执行期间，如果认真遵守监规，接受教育改造，确有悔改表现的，或者有立功表现的，可以减刑；有重大立功表现的，应当减刑。最高人民法院《关于办理减刑、假释案件具体应用法律的规定》（法释〔2016〕23号）第16条规定，被判处管制、拘役的罪犯，以及判决生效后剩余刑期不满二年有期徒刑的罪犯，符合减刑条件的，可以酌情减刑，减刑起始时间可以适当缩短，但实际执行的刑期不得少于原判刑期的二分之一。《江苏省社区服刑人员监督管理办法》规定，管制、暂予监外执行的社区矫正人员连续获得两次以上表扬或者累计获得三次以上表扬的，或者有立功表现的，可以减刑，有重大立功表现的，应当减刑。《上海市关于办理减刑、假释案件实施细则（试行）》规定，被判处管制的罪犯，有立功表现或被评为社区矫正积极分子的，可以减刑。可见，江苏和上海关于管制的减刑条件与刑法规定的精神相符，同时还将社区矫正的行政奖励与司法奖励进行了有机衔接。

被判处有期徒刑、拘役或者已经减为有期徒刑的罪犯，符合条件的可以暂予监外执行；暂予监外执行罪犯的减刑条件、减刑幅度、间隔时间等，应当按照最高人民法院最新发布的《关于办理减刑、假释案件具体应用法律的规定》(法释〔2016〕23号)相关规定执行。

2. 建立行政奖励与司法奖励衔接制度

最高人民法院关于办理减刑、假释案件具体应用法律若干问题的规定已经明确,减刑的适用条件主要体现在确有悔改表现、立功表现、重大立功表现三个层面,而且主要是围绕监禁刑罚设计的,并未体现社区矫正的行政奖励内容,原因之一应是社区矫正行政奖励没有全国性的指导规范。在地方,江苏、上海等部分省市把社区矫正的行政奖励与司法奖励衔接起来,把受到多次社区矫正表扬、获得积极分子视为确有悔改表现对待。但各省市社区矫正表扬、积极分子适用的条件有所不同。

为了规范、统一社区矫正行政奖励与司法奖励衔接制度,应当统一确定全国的行政奖励制度,在相关的司法解释中细化“确有悔改表现”和“立功表现”的法定情形,建立起社区矫正行政奖励与司法奖励的有机衔接机制。

(二)司法惩罚

1. 司法惩罚的基本情况

司法惩罚主要包括撤销缓刑、撤销假释、暂予监外执行罪犯收监执行等处罚措施。刑事诉讼法还建立了暂予监外执行罪犯不计入刑期的制度。

司法惩罚的适用条件。符合撤销缓刑、撤销假释的条件有五种,即违反人民法院禁止令,情节严重的;未按规定时间报到或者接受社区矫正期间脱离监管,超过一个月的;因违反监督管理规定受到治安管理处罚,仍不改正的;受到司法行政机关三次警告仍不改正的;其他违反有关法律、行政法规和监督管理规定,情节严重的。

符合暂予监外执行罪犯收监执行的条件包括八种:发现不符合暂予监外执行条件的;未经司法行政机关批准擅自离开居住的市、县(旗),经警告拒不改正,或者拒不报告行踪,脱离监管的;因违反监督管理规定受到治安管理处罚,仍不改正的;受到司法行政机关两次警告,仍不改正的;保外就医期间不按规定提交病情复查情况,经警告拒不改正的;暂予监外执行的情形消失后,刑期未满的;保证人丧失保证条件或者因不履行义务被取消保证人资格,又不能在规定期限内提出新的保证人的;其他违反有关法律、行政法规和监督管理规定,情节严重的。

司法惩罚的程序。撤销缓刑、假释的工作由居住地同级司法行政机关向原裁判人民法院提出撤销缓刑、假释建议书,并附相关证明材料,人民法院应当自收到之日起一个月内依法作出裁定。司法行政机关撤销缓刑、假释的建议书和人民法院的裁定书同时抄送社区矫正人员居住地同级人民检察院和公安机关。对于被撤销缓刑、假释的罪犯，由居住地县级司法行政机关负责及时将罪犯送交监狱或者看守所，公安机关予以协助。

对于符合收监执行条件的暂予监外执行罪犯，由居住地县级司法行政机关向批准、决定机关，包括人民法院、省级以上监狱管理机关、设区的市一级以上公安机关，提出收监执行的建议书，并附相关证明材料，批准、决定机关应当自收到之日起十五日内依法作出决定。司法行政机关的收监执行建议书和决定机关的决定书，应当同时抄送社区矫正人员居住地同级人民检察院和公安机关。暂予监外执行罪犯被决定收监执行的，按照三种情形分别实施：一是人民法院决定收监执行的，由居住地县级司法行政机关负责及时将罪犯送交监狱或者看守所，公安机关予以协助；二是监狱管理机关决定收监执行的，由监狱赴羁押地将罪犯收监执行；三是公安机关决定收监执行的，由罪犯居住地看守所将罪犯收监执行。

2. 完善司法惩罚的若干措施建议

（1）完善司法惩罚的适用条件。当社区矫正人员被采取强制戒毒、收容教养等限制人身自由的强制措施，是否纳入撤销缓刑、撤销假释与暂予监外执行罪犯收监执行的条件。北京把被收容教育、收容教养和被行政拘留、司法拘留、强制隔离戒毒作为撤销缓刑、撤销假释与暂予监外执行罪犯收监执行的适用条件；上海、重庆、吉林把被强制隔离戒毒的也作为撤销缓刑、撤销假释与暂予监外执行罪犯收监执行的适用条件，其他省市没有明确，有的建议社区矫正中止，也有的建议纳入适用条件。

收容教育、收容教养和行政拘留、司法拘留、强制隔离戒毒都属于限制人身自由的强制措施。收容教育是指对卖淫、嫖娼人员集中进行法律教育和道德教育、组织参加生产劳动以及进行性病检查、治疗的行政强制教育措施，依据是国务院于 2011 年 1 月 8 日修正后的《卖淫嫖娼人员收容教育办法》。收容教养是根据刑法的规定，对那些因不满 16 周岁不予刑事处罚的未成年人而采取的强制性教育改造措施，依据是《刑法》第 17 条和《未成年人保护法》第 39 条。行政拘留是指法定的行政机关（专指公安机关）依法对违反行政法律规范的人，在短期内限制人身自由的一种行政处罚，依据是《治安管理处罚法》。司法拘留是人民法院为了保证审判活动正常进行，对实施了严重妨害诉讼活动的人，采取限制其短期限人身自由的一种强制措施，依据是刑事、民事、行政三大诉讼法。强制隔离戒毒是公安机关对吸毒成瘾人员所采取的一种行政强制措施，依据是《禁毒法》。上述的这些措施都是限制人身自由的强制措施，其中收容教育、收容教养、行政拘留、司法拘留、强制隔离戒毒等措施，比《社区矫正实施办法》规定的撤销缓刑、撤销假释与暂予监外执行罪犯收监执行的条件严重得多。它们的共同特征是当事人已经实施危害公共安全等社会危害性较大的行为，已经触犯国家的法律法规并被法定机关依法限制人身自由。因此，应当明确把"收容教育、收容教养、行政拘留、司法拘留、强制隔离戒毒等"措施纳入社区矫正司法惩罚的适用条件。

(2)健全提请收监执行期间的相关制度。在提请撤销缓刑、撤销假释与暂予监外执行罪犯收监执行期间，如何采取有效措施对社区矫正人员监管，避免社区矫正人员逃跑等事件发生，或者社区矫正人员在此期间发生逃跑行为，该如何处理？目前，法律没有规定，实践中也无较好的解决方案。因脱离监管、未报到而提请撤销缓刑、假释、收监执行，在法院审理过程中，社区矫正人员是否需要到庭法院才能裁决，对此，实践中有很大争议。在提请收监执行期间，社区矫正是解除还是终止？为解决上述问题，建议采取以下措施：

一是赋予法院在裁决收监执行中决定采取强制措施的权力。目前，《社区矫正实施办法》尚未对社区矫正人员在提请收监执行期间的管理进行明确规定。部分省市对此进行了探索。《江苏省社区服刑人员监督管理办法》规定，撤销缓刑、假释案件审理期间，人民法院可以依法对社区矫正人员采取传唤、逮捕等刑事强制措施。《湖南省社区矫正实施细则》规定司法行政机关可以根据案件情况提请公安机关对其实施行政拘留，公安机关应当根据相关法律法规及时办理。《北京市社区矫正实施细则的补充规定》明确由司法局和公安机关共同管控。《浙江省社区矫正人员考核奖惩办法(试行)》规定由司法行政机关加强监督管理。《四川省社区矫正实施细则(试行)》规定由司法行政机关加强监督管理，符合条件的，可以集中管理。

各省市对责任主体的规定不统一，有的是司法行政机关，有的是法院，有的是公安机关。相应地，采取的措施也不尽相同，有刑事强制措施、矫正监管，也有行政拘留处罚，还有的措施性质还不明确。

在提请收监执行期间，为了防范社区矫正人员脱逃，江苏借鉴了采取刑事强制措施的做法，北京、湖南要求公安介入，也有自行采取矫正监管措施的。在防范社区矫正人员脱逃方面，法律并没有赋予司法行政机关相应的措施，但日常的矫正监管措施又难以达到目的。湖南要求公安采取行政拘留措施，这会起到一定作用，而刑事强制措施则可以实现防止社区矫正人员脱逃的目的。

提请收监执行活动意味新刑事诉讼活动的开始，为防止社区矫正人员逃跑，保证提请收监执行活动顺利进行，应当对社区矫正人员采取一定的刑事强制措施。在这方面，美国的经验值得借鉴。

在美国，如果法庭决定举行缓刑撤销听证会的话，在大多数情况下（82%）就会签发逮捕令；在少数情况下（18%左右）会向犯罪人发传票。对于谁有权力逮捕犯罪人的问题，美国各地规定有所不同。在联邦系统，法官有权决定逮捕；缓刑官也可以直接进行逮捕而无需逮捕令。在一些州，授权缓刑官逮捕缓刑犯；在另一些州，缓刑官无权进行直接逮捕，他们必须通知警察逮捕进行了违规行为的犯罪人。进行了违规行为的缓刑犯被逮捕之后，就会被关进看守所等待法庭审理。[①] 为防止缓刑犯逃跑，美国要求缓刑官或警察对其实施逮捕并关进看守所。

同时，我国刑事诉讼法规定，人民法院、人民检察院和公安机关为了保障刑事诉讼的顺利进行，可以根据案件情况对犯罪嫌疑人、被告人采取强制措施。美国的做法和我国刑事强制措施为解决提请收监执行期间社区矫正人员的监管提供了思路。

为防止社区矫正人员逃跑，保证提请收监执行活动顺利进行，建议规定，法院可以根据情况依法对社区矫正人员采取拘传、取保候审、监视居住或者逮捕等刑事强制措施。如果社区矫正人员在此期间脱逃，或者由于社区矫正人员脱逃而被提请收监的，法院应当作出逮捕决定，由公安机关进行抓捕或网上追逃。因为公安机关享有法律赋予的刑事强制权，这也是保证行使刑事强制权统一性的需要。同时，这也与后期的收监执行活动能实现很好的衔接。

二是建立社区矫正人员到庭辩护制度。法院在对脱逃、脱离监管的社区矫正人员进行收监裁决时，是否必须要求社区矫正人员到场才能进行裁决，目前没有相应规定。实践中有两种截然不同的做法：一种认为，在社区矫正人员不到庭的情况下作出收监裁定，会使其诉讼权利不能行使，影响裁决的公正性。另一种认为，其是否到庭不影响裁决的作出。因为裁决收监不涉及犯罪罪名的变更和犯罪事实的变化，只是刑罚执行方式的变动，人民法院只要对事实进行审查核实清楚即可。实践中江苏、浙江、湖南、四川等明确规定社区矫正人员脱逃、脱离监管的不影响案件的审理。

虽然裁决收监不涉及犯罪罪名的变更和犯罪事实的变化，只是刑罚执行方式的变动，但这涉及犯罪分子合法权益的保护和司法审判的公正。撤销裁定一经作出，对犯

---

① 吴宗宪著：《社区矫正比较研究》（上）（第1版），中国人民大学出版社2011年版，第176页。

罪分子将产生加重处罚的后果。作出撤销裁定时，应当听取犯罪分子的辩护意见。这既体现了法律的公平，也有利于司法行政机关与裁定机关之间的相互制约。在美国，撤销缓刑要举行缓刑撤销听证会，对于缓刑犯的权利包括缓刑犯有权质证、交叉询问等，聘请律师等都要予以保证，否则不得撤销缓刑。对于撤销假释，美国联邦最高法院通过审理莫里西案件，确定了假释撤销听证会必须具备的最低限度正当程序要求。① 英国也有类似的规定，对重新被收监的人，“必须被告知重新收监的理由以及提出书面意见的权利”。② 德国也规定，“如果撤销缓刑，应当赋予当事人口头陈述的机会”。③ 因此，法院在裁决过程中应当听取社区矫正人员意见，既能准确执行社区矫正法律，又恰当地保护社区矫正人员合法权益，实现裁定的公正、公开，维护司法的公信力。

对于社区矫正人员因脱逃、脱离监管而被提请收监或者社区矫正人员在此期间脱逃无法到庭的怎么处理？应当根据刑事诉讼法的规定中止审理，由公安机关抓捕后再行审理。

三是建立社区矫正中止制度。在社区矫正人员被提请收监执行期间，法院在未作出裁决之前，下落不明的社区矫正人员在社区矫正监管工作中应该处于一个什么样的状态，法律未有明确规定。特别是该社区矫正人员矫正期限届满而法院还未作出裁决，社区矫正机构是应该宣告解除矫正还是其他，也都不明确。针对这种情况，有人建议引入社区矫正中止制度。

在我国刑罚执行体系中尚未建立中止制度。社区矫正作为刑罚执行活动，也未规定中止情形。对于社区矫正执行中遇到的若干特殊情形，如上述情况需要适用中止程序，但也有人认为可以直接应用终止程序来应对。社区矫正终止与中止引起的法律结果不同，不能以终止代替中止。社区矫正中止是一种暂时性的状态，具有结果的不确定性、暂时性。根据中止后的情形，会出现不同的结果，要么导致社区矫正终止，要么导致社区矫正恢复。而社区矫正终止是社区矫正结束的一种状态，具有结果的法定性、确定性。只要出现法定情形，就会导致社区矫正终止的结果，社区矫正活动也就结束了。上述情形导致的结果具有不确定性，因此，不宜适用社区矫正终止，而应适用社区矫正中止。

哪些情形应当适用社区矫正中止呢？一是社区矫正人员被采取刑事强制措施或

① 吴宗宪著：《社区矫正比较研究》（上）（第1版），中国人民大学出版社2011年版，第258页。

② 陈俊生、郭华著：《国（境）外社区矫正立法》（第2版），法律出版社2013年版，第2339页。

③ 陈俊生、郭华著：《国（境）外社区矫正立法》（第1版），法律出版社2013年版，第89页。

被提请收监执行的。被采取刑事强制措施或提请收监执行，意味着新的刑事诉讼活动开始，社区矫正执行与刑事强制措施出现冲突；而且执行主体也发生了变化，社区矫正人员已经处于公安等机关的控制监管之下，社区矫正机构已经不能对其行使矫正监管活动。因此，对此情形应纳入社区矫正中止。二是社区矫正人员被采取限制人身自由措施的，如收容教育、收容教养、行政拘留、司法拘留、强制隔离戒毒等。

社区矫正中止应由社区矫正执行机构决定，中止的起始时间为刑事强制措施、限制人身自由处罚的期限或提请收监执行建议之日起至法院裁决生效之日止。社区矫正中止程序结束后，出现不同的结果。一是中止后，社区矫正终止。如被采取刑事强制措施的社区矫正人员，经法院裁定接受监禁刑罚；脱逃等社区矫正人员被收监等，社区矫正终止。二是中止后，社区矫正恢复。被采取刑事强制措施后，公安机关释放犯罪嫌疑人、检察机关免于起诉、人民法院裁定不认为是犯罪的或者不符合撤销缓刑、撤销假释、暂予监外执行罪犯收监执行条件的等，社区矫正恢复，继续执行社区矫正。

3. 健全不计入刑期或考验期制度

（1）完善暂予监外执行不计入执行刑期制度。《刑事诉讼法》和相关司法解释等只对暂予监外执行不计入执行刑期作出了规定，明确了两类不计入执行刑期的情形：一类是不符合暂予监外执行条件的罪犯通过贿赂等非法手段被暂予监外执行的；另一类是罪犯在暂予监外执行期间脱逃的。对不符合暂予监外执行条件的罪犯通过贿赂等非法手段被暂予监外执行的，监外执行的期间都不计入执行刑期。对罪犯在暂予监外执行期间脱逃的，脱逃期间不计入执行刑期。

对如何界定脱逃的情形和脱逃的起止时间，实践中尚有困惑。现行的司法解释认为脱逃是从羁押和改造场所逃走的行为，这主要是针对监狱或看所内罪犯，对于社区矫正人员则不适用。在实行社区矫正后，应当结合矫正实际重新定义脱逃行为，即脱逃是一种故意逃避监管的行为。

浙江、天津把暂予监外执行期间未经批准擅自外出与脱逃并列作为不计入执行刑期的情形。把未经批准擅自外出与脱逃并列似有不妥，实质上，未经批准擅自外出这种行为就是脱逃。未经司法行政机关批准擅自离开居住的市、县（旗），经警告拒不改正，或者拒不报告行踪，脱离监管的，这实际上已经逃脱司法行政机关的监管，应定性为脱逃。

《四川省社区矫正实施细则（试行）》规定，脱管是社区矫正人员在矫正期间，违反社区矫正有关规定下落不明，并经县级社区矫正机构查找，仍无法掌握其行踪的情形，具体包括五种情形,即到县级社区矫正机构报到后,未在规定期限到指定司法所接受社区矫正的;未在规定期限内向司法所报告个人活动情况的;社区矫正人员未经批准擅自离开居住的市、县的;社区矫正人员经批准离开居住的市、县,但未在批准期限内返回或者外出期间超出被批准区域范围的;因其他原因下落不明等。四川对脱管的界定实际包括两方面内容:一是社区矫正人员不在监管范围,二是经过查找仍无法掌握其行踪,即推定主观上存在故意。其实质就是脱逃。

综上,应当在相关制度中明确脱逃的情形包括未在规定期限内报告个人活动情况,经查找下落不明的;未经司法行政机关批准擅自离开居住的市、县(旗),拒不报告行踪,脱离监管,或拒不回居住地接受社区矫正的;经批准离开居住的市、县(旗),但未在批准的期限内返回,经查找下落不明,或者拒不回居住地接受社区矫正的;因其他原因下落不明的。

界定脱逃的起止时间。对被决定收监执行的社区矫正人员在逃的,社区矫正机构应当立即通知公安机关,由公安机关负责追捕。脱逃的起算日究竟是从未经司法行政机关批准擅自离开之日,还是从住地县级司法行政机关向批准、决定机关提出收监执行的建议书之日,还是从批准、决定机关依法作出收监决定之日,还是从社区矫正机构通知公安机关追捕之日起算?如果罪犯在脱逃期间没有新的犯罪行为,应将经查证属实的其擅自外出之日或下落不明之日至被抓获前(如果抓获时已过刑满日期,则至刑满日)的期间,由人民法院裁定不计入执行刑期,重新确定新的刑期截止时间。[①]《四川省社区矫正实施细则(试行)》规定,社区矫正人员脱管时间,从知道或者应当知道脱管之日起计算,脱管期间不计入矫正期限。由于脱逃的情形不止一种,因此,"从知道或者应当知道脱管之日起计算"的方法比较全面且能够具体情况具体分析。

(2)增加不计入刑期或考验期的社区矫正类别。对于缓刑和假释的来说,如果具备社区矫正中止情形而被撤销缓刑、撤销假释,那么社区矫正就终止了,就需要执行原判刑罚和剩余刑期,其已经执行的考验期没有计入相应的刑期。如果被恢复社区矫正,中止的期限亦不应当计入考验期,原因在于社区矫正人员在社区矫正中止期间,已经由有关机构对其采取了限制人身自由的措施,不处于社区矫正机构的监管之下。

对于管制的来说,被采取刑事强制措施和限制人身自由的措施都不会导致管制犯收监执行,相比较于缓刑和假释而言有失公平。因此,把社区矫正中止期限不纳入管

---

① 载 http://blog.sina.com.cn/s/blog_67b087f90101go4k.html。

制刑期,既起到了平衡作用,符合司法公平精神,也体现了对管制犯重大违纪的惩罚作用。

综上,如果管制具有社区矫正中止的情形,社区矫正中止的期限应当不计入管制矫正期。如果缓刑、假释具有社区矫正中止情形,社区矫正中止的期限应当不计入考验期。

4. 健全收监执行中交付执行机制

这里主要讨论由法院决定收监执行的情形,因为监狱管理机关和公安机关决定收监执行的,都由监狱、公安机赴羁押地将罪犯收监执行,执行中问题较少。在收监执行中的问题主要是公安机关与司法行政机关的相互配合。

《社区矫正实施办法》规定,人民法院裁定撤销缓刑、假释或者对暂予监外执行罪犯决定收监执行的,居住地县级司法行政机关应当及时将罪犯送交监狱或者看守所,公安机关予以协助。明确了居住地县级司法行政机关为主,公安机关予以协助。但双方的职责并不明确,而且刑罚执行权必须由法律授予,目前没有任何法律赋予县级司法行政机关押解权和对脱逃罪犯采取抓捕、追逃等的权力。对此问题,《江苏省社区服刑人员监督管理办法》规定由居住地县级司法行政机关将社区矫正人员送居住地看守所羁押,并通报同级公安机关派员协助。居住地县级司法行政机关应当在社区矫正人员羁押后五个工作日内,将其送交监狱或者看守所服刑,公安机关派员协助,社区矫正人员下落不明的,由公安机关上网追逃。这明确了县级司法行政机关和公安机关职责。

《北京市社区矫正实施细则的补充规定》明确,由区县司法局、司法所负责向罪犯送达法律文书,区县公安分局人口管理部门通知派出所负责对罪犯控制和送交看守所,以及对罪犯一旦出现脱管(逃)后负责查找和控制,罪犯居住地看守所负责收监。北京的做法考虑到了县级司法行政机关的执法力量和执法权限限制,明确了司法行政机关、公安机关职责。

比较而言,江苏的做法比较好地体现了司法行政机关矫正执法主体地位。在法律赋予司法行政机关相应执法权力的前提下,江苏的做法值得总结。如果没有相应执法权力,北京的做法不失为实际的选择,司法行政机关负责全程的法律文书处理,公安机关负责对罪犯控制和送交看守所,看守所负责送交监狱。

同时,法律冲突导致实践工作中交付执行主体冲突。《监狱法》规定,人民法院裁定撤销假释的由公安机关将罪犯送交监狱收监。而《社区矫正实施办法》规定:人民法院裁定撤销缓刑、假释或者对暂予监外执行罪犯决定收监执行的,居住地县级司法行政机关应当及时将罪犯送交监狱或者看守所,公安机关予以协助。法律冲突导致交付执行难,建议在法律修改中予以规范统一。

第四节　社区矫正变更、解除和终止

本节简要介绍社区矫正变更中的管辖变更和矫正措施变更,以及社区矫正解除和终止的区别。

社区矫正的管辖变更和矫正措施变更是社区矫正执行机构根据一定条件和标准而采取的改变社区矫正管理措施的活动。管辖变更,涉及社区矫正执行机构管辖权的划分;矫正措施变更是社区矫正执行机构在综合分析、评测的基础上,对社区矫正人员实施分类管理,采取不同矫正措施的活动,体现了社区矫正执行工作的科学性和实效性。社区矫正解除和终止是社区矫正执行中的最后一个程序,标志着社区矫正执行工作的结束,意味着社区矫正机构完成或者终止了社区矫正执行;同时也意味着当事人不再处于社区服刑状态,其身份也发生了变化,或成为合法公民,或成为监禁刑的管理对象。

一、社区矫正变更

社区矫正变更包括管辖变更和矫正措施变更。

(一)管辖变更

1. 管辖变更的条件

《社区矫正实施办法》规定,社区矫正人员未经批准不得变更居住的县(市、区、旗)。社区矫正人员因居所变化确需变更居住地的,应当提前一个月向司法所提出书面申请,由司法所签署意见后报经县级司法行政机关审批。县级司法行政机关在征求社区矫正人员新居住地县级司法行政机关的意见后作出决定。也就是说,管辖变更需要具备以下条件:一是社区矫正人员的新居住地超出了原有居住地所在的县(市、区、旗);二是社区矫正人员新居住地与原居住地不属于同一社区矫正机构管辖;三是需要原管辖机关和新管辖机关的共同批准。

2. 变更的审批程序

司法所接到社区矫正人员变更居住地申请后要认真审查、核实变更居住地的理由,填写有关文书,签署意见后报县级司法行政机关审批。县级司法行政机关经审核司法所意见,将有关情况书面征求社区矫正人员新居住地县级司法行政机关的意见。新居住地县级司法行政机关应认真核实有关情况,作出予以接收或不予接收的意见并及时反馈。社区矫正人员现居住地县级司法行政机关根据反馈意见及时对是否同意社区矫正人员变更居住地作出审批决定,通知司法所,并由司法所通知社区矫正人员本人。经批准变更居住地的,县级司法行政机关应当自作出决定之日起三个工作日内,将有关法律文书和矫正档案移交新居住地县级司法行政机关,有关法律文书应当抄送现居住地及新居住地县级人民检察院和公安机关。司法所要告知社区矫正人员应当自收到决定之日起七日内到新居住地县级司法行政机关报到。

(二)矫正措施变更

矫正措施变更是指社区矫正机构根据社区矫正人员的考核结果和再社会化程度、社会危害性等,调整矫正措施的活动。《社区矫正实施办法》第21条规定,司法所应当及时记录社区矫正人员接受监督管理、参加教育学习和社区服务等情况,定期对其接受矫正的表现进行考核,并根据考核结果,对社区矫正人员实施分类管理。各地方据此出台相关规定,对社区矫正人员开展分级分类管理。矫正措施变更的实施主体是社区矫正机构。严格来说,分级分类管理并未变更矫正措施的种类,是在现有矫正措施种类的范围内增加或减少,禁止或限制社区矫正人员行为的活动,是社区矫正机构职责范围之内的事情。

1. 矫正措施等级的确定

绝大多数省市对社区矫正人员的管理等级分为严格管理、普通管理、宽松管理三种,个别省市采取严格管理、普通管理两种。一般来说,社区矫正人员在接收入矫的一定期限内一律实施严格管理,期限届满后,对社区矫正人员情况进行综合分析和风险评估,确定其管理等级。一般以一个季度或半年为周期进行管理等级调整,不同的管理等级意味宽严不同的监管教育措施。

2. 矫正措施等级变更的条件

由于各省情况不同,对矫正措施等级变更的条件差别也较大。《江苏省社区服刑人员监督管理办法》规定,当社区矫正人员上季度月度考核结果均为合格以上的,可以下调管理等级一级。有法定立功或者重大立功表现的,应当下调管理等级一级。考核结果出现两次以上基本合格的,应当上调管理等级一级。受到警告、治安管理处罚的,应当立即直接上调为严格管理。《浙江省社区矫正人员考核奖惩办法(试行)》规定,社区矫正人员连续三个月月度考核结果均为合格的,可以调整或维持为普通管理等级。社区矫正人员经评估确认再犯罪风险较大的,或者三个月内月度考核结果出现两次基本合格的,或者一次不合格的,应当调整或维持为严格管理等级。矫正措施等级变更直接与考核结果和风险评估结果挂钩,不同结果导致不同矫正措施。这对于调动社区矫正人员积极接受矫正起到良好作用。

3. 矫正措施等级变更程序

矫正措施等级的变更会影响到社区矫正人员自由受到限制的程度,因此,对矫正措施的变更应当规定合理的程序。各地的矫正措施等级变更的基本程序为,司法所集体讨论提出意见,县(市、区)社区矫正管理机构审批,在适当的场所进行公布、公示,抄送同级检察院。《浙江省社区矫正人员考核奖惩办法(试行)》规定,分类管理等级按每三个月调整一次。符合调整条件的,由司法所合议后提出调整等级建议,报县级司法行政机关批准实施;不符合调整条件,或者虽然符合调整条件但剩余矫正期限不满一个月的,按照原等级管理,并报县级司法行政机关备案。管理等级调整结果除未成年社区矫正人员外,应当在司法所办公场所公示,接受监督。县级司法行政机关应当将社区矫正人员管理等级调整结果抄送同级人民检察院。《湖北省社区矫正人员分类管理、分阶段教育实施办法》规定,对社区矫正人员评定分类管理经过四道程序:一是书面征求社区居民、社区矫正社会工作者、社会志愿者的意见;二是司法所提出社区矫正人员分类管理的评定意见,集体审定后公示;三是县(市、区)社区矫正管理机构审批;四是对社区矫正人员宣布分类管理等级并给予相应的处遇。其他省市也有类似的规定。

矫正措施变更既是宽严相济政策在教育矫正中的体现,又是推进科学矫正、提升矫正质量的重要措施。但各地在划分矫正措施等级、变更矫正措施等级条件、变更矫正措施程序等方面存在较大差别,容易导致因地区不同而出现矫正措施不同等畸轻畸重情形,严重影响执法公平。特别是在变更矫正措施等级条件方面,基本上是以考核结果为依据,考核结果与矫正措施直接挂钩,而各地的考核规定又千差万别,其公平性难以体现。

因此,我们建议:一是加强对全国社区矫正人员的分级分类管理研究,总结探索出社区矫正人员分级分类管理的共性规律,建立起划分矫正措施等级的科学依据,提高分级分类管理科学性和统一性。二是建立分级分类管理制度,明确分级分类管理主体，合理划分矫正措施等级，规范不同等级适用的约束性措施以及变更矫正措施的基本程序等，提高分级分类管理的统一性和规范性。三是出台全国社区矫正人员考核指导规定，对考核的原则、考核的内容和标准、考核的主体和程序、考核的结果使用等作出原则性规定，既保证社区矫正人员考核工作的统一性，又为各地结合实际落实预留空间。

二、社区矫正解除和终止

矫正解除，是指因社区矫正期满而结束社区矫正的活动。社区矫正期满前，社区矫正人员应当作出个人总结，司法所应当根据其在接受社区矫正期间的表现、考核结果、社区意见等情况作出书面鉴定，并对其安置帮教提出建议。

矫正期满，司法所应当组织解除社区矫正宣告。宣告由司法所工作人员主持，按照规定程序公开进行。司法所应当针对社区矫正人员不同情况，通知有关部门、村（居）民委员会、群众代表、社区矫正人员所在单位、社区矫正人员的家庭成员或者监护人、保证人参加宣告。

宣告事项应当包括：宣读对社区矫正人员的鉴定意见；宣布社区矫正期限届满，依法解除社区矫正；对判处管制的，宣布执行期满，解除管制；对宣告缓刑的，宣布缓刑考验期满，原判刑罚不再执行；对裁定假释的，宣布考验期满，原判刑罚执行完毕。

县级司法行政机关应当向社区矫正人员发放解除社区矫正证明书，并书面通知决定机关，同时抄送县级人民检察院和公安机关。

暂予监外执行的社区矫正人员刑期届满的，由监狱、看守所依法为其办理刑满释放手续。

矫正终止是指因社区矫正人员死亡、被决定收监执行或者被判处监禁刑罚而结束社区矫正的活动。矫正终止包括三种情况：一是社区矫正人员在社区矫正期间死亡的，县级司法行政机关应当及时书面通知批准、决定机关，并通报县级人民检察院。二是社区矫正人员被决定收监执行的，是指在社区矫正期间，社区矫正人员因严重违法社区矫正规定被撤销缓刑而执行原判刑罚，或因被撤销假释而被收监执行未执行完毕的刑罚，或暂予监外执行罪犯被依法收监执行的，自收监之日，终止社区矫正。县级司法行政机关应当及时通报县级人民检察院。三是社区矫正人员被判处监禁刑罚的，是指社区矫正人员因重新犯罪或因漏罪被数罪并罚，自判决生效之日起，社区矫正终止。同时，县级司法行政机关及时书面通知批准、决定机关并通报县级人民检察院。

各地在社区矫正解除和终止方面面临的问题较少,主要为:一是当社区矫正人员被采取刑事强制措施和限制人身自由措施,社区矫正机构对其是办理矫正解除还是矫正终止?此问题已在社区矫正中止部分阐述。二是在社区矫正工作与安置帮教工作的衔接上,还有不同的认识。有学者认为,社区矫正人员与监狱罪犯最大的不同就是在社会上服刑,其面临的就业等问题基本都得到帮扶,没有必要再开展安置帮教工作。有学者认为,社区矫正人员矫正期满后依然是刑满释放人员,仍然需要对其开展安置帮教工作。

从社区矫正内容来看,社区矫正人员要接受监督管理、教育矫正和社会适应性帮扶。社会适应性帮扶工作是在全面开放的社会环境里进行的,与社区矫正人员的生产生活紧密相连,不像监狱罪犯那样与社会脱节。从社区矫正类别来看,管制和缓刑的在被执行社区矫正前已经在社会上生活,与进入社区矫正后的社会环境没有什么变化。但假释的和暂予监外执行的则不然,其经历了从监狱到社会不同环境的变化。从安置帮教工作来看,安置帮教工作,是在各级政府领导下,依靠各有关部门和社会力量对刑满释放人员进行的一种非强制性的引导、扶助、教育和管理活动。各地还将其分为一般帮教对象和重点帮教对象,对有重新违法犯罪倾向的重点帮教对象进行重点帮教,落实预防重新违法犯罪措施。从社区矫正相关规定来看,《社区矫正实施办法》规定,社区矫正人员社区矫正期满的,司法所应当告知其安置帮教有关规定,与安置帮教工作部门妥善做好交接,并转交有关材料。

我们认为,社区矫正人员尽管在矫正期间接受了程度不同的教育帮扶工作,但从本质上说,社区矫正人员矫正期满与监狱罪犯服刑期满性质是相同的,即完成刑事处罚,因此,都应当作为安置帮教的工作对象。只是在安置帮教工作中,应当根据社区矫正人员矫正期满后的危害性和社会适应能力进行评估,作为一般和重点帮教对象进行分类帮教。

第六章　社区矫正监督管理体系

社区矫正监督管理体系是社区矫正执行体系的组成部分，它是社区矫正顺利并有效实施的基础和保障。社区矫正作为非监禁刑罚执行活动，尽管其执行过程和执行场所都是置于开放的环境下，以社区为依托执行各项相关内容，但是，为了保障刑罚执行秩序和执行效果，对这种“开放”的执行方式也要赋予必要的监督管理内容。经过了十多年的制度建设和实践发展，已经形成了稳定运行的工作机制，也积累了有益的措施、办法，并将在进一步的改进和完善中发挥更加积极的作用。

第一节　监督管理概述

社区矫正执行体系中的监督管理工作，虽然也在刑罚执行的范畴之内，但是，相对于监禁行刑，它却具有明显的“非监禁性”和“社会性”特征。也正是基于这样的基本特征，社区矫正执行中的监督管理不仅具有保障刑罚执行的功能，同时对于促进社区矫正人员学习并养成适应社会秩序的行为意识和行为方式，促进他们顺利融入社会都有不可替代的作用。

一、社区矫正监督管理的概念和特征

监督管理是社区矫正的工作任务之一，是指社区矫正机构及

其工作人员依照法律、法规及其他相关规范运用科学的手段和方法对社区矫正人员的行为、状态等进行监视、督促和安排组织等一系列活动的总和，是保证社区矫正人员依法履行服刑义务，防范其重新违法犯罪的重要手段。

社区矫正监督管理工作直接关系到对社区矫正人员教育矫正的规范运行和实施效果，是确保安全、有效的重要环节。其突出特征主要表现在以下两个方面：

（一）刑罚性寓于社会性之中

刑罚性和社会性是社区矫正基本属性当中的两个重要特质，监督管理作为社区矫正一项重要的工作任务当然兼备这两个特质。根据我国现行刑事法律的基本定位，刑罚性是社区矫正的根本属性，社会性则是其基本的执行方式。因此，社区矫正的监督管理不同于监禁行刑的监督管理，虽然也具有刑罚性，但它是以社会性为依托，在社会化的执行环境和执行条件下实践的，这就是刑罚性寓于社会性之中，不仅表现于社区矫正开放的执行场所，而且各类矫正方案的实施内容和方式也开放地与社区广泛联系。认识这一突出特征，有助于把握社区矫正监督管理的科学方式，将监督管理方式和过程融入社区环境和社区生活，依托社会力量提供辅助性支持。

（二）限制性寓于开放性之中

社区矫正的刑罚性决定了其监督管理工作任务包含了一定的限制性要求，有些是以相应的法定义务为依据，有些是基于社区矫正执行秩序的必要需求，例如，对于报告义务的设定、对于迁居的有关程序要求、对于活动范围和场所的某些限制，违反这些限制性要求的社区矫正人员将依法、依规对其行为承担相应的责任和后果。但是，由于社区矫正是在开放的社区环境下执行，对社区矫正人员的监督管理必须适合开放的社会生活方式，遵循开放的一般规律和基本原则，因此，监督管理的限制性要求应当寓于开放性之中，以回归社会为目标。认识这一突出特征，有助于把握社区矫正监督管理限制性要求的科学设定，既要保障社区矫正执法行为的安全和秩序，也要有利于社区矫正人员社会化行为的养成和适应，在开放的目标和环境下，以合法、适度和有效为原则规制监督管理的限制性要求。

二、监督管理的功能和作用

社区矫正执行体系中监督管理的功能和作用兼具维护刑罚执行和促进社区矫正

人员复归社会的目的和任务，主要可以概括为以下三个方面：

（一）确保刑罚执行的目的和任务

社区矫正是在开放的社会环境下的刑罚执行活动，在社区矫正的实施过程中并不是对社区矫正人员放任自流，而是要求他们必须服从管理和监督并按照规定履行某些特定义务。通过一系列监督管理措施，对社区矫正人员的行为实施一定的管束，在监管过程中能够了解、掌握其行为是否符合规定，是否具有违规，甚至违法犯罪的危险倾向，是否要采取相应的控制和处置措施；等等。必要的监督管理措施有助于社区矫正执法活动的顺利实施，有助于维护社区安全和秩序，预防重新违法犯罪行为的发生，从而促进刑罚目的和刑罚任务的实现。

（二）促进守法意识和行为习惯

长期的监禁行刑经验表明，监督管理工作具有重要的意识指引和行为养成作用，虽然“非监禁”是社区矫正与传统的监禁行刑最主要的区别之一，社区矫正人员人身不受刑罚执行机构的禁锢，他们仍然生活在社区里，居住在自己家中，仍然可以继续以往的工作和学习，在一定范围内享有人身自由。但是，监督管理同样可以发挥意识指引和行为养成的功能。社区矫正的监督管理主要是通过警示和约束的方式做出要求，规则和奖惩相伴，这样的激励和强化过程，有助于督促社区矫正人员在“自由”的状态下坚持遵守法律的意识，养成并巩固符合社会规范的行为习惯，逐步提高在社会生活中的自觉度和适应性。

（三）保障社区矫正其他工作任务的落实

社区矫正的任务主要包括监督管理、教育矫正和帮困扶助三个方面，监督管理是基本的安全和秩序保障。“以现有法律条件，作为非监禁刑罚执行方式的社区矫正不会放弃刑事立法、司法对刑罚惩罚性、威慑性的基本判断。各级各部门研究推进的风险管理、分类矫正（处遇）办法，均以防范脱管、漏管，防止重新违法犯罪为首要目标。”①教育矫正和帮困扶助各项具体内容的实施，都需要通过监督管理措施了解服刑人员的行为表现和状态、趋势，以掌握相关工作的重点、难点，提高针对性和有效性。

① 徐俊驰：《社区矫正的刑事政策意义：兼论恢复性司法进路的局限》，载《中国刑事法杂志》2012 年第 3 期。

特别是教育矫正工作的一些内容,例如,对犯罪心理和行为的矫正,对于不良习惯的控制和纠正,关于接受法制教育、公益劳动的要求等,可能会引起社区矫正人员心理上的排斥和行为上的懈怠、不配合,如果没有有效的监督管理措施,这些教育矫正工作无法正常进行,更难以期待实施效果了。

第二节　监督管理的实践状况

社区矫正自试点、试行至全面推进以来,历经十余年的探索和发展,实践范围也从局部几个省、市,扩展至全国。在这个过程中,监督管理作为一项重要的工作任务,已经积累了许多有成效的经验,同时根据实践发展的状况和需求,也存在有待进一步改进和完善之处。

一、监督管理的主要内容和方式

从现行法律、法规和制度以及相关实践来看,社区矫正执行体系中监督管理的内容和方式可概括为以下几类:

(一)几类专项的监督管理

1."报告"

《刑法》对于管制、缓刑和假释罪犯都规定了:按照执行机关、考察机关、监督机关的规定报告自己的活动情况。《社区矫正实施办法》的相关规定是:"社区矫正人员应当定期向司法所报告遵纪守法、接受监督管理、参加教育学习、社区服务和社会活动的情况。发生居所变化、工作变动、家庭重大变故以及接触对其矫正产生不利影响人员的,社区矫正人员应当及时报告。"

2."会客"监管

《刑法》对于管制、缓刑和假释罪犯都规定了:遵守执行机关、考察机关、监督机关关于会客的规定。

3."外出、迁居"监管

《刑法》对于管制、缓刑和假释罪犯都规定了:离开所居住的市、县或者迁居,应当报经执行机关、考察机关、监督机关批准。《社区矫正实施办法》的相关规定包括:社区矫正人员未经批准不得离开所居住的市、县(旗)。因就医、家庭重大变故等原因,确需离开所居住的市、县(旗)的,不得超过一个月。同时,离开时间在7日以内和超过7日的,分别设定了相应的批准和返回报告制度。

《社区矫正实施办法》规定:“社区矫正人员未经批准不得变更居住的县(市、区、旗)。社区矫正人员因居所变化确需变更居住地的,应当提前一个月提出书面申请,由司法所签署意见后报经县级司法行政机关审批。”“社区矫正人员应当自收到决定之日起七日内到新居住地县级司法行政机关报到。”

4.“禁止令”的执行

《刑法》对管制犯、缓刑犯规定可以适用禁止令:可以根据犯罪情况,同时禁止犯罪分子在执行期间、缓刑考验期限内从事特定活动,进入特定区域、场所,接触特定的人。《社区矫正实施办法》规定:“对于人民法院禁止令确定需经批准才能进入的特定区域或者场所,社区矫正人员确需进入的,应当经县级司法行政机关批准,并告知人民检察院。”“发现社区矫正人员有违反监督管理规定或者人民法院禁止令情形的,司法行政机关应当及时派员调查核实情况,收集有关证明材料,提出处理意见。”

(二)日常监管

日常监管涉及面较广泛,根据《社区矫正实施办法》及其他的相关规定,大体可归纳为以下几个方面:

1.通过常态的“实地检查、通讯联络、信息化核查等措施及时掌握社区矫正人员的活动情况”;“司法行政机关和公安机关、人民检察院、人民法院建立社区矫正人员的信息交换平台,实现社区矫正工作动态数据共享。”

2.“重点时段、重大活动期间或者遇有特殊情况时,及时了解掌握社区矫正人员的有关情况,可以根据需要要求社区矫正人员到办公场所报告、说明情况。”

3.“司法所应当定期到社区矫正人员的家庭、所在单位、就读学校和居住的社区了解、核实社区矫正人员的思想动态和现实表现等情况。”

4.发现“社区矫正人员脱离监管的”,司法所应当及时按照规定程序报告并启动追查程序。

(三)分类监管

1.常规的分类

根据《社区矫正实施办法》的规定:“司法所应当及时记录社区矫正人员接受监督

管理、参加教育学习和社区服务等情况，定期对其接受矫正的表现进行考核，并根据考核结果，对社区矫正人员实施分类管理。”从各地实践来看，常规的分类主要依据犯罪类型、刑罚种类、矫正阶段、再犯罪风险等情况实行监管方式和监管等级的差别管理。

2. 针对两类特殊人群的分类

一是对“未成年社区矫正人员以及犯罪的时候不满十八周岁被判处五年有期徒刑以下刑罚的社区矫正人员”实行特殊的分类监管，例如，对他们给予身份保护，其矫正宣告不公开进行，其矫正档案应当采取保密等措施。

二是对保外就医的社区矫正人员也实行分类监管，司法所应当定期与其治疗医院沟通联系，及时掌握其身体状况及疾病治疗、复查结果等情况，并根据需要向批准、决定机关或者有关监狱、看守所反馈情况。保外就医人员应当每个月向司法所报告本人身体情况，每三个月向司法所提交病情复查情况。

（四）奖惩与执行变更

社区矫正人员的行为具备或者符合监督管理的特殊条件时，会引起相应的奖惩或者具有奖惩意义的执行变更。从各地实践来看，奖励措施主要包括表扬和减刑（有的地方还有记功等措施）；惩罚措施主要包括警告、治安管理处罚、撤销缓刑或假释和暂予监外执行的收监执行（也有的地方规定了记过等措施）。奖惩措施当中涉及执行变更的主要是减刑、撤销缓刑或假释和暂予监外执行的收监执行。

在《刑法》《刑事诉讼法》《监狱法》等相关法律、法规中，都有相应规定，由《社区矫正实施办法》具体规定的这类监督管理措施主要有五种：

1. 警告

社区矫正人员有规定情形之一的，“县级司法行政机关应当给予警告，并出具书面决定”。

2. 减刑

通过监督考察证实“社区矫正人员符合法定减刑条件的，由居住地县级司法行政机关提出减刑建议书并附相关证明材料，经地（市）级司法行政机关审核同意后提请社区矫正人员居住地的中级人民法院裁定”。

3. 治安管理处罚

通过监督考察证实“社区矫正人员违反监督管理规定或者人民法院禁止令，依法应予治安管理处罚的，县级司法行政机关应当及时提请同级公安机关依法给予处罚”。

4. 撤销缓刑、假释

通过监督考察证实“缓刑、假释的社区矫正人员”具备了依法应予撤销缓刑、假释的情形之一的，“由居住地同级司法行政机关向原裁判人民法院提出撤销缓刑、假释建议书并附相关证明材料”。

5. 收监执行

通过监督考察证实“暂予监外执行的社区矫正人员”具备了依法应予收监执行情形之一的，“由居住地县级司法行政机关向批准、决定机关提出收监执行的建议书并附相关证明材料”。

此外，经修订并于2013年1月1日起施行的《刑事诉讼法》第257条第3款规定：“不符合暂予监外执行条件的罪犯通过贿赂等非法手段被暂予监外执行的，在监外执行的期间不计入执行刑期。罪犯在暂予监外执行期间脱逃的，脱逃的期间不计入执行刑期。”“不计入执行刑期”具有刑事处罚的意义，可以认为是针对存在上述两种法定情形的暂予监外执行服刑人员特殊的刑事处罚措施。

（五）风险管理（风险评估）

《社区矫正实施办法》要求，“司法行政机关应当建立突发事件处置机制，发现社区矫正人员非正常死亡、实施犯罪、参与群体性事件的，应当立即与公安机关等有关部门协调联动、妥善处置，并将有关情况及时报告上级司法行政机关和有关部门”。据此，各地社区矫正监督管理实践中实施相应的风险管理工作，主要包括结合分类管理工作对社区矫正人员实施的风险评估以及司法行政机关通过建立突发事件处置机制实行风险控制。

（六）档案管理

根据《社区矫正实施办法》的相关规定，档案管理工作主要分为两类：

1. 县级司法行政机关为社区矫正人员建立的社区矫正执行档案，包括适用社区矫正的法律文书，以及接收、监管审批、处罚、收监执行、解除矫正等有关社区矫正执行活动的法律文书。

2. 司法所建立的社区矫正工作档案，包括司法所和矫正小组进行社区矫正的工作记录，社区矫正人员接受社区矫正的相关材料等。同时留存社区矫正执行档案副本。

二、监督管理实践的主要特点和经验

我国社区矫正执行体系中的监督管理工作是以法律、法规和相关制度为基本依据，经过实践的探索，积累了丰富的经验，形成了一些鲜明的特点：

（一）宽严相济，区别对待

社区矫正监督管理的各项工作在不同的内容和方式上体现着宽严相济、区别对待的特点，不仅是针对不同的服刑人员，而且对矫正人员的不同矫正阶段也遵循这样的原则。实践表明，尽管社区矫正相对于监禁矫正具有明显的轻缓性，社区矫正人员的主观恶性、人身危险程度等也相应较轻，但是，就各个社区矫正人员来说，其思想认识、行为习惯、生活能力、家庭环境等方面的情况不尽相同，人身危险程度和相应的监管需求也多有差异。因此，对社区矫正人员的监督管理在总体上轻缓于监禁监管的前提下，仍然要遵循宽严相济、区别对待的原则，这是确保社区矫正监督管理针对性和实效性的前提，同时，其中所蕴含的制约与养成相结合以及限制与保护相结合的机理也发挥着监管控制与善行激励的作用。

实践中，根据相关法律、法规及《社区矫正实施办法》等制度的规定，各地普遍对社区矫正人员实行分类管理，其核心特征就是宽严相济、区别对待，这一特征在监督管理措施的应用表现上主要可以概括为以下三个方面：

一是对不同的社区矫正人员宽严有别地适用监管措施。例如，对社区矫正人员定期向司法所报告自己活动情况的要求，一些地方分别针对矫正人员不同的处遇级别规定有所区别的报告时间和报告方式；对外出、迁居需要提前请假报告的时间也实行有所区别的制度等。

二是针对社区矫正人员不同的矫正阶段，宽严有别地适用监督管理措施。例如，不少地方都对社区矫正人员按照不同的矫正阶段实行有区别的监管措施，大体上每个矫正人员会经历初期矫正、中期矫正和解矫前矫正三个阶段，矫正措施中的某些内容和方式也会相应地动态调整，根据对矫正效果的评估情况，监管措施的宽严程度可以浮动调整。

三是对矫正人员具体应用各项监督管理措施时，针对其不同方面的问题和需求，合理组合适用宽严不同的措施，制定综合的监督管理方案。实践中，社区矫正工作人员给社区矫正人员制定矫正方案时要综合评价其各方面的具体需求和主要问题，确定有针对性的、综合的监管方案，其中的监管项目不一定都是同一程度的，可能会同时适用宽严程度不同的监管项目，根据实际需求“定制”监督管理组合方案。

（二）动态监管，持续跟进

社区矫正是在开放状态下的刑罚执行活动，对于社会的安全和秩序以及社区矫正工作本身的安全和秩序都会存在一定的风险性，因此，必须要对社区矫正人员的行为和状态实施跟进式的监督管理，力求“实时监控”并最有效地降低执行过程中的各种风险，以保障这种刑罚执行活动获得法律效果和社会效果的最佳结合。实践中，各地监督管理工作的动态性和持续性突出表现在以下三个方面：

一是监督管理贯穿全过程、覆盖多方面。从社区矫正的执行程序来看，监督管理工作始终贯穿其中，从社区矫正的工作任务来看，监督管理涉及监管需求的各个方面，保障社区矫正工作的顺利实施。在社区矫正不同的阶段和不同的环节，监督管理工作依法、依规有不同的方式和内容，有不同的重点和关注面。这样对于社区矫正人员实行不间断的、必要的监督管理，有助于社区矫正执行过程中的实时监控和重点防范，从而维护社区矫正执行的安全和秩序，有助于通过全程督促和重点规范促进对服刑人员的矫正效果。

二是监督管理的措施依实际需求变化而动态调整。社区矫正监督管理工作是由许多内容和方式构成的一类任务，对于每一个服刑人员如何执行这一任务视其需求而定。在社区矫正实践中，许多地方都在积极探索对服刑人员矫正需求的评估，其中就包括监督管理方案的“定制”。总结各地实践，大体上在入矫阶段对矫正人员做最初评估，制定第一阶段的监管方案，过程中还有阶段性评估，根据前期矫正执行情况的效果对监督管理的需求变化做出评价，进而可以相应地调整各项监管措施的宽严强度。实践表明，对社区矫正人员监督管理实施动态调整有助于提高监督管理工作的针对性和适当性，既防止因监管疏漏损害社区矫正的执法利益，也避免由监管过度伤及社区矫正人员的权利和利益。

三是以监管促矫正，持续推进矫正效果。在社区矫正监管措施中包含多项奖惩内容和方式，既有表扬和警告等不涉及刑罚变更执行的奖惩，也有减刑、治安管理处罚、撤销缓刑或假释、收监执行等引起变更执行的奖惩内容和方式。奖惩措施对于社区矫正人员的心理和行为有激励和抑制作用，这种具有正、负强化功能的监管工作与人“趋利避害”的心理本性相结合，有助于社区矫正人员守法遵规自觉意识的强化和行为方式的养成,从而有助于促进并巩固社区矫正的执行效果。

(三)现代技术与传统方式并用

社区矫正执行方式的开放性和社会化对监督管理措施提出了相应的要求,要将对社区矫正人员的管控置于社会开放的环境下,以适应社会化生活的方式执行监督管理任务。因此,对社区矫正人员的监督管理工作应当区别于监禁行刑当中监督管理的理念和方式,放弃封闭性、弱化强制性、拓展开放性和社会化,这是社区矫正监督管理的特质需求,多年来突出的实践经验就是现代技术与传统方式并用,确保在开放行刑环境和条件下的监管安全秩序,主要表现为:

一是以现代技术手段实施重点监控、促进动态管理。各地在社区矫正监管实践中正在逐步推开通过信息技术手段对重点矫正人员的定位监控和动态的矫正信息管理。例如,通过对需要执行禁止令的社区矫正人员和其他需要重点监管的矫正人员,通过GPS 等技术定位、跟踪系统进行实时监控,随时掌握其活动情况,发现违规、越界行为及时调查并采取相应措施。再如,对矫正人员的矫正档案实施信息化管理,既便于对矫正工作全程、全方位记录和比较,也有助于社会相关部门和人员的查询及信息共享。实践表明,技术手段的应用具有监管安全和提高效率的优势,特别是在开放的环境和条件下能够对监管对象实施有效的监视和督促,促进对矫正工作的科学管理、对矫正信息的查询和共享。

二是以传统方式实现沟通式和互动式监管。社区矫正监督管理工作更多地包含了传统的监视和督促措施,例如,报告制度、请销假制度、书面汇报制度等,这些传统的内容和方式对于日常监管和特殊事项监管发挥着重要作用。这些监管措施是现代科技手段所不能替代的,它们在精确和效率方面或许不具有信息技术的优势,但是其沟通式和互动式的监管作用也是技术监管的"人机对话"方式所无可替代的。监管与被监管双方的沟通和互动容易促进更多的信息交流,有助于培养自觉意识和主动行为。不仅如此,各地在这类监管工作中,走专门机关与社会参与相结合的路线,既有司法行政机构及其工作人员的专门监督,也有社区力量的积极参与和支持,例如,矫正小组参与监管,这正是符合社区矫正执行特点的开放式和社会化的监督管理方式。

三、监督管理工作的主要问题和不足

各地社区矫正执行中的监督管理工作在实践中逐步形成了一些特点和经验,正在发挥着积极的作用。但是,从社区矫正的发展趋势和实践需求来看,目前的监督管理工作也还存在值得重视的问题和不足之处,主要表现在以下几个方面:

(一)对监督管理工作重视不足

社区矫正具有明显的刑罚轻缓性特征,不仅适用对象在主观恶性和行为危险性方面与此轻缓性特征相适应,被认定为基本不会再次实施危害社会行为的犯罪人才能够适用,而且社区矫正执行中对社区矫正人员的监督管理工作是依托于社区、在开放状态下实施的。这些因素,都可能不同程度地引起社区矫正人员和社区矫正工作人员对监督管理任务重视不足的情况。

一方面,有些社区矫正人员对监督管理的要求和规定不够重视。他们认为自己已经回家了,可以放下"包袱"了,特别是没有经历过监禁服刑的人,矫正的自觉意识相对较弱,一些人不重视监督管理的要求和规定,可能在方便的时候就会遵守或者照办,而不方便或者忘记了也就不管不顾了。这种接受监督管理意识和行为淡漠的情况,不利于服刑人员自觉悔罪,也无益于他们规范行为方式的养成,反而可能逐步形成对刑罚及其威慑力的漠视,甚至发生再次违法犯罪的行为。

另一方面,一些社区矫正工作人员也存在不够重视监督管理工作的倾向,认为社区矫正人员要么是轻罪判的,要么是剩余刑期很短了,不太会或者不值得再次犯罪,监督管理不必太认真。这样的态度和认识,可能导致社区矫正工作人员监督管理行为的疏忽、懈怠,不仅会损害对社区矫正人员的执法利益,甚至还可能因失管失控、玩忽职守,助长他们再次实施违法犯罪行为。

(二)有关部门之间存在着衔接、配合不力的情况

1. 存在"查找"、"追查"的实践难题

《社区矫正实施办法》第 6 条第 1 款规定:"……发现社区矫正人员未按规定时间报到的,县级司法行政机关应当及时组织查找,并通报决定机关。"第 19 条第 2 款规定:"社区矫正人员脱离监管的,司法所应当及时报告县级司法行政机关组织追查。"根据目前司法行政机关的职能和职权,对于未按规定时间报到的或者在其他环节脱管的社区矫正人员,司法行政工作人员能够用于"查找""追查"的手段十分有限,他们不具备像公安人员那样的搜查、入户调查以及采取强制措施等职权。与此相关地,如果经过查找、追查,在外地找到了脱管的矫正服刑人员,怎么把他带回来,必要时可以采取

什么样的强制手段，没有相关规定，仅凭县级司法行政机关工作人员现有的职权采取有效措施的能力有限。《社区矫正实施办法》规定的这一监管内容在实践中操作能力和效果薄弱。

2. 法院、检察、公安和司法部门相互之间的协调、配合以及互通信息等方面存在一些不畅、不力的情况

《社区矫正实施办法》规定："司法行政机关负责指导管理、组织实施社区矫正工作。"同时，它也规定了相关部门的相应职责："人民法院对符合社区矫正适用条件的被告人、罪犯依法作出判决、裁定或者决定。人民检察院对社区矫正各执法环节依法实行法律监督。公安机关对违反治安管理规定和重新犯罪的社区矫正人员及时依法处理。各级人民法院、人民检察院、公安机关、司法行政机关应当切实加强对社区矫正工作的组织领导，健全工作机制，明确工作机构，配备工作人员，落实工作经费，保障社区矫正工作的顺利开展。"实践当中，这些部门的协调、配合还是存在一些问题，影响监督管理工作的安全和秩序，这方面比较多见的问题主要包括：

一是有些地方的人民法院在撤销缓刑、假释等相关工作环节存在配合不力的问题。根据《社区矫正实施办法》第25条的规定："缓刑、假释的社区矫正人员"有规定情形之一的，"由居住地同级司法行政机关向原裁判人民法院提出撤销缓刑、假释建议书并附相关证明材料，人民法院应当自收到之日起一个月内依法作出裁定"。根据第26条的规定："暂予监外执行的社区矫正人员"有规定情形之一的，"由居住地县级司法行政机关向批准、决定机关提出收监执行的建议书并附相关证明材料，批准、决定机关应当自收到之日起十五日内依法作出决定。"这样的规定对人民法院等相关部门的配合提出了明确的时间要求，但是，实践中，有的法院却对司法行政机关出具的相关建议书不能在规定的时间内作出裁定、决定，甚至个别有不予受理将材料退回的情况发生。司法行政机关提出对社区矫正人员的建议书，是因为他们实施了违反监督管理的行为并且符合了根据有关规定撤销缓刑、假释的条件，撤销缓刑、假释是惩罚性的监管措施，如果不及时施行，对违规者的惩罚意义就会大大减弱，而且对其他的社区矫正人员也会有不良的"示范"作用，增加监督管理工作隐患。

二是部分地方存在相关法律文书延迟送达的问题。根据《社区矫正实施办法》，对于适用社区矫正的罪犯，作出判决、裁定和决定的机关，在判决、裁定生效起三个工作日内，送达判决书、裁定书、决定书、执行通知书、假释证明书副本等法律文书，同时抄送其居住地县级人民检察院和公安机关。县级司法行政机关收到法律文书后，应当在

三个工作日内送达回执。实践中,有的法院判决或者裁定以后,由于是在异地,没有按照规定时间及时送达法律文书,社区矫正人员已经到司法局或司法所报到,而法律文书却还没有到,造成司法行政机关在入矫接收环节出现监管方面的问题或者难题,也影响了监督管理执法的严肃性。

三是对于一些犯罪前流动打工的社区矫正人员,居住地"核而不实"的情况仍然时有发生。根据《社区矫正实施办法》,对于适用社区矫正的罪犯,人民法院、公安机关、监狱应当核实其居住地,在向其宣判时或者在其离开监所之前,书面告知其到居住地县级司法行政机关报到的时间期限以及逾期报到的后果,并通知居住地县级司法行政机关。实践中,对于一些以前流动打工的服刑人员,特别是判决地(裁定、决定地)与居住地或者户籍地与居住地不属于同一辖区的社区矫正人员,核实其居住地相对比较困难,他们不愿意到被认定的,但其本人并不认可的"居住地"司法所报到,这种居住地"核而不实"的情况容易引发社区矫正人员脱管。当下,流动人口犯罪较为突出,对其中适用社区矫正的居住地核实工作量大、难度也的确较大,但是,这项工作是维护社区矫正监管安全的需要。

(三)监督管理保障条件不足

1. 监督管理人力不足

社区矫正基层工作人员力量严重不足是目前比较突出的问题,司法所作为基层司法行政机构,承担了包括社区矫正在内的九项法定职能,在编人数许多地方是在1~3人,人员少、职责多、任务重的情况较为普遍。各地普遍存在执行社区矫正监管任务的工作人员数量不足的情况,只是严重情况有所差异。随着社区矫正人员数量不断增长,监管力量与监管工作实际需求的差距越来越大,制约着监管工作的全面实施,成为威胁监督管理安全和秩序的隐患。

2. 监管执法装备和条件不足

目前,社区矫正工作人员没有明确的执法身份,也没有相应的执法证件,没有必要的执法装备和器械,如手铐、警棍等紧急情况下可用于束缚、限制的器具,执行监管任务有时会遭遇尴尬、遭遇服刑人员的抵制行为,而监管人员却"无力"应对,给监督管理工作带来了阻力。社区矫正工作的执法对象毕竟是身负刑罚的犯罪人,相对于社会普通公众来说还是有一定主观恶性并可能潜在有人身危险性,而且在开放的环境下对其执行刑罚客观上对公共安全也存在一定风险,不是所有情况和问题都可以通过说服教育和耐心解释等办法解决和应对的。因此,对社区矫正人员的监督执法工作应该具备必要的震慑力和制服力以应对不时之需。但是,现在的社区矫正监管工作在执法装备和条件的保障上显然不具有必要的震慑力和制服力,实践中给监督管理工作带来了阻力,不利于维护监督管理安全和秩序。

(四)监督管理措施不够完善

1. 监管措施针对性和适应性不足

在对社区矫正人员的监管措施中,既要执行判决、裁定所确定的刑罚内容,也要注重个体差异,遵循适当和适度原则。然而,在现行制度下,对社区矫正人员监管措施的实施存在个体差异不足的状况,不利于社区矫正监督管理工作的针对性和适应性,主要有以下一些表现:

一是入矫初期的监管个体差异不足。在各地普遍实施的对社区矫正人员分类分级管理制度中,不少地方规定在入矫初期(通常是三个月以内)阶段执行"严管",这一阶段结束以后再根据表现情况调整到相应的分类和处遇级别。应该说,社区矫正人员在入矫初期阶段可能存在心理和行为的各种不适应,不愿接受监督管理,甚至出现排斥等状态和表现,对他们实施严格管理,有助于促使他们尽快熟悉并适应社区矫正各项制度和要求,有助于维护社区矫正的执法安全和秩序。但是,每个社区矫正人员年龄、身体状况、犯罪和刑罚、家庭环境、就业情况等相关因素有不同内容、不同程度的差异,社区矫正监督管理工作如果忽视个体差别,"一律"以"严管"起始,则失去了监管的针对性,对有些矫正人员可能出现监管过度,不仅浪费了监管成本,更重要的是反而引起他们,甚至引起其家人的反感和排斥,可能会影响到对其矫正工作的实施效果。

二是信息化监管手段个体差异不足。近几年对于社区矫正人员实施信息化监管手段在各地已较为普遍,通常用于对于"严管"对象监管和禁止令执行监管,通过信息提示及时警告违反规定的服刑人员;通过动态定位跟踪社区矫正人员的活动轨迹,成为监管安全的有益保障。这方面最早的实践是从手机定位开始,目前这也是应用较普遍的手段。"河北、江西、福建、宁夏、云南等 10 个省(区、市)已实现省、市、县、乡四级联网。上海、天津、浙江、四川、安徽等地均采用手机定位管理,实现社区矫正监管工作从'人防'向'技防'转变。"①但是,人机分离、故意关机,甚至故意损坏等问题长期困扰

① 《社区矫正真情帮扶搭建回归路》,载《法制日报——法制网》2014 年 1 月 18 日。

手机定位监管的执行效果。由于多数地方只有这一种定位系统，所有被监控的社区矫正人员，不论其自身的犯罪情况和身体条件，也不论其所处的生活和工作环境，都适用GPS 手机定位系统，显然这一手段的针对性和适应性不足，容易出现恶意脱管的问题，造成监管安全隐患。

三是对请假、外出监管灵活性不足。根据《社区矫正实施办法》的相关规定，各地对社区矫正人员的请假、外出都有比较严格的规定，不符合条件的不能批准。但是，实践中生活在农村的社区矫正人员，多数比较年轻，不愿意留在农村，很想外出务工，也有些社区矫正人员本身是家里的经济支柱，从家庭生活的实际需求来看也需要其外出务工养家，现行相关制度难以针对这类群体的实际需求灵活实施监管，导致有些人就“不管不顾”地脱管了，没有脱管的人由于生活和工作的种种实际困难，接受矫正的积极性也不高。

2. 奖惩措施结构失衡

《社区矫正实施办法》对社区矫正的奖惩措施只规定了五种内容和方式，即警告、减刑、治安管理处罚、撤销缓刑或假释、暂予监外执行的收监执行。这其中具有奖励意义的只有减刑一种，其余四种是不同性质、不同程度的惩罚。这样的奖惩措施在结构上不仅有“重惩罚轻奖励”之势，而且奖励措施没有渐进性，在惩罚措施当中，目前既有行政惩罚（警告、治安管理惩罚），也有刑事惩罚（撤销缓刑、假释，暂予监外执行的收监执行），而奖励措施只有刑事奖励，而且只有一种减刑，没有渐进梯次，导致针对性和适应性不足。尽管有些省增加了表扬、记过等个别的奖惩措施，但是结构失衡的问题依然存在。这样的奖惩措施存在结构失衡的问题，过于凸显了社区矫正监督管理的严厉性和震慑性，而对于良好行为的肯定和鼓励重视不足，有些服刑人员可能因此会感觉减刑奖励“高不可攀”而放弃努力目标，认为遵规守矩、善行积累，差不多就行了，只要不致受到治安管理处罚以上的惩罚就行了。

奖惩措施结构失衡的问题限制了奖励机制的激励作用，不利于调动社区矫正人员接受矫正的自觉意识和主动行为。此外，奖惩措施结构失衡也不利于彰显社区矫正刑罚执行的轻缓性，“重惩罚轻奖励”的奖惩方式也没有很好地体现宽严相济的执法精神。

3. 救济性措施缺乏

《社区矫正实施办法》规定：社区矫正人员的人身安全、合法财产和辩护、申诉、控告、检举以及其他未被依法剥夺或者限制的权利不受侵犯。社区矫正人员在就学、就业和享受社会保障等方面,不受歧视。司法工作人员应当认真听取和妥善处理社区矫正人员反映的问题,依法维护其合法权益。这是对社区矫正人员合法权利的保护。但是,对于监管措施,特别是惩罚性监管措施的适用却没有规定救济性的权利保护程序和内容。

社区矫正监管措施,特别是各项惩罚措施会对社区矫正人员产生不同程度的不利影响,因此,基于对受刑人权利保护的视角,没有包含相应救济程序的惩罚措施是不够完整的。其实,实践中服刑人员在受到警告等处罚之前,社区矫正工作人员会充分调查、查证其违规行为的起因、过程和后果等相关情况,期间还要听取社区矫正人员本人的陈述和辩解,这方面工作的目的不仅是为了查清事实、严格并规范执法,当然也是为了保护社区矫正人员的合法权利。尽管有些地方对于社区矫正人员受到惩罚规定了一定的救济程序,但由于《社区矫正实施办法》没有相关的程序规定,没有明确的责任要求,各地,乃至各个执法人员在实践中的操作就没有规范,差异很大,既不利于依法保护社区矫正人员的权利,也不利于规范执法。

4. 风险管理的动态控制有待加强

《社区矫正实施办法》规定了司法所应当定期对社区矫正人员接受矫正的表现进行考核,并根据考核结果,对社区矫正人员实施分类管理。据此,各地普遍开展对社区矫正人员分类管理并包括相应的分级处遇内容。分类管理是对社区矫正人员实施管理和矫正的有效措施,既有助于执行管理的规范性以及教育矫正的针对性,更有助于保障管理的安全和秩序以及在此保护下促进各项矫正活动的顺利实施。因此,分类管理也被作为社区矫正执行过程中风险管理的一类重要措施。

基于风险管理的视角,目前对社区矫正人员实施的分类管理还存在动态控制不足的问题。根据《社区矫正实施办法》的相关规定,分类管理是在对社区矫正人员接受矫正的表现进行“定期”考核的前提下实施的,各地也普遍实施“定期”考核,尽管“定期”的时间段不尽相同。“定期”考核具有规范性、常态性和矫正效果累积性的优势,符合社区矫正监督管理的基本要求。不过,社区矫正人员的表现却不尽常态,影响其表现的家庭因素、工作因素、居住因素、交友因素等生活和工作的许多方面同样不尽常态。社区矫正在开放的环境下执行,服刑人员受到不可控的、不可预知的因素影响随时可能发生,进而可能引起其心理和行为的某种改变,不排除有些突发的变化可能会在一定范围和一定程度上影响社区矫正工作的安全和秩序。

因此,就风险控制的意义来看,对社区矫正人员的分类管理仅实施“定期”的考核调整,不足以实现动态的风险控制,在每两个“定期”考核的社区矫正区间,潜在的风险因素随时可能发生变化,也随时可能出现新的风险因素,其中有的情况可能会影响到对服刑人员的监管安全,这就需要分类管理方案的及时调整,以确保对风险因素的动态控制。

第三节　改进并完善监督管理的思路和建议

为促进社区矫正事业的发展,应该本着发扬既往经验和成绩,逐步解决现实问题和困难的原则,推动社区矫正执行中监督管理体系更加合理、科学和高效。

一、改进并完善监督管理体系的基本思路

社区矫正监督管理体系改进与完善的基本思路,应该以社区矫正的法律定位为基础,以其监督管理的特征和作用为依据,以促进监督管理整体工作实效为目标,重点包括以下几个方面:

(一)刑事执行与行政执行相结合

《刑法修正案(八)》及其后修订的《刑事诉讼法》和《监狱法》等法律对依法实行社区矫正作出了相关规定,共同构成了监督管理的刑事执行内容,具有刑事执行力。而最高人民法院、最高人民检察院、公安部、司法部先后联合颁发的《关于开展社区矫正试点工作的通知》《关于扩大社区矫正试点范围的通知》《关于在全国试行社区矫正工作的意见》《关于对判处管制、宣告缓刑的犯罪分子适用禁止令有关问题的规定(试行)》《社区矫正实施办法》以及《关于全面推进社区矫正工作的意见》等则是具体规范社区矫正执行的依据,特别是《社区矫正实施办法》更是司法行政部门执行社区矫正直接的、系统的依据,其中包含了一系列监督管理的规范要求。此外,根据《刑法》的相关规定,《治安管理处罚法》也成为社区矫正监督管理的相关依据,共同构成了行政执行力。

将社区矫正监督管理置于刑事执行与行政执行相结合的体系下,刑事执行是基础,是基本依据,行政执行是监督管理的系统保障,是实操方案。这样的结构,不仅符合我国目前刑事执行工作基本的法律框架和实践模式,而且这两者的结合更有助于强化社区矫正执行体系中监督管理的执行力。因此,本着刑事执行与行政执行相结合的

基本思路,应该以现行刑事法律的相关规定为基础,着力推进社区矫正的相关立法和制度建设,通过健全行政执行规范全面落实刑事执行内容对监督管理的各项要求,并力求使行政执行规范能够以系统和具体的优势弥补刑事立法的不足,夯实监督管理刑事执行的基础和保障,促进监督管理工作的实际效果。例如,为了落实《刑法》当中对于管制、缓刑和假释罪犯有关“外出、迁居”的监管要求,《社区矫正实施办法》不仅作出了相应的规定,而且其中还包含了特殊情况下批准和返回报告的内容,从而使《刑法》中的相关条款更便于执行。不仅如此,随着《社区矫正实施办法》的施行进程,在“外出、迁居”的监管方面又会出现新的问题、新的需求,由此将推动行政执行规范不断健全。

(二)专门力量与辅助力量相结合

根据《社区矫正实施办法》的相关规定,县级司法行政机关社区矫正机构对社区矫正人员进行监督管理。这是对专门力量执行监督管理的规定。同时该《社区矫正实施办法》还就“参与”和“协助”相关工作作出规定:“社会工作者和志愿者在社区矫正机构的组织指导下参与社区矫正工作。”“有关部门、村(居)民委员会、社区矫正人员所在单位、就读学校、家庭成员或者监护人、保证人等协助社区矫正机构进行社区矫正。”这是关于社区矫正工作辅助力量的规定,他们的工作也包含辅助监督管理的内容。

本着专门力量与辅助力量相结合的基本思路,将社区矫正监督管理置于专门力量与辅助力量的合力之下,充分发挥各自优势,这符合社区矫正基本性质的要求。专门力量行使监督管理的执法职能,社会组织和人员参与并协助相关工作,是监督管理的辅助力量。这样的监管体系,既明确监督管理的执法权和基本的执法力量,也搭建监督管理的社会支持系统。实践中,一些地方的社区矫正机构将对社区矫正人员监督管理的日常工作依托于其居住地的村(居)民委员会,村(居)民委员会相关的工作人员对其出行方式、交友情况、衣着举止、亲属关系变化等可能影响心理和行为一定程度改变的各种因素保持持续关注,必要时及时报告社区矫正机构。村(居)民委员会的这类参与活动对于社区矫正机构监督管理的执法职能具有积极的、不可或缺的辅助作用。

(三)常规监管与重点监管相结合

常规监管是社区矫正监督管理的一般内容和方式,具有常态性和广泛性,普遍适用于社区矫正人员,或者适用于某一类社区矫正人员,如日常监督管理、分类与处遇管理、考核与奖惩管理、档案管理；而重点监管，相对来说，是社区矫正监督管理的特殊内容和方式，倾向于特殊性和重监管需求，通常适用于社区矫正人员中有特殊重监管需求的“小众”群体，例如，对禁止令执行的监督管理、依据风险评估所确定的重点监管。

根据现行法律、法规及相关实践，对社区矫正人员实行常规监管与重点监管相结合，既符合监督管理的一般规律和普遍需求，也能够满足特殊的针对性和适应性需求，是规范性和实效性的结合，体现监督管理的安全和秩序保障与适度和效率尺度的整体原则。

（四）适度性与功能性相结合

社区矫正监督管理的适度性主要是基于这种刑罚执行活动的社会恢复性目标和开放的执行方式，也就是说，监管措施的设置和实施，即体现刑罚惩罚的“度”应当与恢复性目标和开放式执行方式相适应。监管过宽则失去了监管的意义和效果，可能损害执法利益；而相反，监管过严则可能限制社区矫正人员回归社会的适应性，背离社区矫正这种开放式刑罚执行的初衷。

监督管理措施的功能性是指其价值和作用，不同的监管措施会有不同的或者不完全相同的功能和作用，应该适用于不同的社区矫正人员和不同的矫正需求，这是以针对性为前提的。

监督管理的适度性与功能性相结合，有助于体现宽严相济刑事司法精神，体现执法利益和社会利益的统一，同时有助于实现监督管理措施的优化配置和组合，提高监督管理的针对性、实操性和实施效果。

二、健全监督管理的保障机制

改进并完善社区矫正执行中的监督管理工作，不仅要针对现实存在的主要问题明确基本的发展思路，而且还要相应地健全保障机制，以奠定系统地、持续地落实具体改进措施的基础。健全监督管理保障机制主要包括以下方面：

（一）强化监督管理意识

强化社区矫正监督管理工作，前提是要提高监管意识，明确监管目的和要求，敬畏相应的责任和后果，在监管与被监管两个方面应分别强化相关的教育和训练：

一方面，对社区矫正人员要加强相关法律、法规及社区矫正规定和要求的教育，开展服刑意识针对性教育，通过典型案例加强警示教育，以促进其服从监管的自觉性、主动性和持续性。

另一方面，也要强化社区矫正工作人员的监督管理意识，通过业务学习和实战演练等多种方式加强监管行为训练，提高应对突发事件的处置能力，提高他们对开放式监管的重视态度和责任意识，并保持对监管安全风险的敏感性和应对能力。

(二)强化监督管理规范保障

在现行法律框架下，社区矫正监督管理主要的依据是《社区矫正实施办法》，它在总结各地先期经验的基础上对相关法律的原则性内容作出了具体落实的规定，明确了对社区矫正人员实施监督管理的一系列要求。但是，该《社区矫正实施办法》关于监督管理的内容在有些方面还不能满足各地实践中的具体需求，因此，很多地方通过制定《社区矫正实施细则》《社区矫正教育工作规定》《社区矫正执法工作规范》《社区矫正处罚程序规定》《社区矫正监督管理办法》《社区矫正奖惩考核办法》等其他单项规定的形式作出了更便于实践操作的规定和要求。

各地的规定、制度不尽相同，有些内容差异明显，例如，对社区矫正人员分类的等级有分两级的、三级的，也有分四级的，对考核办法及分类处遇的具体内容也有不同差异。各省执行社区矫正监督管理的办法有所差异是可行的，主要是基于当地相关的情况和特点，但是，有些内容超越了《社区矫正实施办法》的相关规定，不符合规范执法的基本要求。

笔者认为，社区矫正监督管理工作涉及部门多、涉及社区矫正人员权利义务的内容多、各个环节交接复杂，应该单独制定能够广泛适用的《社区矫正监督管理规范》，吸收各地实践中的有益经验，规范带有普遍性的内容和要求，提高监督管理的规范性和执法水平，这应该成为社区矫正法制建设的重要内容。《社区矫正监督管理规范》的主要内容可以包括监督管理的原则、程序和措施、手段，考核奖惩的机构、人员和内容，各相关部门和人员在监督管理各环节的职权与职责，以及社会力量参与的内容、方式和程序，等等。

(三)强化相关部门的协调、配合机制

社区矫正监督管理工作涉及公、检、法、司等多个部门，实践中在衔接和配合上容易出现问题和疏漏，导致监管工作的隐患和危险。为此，有的省将这方面的要求纳入

了相应的制度规范，予以强化。例如，四川省高级人民法院、省人民检察院、省公安厅、省司法厅联合制定了《四川省社区矫正实施细则（试行）》，设“职责分工”专章，分别规定人民法院、人民检察院、公安机关、监狱管理机关以及县级司法行政机关社区矫正机构就社区矫正执行应该履行的职责，并以相应条款具体规定了各部门、各机关之间的衔接和配合要求。① 这样的明确规定有助于强化并监督各相关部门的职责和职能分工及合力协助，进而有助于全面落实监督管理措施，促进监督管理工作实效。

社区矫正监督管理对于社会各有关方面的协调配合有很强的需求，要加强在社区矫正监督管理工作中的多方通力合作，特别是公、检、法、司职能密切相关部门在现行法律框架下的协作和配合，确保对社区矫正人员监管到位，最有效地预防重新违法犯罪，促进社区矫正各项任务的实施效果。

可喜的是，全国层面的相关部门社区矫正工作衔接配合规范出台了。2016 年 9 月 21 日，最高人民法院、最高人民检察院、公安部、司法部联合制定下发了《关于进一步加强社区矫正工作衔接配合管理的意见》（以下简称《衔接配合管理的意见》），这是在现行法律制度框架下，针对社区矫正实践中较为突出的问题和困难，着力解决人民法院、人民检察院、公安机关、司法行政机关衔接配合机制和内容上措施、标准和要求的协调性、一致性和规范性。针对社区矫正监督管理在“查找”、“追查”等环节存在的突出问题，《衔接配合管理的意见》补充细化了相关部门在社区矫正人员交付接收的衔接配合环节法律文书交接和社区矫正人员交付执行当中的责任和要求，明确了漏管、脱管的认定标准及相应的处置权责和处置措施，也提出要求“司法行政机关应当建立完善社区矫正人员的信息交换平台，推动与人民法院、人民检察院、公安机关互联互通，利用网络及时准确传输交换有关法律文书，根据需要查询社区矫正人员脱管漏管、被治安管理处罚、犯罪等情况……。”同时，《衔接配合管理的意见》进一步明确了“撤销缓刑、撤销假释裁定书和对暂予监外执行罪犯收监执行决定书，可以作为公安机关网上追逃依据。公安机关根据案情决定是否实施网上追逃。”相信这样的衔接配合制度，将有助于解决以往在“查找”“追查”监管工作环节所存在的突出困扰，促进社区矫正监管安全。此前，曾有研究建议：“目前，我国铁路、民航、宾馆住宿登记系统均连接了公安机关一站式服务系统平台的末端，当有人持有在押服刑人员、在逃人员的身份证登记时，相应登记系统就会显示其罪犯或在逃人员身份，相关单位可以据此向公安机关进行通

① 参见 http://www.weiyuan.gov.cn/news/mshow/51174。

报。但是，作为社区矫正人员，其罪犯身份并未录入公安机关的信息管理系统。应将社区矫正人员的罪犯身份、服刑期限录入公安机关的一站式服务系统，当社区矫正人员异地出行时相关单位可以及时发现其罪犯身份并通知公安机关。"①这方面相关的实践经验对于社区矫正执行机构与公安机关"查找"和"追查"工作的衔接配合具有一定的参考和借鉴意义。

《衔接配合管理的意见》还提出要求："司法行政机关应当会同人民法院、人民检察院、公安机关健全完善联席会议制度、情况通报制度，每月通报核对社区矫正人员人数变动、漏管脱管等数据信息，及时协调解决工作中出现的问题。"公检法司等部门建立起常态运行的社区矫正联席会议机制，共同交流协调配合工作的实施情况，研商具有普遍性的问题、有较大影响的突出问题以及改进措施和督促办法等，是维护社区矫正监管安全重要的机制保障。公检法司等部门联席会议制度还可以逐步建立联合执法检查机制，检查这些部门社区矫正相关工作的开展情况，促进各职能部门在监督管理方面的协调与配合工作。《衔接配合管理的意见》强调"人民检察院应当加强对社区矫正监督管理活动的监督"，并且明确了实施法律监督的具体内容。检察机关通过执法检察工作依法提出纠正意见（纠正违法通知书或者检察建议书等），督促相关部门依法履行自身职责，加强协调配合，堵住监管漏洞，从而维护社区矫正监管安全。

（四）强化执行力保障

社区矫正监督管理工作涉及社区安全和刑罚执行秩序，要有相应的执行力保障，除了社区矫正工作在人、财、物方面的基本保障以外，结合监管工作的特殊需求，还应着力于以下两个方面的改善：

首先，在人力保障上，必须增加基层社区矫正专职力量。社区矫正监督管理工作在司法所的九项职能当中，执法性比较突出，客观上更需要专职的、专业的人员保障。根据对多地的调研情况，如果仍由司法所承担社区矫正日常管理工作，司法所配备社区矫正专职人员 3～5 人比较合适，根据辖区内社区矫正人员的数量及其居住和生活情况、本辖区的地理及交通状况和监管条件等因素，各地可以在规定的范围内确定专职人员数量。而且，社区矫正监督管理工作职责一定要由司法所负责社区矫正的专职人员担当，同时，他们要具备一定的职业素质，符合有关政法工作人员基本素质的

---

① 杨震、路保中：《社区矫正工作中存在的问题与对策》，载《中国司法》2013 年第 12 期。

要求。

其次，在物力保障上，应配备必要的应急手段和措施。社区矫正，尽管是依托社区执行并且矫正人员一般没有明显的社会危险性，但是，社区矫正人员对于社区安全的风险隐患是存在的，而且，社区矫正既然属于刑罚执行活动的范畴，执法行为的安全性和权威性要求是确定的，是应该得到充分保障的。因此，社区矫正的监督管理工作应当配备维护监管安全和秩序所必要的手段和工具，例如，警棍、手铐等限制或者束缚手段，车辆及通信设备和工具等，通过相关的立法和制度建设，赋予社区矫正工作人员履行监管职能时，在紧急的、必要的情况下使用特殊的监管手段及措施，以确保执法安全和秩序。这类特殊的监管手段，应该作为应急保障之用，针对社区矫正人员正在实施的、具有实在危险性的抗拒监管的行为，而且执法人员在紧急情况下使用警棍、手铐等限制或者束缚手段应及时通知公安机关，启动相应的联动机制。

三、改进并完善监督管理措施

社区矫正监督管理体系的改进和完善，落脚点在于具体的、针对现实问题的措施和办法，要通过相关制度建设和实践发展促进监督管理工作的规范化和实效性，主要包括以下几个方面：

（一）提高监管措施的针对性

针对监管措施差异性不足的问题，重点在以下几个方面提高监管方案的针对性和适应性：

1. 将入矫阶段的分类和处遇也纳入评估分类体系，改变这一阶段一律实施“严管”的做法

社区矫正人员入矫程序启动以后，应立即着手对其实施分类调查和处遇评估工作，通过对其犯罪情况和刑罚内容、心理和行为特征、生活及工作状况等多方面的调查了解及综合评估，确定有针对性的、适当的监管方案，既要确保判决、裁定全部内容的有效执行，又要保证监管适度，避免过度限制或者束缚。在现行制度和经验的基础上，相关的改进工作重点是改进调查评估机制：

一是明确入矫调查评估的启动程序，规定“报到”程序与入矫调查评估程序的衔接，保障衔接紧凑、及时。这个调查评估与适用社区矫正的调查评估不同，它是伴随进入社区矫正执行程序开始的工作，是为实际执行服务的，其结果是制定监管方案和矫

正方案的依据。

二是明确入矫调查评估的主要内容、方式和时间期限。入矫调查与后期的分类调整调查评估在内容侧重点和时间要求上应该有针对性的差别，考虑到监管安全的需求，入矫调查评估时间应力求紧凑，时间不宜过长，控制在一周之内对监管工作的安全性更有保证。

三是在入矫调查评估的阶段由于分类和监管方案尚未确定，可以在这个时间段采取略严于普通监管的措施和办法，目的是防控风险，同时应该告知服刑人员这一短暂特殊阶段的监管目的和内容。这与以往初始阶段的严格监管不仅在时间上明显不同，更重要的是不再坚持"风险推定"的"监禁行刑"逻辑，而是更加回归开放式行刑的本意和理念，这样有助于促进社区矫正人员自觉意识和社会适应性的恢复和提高。

四是入矫阶段通过调查评估确定了监管方案和矫正方案以后，即进入常规的分类分阶段监管及相应的调查评估调整过程。

2. 提高技术监控手段的针对性和实效性

针对手机定位监管实施过程中的突出问题，有些地方已经在探索应用脚环、腕带等定位监管手段，能够有效避免人机分离等监管空白。在有些国家，对社区矫正重点人员也采取多种监管手段。例如，"芬兰依据相关法律对判处限制令人员在执行过程中通过技术监控设备和其他监控手段跟踪社区矫正人员。即在社区矫正人员的日常生活中，在他们的住所、所有物或手腕、脚踝、腰部等地方安装技术监控设备单件或设备组合，用来跟踪他们"。① 我们可以参考这样的思路，在实践中多样化地采取信息化监管手段，针对服刑人员不同的犯罪情况、身体条件、生活和工作环境等因素，评估不同的监管需求，选择性地、灵活地适用更加有针对性的监管技术手段和监管措施，这样更有助于提高社区矫正监督管理工作的可靠性和实效性。当然，这方面改进的可行性要以技术改进和经费保障为前提，各地会有较大差异，但是，这项改进的方向应该是明确的。在经济较为发达的地区，可以先行探索对社区矫正人员实施技术监控手段的多样化，综合考虑对服刑人员个体的监管需求以及经济成本条件等要素有选择地执行手机或者脚环、腕带等定位、跟踪监管手段，这样有助于提高技术监控手段的针对性和实效性。

此外，确定电子监控对象也应该以安全防卫需求为原则，没有必要，也不宜对社区

① 杨学农：《对芬兰社区矫正的借鉴与思考》，载《中国监狱学刊》2014年第3期。

矫正人员广泛适用。“从适用对象上来说，在美国应用最广泛地多半聚焦在性骚扰、性侵害、家庭暴力、药物滥用、绑架或体型高大的罪犯。在英国适用的类型是：盗窃犯及夜间侵入住宅盗窃者、酒后驾车者、强奸犯、毒品案件相关的罪犯。我国电子监控的运用也需要有适用对象和用途的考量。”①

“信息技术在社区矫正监管中的应用，改善了传统人力的时空限制，可以最大限度地掌握社区矫正人员的行踪，但与此同时，也要注意对其理性评价、规范使用。”②为此，在促进社区矫正信息化工作规范的进程中，应该加强对科学运用电子监控手段的制度建设，进一步明确技术监控手段的适用对象，选择适用的种类、条件和程序以及相应的使用规范和安全保障等内容，以提高技术监控手段的针对性和实效性。

3. 建立有效的委托管理制度，确保对“流动人口”的监管

在社区矫正执行系统内应该建立起不同地区的衔接、协调机制，保障对“流动人口”实施有效监管，这项改进工作主要针对两类社区矫正人员：

一是对于在居住地核实环节存在问题的社区矫正人员，社区矫正的实际执行面临监管和矫正多方面困难，在社区矫正执行期间能够确定居住地的，执行机构应与新的居住地联系，依据相关规定为服刑人员办理居住地变更，以确保能够对其在居住地实施有效的监管和矫正。

二是确实有外出务工实际需求的社区矫正人员，特别是农村的青壮年劳动力为了“生计”想要外出务工的，可以分两种情况变更监管：一种是针对不能确定新的居住地的，这种情况可能占多数，社区矫正执行机构应与其外出务工的目的地取得联系并协商建立有效的异地委托管理制度，将社区矫正人员的监管、教育等工作委托给其务工地的社区矫正机构，并配合信息反馈制度，以确保社区矫正各项执行内容和执行程序能够继续有效实施。实践中，有些地区已进行相关探索并取得了实际效果。另一种是能够确定地将社区矫正人员务工所在地视为新居住地的，则应该比照相关规定履行居住地变更程序并实施相应的监管。针对有外出务工实际需求的社区矫正人员，建立有效的变更监管制度，既有助于坚持社区矫正的执法要求，也能够兼顾服刑人员及其家庭实际的生活需求，有助于促进其家庭关系和家庭生活的稳定，也有助于调动其接受

① 武玉红：《对电子监控在社区矫正中的运用与发展的思考》，载刘强、姜爱东主编：《社区矫正评论》（第3卷），中国人民公安大学出版社2013年版。

② 崔会如：《社区矫正监督管理体系的特点及优化》，载《矫正与回归——服刑人员再社会化的创新与发展理论研讨会论文》2014年9月。

矫正的积极性。

(二)改进奖惩措施的内容结构

《社区矫正实施办法》依据现行法律所规定的对于社区矫正人员的奖惩措施存在结构上的不足之处,许多地方在《实施细则》或者《奖惩规范》等制度规范中作出了一些补充,增加了奖励和惩罚措施,有的增加“表扬”“记功”或者(和)“矫正积极分子”;也有的规定行政惩处包括警告、记过两种,还有的规定:“对已被提请收监执行的社区矫正人员,县级社区矫正机构应当加强监督管理。符合条件的,可以采取集中管理。”各地的补充措施不尽相同,实践效果也差异较大。

笔者认为,应该总结各地奖惩措施的实践情况,在《社区矫正实施办法》这样施行于全国的制度层面对奖惩措施做出结构上的改进和完善,这样有助于避免各地对社区矫正人员的奖惩措施存在过多差异,从而提高奖惩制度的规范性和科学性。对社区矫正人员的奖惩措施应该在种类和性质上大体平衡,而且奖惩措施都要设置渐进梯次,针对目前的情况,可以通过对相关制度的修改,在奖励措施中增加一种行政奖励——表扬,这样将使奖惩措施在结构上趋于平衡,并与减刑奖励形成了奖励递进梯次。表扬与减刑之间设置一定的条件距离,一部分社区矫正人员可能难以达到获得减刑的条件要求,但经过自身努力,可以争取达到表扬的条件。这样的奖励措施设置有助于适当、及时行奖,有助于扩大奖励面,激励更多社区矫正人员的向善表现。奖励梯次的设置及奖惩结构的改进,也更加彰显宽严相济、奖惩并举的执法精神。

当然,随着奖惩措施的结构调整,相应的考核办法也应适当调整,特别是要通过考核办法设置表扬和减刑条件之间的衔接,实现这两种奖励措施的梯次递进,更好地发挥奖励作用。

(三)建立适用处罚措施的权利救济制度

社区矫正的惩罚措施对于社区矫正人员会造成一定的不利影响,基于对受刑人权利保护的理念,社区矫正的惩罚制度也应建立相应的救济制度,保障社区矫正人员在受到惩罚时享有辩解和申诉的权利。

在各地的制度建设中,有的省对于警告处罚规定了相应的救济制度。例如,《四川省社区矫正实施细则(试行)》规定:“社区矫正人员对警告决定不服的,可以书面向县级司法行政机关申请复议一次,也可以向人民检察院申诉。司法行政机关收到社区矫正人员复议申请后应当在三个工作日内作出书面答复。"①《江苏省社区矫正对象考核奖惩办法(试行)》规定:"矫正对象对行政处分决定不服的,可以向作出决定的机关申请复议,作出处分决定的机构应当在十五日内给予答复。申请复议不影响处分的执行。"②目前,这样的救济制度还仅仅是在部分省、市,而且这一制度的内容和程序也不尽规范、不够完善。基于这项制度对于社区矫正人员权利救济的积极意义,应该在全国性的相关制度规范中作出明确规定,建立对适用警告处罚的权利救济制度,并科学地规范相关的内容和程序。

关于治安管理处罚:《治安管理处罚法》规定:"被处罚人对治安管理处罚决定不服的,可以依法申请行政复议或者提起行政诉讼。"③尽管社区矫正执行机构只是提请治安管理处罚,而不是直接作出处罚决定,但是它可能引起对社区矫正人员不利的法律后果。因此,社区矫正的相关制度规范在这一"提请"环节应当设置社区矫正人员相应的权利救济程序,以便其提出辩解和申诉。这也是与上述规定相一致的。撤销缓刑和假释以及暂予监外执行的收监执行:这是具有刑事属性的处罚措施,社区矫正机构同样没有决定权,只是依法向规定的机关提出建议书。但是,有权作出决定的机关,审查"建议书"及相关材料的方式通常是书面审,一般不会与受处罚人面对面,在这个环节他们不能为自己辩解,而决定作出则会立即生效执行,社区矫正人员一旦被收监执行,将承受失去自由及与之相关的多方面的不利后果。因此,在社区矫正执行机构提出刑事处罚"建议书"的过程中,社区矫正人员的陈述和辩解应当受到充分保障,建立相应的当事人申辩制度十分必要。

(四)完善风险管理和控制措施

1. 改进"定期"考核分类的办法,建立动态考核评估机制

有不少地方在根据《社区矫正实施办法》制定当地的具体实施规范(《实施细则》等制度)时,采用了"定期"考核分类的办法。笔者认为,鉴于社区矫正风险管理的动态需求,对服刑人员监督管理的考核分类也应保持动态性,实行定期分类与不定期调整相结合,阶段性考核与应对性评估相结合。阶段性的定期考核优势在于通过稳定、持续地实施监管措施,可以累积监督管理工作的效果;不定期的考核评估调整,可以及时

---

① 载 http://blog.sina.com.cn/s/blog_629777090101jeno.html。

② 载 http://baike.baidu.com/view/8182441.htm。

③ 载 http://baike.baidu.com/view/70884.htm? fr = aladdin。

判断新出现的相关因素对于监管实施及监管效果的影响和干扰情况,进而做出针对性的调整。

加强对社区矫正人员风险管理的动态控制,应该建立动态的考核评估机制,主要包括以下几方面:

一是成立专门的、常态的考核评估机构,使用科学的评估工具。考核评估机构成员要包括社区矫正专门的工作人员、心理学、社会学、法学、教育学等专业人员。“美国、加拿大、英国等西方国家从危险和需要两个维度对社区矫正人员进行评估,十分注重定量型危险评估方法,研制了一些危险评估工具。例如,美国威斯康星危险评价工具、宾夕法尼亚州危险评估工具,马萨诸塞州缓刑管理局犯罪人危险评估工具等。”①我们可以组织相关专家对国外成熟的危险性评估工具进行研究,有选择地进行本土化,并在条件成熟时研制在我国能够广泛适用的标准化量表。

二是进一步总结完善目前各地普遍实施的定期考核分类工作的实践经验。入矫阶段的首次分类是对社区矫正人员监督管理工作的起点,应该特别注意针对性和适应性。从社区矫正人员进入矫正程序开始,着手对其进行心理和行为及矫正相关要素的全面评估,确定适当的矫正处遇(包括各项监督管理要求)等级,作为矫正初始阶段(可以定为三个月至半年)的考核标准,不一定对所有社区矫正人员的初始阶段都确定为严格管理等级,主要应根据评估结果而定,避免“一刀切”。

三是建立不定期调查评估机制作为定期调查评估的补充。在两次定期考核之间阶段,如果发生可能影响或者干扰监督管理工作的事件或者状况,矫正小组应该向考核评估机构提起对相关社区矫正人员实施不定期调查评估工作的请求或者建议。这些对监督管理工作可能发生影响的事件或者状况可以是通过与社区矫正人员直接接触观察、了解到的,也可以是通过各种走访工作间接获悉的,内容可以包括家庭结构及家庭经济状况的较大变化、个人健康状况的较大变化、个人就业(环境)或者就学(环境)情况的较大变化;等等。

四是不定期调查评估结果的使用。不定期调查评估的结果应该用于对监督管理工作方案相关内容的调整,而对于没有受到较大影响或者干扰的监管处遇内容和方式,则可以继续保持不变并实施至下一个定期考核的时间或者阶段,以保证这些方面监管工作及其效果的持续和巩固。

---

① 张凯:《国外社区矫正监督工作实践对我国的启示》,载《人民论坛》2013年第35期。

2. 规范重点控制和突发事件应急处置范围和内容

目前，各地普遍实行在重点时段、重大活动期间或者遇有特殊情况时对社区矫正人员进行重点摸底、排查，施以有针对性的重点监督管理工作。同时，各地也在探索建立突发事件应急处置机制，确保防范有力并处置及时。实践表明，这些都是对社区矫正人员有效的监管策略，这方面的实践经验应该纳入监督管理体系，形成常态的制度保障。

重点控制应以适当和适度为原则，既要防止因控制不足而损害社会安全和社区矫正的执法安全，也要避免因控制过度而侵犯服刑人员的利益。首先，要确定“政策性”联动的范围，什么样的时段、怎样的重大活动和特殊情况，要明确基本的标准和范围，做到适当、适度实施重点摸底、排查。其次，要确定重点摸底、排查的范围，也就是对符合哪些条件的社区矫正人员进行重点摸排；最后，要确定重点控制内容和方式以及持续的时间，要特别注意对社区矫正人员的行为控制不能违背社区矫正的行刑理念，不能超越现行法律、法规的要求。

突发事件应急处置机制应包括三方面的联动：一是社区矫正机构上下级之间通报和指挥联动；二是社区矫正机构与公安、检察、法院等相关部门之间的通报和协助联动；三是社区矫正机构与相关媒体的通气和信息发布联动。同时，社区矫正机构应针对非正常死亡、实施犯罪、参与群体性事件、自然灾害等应急状态分别建立应对预案，主要内容要涉及记录现场和过程、控制相关服刑人员、紧急保护和救助以及启动相关联动机制等。

第七章　社区矫正的教育矫正体系

从广义上讲，社区矫正的三大任务，即监管、教育和帮困扶助都具有教育矫正的功能和作用，只是因内容和方式的差别而分为不同的工作领域，它们相互区别、相辅相成，而同时又具有一致的目的性，共同构成社区矫正工作的任务，合力实现社区矫正的目标，即实现社区矫正作为"刑罚执行活动"的根本目的——矫正社区矫正人员的犯罪思想和行为，防止其重新违法犯罪。本章的研究内容重点针对社区矫正中教育矫正的狭义范畴，也就是与监督管理和帮困扶助并行的，作为社区矫正工作任务之一的教育矫正，它有相对独特的工作领域和工作方式，在社区矫正执行过程中发挥着重要作用。

第一节　教育矫正概述

教育矫正是与社区矫正的根本目标联系最为密切的工作任务。自社区矫正试点实施以来，一系列社区矫正制度规范当中涉及社区矫正目的、目标的定位和表述都落脚在教育矫正的质量和预期效果上，确立了将社区矫正人员改造成为守法公民的教育矫正目标。例如，最高人民法院、最高人民检察院、公安部、司法部联合发布的《关于开展社区矫正试点工作的通知》将社区矫正的目标定位于"矫正其（社区矫正人员）犯罪心理和行为恶习，并促进其顺利回归社会的非监禁刑罚执行活动”。继后，司法部于2004年印发的《司法行政机关社区矫正工作暂行办法》在总则部分将“提高社区矫正人员的教育改造质量”作为司法行政机关开展社区矫正工作的目标任务。2005年最高人民法院、最高人民检察院、公安部、司法部联合发布的《关于扩大社区矫正试点工作的通知》当中，关于社区矫正工作的目标不仅确定为“对罪犯进行教育改造”，而且对于教育改造的质量和效果做出了进一步要求，“使其尽快融入社会，从而降低重新犯罪率，促进社会长期稳定与发展的一种非监禁刑罚活动”。在此后出台的《社区矫正实施办法》等相关制度规范中也都延续了类似的要求和表述。可见，由现行制度规范所确定的教育矫正任务更加直接地体现社区矫正的核心目标。

一、社区矫正中教育矫正的概念和特征

教育矫正是指社区矫正机构及其工作人员组织实施的，由社会组织、团体和志愿者等社会力量广泛参与的，旨在改变和纠正社区矫正人员的犯罪思想和行为，引导、培养和训练其守法意识、善行习惯以及社会适应能力的一系列活动的总称。其主要特征可以概括为以下三个方面：

（一）教育矫正具有刑罚执行的目的性

在我国现行法律法规框架下，社区矫正是一类特定的刑罚执行活动，教育矫正作为社区矫正执行体系当中的重要内容必须遵循“刑罚执行”的目标和规律，体现刑罚执行的目的性。仅就此意义而言，社区矫正执行体系中的“教育矫正”与监禁刑执行体系中的“教育矫正”在根本目的和价值取向上是一致的，其目标是通过一系列有计划的方案和灵活多样的实施方式促使社区矫正人员养成遵守社会秩序的自觉意识和行为习惯，成为守法公民。

社区矫正执行体系中教育矫正的刑罚执行目的主要表现在以下两个方面：

一是教育矫正的手段和方式具有一定强制性。作为社区矫正的执行内容，社区矫正人员必须按照相关法律、法规和制度的要求遵守、履行或者参与。当然，社区矫正执行中教育矫正的强制性要求明显弱于监禁行刑对教育矫正的强制性要求，这是由社区矫正的性质和执行方式所决定的，教育矫正的强制方式和强制程度应该与之相适应。

二是教育矫正的具体内容体现刑罚执行目的。教育矫正的各项内容旨在引导社区矫正人员放弃犯罪思想及与之相关的行为，重新回归社会秩序和社会生活。就此目

标而言，社区矫正执行中的教育矫正与监狱行刑中的教育矫正，虽然在实现刑罚功能的目标上是一致的，体现刑罚执行目的的内容、方式、程度等方面有诸多差别，这主要是由社区矫正人员的主观恶性和人身危险程度（回归社会的安全风险）所决定的。

（二）教育矫正具有根植于社区的社会性

社区矫正是将服刑人员置于社区内实施的，它属于非监禁刑罚执行活动，但不能囊括所有非监禁刑罚（如罚金、没收财产、驱逐出境等）的执行，它的范围仅限于“与监禁矫正相对的行刑方式”，这种相对应的关系主要表现在行刑的“过程”和“场所”是处在开放的环境和条件下，其刑罚执行活动根植于社区。因此，社区矫正执行中的教育矫正工作也要在开放的社区环境下实施，其工作模式和工作内容要符合社会性要求，具备社会性特征，主要表现在以下三个方面：

一是教育矫正的主体要有广泛的社会参与性。社会各方面力量，包括社会组织、社会志愿者以及社区矫正人员亲属等，从不同角度给予服刑人员重新回归社会的引导、支持和帮助。这些积极的社会力量，基于其“民间”属性，更容易与社区矫正人员建立起平等、亲和的沟通和交流关系，这正是社会力量参与教育矫正的特点和优势。

二是教育矫正的内容要更加直接地联系或者贴近社区矫正人员的实际需求。教育矫正内容要突出针对性和现实性，包括促进社区矫正人员对家庭生活、社区生活的重新融入，促进对社会补偿的自觉意识和自觉行为等方面。

三是教育矫正的手段和方式要更加贴近社会公众的认识和态度，遵循社会化的模式和规律。有些手段和方式应用于监狱的教育矫正工作会有较好的实施效果，但是用于对社区矫正人员的教育矫正工作不一定能收获同样效果；而相反，有些手段和方式能够用于对社区矫正人员的教育矫正工作，却不一定适合监狱行刑中的相关工作。因此，以对社区矫正人员教育矫正为目的的各种手段和方式的选用应注重其社会适应性，与社会主流观念、社会环境和条件等相适应。

（三）教育矫正具有连接监督管理和帮困扶助的综合性

监督管理和帮困扶助与教育矫正共同构成社区矫正执行的任务，它们有各自不同的目的和内容，相互区别、相辅相成，而同时又具有一致的目的性，这就是实现社区矫正作为“刑罚执行活动”的根本目的——矫正服刑人员的犯罪思想和行为，防止其重新违法犯罪。可见，就社区矫正的上述三项主要任务而言，教育矫正相对更加直接地体

现社区矫正的核心目标,具有连接监督管理和帮困扶助的综合性,主要表现为:

一是监督管理和帮困扶助的内容和方式是以有助于教育矫正的目的为前提的。也就是说,它们虽然不直接表现为教育矫正的工作内容,但具有广义的教育矫正意义。例如,监督措施是以积极、有效的行为养成为目标和原则,帮困扶助是通过人道救助和“授人以渔”的能力培养实现感化教育和促进再社会化能力的目标。

二是教育矫正的实际需求要求监督管理和帮困扶助的内容和方式与之保持适应性。教育矫正任务的实施和效果直接关系到监督管理和帮困扶助措施的制定和调整,也就是说监督管理和帮困扶助措施要适合教育矫正任务的实际需求,并能够根据其变化情况做出相应的动态调整。

二、教育矫正的功能和作用

社区矫正执行体系中的教育矫正工作直接关系到社区矫正人员犯罪心理和行为的转变,关系到其重新融入社会的能力和持续性,归根结底关系到社区矫正执行的根本效果,是实现社区矫正目标的核心任务。教育矫正的功能和作用主要可以概括为以下几方面:

(一)转变不良的思想认识,树立守法意识

社区矫正人员实施其犯罪行为的主观原因普遍与思想认识和守法意识有关,而思想教育是社区矫正教育矫正工作的重要内容之一,通过公共道德教育、法律常识教育和时事政策等方面的引导与教诲,能够帮助他们转变原有的不符合社会基本道德规范和法律制度要求的思想认识和态度观念,培养其对社会秩序和规范的尊重和敬畏意识,同时结合悔罪自新和自我善行养成的辅导和训练促进其逐步树立起守法意识和守法的行为习惯。

(二)矫正不良心理和行为习惯

社区矫正人员的犯罪行为通常与一些不良的心理倾向和行为习惯有关,例如,过强的占有欲、过度自信并伴有侥幸心理、性情暴躁、行为懒散、鲁莽不羁。社区矫正执行过程中的教育矫正工作就包括有心理矫治和行为辅导的内容,通过对其心理和行为的测查和评估,实施针对性的矫治和辅导,帮助社区矫正人员转变原有不良的心理倾向,逐步恢复常态、健康的心理品质;同时,行为辅导及养成教育还能够帮助他们渐渐

脱离原来不良的行为惯式，重塑合乎社会秩序的、健康的行为方式和行为习惯。

（三）辅导并训练融入社会的能力

社区矫正人员当中社会适应能力存在各种问题的比较普遍，有的是因为监禁服刑已经离开社会生活很长时间，对于当下社会生活方式的发展变化缺少了解和认知，也可能长期离开家庭而与家人之间缺乏了解和包容，由此引起社会适应及家庭融入方面的种种生疏和不适应；也有人原本就存在个人认知及行为能力等方面一些问题，其犯罪行为本身可能就与此有关，如此种种，总体上社区矫正人员在社会生活的不同方面呈现出相对弱势。而社区矫正人员能够顺利回归社会的一个基本前提就是要具备重新融入社会的能力，社区矫正中的教育矫正工作恰恰可以通过相关能力的辅导和训练改善或者提升他们的认知和学习能力，帮助他们更多地了解并熟悉社会生活，同时促进其自主规划、求学谋职、融入家庭和应对挫折等方面的能力，为顺利融入社会奠定基础。

第二节　教育矫正的实践状况

社区矫正实践中，教育矫正工作根据不同时期相关制度规范的要求逐步发展，其主要内容和方式的基本结构已经比较稳定，并且伴随着探索和改进的步伐，逐步形成了一些卓有成效的经验，为教育矫正工作的深入发展奠定了基础。但是，实践中，还存在一些问题和不足之处，有待今后的制度建设和实践发展做出相应的改进和调整。

一、教育矫正的主要内容和方式

自2003年开始社区矫正试点以来，伴随着“扩大试点”、“全面试行”到目前的“全面推进”，各地根据相关制度规范的要求执行对社区矫正人员的教育矫正任务，多样化的教育矫正工作，各有侧重、各有优势，合力促进教育矫正的综合实效。教育矫正的内容和方式主要可以概括为以下几个方面：

（一）思想教育

对社区矫正人员的思想教育主要包括公共道德教育、法律常识教育和时事政策教育等，旨在增强社区矫正人员的法制观念、道德素质和悔罪自新意识、自我养成意识。

思想教育的实施,重在改变社区矫正人员的犯罪心理和行为,促进其内心深处的悔过意识和改过决心,鼓励其乐观向善的行为习惯和行为方式,这正是教育矫正的核心工作,内容丰富、形式多样,贯穿教育矫正全过程。

各地在实践中普遍重视公民基础道德教育,有些地方还积极探索将传统文化精髓融入道德教育的内容,例如,通过历史典故将其中的仁、义、礼、智、信等内涵与当代公民基本素质要求相结合开展生动的引导教育。法律常识教育则注重与其日常行为和生活帮助相关的内容,通过组织学习和应用讲解,促进社区矫正人员的遵纪守法意识和依法寻求帮助的意识等。各地对社区矫正人员的时事政策教育主要围绕国内外大事件和当地的重点事件展开,帮助他们认识和理解相关政策,相应调整自己的心态和行为,促进守法的自觉性和常态性。

(二)社区服务

社区服务是对社区矫正人员教育矫正工作的重要内容,社区矫正机构根据有关规定组织有劳动能力的服刑人员参加社区服务,旨在帮助他们修复社会关系,培养社会责任感、促进劳动养成、集体观念和纪律意识。各地社区矫正机构采取多种形式,因地制宜并结合社区矫正人员身心特点、技能水平和其自身工作学习的时间,组织社区矫正人员的社区服务活动,实施方式上有集体的、分散的,实施内容更是多样化,包括为老人服务、卫生保洁、交通协管、园林绿化等。形式多样的社区服务,使社区矫正人员能够根据自己的时间、体力和兴趣、能力等在一定范围内选择参加,不仅完成有关社区服务的规定要求,更重要的是这种自愿的和身体力行的社区服务,能够发挥更加积极的教育效果。按照相关规定要求,社区矫正人员每月参加社区服务时间不少于八小时。

目前,比较多见的社区服务形式就是组织服刑人员参加集体公益劳动,各地通常是选择适当的场所和项目确立为社区矫正人员的集体劳动基地,有的劳动基地也是技能培训基地、就业推荐基地。社区服务基地大体上分为三类:思想教育型、技能培训型和安置帮教型。全国已经建立了2.4万余个社区服务基地,①对于组织社区矫正人员的社区服务活动发挥了重要作用,这样的组织方式不仅具有便于计划实施及可持续性推进的特点,也有便于管理和促进纪律养成的优势。

---

① 参见法制网:《各地认真贯彻落实全国社区矫正工作会议部署全面推进社区矫正工作进展顺利》,2015年4月21日。

(三)心理矫治与心理辅导和危机干预

社区矫正机构根据社区矫正人员的心理状态、行为特点等具体情况,对其实施心理矫治、心理健康教育和心理辅导及危机干预,旨在矫正其犯罪心理,培养其心理健康意识及寻求心理帮助的积极态度,并在其遇到具体的心理问题时提供必要的辅导和干预策略。各地社区矫正机构普遍设立了从事心理矫正的部门和人员,在社区矫正人员入矫之初就对其进行心理测试并建立心理矫治个人档案,社区矫正期间阶段性地安排心理矫治教育活动。同时,社区矫正机构也关注社区矫正人员的社会适应心理,对有需求的社区矫正人员开展个体的或者小组的咨询和辅导,必要时实施针对性的治疗和干预。

(四)分级分类矫正

分级分类矫正包括纵向分级和横向分类两方面。分级矫正的主要做法,是针对不同监管级别的社区矫正人员实施相应的教育矫正方案,区别对待并动态调整。这种结合监管分级的教育矫正工作,有助于教育矫正实施过程中的风险防范,是教育矫正针对性和安全性的双重结合。分级矫正,重在以监管安全促教育矫正有序实施,凸显在教育矫正过程中有效防范重新违法犯罪行为。

分类矫正,是指依据社区矫正人员性别、年龄、犯罪类型、刑罚种类等特征实施分类教育。目前,各地有较多实践的分类教育矫正主要是针对女性、未成年和缓刑社区矫正人员。例如,北京市朝阳区司法局对女性、未成年、缓刑等社区矫正人员开展分类教育,针对他们的性别及社会和家庭角色特征、年龄及身心状况和社会阅历特征,以及刑罚执行特征等要素,实施更具针对性和适应性的教育矫正措施。根据《社区矫正实施办法》对未成年人社区矫正的相关要求,对未成年社区矫正人员的分类矫正受到了更加普遍的关注。部分省还制定了专门规范,如《未成年犯社区矫正工作办法》,对未成年犯的教育矫正原则、内容及方式等予以明确规定,强化对这类特殊群体的分类矫正。

二、教育矫正的主要特点和经验

教育矫正是社区矫正执行攻心治本的核心,直接关系到社区矫正人员犯罪心理和行为的转变,关系到其重新融入社会的能力和持续性。多年来,各地在实践中逐步形成了一些较为成熟的特点和经验,主要可以概括为以下几方面:

(一)实施普遍的、持续的思想教育

思想教育以公民基本道德和守法意识为核心,并及时宣讲时事政策。这样的思想教育,既抓住了社区矫正人员犯罪主观原因的共性因素,也针对他们适应社会生活基本的思想认识倾向和认识程度。思想教育的实施对于社区矫正人员具有普遍的和基础的适应性,而且由相关规定所要求的一定时数的集体教育既有助于提高教育效率,也利于营造教育的纪律氛围及相应的“量”强化。社区矫正机构针对社区矫正人员实施普遍并动态跟进的思想教育,突出表现在以下几方面:

1. 集中教育与个别教育相结合

根据《社区矫正实施办法》的规定,社区矫正人员每月参加教育学习时间不少于八小时。在各地的实践中,较多地将这一时间要求用于集中开展与思想教育内容相关的各种学习和实践活动。集中教育方式,具有规范性、纪律性以及社区矫正人员之间的互动性等特点,促进思想教育持续推进。

同时,在社区矫正的教育工作中,个别教育始终是各地普遍遵行的一项准则,注重将思想教育内容融入个别教育过程,比较成熟的经验是为每一个服刑人员制定“一人一策”的矫正方案,以矫正小组为依托,通过个别谈话与辅导、电话交流、社区和家庭走访等多种方式相结合,掌握社区矫正人员个体思想认识方面的突出问题和困惑,把针对性的教育内容和方式纳入其动态调整的矫正方案,以灵活性和适应性发挥个别化思想教育的优势和效果。

2. 思想教育与分阶段矫正相结合

分阶段教育矫正最早始于社区矫正试点阶段,此后多地先后探索并不断改进分阶段教育矫正,北京、江苏、浙江、上海、湖北等地陆续出台相应的制度,规范相关工作。分阶段教育矫正的基本特点是将教育矫正与监管阶段相结合,“阶段式”动态跟进,主要做法是根据社区矫正人员在接受矫正过程中心理、行为特点和需求变化的规律,将教育矫正全过程分为入矫、常规和解矫三个阶段,并针对社区矫正人员在这三个阶段不同的心理、行为特征和需求,设定相应的教育矫正目标及主要的教育内容和方式、方法。

以北京市的实践为例,矫正阶段划分为:初始教育阶段,即社区矫正人员接受矫正后的一个月;解矫前教育阶段,即解除矫正前一个月;中间时段,即常规教育阶段。各阶段的教育矫正重点目标既有联系也有区别,入矫阶段:针对社区矫正人员入矫初期

的心理和行为特征，教育矫正突出认罪服法、相关法律法规及制度规范、相关的帮扶政策等内容，主要目标是帮助服刑人员认识什么是社区矫正，自己为什么要接受社区矫正及如何接受社区矫正。常规阶段：针对社区矫正人员在谋生、就业、就学、养老、交友和日常生活中的心理及行为特征，教育矫正突出对其犯罪心理和行为恶习的矫正，并有针对性地实施心理和行为辅导等内容，重点目标是促进其就业、谋生、生活及寻求帮助等技能和能力。解矫阶段：针对部分社区矫正人员解矫在即，容易产生心理和行为方面的懈怠，教育矫正重点是帮助他们总结矫正过程中的成绩和不足，并相应强化守法意识和行为习惯，目标是巩固并深化前期教育矫正成效。①

分阶段教育矫正，重在抓普遍规律，凸显教育矫正阶段目标的动态进程。每一个阶段的教育矫正工作都包括了与这一阶段矫正矫正人员心理和行为相适应的思想教育内容，思想教育与分阶段教育矫正相结合，促进了思想教育的针对性和持续效果。

（二）社区服务形式多样，个体适应性越来越受到重视

伴随着社区矫正工作从试点到逐步推进，以基地为依托的集中式社区服务组织形式已经成为较为普遍的实践经验，而与此同时，社区矫正机构也逐步注意到集中式社区服务方式存在灵活性、适应性不足的问题，容易与社区矫正人员的工作和生活方式在时间上发生冲突，组织实施成本偏高等现实难题。此外，随着社区矫正的扩大适用，社区矫正人员人数持续上升，集中式社区服务基地“承载”不足的情况越发凸显，各地立足个体针对性和适应性，不断改进集中式社区服务，探索创新更为灵活多样的社区服务组织形式，力求更加便于社区矫正人员的参与、更有助于调动其兴趣和热情、更益于促进社区服务所蕴含的教育矫正作用和价值。在集中式社区服务组织形式的基础上，多地积极探索灵活多样的社区服务新形式：

1. 力求拓展分散式劳动项目

天津市北辰区针对每月集中组织社区矫正人员八小时公益劳动比较困难的实际问题，率先在北仓镇试行公益劳动流动卡制度。公益劳动流动卡制度，是将传统的集中公益劳动，转变为分散式的公益劳动，由社区矫正人员持“信息卡”自主安排时间到基地参加公益劳动，基地设专人持“工作证”安排劳动内容，提出劳动要求，监督考察服

① 参见《北京市开展社区矫正人员分类管理分阶段教育试点工作》，载 http://www.bjsf.gov.cn/publish/portal0/tab192/info10042.htm。

刑人员的劳动表现，并在劳动结束时为其填写“劳动登记卡”。① 这样的制度，使社区矫正人员可以自己支配时间到对外公示确定的基地参加劳动，由基地监管人员对其劳动情况进行记录和评估。这样既达到了公益劳动的目的，又解决了部分社区矫正人员不能在固定时间参加集中公益劳动的问题。

2. 推行菜单式个性化社区服务

针对社区服务实践中项目单一，实效性较差等问题，社区矫正部门积极探索形式多样的项目，丰富社区服务内容。如浙江省杭州市下城区司法局文晖司法所自2010 年开始推行社区矫正人员“菜单式”公益劳动——由司法所、社区把可供开展的公益劳动分为4 大类，18 小项，以菜单形式提供给社区矫正人员，他们可通过“点菜”的方式选择适合自己的公益劳动类别和项目。再由司法所人员根据新入矫人员被判处的刑罚种类、犯罪情况、悔罪表现、个性特征和生活环境等情况，结合社区矫正人员本人意见、想法和特长等，帮助其“点菜单”，制定更具有个体针对性和适应性的公益劳动方案，并与其签订公益劳动承诺书。社区公益劳动基地根据社区矫正人员的实际情况和“点菜”内容灵活安排其每月的公益劳动时间，确保其可以较好地安排工作、生活，及时参加社区公益劳动。实践中，“个性特长类”公益劳动也被证明是最受社区矫正人员欢迎的“菜式”：有书法绘画特长的选择给社区出黑板报和宣传画；有维修特长的选择给居民义务修修补补；厨艺较好的选择去社区老年食堂给老人们做可口的饭菜；有医疗卫生知识的选择为社区老人提供免费护理……②公益劳动形式多样化，使社区矫正人员能够根据自己的时间、体力和兴趣、能力等在一定范围内选择参加，不仅完成有关社区服务的规定要求，更重要的是这种自愿的和身体力行的社区服务，能够发挥更加积极的教育效果。

3. 探索补偿性劳动服务

补偿性公益劳动，是在征得被害方或被害人家属同意的前提下，由社区矫正人员主动、积极地向被害方或社会提供具有犯罪损害补偿意义的劳动或服务内容。早在2007 年就建立了社区矫正人员爱心义工服务队的普陀区率先探索补偿性公益劳动，根据其服务方式的不同，大致分为修复谅解型、经济补偿型、社区服务型三种方式。2008 年4 月起，上海市在全市推行社区服务的补偿性公益劳动项目。③ 实践表明，这样的社

---

① 参见徐杉：《北辰区创新推出公益劳动流动卡制》，载天津网。

② 参见李彩华、徐钊：《我设“菜单”你来“点餐”——浙江省杭州市下城区司法局文晖司法所推行社区矫正“菜单式”公益劳动》，载《人民调解》2012 年第5 期。

③ 参见徐艳丽：《上海市开展社区矫正人员补偿性公益劳动》，载新华网上海频道。

区服务活动有助于使作为加害方的社区矫正人员在助人的劳动服务过程中，体会自己的犯罪行为给受害人及其亲属所造成的身心伤害，给生活所造成的实际损失，同时也使受害方在接受帮助的过程中感受加害人的认罪、忏悔与转变，从而有助于促进双方之间沟通、交流，促进受害方的谅解，修复被犯罪行为破坏的社会关系。

（三）实施多层面和多渠道相结合的心理矫治与心理辅导

各地社区矫正机构注重心理矫治在社区矫正人员教育矫正工作中的应用，不断探索不同层面的心理矫治及相关工作，并通过自我培养专业人员和开拓社会资源，包括与社会专业机构合作或者聘请专业人员参与等多种渠道，对社区矫正人员开展心理矫治、心理知识教育、心理咨询和心理危机干预等相关工作。心理矫治与心理辅导相结合，立足社区矫正人员的个体心理需求，进行有针对性的心理教育矫正；专门机构与社会资源相结合提升了心理教育矫正的专业性和实效性。

例如，上海市将心理矫治工作分为三个方面，即心理健康教育、心理咨询和心理治疗。其主要工作模式是通过在社区开展心理教育、在司法所的心理咨询室开展心理咨询、针对存在一定心理障碍的罪犯进行心理干预等做法，搭建心理健康教育工作的三级平台，使心理矫治工作更具有针对性，既提高社区矫正人员的心理健康素养，也提高他们认识、发现心理问题和心理需求的自觉意识，帮助他们舒缓心理压力，为有特殊需求的个案提供积极的辅导、治疗以及必要的危机干预。例如，卢湾区司法局通过聘请心理学家，建立“心理工作室”的方式，利用对社区矫正人员的集中教育时间开展心理疏导课程教育，并在此基础上，结合心理测试，进行心理辅导，调整和改善他们的心理状态。徐汇区康健街道与辖区内的南京军区临床心理研究中心合作，采用集体、小组和个别心理辅导的方式对社区矫正人员进行心理健康教育。①

江苏省社区矫正机构将心理矫治工作分为四个层面：一是心理健康教育，即对矫正对象进行心理健康教育，宣传心理健康知识；二是心理咨询服务，解答矫正对象提出的心理问题；三是心理测验，即对分析评估或矫正过程中有严重心理问题的服刑人员，进行心理测验，建立心理档案；四是心理疾病治疗，即对有心理疾病的服刑人员，安排针对性治疗。如宜兴市方圆帮教中心设立音乐治疗室、沙盘治疗室、行为监督室、心理测试室、心理咨询室、团体辅导室、艺术治疗室等心理治疗室，针对不同的对象采取不

① 参见金碧华、潘菲：《社区矫正人员心理矫治工作的实践与思考——以上海市社区矫正试点工作为例》，载《郑州航空工业管理学院学报》（社会科学版）2009 年第 1 期。

同的治疗方法，提高有心理问题的社区矫正人员的自我调节控制能力。① 江苏省司法厅于2011年依托扬州大学医学院建立了全省社区矫正心理矫治工作培训基地，成功举办了社区矫正心理咨询师国家职业资格（三级）培训班，提高了江苏社区矫正心理矫治工作队伍的专业化水平。②

北京市朝阳区司法局坚持理论学者与实务专家相结合、社工专家与心理专家并重的原则，与北京大学、中国政法大学、中国青年政治学院、首都师范大学、北京政法职业学院等高校的社会社工学院和朝阳区心声、曙康等社会工作事务所、北京市青少年法律与心理咨询服务中心等专业机构长期合作，借助专业的社会支持力量对社区矫正人员开展心理教育课程及心理问题的咨询与辅导等。

（四）整合社会资源，搭建教育矫正社会化平台

伴随着社区矫正工作的持续发展，各地深入探索社会化的教育矫正途径和方式，搭建矫正小组、专门场所综合性教育矫正以及建立教育与培训社会基地等多种平台，吸纳社会力量及社会资源的广泛参与和介入，夯实对社区矫正人员教育矫正工作的社会基础，促进教育矫正工作的社会化水平，提升社会适应性、融合性和修复性矫正效果。

1. 组建矫正小组整合社会化教育矫正力量

通过组建矫正小组，组织、动员社会力量参与对社区矫正人员的教育矫正，将教育矫正工作的个体针对性与社会化工作平台相结合，是社会化教育矫正的有效方式。目前，实践中绝大多数社区矫正人员均有专门矫正小组为其提供矫正服务和帮助。矫正小组主要是由村（居）民委员会、社会工作者、志愿者、社区矫正人员所在单位、就读学校、家庭成员或者监护人、保证人以及其他有关人员组成，由司法所工作人员担任组长。这些人员对社区矫正人员比较了解，有各种感情、亲情基础，对社区矫正人员的教育矫正会起到事半功倍的效果。

2. 设置中途之家等专门场所，承载综合性教育矫正工作

2008年7月，北京市朝阳区率先成立了中途之家，经过几年的建设发展，在北京市，乃至全国得到推广，各地均建有数量不等的社区矫正场所，截至目前，全国累计建

① 参见陈文贵：《江苏宜兴方圆帮教中心构建社区矫正新模式》，载法制网。

② 参见丁国锋、袁诚、张全连：《江苏社区矫正工作十年实践成效与启示》，载法制网2014年7月8日。

立县(区)社区矫正专门场所1108个,①这些专门场所名称不尽相同,有的称中途之家,也有的称社区矫正帮教中心或者教育服务中心等;成立方式也不同,有的是政府全资成立的,有的是政府与社会组织合办的,也有的完全是由民间组织创办的。但是,这些场所作为社区矫正的实践载体都承担着对社区矫正人员教育矫正的多重任务,包括法制教育、心理辅导、社会适应辅导、就业辅导、过渡性食宿服务、特困救助、社区服务等。社区矫正专门场所承载教育矫正工作的共同特点和优势是:开展集体教育活动、推进有计划的培训项目、实施动态的跟进教育、提供综合性教育帮扶等。

3. 委托专业社工开展专门的教育矫正项目

随着社区矫正工作的推进,北京、上海等多地探索建立了委托专业化社工机构,如"北京朝阳区心声社会工作事务所""上海市新航社区服务总站",实施专门的教育矫正服务项目,在社区矫正社会力量参与的专业化、系统化和持续性等方面做出了有益的探索,积累了很好的经验。这类专门的社工机构在性质上是民办非企业组织,他们根据政府购买服务的合同要求,制定相应的工作方案和实施计划、步骤,选择具有专业知识的社会工作者提供专门的、跟进式的服务。例如,2012年,北京朝阳区心声社会工作事务所以《正能量支持》为题承接了朝阳区常营司法所委托开展的为期一年的社区矫正社工教育服务项目。通过协同司法所走访、调研社区矫正人员成长环境、家庭特点和家庭教育方法、违法犯罪原因和目前的思想状态等,了解社区矫正人员融入社会的需求,并针对他们的实际需求,专业社工从心理、行为、法律、家庭、就业、社会环境、生活和交往能力等领域切入,把准他们的困惑或者兴趣点,设计了多管齐下的服务套餐,针对性地、综合地、持续地提升其认知和行为能力,帮助他们渐进地、平稳地融入社会。该项目已取得了较好的实施效果并获得了相应的认可。②

4. 建立主题教育及培训基地,开展专项教育活动

各地利用社会资源开展教育矫正活动,逐步建立起了不同主题的教育培训基地,包括思想教育基地、文化教育基地、警示教育基地、法制教育基地以及职业技能培训基地等。目前,全国已累计建立教育基地8800多个、就业基地8000多个,③对服刑人员

① 参见法制网:《各地认真贯彻落实全国社区矫正工作会议部署全面推进社区矫正工作进展顺利》2015年4月21日。

② 参见戴艳玲:《朝阳区阳光中途之家的实践和启示》,载司法部预防犯罪研究所、北京市朝阳区司法局著:《中途之家矫正模式暨朝阳中途之家建立五周年研讨会论文集》2013年9月。

③ 法制网:《各地认真贯彻落实全国社区矫正工作会议部署全面推进社区矫正工作进展顺利》2015年4月21日。

开展各类教育学习和培训活动发挥了重要作用。这些主题教育基地具有直观性、生动性、集合性和实践性等特点，是集体教育和分类教育直观、生动的载体。

（五）运用现代技术手段，搭建教育矫正的评估体系和信息化平台

为了检测并保障对社区矫正人员教育矫正的实施效果，手段科学化日益受到重视，多地积极探索研制科学的评估工具和评估机制，将科学评估贯穿于教育矫正全过程。同时，根据司法部的相关部署，各地都在积极推进社区矫正信息化建设，搭建社区矫正信息平台，在实施对社区矫正人员信息化监管的同时，不断拓展信息化教育和帮扶，从而提升社区矫正工作总体的信息化水平。

1. 探索建立教育矫正科学评估体系

从目前的实践探索来看，对社区矫正人员教育矫正评估体系的建设主要包括：矫正风险评估、矫正需求评估以及矫正效果评估。

（1）矫正风险评估

这里的“矫正风险”评估，不是适用社区矫正的风险评估，而是指社区矫正机构对于已经接收的社区矫正人员所实施的矫正风险评估，不仅包括矫正初始的风险评估，也包括矫正进行过程中的阶段性风险评估。它主要是指通过对社区矫正监管安全相关指标的量表测查和实际调查以及对数据、材料的全面分析，客观、综合评价其人身危险性的状况并做出相应的风险等级判断，其结论将成为社区矫正机构对社区矫正人员实施监管安全分级的依据，不仅关系到各项矫正工作的安全实施，也会影响到各项矫正措施的实施效果。例如，湖南省娄底市娄星区社区矫正工作在实践探索中逐步建立起了比较完善且独具特色的风险评估机制，对社区矫正人员进行量化测评并实行分级管理，统一设计了社区矫正人员风险测评表，其中包括基本因素、个性及心理因素、家庭及人际因素、综合因素共四部分内容，细分为 25 个小项目，对每个入矫的社区矫正人员进行测评，并以量化评分的方式将其分为低风险度、一般风险度、高风险度三个级别。以矫正风险测评结果为依据，同时综合考虑其他相关因素，为每个社区矫正人员制定规范、个性化的矫正方案。① 矫正风险评估有助于降低社区矫正人员的重新违法犯罪率，促进教育矫正的实施秩序和实施效果。

---

① 参见李星慧、黄立志、谢津、曹泰安：《完善社区矫正风险评估机制的思考——基于娄星区社区矫正风险评估工作的调研》，载司法部社区矫正管理局编：《社区矫正研究论文集》（2013），法律出版社 2013 年版，第 266 页。

上海市以风险评估为基础,对具有较高重新违法犯罪风险的社区矫正人员实施特殊的(强化的)个案矫正,进一步强化了个案矫正的安全性和实施效果。其基本程序和主要方法:一是确定个性化教育对象。在对社区矫正人员各方面进行详细调查的基础上,结合社区矫正阶段性风险评估测评结果以及社区矫正人员的现实表现,由司法所(科)在征求社工、村(居)干部、社区民警意见的基础上,确定个性化教育对象。二是设计制定个性化教育方案。工作方案包括基本情况分析、主要存在问题、工作措施和工作目标。三是落实个性化教育具体措施,进行跟踪评估。在开展个性化教育过程中,由司法所(科)牵头协调,整合社会资源,争取社会各方支持,充分发挥社工、村(居)干部、社区民警、帮教志愿者、对象家属等的作用,互相配合,因人而异,分阶段、有步骤地实施个性化教育。社区矫正人员情况不同,个性化教育期限也不相同。对于存在严重行为偏差或重新违法犯罪风险性大的社区矫正人员,要开展整个矫正期的个性化教育;对于存在阶段性行为偏差或心理问题、社会或家庭环境恶化、受到日常行为处分的社区矫正人员,要根据工作目标开展阶段性的个性化教育。①

(2)矫正需求评估

矫正需求评估,是指通过对社区矫正人员个体需求情况以及相关的重要(背景)因素进行全面调查了解,综合评价其阶段性具体的需求内容、需求程度及需求发展预判,针对不同需求提出研判态度和观点、解决途径和办法以及动态跟进方式等,相关建议和结论将纳入个体矫正方案并成为教育矫正工作重要的实施目标。

例如,自2014年5月以来,江苏省开展了社区矫正需求评估研究。针对社区矫正人员的所属地区、年龄、性别、学历、就业(就学)、服刑态度、婚姻家庭、身体状况、兴趣爱好、特长专长等方面情况,进行问卷调查及面对面访谈、交流。根据所获得的调查资料分析研究社区矫正人员的个体需求情况,编制了本省社区矫正人员需求评估调查问卷和量表,目前已在部分地区试用,经总结试用效果并进一步完善以后将在全省推广。对社区矫正人员实施矫正需求评估,有助于准确了解并把握他们的实际需求内容和变化情况,制定并及时调整矫正方案,增强教育矫正的针对性和实效性。

(3)矫正效果评估

矫正效果评估,可分为阶段性评估和总体评估,通常是以量表化的指标体系为基础并结合常规性的记录和考评,对社区矫正人员实施阶段性测查或结束前的总结性测

① 参见金碧华:《社区矫正对象的个性化教育》,载《南通大学学报》(社会科学版)2010年第6期。

查,结合工作人员的专业分析和评价,比较其在前后不同的矫正阶段或者解矫前的心理和行为方面所发生的变化,并以此作为判断矫正方案实施效果以及跟进调整或者解矫后帮教的依据。

例如,北京市研发社区矫正人员综合状态评估指标体系量表,对社区矫正人员在入矫时、进入社区矫正一定时间后,以及解矫前等矫正不同阶段所表现出的心理和行为特征及其变化情况进行调查分析,并做出相应的阶段性矫正效果评估和矫正期满总的矫正效果评估。阶段性的矫正效果评估得出的数据和结论反映了社区矫正人员人身危险性随着社区矫正工作的深入开展是否有明显变化,它不仅对于接下来矫正期内的再犯危险评估工作具有重要的参考价值,同时,它也是调整矫正方案的重要依据,也是相关的矫正工作人员检视自己工作效果,延续成绩并查找不足的参考。对解除社区矫正前 3 个月(或者一定时间)的社区矫正人员结合解矫前教育,进行解矫前的综合状态评估,分析并评估其接受社区矫正以来的主要表现、对法律法规的认知程度,行为习惯的养成情况,个人在就业、生活等方面的需求和能力状况等,所得出的总体评价和结论不仅是对其执行社区矫正的全面总结,同时也为继续巩固矫正成果、促其顺利回归社会的解矫后帮教工作提供有价值的参考和有针对性的建议。

2. 搭建教育矫正信息化规范管理平台

利用信息化平台,对社区矫正人员的日常报到、集中学习、社区服务、谈话教育、思想汇报等教育矫正工作进行规范管理,已成为各地信息化建设的主要内容,取得了较好的实践效果。

例如,安徽省已经建成横向可对接监狱戒毒系统,纵向覆盖省、市、县、乡四级司法行政部门的社区矫正综合信息管理系统。内容涵盖各项监督管理执法环节,以及社区服务、计分考核、审前调查和风险评估等 30 余项常规的教育矫正工作内容,促进了执法监督,提升了教育矫正的规范化水平。目前,全省 1516 个司法所全部配备了二代身份证读卡器,社区矫正人员报到、参加学习和社区服务已全部实行刷证确认。[①] 这套综合信息管理系统不仅强化了监管工作,而且涵盖了教育矫正重点内容和程序,促进了教育矫正的规范实施,强化了实施效果。

南京市司法局于 2014 年下半年建成社区矫正监管安全指挥中心,集远程监管、语音汇报、电子执法、预警研判、人员定位五项功能于一体,不仅实现对全市各社区矫正

① 参见王比学:《高墙之外如何教育管控(新实践)》,载《人民网－人民日报》2014 年 4 月 16 日。

监管场所、执法现场、社区矫正人员位置的实时监控,而且对社区矫正人员参加社区服务、教育学习等矫正情况进行计时量化考核,对电话汇报进行24小时录音受理、限时监听处理。① 这样的信息化平台以安全管理为支撑,规范了教育矫正工作的实施及考核标准。

三、教育矫正工作的问题和不足

社区矫正中的教育矫正工作在十多年的实践探索中形成了有益的特点和经验,同时也还存在一些有待改进之处,主要有以下几个方面:

(一)促进社会适应性的教育矫正较为薄弱

社区矫正是一类特殊的刑罚执行活动,教育矫正作为社区矫正重要的执行内容必须遵循"刑罚执行"的目标和规律,体现刑罚执行的意义和目的。而同时,社区矫正执行中的教育矫正工作是在开放的社区环境下实施,工作对象是在开放的社会环境下工作和生活的公民,这就决定了教育矫正的工作模式和工作内容不仅应遵循"刑罚执行"的目标和规律,更要符合"社会性"要求,要与社区矫正人员在社会上工作和生活的需求相适应。然而,社区矫正工作实践中,教育矫正基于"刑罚执行"的目标定位体现较为充分,而对于基于"社区内"行刑特征的目标定位则显得针对性不足,促进社会适应性的教育矫正工作相对薄弱,主要有以下表现:

1. 生活和工作规划教育不足

社区矫正人员当中对自己的生活和工作缺乏一定的目标和规划者较为多见,特别是青少年(生活经验和工作经验原本就缺乏),以及曾经较长时间在监狱服刑的假释和暂予监外执行者(社会生活和工作经验长期中断)。而目前,对于社区矫正人员的教育矫正工作,在生活和工作规划的教育辅导方面尚显不足。实践中,一些人由于没有自主规划,会抱有"不求进取""随遇而安"的态度,表现为不积极找工作、不珍惜工作机会、生活懒散、随意交友等;也有人由于不会规划或者不适当的自主规划,导致就业困难或者难以持续,以及生活无序或者状态不稳定等问题。如此种种状况会在不同方面、不同程度上降低社区矫正人员的社会适应性,表现为心理和行为上各种问题和冲突,甚至可能引发其严重违规及违法犯罪行为,从而消弱社区矫正的执行效果。

---

① 参见《南京信息化建设助力社区矫正监管》,载中国江苏网,2015年2月16日。

2. 家庭关系修复辅导不足

社区矫正人员当中，存在一定程度家庭关系问题的不在少数，特别是曾经较长时间在监狱服刑的假释和暂予监外执行人员，与家庭成员之间亲情关系可能已疏远，沟通和交流可能存在隔阂，生活方式也多有不习惯、不适应等；此外，有些社区矫正人员的犯罪行为给家庭成员的身心、财产等造成损失，亲属之间“裂痕”尚存，家庭成员之间的误解、矛盾等问题随时可能发生；还有些人在重新融入家庭的过程中遇到继承、拆迁等特殊的财产关系，以及与婚姻、继养有关的特殊的人身关系，则家庭关系的修复可能面临更多、更复杂的难题。社区矫正人员的家庭关系，特别是与之共同生活的家庭成员之间的关系状态，对其心理和行为的影响不容小觑。目前，对社区矫正人员教育矫正工作，在家庭关系的修复辅导方面关注不足，相应的课程学习和项目辅导的安排和设置在数量和实用性上都难以满足社区矫正人员的实际需求。重新融入家庭的各种困难和不适应，会直接影响社区矫正人员的生活态度和生活方式，可能导致他们信心低下、性格反常、生活困难，甚至出现比较严重的心理和行为问题，由此可能会影响社区矫正的执行效果。

3. 自我保护和挫折应对教育不足

主要有以下几方面因素可能会引发社区矫正人员自我保护和挫折应对能力较弱的倾向或者问题：一是一些人由于生活阅历、知识修养等原因形成某方面或者若干方面自我保护意识和能力弱化，也可能还有或者伴有挫折耐受及应对能力较低的倾向，部分社区矫正人员，其犯罪行为本身就与没能正确地或者适当地应对挫折和困难有直接或间接的关系，有的是因为与他人之间的矛盾激化，也有的是因为生活陷入困境，还有的可能是自己或者亲友遭遇了不公平待遇而一时无法解决等原因，引发了犯罪行为。这部分社区矫正人员自我保护和应对挫折能力较弱的问题还可能继续困扰他们，甚至可能成为其再次陷入违法犯罪的“隐患”。二是由于其自身“犯罪人”的身份给自己造成一定的心理压力，表现为自卑、多疑、焦虑等，在社区服刑期间，与人与事打交道心理和行为可能受制于其特殊的法律身份，表现为自我保护和挫折应对能力较弱。三是部分社区矫正人员曾经长期在封闭的监禁环境下服刑，心理和行为可能延续了“监禁烙印”，特别是在回到社会服刑的最初阶段，面对“开放”的人和事，会出现多方面陌生和不适应，更可能伴随自我保护和挫折应对能力低下的情况。

目前，社区矫正工作当中，针对社区矫正人员自我保护和挫折应对能力的教育矫正内容和方式还较为欠缺，社区矫正人员遇到具体问题时，通过个别教育及相应的帮扶措施能够获得一定的支持和帮助,但对于这方面意识培养和能力训练缺乏系统、持续的讲授、辅导和训练,不利于引导其正确的自我保护意识及合法、有效的挫折应对行为,不利于延续并巩固社区矫正执行的积极成效。

(二)分类教育还比较粗泛

社区矫正实践中,集体教育与个别教育相结合的教育矫正工作在各地普遍受到了较多关注,包括教育时间、教育内容和教育方式等方面既遵循《社区矫正实施办法》等制度规范的要求,也结合当地实际情况积极探索创新,集体教育与个别教育相结合已经形成了比较成熟的普遍经验。

分类教育作为针对性教育的重要类别,虽然也有积极的实践探索,但从各地实践来看,对社区矫正人员的分类教育还比较粗泛,分类依据重经验轻实证,导致分类矫正方案针对性不强。目前,分类教育的依据主要是年龄、社区矫正种类、性别等,分类教育对象主要分为有未成年社区矫正人员、缓刑人员、女性社区矫正人员等。从经验来看,这样的分类教育能够抓住服刑人员的一些基础特征,具有一定的针对性。但是,这样的分类教育如果不能与实证调查结论相结合,则难以做到深入细分,难以有效提升教育矫正工作的针对性。例如,对假释服刑人员实施分类教育矫正,这仅仅是一种基础分类,如果没有相关实证调查,就不能判断假释出狱时间、假释者的犯罪种类等与严重违规行为和再犯罪行为之间是否具有一定的相关性,也就不会实施更加有针对性的分类教育内容和方式,教育矫正工作的针对性和实效性可能受到局限。由于教育矫正的分类工作目前还较少建立在实证调查的基础上,分类矫正方案与相应分类群体的矫正需求之间也就缺乏实证关联。以经验为主的分类矫正能够把握基本的原则和方向,但是不能引导并促进分类教育矫正的深入,也难以做到跟随法治建设、经济发展、重大事件等社会重要因素的变化动态调整分类依据及相应的分类教育矫正方案,由此可能会制约分类教育矫正的针对性和实效性,分类教育的积极作用受到局限。

(三)教育矫正互动性不强

目前,教育矫正工作,不论是集体教育,还是分类教育和个别教育,主要的方式还是灌输式和教导式的,“你说我听”、“你教我做”、“你要求我照办”的教育矫正工作方式具有相当的普遍性,在“教育”的双方之间缺乏互动性,主要有以下一些表现:

一是教育矫正的内容和方式主要由社区矫正机构决定和安排,而且这种“机构主导”的教育矫正也几乎没有分阶段矫正之别，也就是在社区矫正人员的入矫阶段、常态阶段，甚至进入“解矫”阶段，矫正方案的设计（计划制作）由“机构主导”的特征和程度不会有明显变化。

二是没有对社区矫正人员参与教育矫正方案制定及调整的明确要求，包括内容与过程的参与。社区矫正人员，特别是曾经长期在监狱服刑的假释和暂予监外执行者，一定程度地保持或者延续了被动和消极的心理和行为特征，如果没有社区矫正机构的相关要求，是难以调动和激发他们参与教育矫正的自觉意识和积极配合行为的。这种对社区矫正人员教育矫正工作缺乏互动性的状况，不利于及时了解、掌握社区矫正人员对教育矫正的关注和需求，制约了教育矫正方案的针对性；“机构主导”过于突出，加之没有鼓励社区矫正人员主动参与的要求和制度机制，也不易调动社区矫正人员的参与兴趣和热情，他们这种被动接受教育矫正的方式，可能导致教育矫正工作效果的真实性、适应性和持续性难以确定。

第三节　改进并完善教育矫正的思路和建议

本节改进并完善教育矫正的思路和建议，主要是针对上述分析的一些现实问题和不足之处，基于这些有待今后实践中改进和完善的内容，笔者提出应该重点考虑的基本思路，也即相关改进和完善的原则和方向，同时还要健全相应的保障机制，通过稳妥的保障机制落实更加具体的有针对性的改进和完善措施。

一、改进并完善教育矫正的基本思路

社区矫正执行体系中教育矫正的改进与完善，应该立足我国相关法制建设及实践环境，以十多年实践证明的有益经验为基础，针对目前存在的主要问题和不足之处重点推进相应的改进与发展，其基本思路如下：

（一）矫正教育与修复教育相结合

矫正教育与修复教育相结合的实施宗旨是将教育矫正工作的“矫正”意义与社会关系和社会能力的修复效果相结合，也就是教育矫正工作既要矫正社区矫正人员的犯罪心理和行为，也要注重“社区内”关系的修复和良性发展，提高他们适应社会生活的实际能力和持续效果。

矫正教育更多地体现刑罚执行的司法要求,强调专门机构对社区矫正人员实施教育矫正的执行力,而修复教育则更符合"社区内"执行的司法目的,应该吸纳更广泛社会力量,以更多样的方式积极参与,同时,还要调动社区矫正人员参与教育矫正方案制定和实施的自觉意识及主动行为。矫正教育与修复教育相结合,既有助于矫正社区矫正人员的犯罪心理和行为,也有助于促进其修复社会关系,增强社会适应能力,有助于促进并巩固社区矫正执行效果。

(二)分类教育与分类调查相结合

集体教育与分类教育和个别教育相结合是对社区矫正人员教育矫正的一般原则,其核心要求是因时、因事、因人采取适当的教育方式,以提高针对性;不同的教育方式可以相互结合、穿插适用,以综合其各自优势。

分类教育是连接集体教育和个别教育的桥梁,应该具备普遍性教育矫正与针对性教育矫正的综合意义,是"共性"与"个性"兼备的教育矫正工作,在"共性"中关注"个性",在"个性"中遵循"共性",具有综合集体教育与个别教育优势的意义。因此,分类教育的前提和依据一方面可以来自既有的相关经验,相对于集体教育的重点分类,遵循相应的规律性制定并实施教育矫正方案;另一方面也必须超越既有经验,尊重实践的发展变化,以实证调查为基础,做出更贴近分类矫正需求的教育矫正方案。分类教育与分类调查相结合才能更准确地把握"分类点",提高分类的实践性和实效性,强化分类教育矫正方案的针对性和适应性,从而更好地发挥分类教育矫正的独特作用。

(三)宣讲教育与互动教育相结合

由社区矫正机构主导的教育矫正工作,通常以较明显的宣讲或教导方式实施,这种宣讲或教导式教育矫正工作方式有其普遍性和效率性的特点及优势,不可或缺,但同时它们也存在感化、启发和认同性等方面的不足和弱势,而教育矫正工作的最佳效果恰恰取决于被教育者的接受和认同。社区矫正中的教育矫正应适应这种刑罚执行方式的轻缓性和社区性特点,更加重视社区矫正人员的自觉意识和自我计划。

因此,对社区矫正人员的教育矫正工作在适当宣讲和教导教育的同时,尽可能充分倾听社区矫正人员的表达,了解其意向和愿望,矫正方案和矫正计划应当与"其本人"共同讨论制定并调整,经过充分互动确定实施内容和方式,这样将有助于促成矫正施教与自我教育的合力共鸣,有助于唤起"受教育者"的自觉意识和主动行为,从而提高教育矫正的针对性和实施效果。

二、完善教育矫正工作机制

根据改进并完善社区矫正执行中教育矫正的基本思路，笔者认为，进一步完善相应的工作机制是巩固并发展既往经验、确定并落实有针对性的改进措施，从而持续促进教育矫正工作实效的基础保障。

（一）强化教育矫正制度规范

自社区矫正试点实施以来，最高人民法院、最高人民检察院、公安部、司法部联合发布的以及司法部印发的一系列制度规范当中，涉及社区矫正目的、目标的定位和表述都落脚在教育矫正的质量和预期效果上，坚持将社区矫正人员改造成为守法公民的教育矫正目标，确立相关制度保障促进教育矫正工作规范运行并有效实施，逐步形成了对社区矫正人员教育矫正工作的基本制度架构，主要包括：教育矫正的基本内容、部分教育矫正内容的时间要求、教育矫正的基本原则和方式、依托矫正小组的教育矫正以及对未成年社区矫正人员的教育矫正等。

在全国性的社区矫正人员教育矫正制度基本要求下，特别是《社区矫正实施办法》颁行以后，各地普遍加强了相关的制度建设，上海、江苏、福建、山东、湖北、甘肃等多个省（市、区）相继以单行规范的方式制定了社区矫正人员教育矫正工作制度，进一步促进教育矫正工作规范运行，强化教育矫正的实施效果。各地社区矫正人员教育矫正工作的规章制度有以下几个突出特点：

一是落实全国性的规范要求，细化教育矫正实施内容和程序。重点包括教育学习、个别教育、心理矫正和社区服务的内容和要求、实施条件和程序、组织方式和人员以及考核与评估机制等。

二是结合本地实践，将行之有效的探索经验“固化”为制度规范。社区矫正自试点实施以来，各地不断探索教育矫正方式、方法，同时注重对实践效果的考察和分析，一些有积极实践效果的经验、做法被纳入了教育矫正制度规范。例如，上海市在《关于进一步规范社区矫正人员教育矫正工作的通知》当中，规范了对具有较高风险的社区矫正人员个别教育的特殊要求，强化了这项工作的制度保障。江苏省司法厅印发的《江苏省社区矫正人员教育矫正办法》规定，“县级司法局应当在社区矫正管理教育服务中心建立心理矫正工作室，组织实施并指导司法所开展心理矫正工作”，将实践探索上升为制度规范,并进一步有序推动了省内对社区矫正人员心理矫正工作的组织实施。

三是各地教育矫正制度规范中的部分内容相似或相近,显现实践经验的普遍性和成熟性。例如,教育矫正的原则和目标、教育矫正分阶段实施的办法和程序、教育矫正内容和方法的分类、教育矫正依托场所和基地等。

实践表明,完善教育矫正制度对于规范教育矫正工作,促进教育矫正实施效果有十分积极的作用,应该在各地实践以及相关制度建设经验的基础上,着手制定全国性社区矫正人员教育矫正工作规范,考虑到社区矫正立法正在积极推进中,可以在此法出台以后,根据其中相关的规定和要求,尽快出台教育矫正工作规范,指导全国社区矫正人员教育矫正工作规范化实施。

(二)确立社区矫正机构与社工服务机构和矫正小组三位一体的工作机制

基于前述关于社区矫正中教育矫正工作要遵循矫正教育与修复教育相结合的基本思路,对社区矫正人员的教育矫正工作可以确立社区矫正机构与社工服务机构和矫正小组三位一体的工作机制,明确三方教育矫正力量的分工与配合。不同机构、不同角度合力实施教育矫正工作,优势互补促进对社区矫正人员教育矫正的整体效果。

社区矫正机构主要负责把握教育矫正工作原则和方向;确定社工服务机构参与教育矫正工作的方式和参与项目,评估并选择社工服务机构(在这方面北京和上海等地已经取得了有成效的探索经验);依据《社区矫正实施办法》的相关规定指导并督促矫正小组的相关工作,招募志愿者参与矫正小组的教育矫正工作;根据教育矫正工作需要不定期召集相关的社工服务机构和矫正小组联席会议,总结工作并商讨具体问题和事项的解决或者推进。

社工服务机构的特点是工作队伍和工作经验的专业性和工作方式的平等性(因为不是执法机构),他们可以承担与教育矫正相关的多方面工作,特别是与促进社会适应能力有关的内容。司法部、中央综治办、教育部、民政部、财政部、人力资源和社会保障部《关于组织社会力量参与社区矫正工作的意见》指出,“鼓励社区矫正机构将疏导心理情绪、纠正行为偏差、修复与家庭和社区关系、恢复和发展社会功能、引导就学就业等项目,通过多种方式向具有社区矫正服务能力的社会组织购买服务”。从部分地区的前期探索来看,社工服务机构从事心理和行为矫正项目、心理辅导和行为训练项目、风险评估项目等已经取得了较好效果。在促进社会适应能力方面,社区矫正机构应该引导、支持社工服务机构更广泛的参与,包括社区服务、专项教育培训(如提高情商及促进人际沟通能力的内容)、矫正需求和矫正效果调查等。促进社工服务机构对社区矫正教育矫正部分内容的积极参与,符合社区矫正的执行理念,更因其专业性和平等性的特征,值得期待社会适应性教育的更好效果。

矫正小组是个别教育的核心力量,其优势是亲和性、灵活性和经常性,工作重点是针对个体实施持续的、动态跟进的观察、交流和辅导、教育等,矫正小组所实施的个别教育工作是集体教育、分类教育针对个体实际情况的细化、补充和延续。矫正小组的教育矫正应该在社区矫正机构工作人员的指导下进行,并与参与教育矫正的社工服务机构建立密切联系和相关信息交流的常态机制。

(三)建立分类调查机制

可以从以下几方面建立动态的分类调查机制,以促进分类的科学性和实效价值:

一是不同级别的社区矫正机构根据辖区内社区矫正人员的构成情况及社区矫正工作的实施情况确定调查项目和调查时间及跟踪持续时间;

二是社区矫正机构可以自己组织力量实施调查评估工作,也可以将调查项目委托给专业的社工服务机构或者其他相关组织或机构,这个环节要保障相关机构和人员的资质、责任及与社区矫正机构之间的沟通、交流;

三是社区矫正机构组织专业人员对调查评估报告进行论证,对于经过论证程序认为可行的分类调查报告,应用于分类教育矫正工作实践。

建立科学的分类调查机制,将有助于夯实分类教育矫正工作的实证基础,促进分类依据的深入和细化,从而提高分类教育矫正的针对性和实效性。例如,关于对未成年社区矫正人员的分类教育矫正,以“未成年”作为分类的依据是否科学,可以通过实证调查评估这项分类标准的科学性。《社区矫正实施办法》第33条规定,“对未成年人实施社区矫正,应当遵循教育、感化、挽救的方针”,并规定了八项相关的执行规范。该条最后一款规定:“犯罪的时候不满十八周岁被判处五年有期徒刑以下刑罚的社区矫正人员,适用前款规定”。这一规定将未成年社区矫正人员一定条件地扩展为“青少年社区矫正人员”,具有十分现实的意义。现在很多年轻人,法定年龄已经成年,但由于家庭观念及家庭结构、学业进程等因素影响,社会阅历还很缺乏,认识力、判断力、意志力、耐受力等心智能力明显较弱。有研究表明,青少年轻刑犯罪人刑后至青壮年阶段重新犯罪率相对较高。有条件的地方可以就此展开实证调查,以确定有无必要将对未成年人的分类矫正扩展至25周岁以内的青少年,对不满25周岁的青少年实施分类教育矫正。

(四)建立教育矫正互动机制

建立教育矫正互动机制,旨在唤起社区矫正人员接受教育矫正的自觉意识、自主热情和参与精神,通过"教育者"与"受教育者"之间的沟通、互动,建立互信和共识,促进教育矫正目的与需求的一致性,提升教育矫正工作实效。就此,笔者有以下几点思考:

一是建立教育矫正互动机制的目的:促进社区矫正人员的主动性和参与性,提高其自我管理、自我规划和自我约束的能力,这样的目标定位符合社区内执行刑罚的宗旨。

二是教育矫正互动机制的适用过程:互动机制应伴随对社区矫正人员教育矫正工作的全过程,即贯穿教育矫正方案制定和实施全过程。社区矫正机构在为服刑人员制定教育矫正方案时互动机制开始;在教育矫正方案实施过程中的评估和调整阶段,也要融入互动机制;在服刑人员即将解矫,对教育矫正整体实施效果的评估阶段,关乎后续帮教工作,仍需配合互动机制。

三是教育矫正互动机制的主要实施方式:社区矫正机构指导社区矫正人员为自己制定矫正规划,结合针对其本人的矫正需求评估报告,与其共同讨论矫正规划的修改和完善,最后形成社区矫正人员自己认可的矫正规划。接下来,社区矫正机构要将这份矫正规划纳入为个案制定的矫正方案当中,并随着教育矫正工作的实施进程,阶段性地与矫正人员本人共同对矫正规划的实施状况进行评估,共同找出已经实现了的目标和尚未实现的内容,据此,再由矫正机构工作人员与社区矫正人员共同讨论矫正规划的修改和完善。教育矫正互动机制以此方式,分阶段递进实施,以保证其能够随时跟进实施效果,跟进可能影响社区矫正人员心理和行为的各种变化,实现动态的适应性调整。

教育矫正互动机制的实施,将有助于促进教育矫正工作的"机构引导"与服刑人员个体矫正需求之间协调一致,实现社区矫正人员接受教育矫正从"你要求——"到"我想要——"的真心转变和自觉遵行。

三、教育矫正应更加注重促进服刑人员的社会适应能力

社区矫正人员因其现实的服刑状态及部分人曾经的监禁服刑经历,在社区服刑期

间表现出不同倾向、不同程度的社会适应性问题是较为普遍的状况,对他们的教育矫正工作应着重从以下几方面施以有针对性的辅导和培训,以调整或者改变其不适应社会的认识、态度和行为习惯,相应提升其适应社会生活和工作的能力。

(一)生活和工作的自主规划能力

在社会中生活和工作的自主规划能力是社区矫正人员回归家庭或者步入独立生活的基础素质,直接关系到他们对社会生活和工作的适应性,一定程度上也关系到其未来的生活状态。特别是曾经较长时期因监禁服刑而中断过社会生活的那些人,回到社会以后,首先是基本生活能力的恢复和适应问题,相伴的还有生活及工作的自主规划能力,这或许需要更多努力和更长时间的学习和修复。社区矫正人员回归社会过程中遭遇挫折的主要原因之一是陷入生活和工作方面的困境,这其中不排除一些社区矫正人员自身难以“抗拒”的因素,但更多的是与其缺乏自我规划能力有关。

社区矫正的教育矫正工作应为社区矫正人员开设相关“必修课”,包括基本生活方式的学习和熟悉、基本生活内容的自主安排、维持基本生活的自主规划、工作能力的自我评价和就业谋职的基本规划等内容。社区矫正机构可以委托专业的社工服务机构或者组织心理辅导、行为训练、专业讲习等实用的培训课程,促进社区矫正人员的自主规划意识和规划能力,帮助他们以积极的态度和主动的行为担当自己在社会生活和工作中的相应角色。

(二)家庭融入能力

大多数社区矫正人员都会面临如家庭关系修复、家庭角色担当等与融入家庭相关的问题。那些曾经中断过社区生活、曾经在监狱里服刑的人(暂予监外执行和假释者)在这方面会有更加迫切的需求。社区矫正人员融入家庭的状态和效果如何,不仅一定程度上关乎家庭对其基本生活的保障,更重要的是家庭的和谐关系、家庭角色的担当有助于他们保持积极向上的心情和健康的行为习惯,远离再次令家人心痛的违法犯罪行为。对待社区矫正人员与家人的共同生活,社区矫正机构根据实际情况积极落实公安、民政、法律援助等帮困扶助措施,这是帮助他们解决问题,而对于其与家庭成员之间沟通和相处情感与方式的讲授、辅导与训练,则是“授人以渔”之道,功在长远。

对社区矫正人员家庭融入能力的培养和促进可以从两方面着手:一方面,社区矫正机构要将相关内容纳入对社区矫正人员教育矫正课程,包括与家人的沟通和情感维系、家庭角色担当的学习和适应、家庭矛盾化解技巧等,课程项目可以委托更加具有专业队伍和专业经验的社工机构实施。另一方面,从社区矫正人员的家庭入手,争取家庭成员接纳和支持,可以通过建立积极地联系和沟通并开展相应的培训,促进家人与服刑人员相互之间的情感交流、增进了解和包容。例如,广州市社区矫正机构已经开始了相关探索,针对亲子关系与未成年人犯罪之间较高的关联性,将亲子关系支持项目作为未成年社区矫正人员分类教育的内容,通过家长支持小组的相关课程及亲子互动活动,辅导他们之间的交流技巧,促进未成年缓刑人员及其父母之间的沟通效果,从而达到改善家庭关系、确立家庭支持的目的。

(三)适当的自我保护和应对挫折的能力

人们在社会中生活和工作,遇到烦心的事和无力应对的困境本就是不可避免的,绝大多数人会通过适当方式趋利避害,通过合法途径和手段应对挫折,维护自身正当权益。而社区矫正人员,因为前述种种原因,他们自我保护和应对挫折的能力相对较弱,特别是那些曾经较长时期在监狱里服刑的人(暂予监外执行和假释者),由于对社会的生疏及监禁所造成的心理和行为上对社会生活和工作的种种不适应,则可能"雪上加霜",使其自我保护与应对挫折的能力更显弱势。这方面的问题是社区矫正人员在重新融入社会的过程中必须要面对的,这是他们的现实需求,应纳入社区矫正教育矫正工作范畴。

因此,社区矫正机构委托专业社工机构为社区矫正人员开设相关课程并进行自我保护和应对挫折的能力测试及针对性训练,重点可以包括:心理和行为控制的能力、适应社会规范和秩序的能力、寻求合法救济的能力、自力救济技巧、常见的预防被害和预防利益损害的技巧、交友能力和良性朋友圈等。通过教育矫正工作促进社区矫正人员适当的自我保护和应对挫折能力,要以合法、适度为标准,以便捷、实用为原则,以有利于重新融入社会为目标。

第八章　社区矫正帮困扶助体系

社区矫正人员像普通公民一样生活在开放的社区，可以与家人共同生活，可以在社会上就业、上学，可以参与一些社会活动，等等。但是，由于其处于依法矫正状态，加之，许多人自身受教育程度较低、生活技能较低，部分人还因曾经较长时间监禁服刑而与社会长期隔离等多方面原因，导致他们在社会生活和工作当中，与普通公民相比，可能会处于不同方面、不同程度的弱势。如果没有特殊的帮扶制度和措施，他们可能难以依法行使或者享有合法的权利和利益，并可能因此再次陷入违法犯罪。因此，社区矫正执行体系当中必须包括帮困扶助内容，帮困扶助是社区矫正的任务之一，它不是给予社区矫正人员的特殊待遇，而是特殊的帮扶措施，针对“弱势”的特殊帮扶旨在促进他们适应社会的能力，预防因社会生活和工作等适应性问题而再次实施违法犯罪行为。

第一节　帮困扶助概述

帮困扶助作为社区矫正的任务之一，有其独特的内涵和特征，并且在社区矫正执行体系中具有不可替代的作用。经过十多年的实践，社区矫正帮困扶助工作在试点、探索和积累当中不断发展。

一、社区矫正帮困扶助的概念和特征

帮困扶助是社区矫正工作任务之一，它“是对社区矫正人员监

督管理、教育矫正基础上的社会适应性帮助，”①以促进社会适应性为目标，针对社区矫正人员在就业和就学、基本生活保障、医疗和养老保障、家庭关系和其他社会关系等多方面存在的问题和困难，以各种有效的手段和方式为其提供具体的、实际的帮助和扶持。

社区矫正帮困扶助工作直接关系到社区矫正人员平稳融入社会的能力和持续性，也是促进社区矫正实施效果的重要保障。社区矫正执行体系中帮困扶助的突出特征可以概括为以下两个方面：

(一)以预防重新违法犯罪为目的

社区矫正帮困扶助工作是针对被依法定罪判刑的人并在刑罚执行过程中实施的，这是与民政等部门救助、救济工作的本质区别。社区矫正，虽然是依托于社区的刑罚执行活动，但其根本目的还是预防重新违法犯罪，帮困扶助作为社区矫正的一项任务，其各项工作的实施当然要以此为目的。也就是说，帮困扶助的内容和方式应该立足于预防重新违法犯罪目的的实现。

一方面，通过帮困扶助措施力求防止社区矫正人员因为种种原因陷入生活、就业、就学等困境状态，避免因此再次实施违法犯罪行为；另一方面，各项帮困扶助措施的实施要针对社区矫正人员犯罪行为的主观和行为特点，以有利于监督管理和教育矫正为基本前提，应力求避免对其产生不良影响。例如，介绍或者推荐工作充分考虑其个体适应性，考量与其犯罪原因、犯罪背景及犯罪行为特征等要素的关联性。

(二)以促进融入社会为目的，旨在帮助他们更好地适应社会

社区矫正人员当中有些人没有经历过与社会隔离的监禁服刑，而有些人则是或长或短经历过与社会隔离的监禁服刑阶段，进入社区矫正是重新回到社会。前者虽然不存在“回归”社会的“跨越”，但是，其犯罪行为通常反映出社会适应性在不同方面、不同程度的问题或者缺陷，而后者则普遍存在经过“隔离”后“重新”回归社会的各种不熟悉、不适应。无论针对哪种情况，社区矫正的帮困扶助必须以修复或者重建社区矫正人员缺损的社会适应能力为目标。

一方面，帮困扶助工作应致力于对社区矫正人员的基本生活保障、包括家庭关系

① 司法部法制司、社区矫正管理局著：《社区矫正实施办法解读》，法律出版社2012年版，第28页。

在内的主要社会关系的修复以及社会适应能力的培养和促进等方面；另一方面，帮困扶助工作要针对社区矫正人员实际存在的社会适应性问题和缺陷，不是锦上添花，而是根据个体需求确定帮困的具体内容和方式。

二、帮困扶助的功能和作用

“现代犯罪理论认为，犯罪人犯罪的原因是多方面的，是社会因素和个人因素综合作用的结果，所以，矫正对象的犯罪是法律问题，更是社会问题，要矫正矫正对象的犯罪行为，不但需要给予其法律上的警告和惩罚，要求其承担相应的刑事义务，也需要从社会工作的视角给予其自立自强所必要的救济和帮助。”[①]社区矫正执行体系中帮困扶助的功能和作用主要表现在以下几个方面：

（一）解决基本生活问题

通过各种有效措施帮助社区矫正人员解决基本生活保障等方面的困难和问题，例如，将符合条件的社区矫正人员纳入最低生活保障，落实养老保险、医疗保险，帮助就业、就学，有助于社区矫正人员避免或者摆脱现实的生活困境，同时持续性的保障措施不仅能够解决他们的实际困难，使其得到持续的基本生活保障，而且有助于帮助他们克服因生活困境引起的紧张、焦虑、颓废等负面情绪，避免因此而导致自己及家人陷于更深的生活困窘之中。

（二）修复家庭关系及其他基本的社会关系

有相当一部分社区矫正人员面临着不同方面、不同程度的社会关系问题，比较突出的是家庭关系、邻里关系、朋友关系等。通过社区矫正有针对性的帮扶措施，可以帮助他们重建自己在家庭中的角色、地位，重建个人信誉、恢复交流和沟通能力，进而有助于改善他们的人际关系。通过帮助社区矫正人员修复家庭关系及其他基本的社会关系，能够促使其维系亲情纽带、稳定家庭结构，而邻里关系、朋友关系等其他社会关系的改善则有助于使他们生活在和谐的社会关系中。

---

① 连春亮：《论社区矫正制度设计新范式——基于现代公共管理理论的视角》，载《许昌学院学报》2012年第4期。

(三)促进社会适应能力提高

有不少帮困扶助措施不仅能够帮助服刑人员走出一时的困境,更重要的是还能帮助其谋求发展。例如,就业、就学等方面的帮扶,就是帮在眼前,利在长远的措施。这样的帮扶措施有助于他们拓展职业能力、稳定就业,有助于提高其个人的综合素质、为他们的生活和职业发展奠定更长远的基础,从而促进其社会适应能力的不断持续和提升。

(四)增进社会支持,促进社会和谐

社区矫正帮困扶助工作直接受益的是社区矫正人员及其家人,而可能与此相关的是其一定范围内的社会关系,帮困扶助措施的实施,有助于争取相关社会成员的理解和支持,从而促进和谐融洽的社会关系。同时,帮困扶助工作既来自于多方面相关的政府部门,也得益于社会团体和组织、社会企业、社会爱心人士等多方面社会力量的积极参与和贡献,为了共同的目标,各方力量有了更多的协调与合作,有助于促进更加广泛的社会支持和更加和谐的社会关系。

“社区矫正是服刑人员再社会化的一种形式,回归社会理念是社区矫正得以建立的基础。回归社会应该从两个层面来理解:一是形式上的回归。如假释人员从监狱回到社会,但并不是所有的服刑人员都具有这样的回归,如有的缓刑、管制人员并没有在监狱、看守所的经历。二是实质意义上的回归。社区矫正人员无论是否有受过监禁的经历,他们都是经过司法部门的判决和裁定进入社区服刑,在对他们进行一定的限制和惩罚的前提下,希望他们能对自己的犯罪行为和后果承担责任,对自己的犯罪有所悔悟,重新融入社会的主流文化,成为自食其力的守法公民。(我们)对所有的社区矫正人员都具有这样的实质意义上的回归要求。”①上述社区矫正帮困扶助工作的各项功能,归根结底有助于促使社区矫正人员平稳融入社会,减少社会对抗因素,预防其因社会适应各种障碍而陷入重新违法犯罪。

第二节　帮困扶助的实践状况

在社区矫正试点之初,帮困扶助就作为其工作任务之一,在相关制度及各地的实

① 刘强主编:《社区矫正制度研究》,法律出版社2007年版,第137页。

践中得以体现。《社区矫正实施办法》在总结前期经验的基础上，在第18条对帮困扶助工作作出了原则性的规定，“司法行政机关应当根据社区矫正人员的需要，协调有关部门和单位开展职业培训和就业指导，帮助落实社会保障措施”。实践中，各地不断探索对社区矫正人员开展有针对性的、有实效的帮困扶助工作，方式灵活多样，内容广泛丰富。

一、帮困扶助的主要内容和方式

社区矫正帮困扶助工作内容繁杂、涉及面广，从多年来各地的实践情况看，重点在于根据相关法律和政策争取劳动、民政、救助等相关部门的支持和配合，积极帮助或者协调解决社区矫正人员在生活、就业、就学、住房、医疗保险、养老保险等方面的具体困难。这些工作大体可以概括为以下几个方面：

（一）就业和就学方面

1. 提供就业指导和培训

社区矫正人员中有相当一部分是有劳动能力也有从业愿望的，但由于刚刚走出监狱或者由于文化低、缺乏谋生技能等原因，很多人不容易找到适合自己的工作，就业难的问题比较普遍。因此，就业指导和就业培训就成为各地社区矫正帮困扶助工作的重要内容，以多种方式为想要寻找工作的社区矫正人员提供免费的就业指导和就业技能培训。一方面，指导社区矫正人员如何正确认识和评估自己的劳动能力，可以通过哪些途径寻找工作，如何面试、写简历；等等；另一方面，辅导、培训社区矫正人员一定的从业技能，使他们能够习得一项或者几项适合自己，也比较容易找到相应工作的劳动技能。

实践表明，这方面的帮扶工作很受社区矫正人员及其家庭的欢迎，经过就业指导和技能培训，增强了社区矫正人员找工作的信心和能力，对其谋生、养家，稳定自己的生活、维系家庭关系有实际的帮助。

2. 提供过渡性就业岗位

对于有迫切的就业愿望，但是暂时又找不到合适工作的社区矫正人员，许多地方开展了更有力的帮扶工作，为这些人提供过渡性的就业岗位，让他们“骑马找马”，解燃眉之急。这样的帮扶工作主要有两种方式：

一是一些地方依托当地企业建立了社区矫正人员就业培训基地，对有就业愿望并想要学习一定技能的社区矫正人员提供免费的技能培训和就业指导;同时由该企业为有就业愿望并具备一定能力的社区矫正人员安排适合的过渡性就业岗位。

二是依托社区矫正专门的场所设施,安排社区矫正人员过渡性就业岗位。例如,"成立于2009年4月的北京市大兴区'中途之家',借助种植园常年为特殊就业困难群体提供3~6个月的就业安置岗位,使其在短期内能够获得一份稳定的收入来维持生计"。①

为社区矫正人员提供过渡性就业岗位,虽然是过渡性的,期间一般也不会很长久,但能够在他们就业谋生最困难的时候给予其最急需的帮助,不仅有助于稳定他们的基本生活,而且他们在过渡性的岗位上还可以学习并且熟练一些谋生技能,在工作过程中学习劳动人际关系,这些对于他们以后找工作、稳定适合自己的工作都有帮助。

3. 就业推介和就学帮助

实践中,多地社区矫正机构积极为有就业愿望的社区矫正人员介绍工作,事先要做大量的调查,挑选一些基本适合社区矫正人员工作的单位或者企业与其先行洽谈了解用工需求和意向,采取多种形式帮助社区矫正人员介绍工作,有集体的就业推介专场,也有针对个人情况的推介工作。这种直接介绍工作的方式使用人单位与社区矫正人员能够直接见面,有助于双方的沟通和了解,从而有助于促成社区矫正人员就业。

对于有继续学习愿望又因为种种原因面临具体困难的社区矫正人员,社区矫正机构也致力于提供多方面帮助,包括积极协调教育部门落实学费减免、协助办理助学贷款、帮助联系接收学校等措施。

社区矫正机构的就业推介和就学帮助工作直接推进社区矫正人员的回归进程,对于有就业、就学困难的服刑人员来说,这样的帮助可能成为他们开启新生活的起点或者契机。

4. 提供个体经营帮助

针对有能力,也有愿望从事个体经营的社区矫正人员,社区矫正机构协调金融、税务等部门落实小额贷款以及各项优惠、扶持和保障政策及帮助。有的社区矫正人员通过社区矫正机构的帮助圆了自己多年的梦想,有了新的发展机会,也有人是为了解决从业难题,想自主就业。无论怎样,从事个体经营也是社区矫正人员就业的一个方向性选择,它能够使服刑人员获得一定的收入、学习并锻炼经营能力和相关的社会交往

① 参见《新生活从这里开始》,载《人民日报——人民网》2011年4月6日。

能力，这些对于稳定其个人及家庭生活，促进社会适应性都是有帮助的。

（二）基本生活保障方面

各地普遍通过对社区矫正人员的排查走访活动，了解他们的基本生活状况，并与民政、社保等相关部门协调，为老弱病残、无生活来源者制定帮扶计划，成立"中途之家""阳光驿站"等专门设施为"三无"社区矫正人员提供过渡性食宿安置；对符合"最低生活保障"条件的社区矫正人员提供各种积极有效的帮助，促进落实相关保障；对于那些不符合"最低生活保障"条件但因为特殊原因而致生活陷入困境的，则帮助其落实临时救助政策，安排相应困难补助，或者通过建立帮困扶助基金给予特殊困难的服刑人员一定的生活帮助。此外，还包括解决落户问题；对于农村籍的社区矫正人员协调落实责任田、落实"五保"待遇等。

这类基本生活保障方面的帮助重在缓解社区矫正人员在基本生活上的"燃眉之急"，通过最低生活保障和临时救助等措施确保他们在社区生活的基本条件。

（三）医疗和养老保障方面

有些社区矫正人员看病和养老还没有进入社会保障体系，特别是经历过监禁服刑的假释和暂予监外执行人员，医疗和养老问题涉及监狱与社会保障体制的衔接，目前在这方面的相关制度还不够健全，有些人回到社会上由于种种原因一时还难以享受社会医疗和养老保障。各地社区矫正机构高度重视这方面的问题，积极与社保、民政等有关部门沟通协商解决具体问题。有的地方在总结实践经验的基础上，与有关部门达成一致，联合出台规范性保障措施，力求更好地解决社区矫正人员所遇到的医疗和养老方面的实际问题。

医疗和养老是基本的人道主义保障，国家的普惠政策当然适用于社区矫正人员，社区矫正机构对此给予高度关注，对于没有进入或者因为入狱服刑中断了社会保障的人员，通过积极的沟通协调帮助他们享受到应有的保障，不仅维护了他们平等的公民权利，有益于其身心健康，而且也有助于激发其融入社会的热情和信心，促进教育矫正措施的实施。

（四）法律援助

社区矫正人员在其家庭生活、人际交往、经济往来等各种社会活动中跟普通公民一样，甚至由于与其特殊身份相关的弱势地位，有些情况下更容易陷入各种矛盾纠纷，需要专业的法律服务和法律帮助。一些经济条件不足以支付相关费用的服刑人员，可能陷入合法权益受损的风险或者局面。多地社区矫正机构在工作中关注社区矫正人员合法权益保护，协调有关部门争取对于有相关需求的社区矫正人员提供法律援助，避免因为“打不起官司”而使自己的合法权益受损，或者以非法手段“自力救济”而再次陷入违法犯罪。例如，“2011 年，吉林省龙井市司法局在法律援助中心成立‘社区矫正人员维权岗’，通过认真贯彻落实党中央、国务院和省、州、市关于维护社区矫正人员合法权益的指示精神，充分发挥自身优势，积极扩大法律援助事项和范围，加大对社区矫正人员法律援助案件的援助工作力度。维权岗成立近三年来，已有 24 名社区矫正人员的涉法问题，通过现场与律师咨询或电话咨询等形式，找到了解决渠道，有效化解了社区矫正人员的法律困扰”。①

（五）家庭关系修复

“因为中国浓厚的‘家庭’观念，也同时给予了罪犯因其犯罪极易产生的内疚心理，如果家庭不给予罪犯相应的家庭帮助或者家庭温暖，则极易导致罪犯改过自新的心理障碍。因此，家庭是社区矫正中的最直接的社会力量之一。”②

社区矫正人员存在家庭关系问题的，大致有三类原因：一是社区矫正人员的犯罪行为本身就与家庭矛盾有关；二是家人对社区矫正人员犯罪人的身份有抵触、排斥或者嫌弃；三是服刑人员曾在监狱服刑，长时间没有与家人共同生活，没有尽家庭义务，一时难以适应家庭关系，还需要适当的磨合。实践中，社区矫正工作人员通过家访、调查等多种方式了解社区矫正人员家庭关系状况，对于因与社区矫正人员有关的原因导致亲属之间的误解、疏远，甚至矛盾的情况，及时设法查明原因，帮助社区矫正人员积极地修复与家人的关系。

社区矫正人员置身社区（社会）环境，在其生活和工作中也会面临多种社会关系，包括家庭关系、同事关系、朋友关系、邻里关系等，对于大多数人而言，家庭关系是最具有持续性和紧密性的，也是对其心理和行为影响最大的，各地的社区矫正工作普遍在这方面给予特殊关注并积极提供修复家庭关系的各种帮助，通过促进家人之间的沟通和理解，维系家庭关系，有助于稳定社区矫正人员的基本生活状态，增强他们的责任感

① 《帮扶社区矫正人员　积极践行群众路线》，载中国报道吉林新闻。

② 连春亮：《社区矫正的社会支持系统及其作用》，载《山东警察学院学报》2010 年第 1 期。

和担当行为，这些对于巩固矫正效果是有积极意义的。

二、帮困扶助实践的主要特点和经验

各地普遍根据当地社会经济发展的实际情况及社区矫正工作的实际需要，制定并落实各项帮困扶助政策和制度，为社区矫正人员融入社会创造各种有利条件，实践中逐步形成了一些较为成熟的特点和经验，主要可以概括为以下几方面：

（一）多部门协调、配合，合力落实帮困扶助的工作措施

社区矫正工作作为根植于社区的刑罚执行活动，社区矫正人员的工作和生活与社区、社会有着十分紧密的联系。但是，由于他们是社区矫正人员，这样的特殊身份使其在有些方面陷于不同程度的弱势，那些经过了几年、十几年，甚至更长时间监禁服刑的人员，弱势地位更加明显。社区矫正人员可能因此而面临基本生活、就业、就学、医疗、养老和法律服务等多方面的具体问题和困难，这些涉及社会不同管理部门的问题和困难仅凭社区矫正机构的力量难以全面解决。因此，各地社区矫正机构在实践中不断探索与公安、民政、财政、人力资源和社会保障、税务、工商以及工青妇等有关部门的协调、合作，积极推动和促成涉及各有关方面的帮困扶助工作，为社区矫正人员解决具体困难和现实问题，收到了“帮一把”“扶一程”或者“安置下来”等实际效果。

根据《社区矫正实施办法》的相关规定，社区矫正机构积极与有关部门联合推动多方合力落实社区矫正人员帮困扶助各项工作，主要方式可分为两类：

一类是涉及现有政策、法律和制度相关内容。本着“用足”“用好”已有政策和规范的原则，社区矫正机构针对社区矫正人员的具体问题和困难，充分利用有关部门和机构的联席会议制度及其他沟通会商机制，及时发现问题并协商如何依据现行制度求得解决路径和具体解决办法。这种帮扶工作通常是针对个案所面临的特殊问题，社区矫正人员及其生活背景和社会关系，形形色色，十分复杂，实践中，社区矫正员对帮扶工作的具体需求多种多样，社区矫正机构以现行的政策、法律为依据协调各相关部门落实个案帮扶。

另一类是努力将社区矫正工作纳入社会管理服务工作体系。通过多部门、多机构联合制定帮困扶助制度、措施和办法的方式，形成明确的整合资源、合力协调提供相关保障的工作机制，实现帮困扶助相关工作的规范化和常态化。这种方式，通常不是针对个案问题，而是通过个案发现具有代表性的一类或者一系列相关问题，以多方联合

的制度建设落实对社区矫正人员的帮困扶助工作。

(二)社会力量参与帮困扶助工作

除了政府各相关部门的多方协调、配合之外,来自企业事业单位、社会团体、志愿者等各方面的社会力量也成为帮困扶助工作的重要支持力量。社会参与是社区矫正工作的一大特点,作为社区矫正任务之一的帮困扶助工作当然离不开政府机构之外社会力量的参与。社会力量参与社区矫正人员帮困扶助工作形式多样,大体上可以分为两类:

一类是企事业单位、社会团体或者组织、社会志愿者等参与相关的帮扶工作,主要是在自己的领域或者岗位为社区矫正人员提供相关帮助,具有适用面广泛的特点,能够提供多方面、多内容的帮扶。例如,有的企业吸纳社区矫正人员就业,帮助其解决就业困难,学校接收他们入学,帮助其解决就学困难等。

另一类是社会专业力量参与对社区矫正人员的帮困扶助工作,他们的工作在专业性、针对性和持续性上能够发挥优势。例如,有些地方探索建立社区矫正协会,建立社区矫正帮扶基金,或者通过专业社工机构对社区矫正人员实施有针对性的帮扶工作,根据社区矫正人员具体的帮扶需求提供专业的或者专门的帮助。

(三)帮困扶助工作涉及的内容和领域广泛

社区矫正帮困扶助任务在现行法律框架下实施,除此之外没有其他限制,其内容和范围是由社区矫正人员的实际需求决定的。实践中,社区矫正人员由于其个人的生活背景、家庭环境、就业或者就学愿望和状态、身心健康状况等情况千差万别,他们所面临的帮扶需求也是方方面面,十分广泛,涉及落户、住房(申请廉租房等住房保障)、低保、困难补助、临时性救助、就业、就学、技能培训、医疗保障、养老保险及法律援助等。社区矫正人员的帮扶需求通常来自两个方面:

一是社区矫正人员自身的需求,例如,职业培训和就业推荐、医疗保障与养老保险等。这是他们在融入社会、适应社会生活的过程中本人直接遭遇相关困难或问题而需要社区矫正工作提供相应的帮扶措施。

二是与社区矫正人员共同生活的家庭(包括家庭成员)遇到住房、养老、医疗等方面困难而对社区矫正人员的生活和工作等方面产生了一定程度的不利影响,由此引发对社区矫正帮困扶助工作的相关需求。例如,因共同生活的家庭成员身患重大疾病可能使整个家庭出现经济拮据，甚至陷入贫困，社区矫正人员可能急需一份能够胜任的工作以分担家庭的经济支出。这样的帮扶需求同样是社区矫正帮困扶助的工作范畴。

三、帮困扶助工作的主要问题和不足

社区矫正帮困扶助工作在十多年的实践探索中形成了有益的特点和经验，取得了积极的成就，同时也还存在一些方面的困难和问题，有待在不断完善工作机制和制度保障下进一步改进和发展，实现更有力、更持久的帮困扶助工作效果。从目前来看，社区矫正执行体系中帮困扶助工作的问题和不足主要可以概括为以下几个方面：

（一）对帮困扶助任务认识不足

帮困扶助是社区矫正的任务之一，然而在这方面却长期存在社会认识和理解不足的问题，既有来自普通公众的不理解或者误解，也有来自社区矫正人员自身的各种不正确认识，不同程度地影响帮困扶助任务的实施及其效果。

1. 社会公众的认识问题

社区矫正从试点、试行到全面推进至今已历经十余年，社会上却仍然存在对其执行体系中帮困扶助工作不够理解的认识和态度。究其原因，一方面，可能与我国历史上的重刑思想和长期的重刑实践有一定关系，认为犯罪人就应该受惩罚，甚至受重罚，他们在生活中面临困境或陷入艰难是“罪有应得”；另一方面，可能因为社区矫正人员所面临的生活、就业、医疗、养老等方面的问题和困难，有些普通公民也因为种种原因遭遇同样或者类似境遇，没有犯罪的人还不一定能够及时获得相应的帮扶以摆脱困境，而现在却要用社会资源为犯罪人提供帮困扶助，对这种情况认识上和情感上都难以认同。

这样的公众观念和态度，不利于社区矫正帮困扶助工作争取广泛的社区参与和支持，表现为社会支持力量不足，帮困扶助的内容和范围受到局限。

2. 社区矫正人员的认识问题

与公众观念存在的认识问题相反，社区矫正人员对于社区矫正帮困扶助工作却很看中，胜过对服从监督管理和接受教育矫正的重视。有些社区矫正人员认为，自己在社区服刑所遇到的各种困难，甚至包括历史遗留的难题都应该得到令自己满意的解决，一心只关心什么时候能够解决，怎样才能得到更好的解决效果，而对于监管规范和矫正内容有时会表现出懈怠、漫不经心。

社区矫正人员当中对帮困扶助工作存在的这类不正确认识，不利于他们提高服从监管和接受矫正的自觉性和自制力，无益于提升矫正效果，在某些情况下可能引发监管安全事件，甚至出现重新违法犯罪行为。

（二）现行法律、法规及制度的限制

对社区矫正人员的帮扶工作离不开现行法律和制度的规范和要求，但是，就社区矫正执行目标来看，在有些领域目前还是存在一些制度上的冲突和障碍，不利于促进对社区矫正人员的社会适应性帮扶工作及其实施效果。实践中遇到的突出难题主要在以下两个方面：

1. 关于再就业选择，这是多数社区矫正人员都要面对的现实问题。

社区矫正人员的再就业除了受到刑事判决内容和社区矫正执行内容等刑罚执行所必需的限制以外，还可能要面对其他“不得”的限制：

一是受前科（部分）报告制度的影响。我国《刑法》第 100 条规定：“依法受过刑事处罚的人，在入伍、就业的时候，应当如实向有关单位报告自己曾受过刑事处罚，不得隐瞒。犯罪的时候不满十八周岁被判处五年有期徒刑以下刑罚的人，免除前款规定的报告义务。”根据这一规定，很多用人单位，通常是提供比较固定工作岗位的，要求求职者到有关部门开具“无犯罪记录”的证明，社区矫正人员基本上无缘这些工作。即使没有要求开具“无犯罪记录”证明的用工单位，根据法律规定社区矫正人员也有义务依法报告受刑事处罚的情况。《刑法》规定的前科（部分）报告制度对社区矫正人员的再就业有明显影响，他们能够从事比较固定的工作机会较少，多数人只能从事不稳定的、收入低的简单工作，或者难以持续，也或者收入太低他们不想做下去。社区矫正人员如果不能保持有一定稳定性的工作，其经济收入的持续性会受到直接影响，不利于稳定其基本生活状态。

二是来自一些法律、法规对职业资格的限制。主要有以下几种情况：受过刑事处罚即被终身禁止从事该职业，例如，《公务员法》《法官法》《检察官法》和《警察法》都包含对曾因犯罪受过刑事处罚的人终身禁止从事该职业的规定。部分受过刑事处罚的人被终身禁止从事该职业，例如，《公证法》规定“因故意犯罪或者职务过失犯罪受过刑事处罚的”不得担任公证员。《律师法》稍微宽松一点，在规定“受过刑事处罚的”不得担任律师的同时将“过失犯罪”者排除在外。《教师法》也有类似规定，“受到剥夺政治权利或者故意犯罪受到有期徒刑以上刑事处罚的，不能取得教师资格；已经取得教师资格的，丧失教师资格”。有些法律规定了在一定期限内禁止从业，例如，《会计师法》规定“因受刑事处罚，自刑罚执行完毕之日起至申请注册之日止不满五年的”不予注册。《医师法》规定“因受刑事处罚，自刑罚执行完毕之日起至申请注册之日止不满二年的”不予注册。一些金融类法律也包含类似的职业禁止或者职务禁止的规定。

从这些年社区矫正人员的职业结构来看，犯罪前从事各类专业工作的虽然不是很多，但是，这些专业禁止的法律规定还是会对一部分人，特别是具有较高文化素质和一定专业技能的社区矫正人员带来再就业限制，他们不得不远离自己熟悉的专业领域，去谋求自己不熟悉，甚至可能身心难以适应的“其他”工作，增加了再就业的不确定性和不稳定性。

此外，《道路交通安全法》规定：“违反道路交通安全法律、法规的规定，发生重大交通事故，构成犯罪的，依法追究刑事责任，并由公安机关交通管理部门吊销机动车驾驶证。造成交通事故后逃逸的，由公安机关交通管理部门吊销机动车驾驶证，且终生不得重新取得机动车驾驶证。”这项规定适用于所有机动车驾驶人，不是职业禁止性条款，但是，对于专职驾驶员来说，这样的规定就是其“驾驶机动车”职业的终身禁止。有这种情况的社区矫正人员也只能去寻找其他工作，可能会面临比较困难的就业选择。

2. 关于基本养老金，这是社区矫正人员普遍关心的关乎其基本生活保障的实际问题。

根据劳动和社会保障部办公厅《关于进一步规范基本养老金社会化发放工作的通知》(2001 年 12 月 21 日)(劳社厅发〔2001〕8 号)中的相关规定，离退休人员在被判刑收监执行应暂时停发其基本养老金，服刑或劳动教养期满后可按服刑前最后一次领取的标准继续发给基本养老金。劳动和社会保障部办公厅《关于退休人员被判刑后有关养老保险待遇问题的复函》(劳社厅函〔2001〕44 号)：“退休人员被判处拘役、有期徒刑及以上刑罚或被劳动教养的，服刑或劳动教养期间停发基本养老金，服刑或劳动教养期满后可以按服刑或劳动教养前的标准继续发给基本养老金，并参加以后的基本养老金调整。退休人员在服刑或劳动教养期间死亡的，其个人账户储存额中的个人缴费部分本息可以继承，但遗属不享受相应待遇。退休人员被判处管制、有期徒刑宣告缓刑和监外执行的，可以继续发给基本养老金，但不参与基本养老金调整。”

实践中，有些地方的人社部门还在执行这两个文件，致使在社区服刑的假释人员拿不到基本养老金。一些假释人员曾多年在监狱里服刑，回到社会时年龄和身体状况已不适合再就业，但是，由于制度限制他们却享受不到基本养老金保障，有的人因此陷入生活困境。管制、有期徒刑宣告缓刑和暂予监外执行的,即便可以拿到基本养老金,但是也不能享受到基本养老金调整所带来的实惠。这样的制度障碍,是社区矫正帮困扶助工作难以跨越和突破的,直接影响的是社区矫正人员的基本生活条件,特别是对于那些生活本不宽裕的人影响更加突出。

(三)帮困扶助制度规范不健全

1. 缺乏有效的帮扶需求评估机制

目前,实践中,社区矫正机构主要是通过工作中的调查走访和社区矫正人员提出申请的途径发现、了解社区矫正人员在生活和工作等方面遇到的帮扶需求,经过进一步查实之后,再设法与相关部门和机构取得积极地联系和具体的协商。由于还没有建立起对社区矫正人员实际需求规范的评估机制,帮困扶助工作存在一些不尽如人意之处,主要表现在以下几方面:

一是帮困扶助的内容系统性不足。通常的表现是,社区矫正机构经过多方努力落实了某项帮扶目标,但是,社区矫正人员的需求可能不是这一个目标能够解决的,可能是包括这个目标在内的多重困难,其他问题不解决,其所面临的问题和困难可能会出现反复,也可能又会凸显在其他方面。

二是帮困扶助缺乏动态评估调整机制。实践中社区矫正帮困扶助工作通常是工作人员通过各种努力,不断地为社区矫正人员解决一个又一个问题和困难,但是,相关保障落实的持续情况和实施效果怎样,包括困难改善如何、是否还有其他的相关问题,等等,由于没有帮扶效果评估以及相应的动态调整机制,帮扶工作内容的针对性和适应性与服刑人员的实际需求可能会存在不够吻合之处,不利于帮困扶助价值的实现。

2. 帮困扶助的激励机制不足

古语云:“授人以鱼不如授人以渔”。目前,社区矫正执行体系中的帮困扶助工作在有些地方存在“头痛医头,脚痛医脚”的倾向,注重解决眼前的具体问题,而对“造血”功能重视不足。这样帮扶的直接后果是,有些社区矫正人员只关注自己能得到哪些保障和帮助,而不去用心悔罪,如果帮扶工作没能达到自己的预期,会表现出懈怠和不满;也有人以“懒汉”心理依赖帮扶,而很少付出自身的努力。这些实际上无益于服刑人员犯罪心理和行为的矫正。

3. 相关部门间合力协调规范不足

对社区矫正人员帮困扶助工作多数集中在落户、住房(廉租房、保障房等)、就业、就学、社会保险(失业保险、养老保险、医疗保险等)、社会救助(低保和临时救助等)等方面,涉及公安、人力资源与社会保障、民政、教育、税务、金融等多个部门和机构。其实,经过多年实践,全社会对社区矫正工作的认识在逐步提高,社会各相关部门的协调配合也渐趋普遍,只是就社区矫正帮困扶助的实践需求来说尚显不足,主要问题大体集中在两个方面:

一是协调配合机制不够健全。社区矫正人员生活和工作都在社区,他们所遇到的问题和困难也大多来自这种开放的、多元的生活方式和生活环境,其对于帮困扶助工作的需求相应表现出复杂多样的态势,部分服刑人员的需求可能涉及一个领域、两个领域,也有人由于身处更加复杂的困境而面临多个方面、综合的帮困需求。例如,有的社区矫正人员,既有落户问题,也有就业困难,同时还有对基本生活保障的需求等。针对这样的复杂需求,如果没有有关部门的合力协调,可能出现顾此失彼或者厚此薄彼的工作状况,不利于促进并延续帮扶工作效果。

二是制度化和规范化不足。各个部门对社区矫正人员所遇到的具体问题和困难大多还是具体问题个案解决,一方面,各部门协调配合的常态化制度保障不足,基本类似的问题可能有些能够在较短时间内得以协调解决,而有些可能需要等待较长时间。另一方面,针对较为多见的问题或者困难还缺乏逐步规范解决的机制,这是规范性不足的问题。此外,各地相关部门落实帮困扶助相关政策和制度在有些方面还存在较为明显的差异,例如,关于最低生活保障适用对象的掌握各地不尽相同,低保标准基于各地经济发展和居民生活水平的差异而存在一定的地区差别,这是可以理解的,但是低保适用对象存在地方差别则可能受到相关政策、制度实际执行不够规范的质疑。

社区矫正人员帮困扶助工作存在各部门协调配合的制度化和规范化不足的问题,不利于针对社区矫正人员的实际需求及时、有效并公平、公正地落实相关保障和帮助,从而不利于社区矫正的整体执行效果。

(四)社会力量参与不足

"社区矫正是人类以善良宽容之心和理性智慧挽救犯罪人的一种尝试,也是人类对自身的一种挑战,它要求更多普通公民的支持和参与,以形成温暖良好的社会氛围;要求社会力量出于爱和关怀的目的,向犯罪人伸出友爱之手。"[1]2014 年 11 月 14 日,司

---

① 但未丽著:《社区矫正:立论基础与制度构建》,中国人民公安大学出版社 2008 年版,第 154 页。

法部、中央综治办、教育部、民政部、财政部、人力资源和社会保障部印发《关于组织社会力量参与社区矫正工作的意见》,指出:“我国社会力量参与社区矫正工作取得了明显成效,但还存在着制度不健全、政策不完善、规模范围小、人员力量不足等问题,与社区矫正工作全面推进的要求相比尚不适应。”笔者认为,除了前述帮困扶助机制建设及政府相关机构协调配合方面存在的现实问题之外,其他社会力量参与社区矫正帮困扶助工作的不足之处主要可概括为以下两个方面:

1. 社会力量参与帮困扶助的内容不够广泛

这里的社会力量参与主要是指企、事业单位、社会团体和组织以及社会志愿者等,不包括公安、检察、法院、人力资源与社会保障、民政、税务等政府主管部门的协调配合工作。

相比于教育矫正工作,社会力量在帮困扶助方面的参与面不够广泛,或许是因为社区矫正人员在落户、住房、就业、就学、低保和临时救助、医疗以及养老保障等方面的问题和困难取决于政府主管部门和主营机构的制度、规范和决策,他们参与的主要是与就业有关的帮扶内容,包括提供一定的就业岗位和技能培训等。在帮困扶助任务上社会力量参与的局限性,不利于专业化、多层次、灵活便捷地解决社区矫正人员的现实困难,不利于帮困扶助后期效果的持续。

2. 参与帮困扶助的社会力量还比较有限

社会力量对社区矫正人员帮困扶助工作参与不足,既有社会企业、社会组织和团体等在这方面认识不足以及社区矫正机构宣传与鼓励不够等问题,也有客观因素的影响。与前一问题相关地,由于社会力量参与帮困扶助的工作领域比较局限,社会参与这项任务的总量也受到相应限制。不仅如此,即便是在社会力量参与相对较多地与就业有关的帮扶内容方面,由于对相关的企业、社会组织和团体,以及志愿者个人等在税收、贷款、资金等方面没有获得必要的或者足够的支持,不仅帮扶工作难以扩展,甚至有些方面可能出现后劲不足的情况。

第三节 改进并完善帮困扶助的思路和建议

帮困扶助作为社区矫正不可或缺的工作任务,应该伴随着相关实践的发展,逐步总结经验并针对现实的问题和困难及时改进并完善帮困扶助的制度体系及相应的措施、办法,着力促进帮困扶助工作的实施效果。

一、改进并完善帮困扶助的基本思路

帮困扶助工作的改进并完善首先要确立基本思路，也就是对“改进并完善”的系统定位，这是促进帮困扶助持续性和实效性的基本前提。

（一）帮困扶助与教育矫正相结合

帮困扶助和教育矫正都是社区矫正的基本任务，它们之间有着十分紧密的联系。两者的共同目的都是为了帮助社区矫正人员顺利回归社会，稳定地融入社会生活，远离重新违法犯罪。尽管帮困扶助和教育矫正的内容和方式不同，但是，这两项任务的实施应该是相互促进的关系。社区矫正帮困扶助，与社会上对各类弱势群体帮扶的重要区别在于，社区矫正的帮扶对象是正在社区矫正的犯罪人，这是一类特殊的帮扶，它的实施必须置于监督管理和教育矫正的整体目标下，相互促进，而就这三项任务的相互关系而言，帮困扶助的实施应特别注意与教育矫正紧密结合，既能够使社区矫正人员得到实在的帮扶，更有助于他们逐步融入社会并保持远离违法犯罪。

因此，对社区矫正人员的帮困扶助工作应注意与教育矫正相结合，在帮困扶助的同时应兼顾其自立能力的培养，通过帮扶措施让他们逐步学习并提高融入社会、适应社会生活的自觉意识和自立能力，这也正是教育矫正的内容和目标。俗话说：“帮得了一时，帮不了一世”，预防社区矫正人员重新违法犯罪不能“包困包助”，而是要帮一程、扶一程，帮助他们步入自觉、自立。在帮困扶助工作当中，应遵循“授人以鱼不如授人以渔”的朴素道理，力求与教育矫正目的相结合，通过帮困扶助带领他们提高适应社会的能力。有些省在落实临时性社会救助、最低生活保障等政策措施的基础上，积极协调有关职能部门，优化社区矫正人员就业创业环境，对自主创业者帮助落实金融贷款、减免税费；联合人社部门举办家电维修、烹饪等职业、生活技能培训，[①]这些具体的帮扶措施都包含了教育矫正的元素，兼有教育矫正的功能。

（二）个案帮扶与制度帮扶相结合

每一个社区矫正人员因其家庭状况、个人成长经历和身心状态、犯罪经历和犯罪的基本情况、性格和嗜好、职业和交友等许多方面存在各种各样的差异，他们对帮困扶

① 参见《不断提高教育矫正工作水平　促进社区矫正人员融入社会》（全国社区矫正工作会议发言摘登），载《法制日报》2014年5月29日。

助的需求也千差万别。遵循个别化原则，以需求定帮扶，是提高帮困扶助工作针对性和实效性的一个基本前提。而另一方面，帮困扶助工作也必须在法律规定的框架内实施，同时还需要制定相关的制度规范，为相关部门的协调配合确立制度保障，为帮扶工作的公平、适当预设规范平台，通过制度规范实施“弱势”帮扶。因此，社区矫正帮困扶助工作应注重个案帮扶与制度帮扶相结合，兼备规范性和针对性。

（三）广泛参与和专门保障相结合

在社区矫正三大任务中，相对来说，帮困扶助任务涉及的部门和领域更多，对社区矫正人员社区内生活和工作的影响面更广泛。一方面，专门机关的相关保障既是职权，也是职责，帮困扶助工作要得到政府各有关部门的支持与配合，使社区矫正人员的各项合法权益能够纳入职权部门的保障体系。另一方面，帮困扶助工作也涉及许多专门机关保障责任之外的内容，更具有多样性和灵活性，更需要依托社区、根植于社区，需要有其他更广泛的社会支持和参与。广泛参与与专门保障相结合既有助于将帮困扶助纳入社会资源整体系统，充分调动社会性帮扶，也有助于督促各专门机关各司其职并多方合力落实各项社会保障，发挥专门机关帮扶“弱势”的强力作用。

二、健全帮困扶助的保障机制

改进并完善帮困扶助工作要健全相应的保障机制，这是落实相关措施和办法的基础和条件，也是促进其实施效果的前提和保障。健全帮困扶助保障机制，既包括强化观念和认识上的保障，也包括完善法律制度保障以及夯实相关机构合力促进保障。

（一）强化对帮困扶助的正确认识

针对社会公众及社区矫正人员两方面对社区矫正帮困扶助任务所存在的认识方面的问题，建议采取不同的策略和措施。

一方面，社区矫正机构应通过各种方式加大面向公众的宣传，一要宣传社区矫正与社区生活的密切联系，可以从社区矫正不同任务的角度向公众宣解它们与社区生活的关联及可能对社区生活产生的影响；二要宣传社区矫正的根本目的是要帮助这些服刑人员更好地适应社会生活，远离重新违法犯罪；三要宣传社区矫正人员与普通公众一样在社会生活和工作中都会面临各种各样的问题和困难，都应该以合法的途径和方式得到专门机关的保障和热心的社会帮扶，只是，对社区矫正人员的帮困扶助被纳入了社区矫正工作任务体系，需要社会各有关方面的支持配合。此外，社区矫正机构还可以透过典型个案积极宣传社会力量参与社区矫正帮扶工作的内容、方式和效果等。

另一方面，社区矫正机构在工作过程中也要重视引导、教育社区矫正人员对帮困扶助工作的认识和态度：一要教育他们正确认识帮困扶助的范围和标准，明确现行法律框架下的保障是平等的公民基本权利和利益的保障；二要教育他们帮困扶助工作的目的不是“包困包助”，有些帮扶内容会有持续性的结果，例如落实户口、养老保障、保障性住房等，而有些帮扶内容是过渡性的，例如，就业、就学和临时性救助等帮扶内容，接续地还要通过他们自身的勤奋努力才会有长期效果；三要教育他们尽管帮扶工作是社区矫正机构的职能任务之一，但是帮扶工作的成效都离不开社会相关部门和热心组织及个人的合力支持，要懂得心存感恩、以德相报。四要教育他们帮困扶助与监督管理和教育矫正是社区矫正的三项基本任务，在社区内服刑只接受帮扶而忽视接受监督管理和教育矫正，无助于培养自律意识并强化自觉行为，不利于扭转犯罪思想并改变行为恶习，甚至可能导致自己再次陷入违法犯罪，受到更加严厉的法律制裁。

（二）强化法律制度保障

在我国现行法律制度中包括一些对社区矫正人员社会保障和服务的限制性内容，有些规定在法律、法规当中，也有些规定于有关部门的规章制度中。改进相关法律制度的规定，强化法律制度保障机制，是对社区矫正人员帮困扶助工作规范性和实效性的基本要求。

1. 加强对社区矫正人员就业权利的法律保障

“就业”是社区矫正人员重新融入社会的重要途径，它与社区矫正人员的基本生活、未来发展、人际交往以及身心健康等都有着密切关系。而就现阶段社会就业形势以及社区矫正人员的文化和技能等从业素质来看，“就业”难题困扰着相当部分的社区矫正人员。一般而言，“就业”已成为社区矫正帮困扶助工作的重点和难点。

如前所述，《刑法》所规定的前科（部分）报告制度和《公务员法》《法官法》《检察官法》《警察法》《教师法》《律师法》等对职业资格不同程度的限制和剥夺，主要是基于对因犯罪行为受到过刑事处分的人再次违法犯罪行为的防范以及对公众安全和社会秩序的保护。“限制和剥夺”都是从刑罚执行完毕以后开始，根据立法意图可以判断这样的“限制和剥夺”理应包括刑罚执行期间在内。尽管社区矫正人员是在开放的社会环境下进行社区矫正，不受监禁约束，但是，根据类似上述这些法律的相关规定，他们已无缘在这些领域从业。从我国现阶段的法律理念、社会法治环境、公众安全感以及公民对犯罪人复归社会的认识等诸多方面的观念和态度来看,这些法律规定是有公众基础的,也符合社会管理的基本原则。其实,关于对(曾经)犯罪人职业资格的限制和剥夺在许多国家都有相关规定,只是在限制和剥夺职业资格的程度、范围和内容上有区别之处。

一方面,我们通过各种监管和矫正工作希望社区矫正人员能够重新融入社会、以合法的行为方式适应社会;另一方面,法律也要维护一些特殊职业的安全和秩序,减少公众受到"利用职业便利"的侵害,同时防止雇主因"不当雇佣"而对受害者承担赔偿等法律责任。这似乎是两难逻辑。为此,我们可能难以期待在短时期内关于限制和剥夺某些(曾经)犯罪人职业资格的法律规定出现较大改变(随着立法观念和公众态度的进步,可能"限制"的程度、范围和内容会有所变化)。但是,为了进一步促进社区矫正人员的就业,我们可以积极地尝试以下一些努力:

一是进一步修改《刑法》关于"前科报告"的规定。《刑法修正案(八)》对于犯罪的时候不满十八周岁被判处五年有期徒刑以下刑罚的人,规定免除前科报告义务,这是我国"前科报告"制度的进步,体现了宽严相济和对犯罪人给出路的刑事政策精神。考虑到社区矫正执行方式的开放性和社会性,建议在条件成熟时对《刑法》的这一制度作进一步修改,将"前科部分报告"的适用范围扩大至社区矫正人员,可以按照罪行种类做必要保留,例如,对危安犯、暴力犯、强奸犯等不适用。这样的修改符合社区矫正的执行目的和执行特点,有助于促进社区矫正人员就业,从而有助于他们融入社会。

二是通过《就业促进法》的相关修改,加强对社区矫正人员就业权利的法律保障。有些国家相关的立法实践可供参考。例如,在美国,《1987 年纽约矫正法》第 752 条规定了有关对刑释人员就业不受歧视的内容,"凡是基于求职者曾被宣判过一种或多种罪行或因此而推理出的该求职者缺乏'良好的品行'而据此拒绝聘用或授予许可给该求职者的行为属于就业歧视行为,但求职者属于以下情形之一的除外:(1)求职者曾被宣判过的一种或多种罪行与其寻求的具体许可或应聘的岗位之间存在着一种直接联系(direct relationship);(2)雇主授予求职者所寻求的具体许可或就业岗位可能会给具体的个人或公众的财产、安全或福利带来不合理的风险(unreasonable risk)"。[①] 与纽约禁止对刑释人员的就业歧视类似,威斯康星州通过其《公平雇佣法》(FairEmploymentAct)来禁止仅仅基于犯罪记录而产生的就业歧视,但也提供了一个例外情形,即与罪行有关的"情

① 施余兵:《论美国刑满释放人员就业安置中的雇主过失雇佣制度》,载《中国司法》2009 年第 2 期。

形”必须与该项雇佣具体的职责有着“紧密的联系”。[①]

我国2007年颁布了《就业促进法》,对于促进就业,促进经济发展与扩大就业相协调,促进社会和谐稳定,具有很重要的法律规范和保障作用。建议对该法做一些补充修改,将促进社区矫正人员就业的相关内容纳入其中。可以考虑在“总则”相关条款中补充社区矫正人员就业不受歧视的内容;在“公平就业”相关条款中补充规定,用人单位招用人员不得以“有违法犯罪记录”为由拒绝招录,但是,法律、法规有明确规定的以及求职者的罪错行为与其应聘的岗位或者申请的许可项目职责之间存在直接关联的除外;在“就业援助”相关条款中将社区矫正人员纳入就业困难人员。

三是通过《社区矫正法》中规定相关内容加以促进并保护社区矫正人员就业权利。比如,明确社区矫正人员就业权利保障的基本原则、政府责任和主要支持方式、社会力量的参与方式,以及对吸纳符合国家规定条件的社区矫正人员达到一定数量的企业、扶持社区矫正人员就业的企业和人员依法给予税收、信贷等方面的优惠待遇等内容,力求通过这些专门规定强化对社区矫正人员的就业促进和就业保护。

2. 有关部门应明确废止不合理的制度,积极落实新的规范要求

现行的《社会保险法》及主管部门的相关规定都没有明文禁止社区矫正人员缴纳养老保险费,也没有关于对社区矫正人员停发或者暂时停发养老保险金的规定。因此,针对前述劳动和社会保障部办公厅《关于进一步规范基本养老金社会化发放工作的通知》(2001年12月21日)(劳社厅发〔2001〕8号)和《关于退休人员被判刑后有关养老保险待遇问题的复函》(劳社厅函〔2001〕44号)中不符合现行法律及制度精神和要求,有损社区矫正人员合法权利的内容,建议有关部门尽快清理,明确废止相关规定,以便于各地统一、规范地执行现行制度,提高对社区矫正人员帮困扶助的实效。

2014年11月14日,司法部、中央综治办、教育部、民政部、财政部、人力资源和社会保障部印发的《关于组织社会力量参与社区矫正工作的意见》当中,对于落实社区矫正人员社会保险提出了要求:“已参加企业职工基本养老保险并实现再就业或已参加城乡居民基本养老保险的,按规定继续参保缴费,达到法定退休年龄或养老保险待遇领取年龄的,可按规定领取相应基本养老金,但服刑期间不参与基本养老金调整。社区矫正人员可按规定执行基本医疗保险等有关医疗保障政策,享受相应待遇。符合申领失业保险金条件的社区矫正人员,可按规定享受失业保险待遇。”这样的要求,部分

① 施余兵:《论美国刑满释放人员就业安置中的雇主过失雇佣制度》,载《中国司法》2009年第2期。

明确了实践中的模糊做法，但是，为了规范各地的相关实践，还是应该对以往相关制度进行清理，明辨存废。此外，《关于组织社会力量参与社会矫正工作的意见》中关于“但服刑期间不参与基本养老金调整”的要求，笔者认为，不利于保护社区矫正人员的合法权益。这些人与监禁中的受刑人不同，他们的养老生活是在社区里，所有的开支和消费与普通社区公民是一样的，如果“服刑期间不参与基本养老金调整”（调升），意味他们的养老支出因其“服刑状态”呈相对加大趋势，这种“不利”似有“刑外之罚”的含义，有损社区行刑之正当，当予取消。

（三）加强各专门机构的协调配合

犯罪人在社会上服刑，他们的基本生活与普通公民是一致的，应该享受法律保障下的“国民待遇”，也就是说，依法享有法律明确剥夺和限制之外的公民权益。但是，社区矫正人员由于其特殊的法律身份和特殊的服刑经历，可能中断了或者改变了有些社会保障，需要在政府相关部门的帮助下恢复或者重建。为此，政府各相关部门有责任各司其职在自己职权、职责范围内，相互协调配合帮助在社区服刑的公民恢复或者重建社会保障及其他相关权益。

1\. 各相关部委等专门机关联合出台保障规范

由于帮困扶助工作在专门保障方面涉及多个政府主管部门，如果能在各相关部门的平台上形成专门的制度规范，将有助于提高各部门对于这项工作重要性的认识，在本系统内积极督促实施相关制度，切实依法为社区矫正人员落实相关保障；制定各有关部门联合出台的规范制度，也有助于加强各部门之间的协调配合，将对社区矫正人员的帮困扶助工作落实在专门机关合力的保障体系内。

近年来，有些地方出台了针对社区矫正人员帮困扶助工作多部门联合保障规范，取得了较好的实施效果，但是，由于这类规范制定层次不高，涉及部门也不够全面，实施范围和协调领域也比较有限。2004 年 2 月 6 日，中央综治委、司法部、公安部、劳动和社会保障部、民政部、财政部、国家税务总局、国家工商行政管理总局联合出台了《关于进一步做好刑释解教人员安置就业和社会保障工作的意见》（以下简称《安置意见》）。该《安置意见》实施以后，各地层层落实，出台相应的实施办法，各级司法行政、公安、劳动和社会保障、民政、财政、税务、工商、银行等部门强化相关职责，加强了相关的保障和扶持，收到了较好的社会效果。

对于社区矫正人员的帮困扶助工作，建议比照中央八部委出台的《关于进一步做好刑释解教人员促进就业和社会保障工作的意见》的办法，出台相关的各部门联合保障规范，重申各部门协调配合为社区矫正人员提供各种社会保障、临时社会救济及相关服务和指导的重要意义，要求各级司法行政、公安、劳动和社会保障、民政、财政、税务、工商、银行等部门要强化职责，开拓思路、创新办法、密切协作，提高对社区矫正人员帮困扶助各项工作的及时性、针对性和实效性。多个相关主管部门的联合制度规范能够架构起多方位的保障体系，这将对社区矫正人员在社会上的生活和工作实施较为全面的保障，不仅有助于提升其社会适应性并促进其顺利融入社会，同时，也有助于提高公众对于社区矫正的认识和认同并带动更广泛的公众理解、支持和参与。

2. 完善各部门多方协调机制

建议在总结既往经验的基础上完善相关部门之间的协调配合机制：建立由各个相关部委参与的全国社区矫正工作协调机制，由主管社区矫正工作的司法部具体负责各项协调工作的组织和推动，同时，各省、自治区、直辖市也相应建立协调机制，协调解决本行政区域内社区矫正工作中的重大问题和多发问题。通过召开各部门或者部分相关机构不定期联席会议的方式，研讨社区矫正帮困扶助工作中阶段性的、有代表性的或者突出个案的问题，并共商解决方案和持续机制；研讨相关制度建设和制度实施当中普遍的、突出的问题，共商有关制度规范以及协商议事平台的建设、改进和完善等。同时，应建立相关部门的信息共享平台和联系沟通协商机制，建立专门机构帮困扶助工作实效评估机制等。

值得注意的是，在《关于组织社会力量参与社区矫正工作的意见》当中，提出了“着力解决社区矫正人员就业就学和社会救助、社会保险等问题”的要求，社区矫正主管部门应以此为契机，尽快协调各相关机构分别出台具体的措施和办法，将《关于组织社会力量参与社区矫正工作的意见》的指引落到实处，进一步促进这几个方面帮困扶助的工作实效。

三、建立帮困扶助需求评估及调整机制

建立社区矫正帮困扶助需求评估及调整机制，有助于提高帮困扶助工作的针对性和实效性，透过对个体帮扶的持续跟进，促进帮扶工作适当、适度并持续帮扶效果。

（一）对社区矫正人员开展帮困扶助需求评估

1. 确定“以需求定帮扶”的个案帮扶原则

每一个社区矫正人员对于帮困扶助会有不同内容、不同程度的需求，而且每一个

人在不同的阶段因为已经接受的帮扶或者其自身的努力等原因,对后期的帮扶需求也会有变化。因此,"以需求定帮扶"个案帮扶的原则应该适用于每一个社区矫正人员并贯穿于其社区服刑的全过程。"以需求定帮扶"的个案帮扶原则,是社区矫正帮困扶助工作确保适当、适度并具体、有效的基本前提。

2. 建立帮困扶助需求评估机制

为了保证社区矫正帮困扶助工作的客观、公正,应该建立有效的帮扶需求评估机制,主要包括以下三方面内容:

一是提出帮扶建议或者申请。提出对社区矫正人员的帮扶建议不仅包括社区矫正工作人员,也包括参与相关工作的社工;矫正人员就学、就业的单位;矫正小组成员等发现、了解到社区矫正人员没有被列入帮扶方案的(新)问题、(新)困难,都可以向社区矫正机构或者工作人员提出相关的帮扶建议。而帮扶申请一般是由社区矫正人员本人及其亲属就没有被列入帮扶方案的(新)问题、(新)困难向社区矫正机构或者工作人员提出。提出帮扶建议或者帮扶申请可以在社区矫正执行过程的各个阶段,不过在初始阶段应设置提出帮扶建议或者申请的专门程序。

二是评估机构和参与评估人员。由社区矫正机构组织对社区矫正人员帮困扶助需求的评估工作,具体可以由社区矫正执行机构和专业社工组织等派员组成评估机构,针对个案的评估应有申请人到场详细说明情况。

三是确定帮扶方案的主要内容。社区矫正帮困扶助的目的是帮助社区矫正人员解决在社区生活当中遇到的现实困难和问题,促进其社会适应性,避免因生活陷于困境而可能再次实施违法犯罪行为。为此,帮扶需求的内容主要包括:就业、就学;基本生活保障;医疗、养老;法律援助与服务以及家庭关系修复等。确定帮扶方案应该对每一项需求内容分成若干子项目,每一个子项目分成3~4个需求等级,可以借助比较成熟的量表测评具体的需求内容,这样有助于帮扶工作循序渐进推进,提高针对性和实效性。

(二)建立帮扶效果评估和帮扶方案动态调整机制

帮扶需求评估程序应在社区矫正人员入矫阶段结合心理和行为特征的测评开始,这是最初阶段的需求评估。接下来,对帮扶方案的实施情况和效果开展阶段性评估,阶段性的划分标准是以矫正人员在社区矫正的期间为依据,对帮扶方案的实施内容做阶段性划分。完成每一个阶段的目标或者完成了每个单项任务就要及时对帮扶进展情况和取得的效果进行评价,确定矫正人员个体对帮扶需求的变化情况。一方面确定矫正人员原有帮扶需求的实际变化情况;另一方面调查是否有其他新的情况或者生活当中的突变事件,分析其对帮扶需求的影响,进而对原定帮扶方案的进程和内容做出相应调整。对帮扶方案实施效果评估和动态调整是社区矫正帮困扶助工作保持针对性和实效性的有力保障。

四、进一步推进社会力量参与帮困扶助

随着《关于组织社会力量参与社区矫正工作的意见》的实施,社会力量参与社区矫正帮困扶助工作将会得到进一步推进,并取得更加积极的成效。笔者认为,鼓励并促进社会力量参与帮困扶助以下两个方面值得重视:

(一)加大对社会力量的政府扶持和鼓励力度,促进社会力量参与帮困扶助

参与帮困扶助的社会力量自身也存在持续性需求,这是他们能够持续提供帮扶工作的前提。因此,针对为社区矫正人员提供帮困扶助的社会力量,政府应该制定相应的扶持和鼓励政策,可以通过税收优待、资金支持、舆论宣传、精神鼓励等多种方式,肯定并激励社会力量的帮扶意愿,适当补贴其帮扶支出,以延续并发展社会力量参与帮扶的“后劲”。同时,根据社区矫正人员帮扶需求的重点内容和阶段性变化,政府相关部门要透过宣传、引导等方式调整社会力量的参与结构,提高帮困扶助社会力量的合理布局。应特别注重调动企事业单位、基层群众性自治组织对于帮困扶助的积极作用,他们更便于接近、了解社区矫正人员的工作和生活,便于实施经常性的、有针对性的、灵活多样的具体帮扶工作。

(二)多种形式吸纳社会力量参与专业帮扶

社会力量参与社区矫正人员帮困扶助所涉及的内容当中,有些是不要求有特殊专业经验的,而有些内容则需要有一定的专业素质和专业能力,即有特定的专业性要求,例如,法律援助和法律服务专业能力、心理学和社会学专业能力、求职及技能培训专业能力等。社区矫正机构可以通过多种方式将具有一定专业性的帮扶内容委托给专业的社工机构,以专门项目开展具体的帮扶工作,也可以直接聘请社会专业人士参加到社区矫正机构的帮扶项目中,承担相应的专业内容。对社区矫正人员提供不同领域的社会专业帮扶,对于解决他们遇到的特殊问题和特别困难更有可能形成说服力和权威性,从而有助于促进帮扶工作的实际效果。

第九章　社会力量参与社区矫正工作体系

社区矫正是在罪犯不脱离社区、家庭，不影响罪犯正常工作、学习和生活的情况下，对罪犯进行监管、教育矫正的一项刑罚执行制度。社区矫正的最大特点和最大优势就在于可以充分利用社会的力量，对社区矫正人员进行教育矫正和帮扶。解决犯罪问题，促进社会和谐稳定，是一个系统的工程，单靠国家司法机关的力量是难以奏效的，必须有全社会的共同参与和努力。从罪犯本身的角度来讲，在社区中矫正有社会方方面面的资源力量参与到对他们的监管、教育矫正和帮扶中来，对他们顺利回归社会，改邪归正、提高自我、完善自我，尽快适应正常的社会生活等方面均有非常积极的作用。社会力量参与社区矫正，既是社区矫正制度内在的需要，也是社会每一个成员、每一个组织自身的需要，更是他们的责任和义务，也是罪犯改过自新，不再重新犯罪，成为守法公民的需要。因此，如何充分利用好社会力量，充分发挥社会力量在社区矫正中的优势和作用，需要进行科学的顶层设计，需要建立、培养和完善社会力量参与社区矫正的制度、体制机制和环境。

我国自 2003 年进行社区矫正试点以来，在社会力量参与社区矫正方面进行了有益的探索，取得了一定的成效，也积累了一定的经验，但也存在一些迫切需要研究和解决的问题。对一些根本性的问题，例如，什么是社会力量，社会力量包括哪些范围，社会力量和社区矫正专职力量如何定位，职责怎么区分；应该建立什么样的社会力量参与的制度、体制和机制；如何培育社会力量参与社区矫正的环境和氛围，如何调动社会力量参与社区矫正的积极性；如何组织、管理社会力量参与社区矫正，如何提高社会力量参与社区矫正的效果，都迫切需要研究解决，它不仅关系到社会力量参与社区矫正的走向和实效，更关系到我国社区矫正制度的优劣及走向。

第一节　参与社区矫正社会力量的内涵

从广义上说，参与社区矫正的社会力量是指专门的社区矫正机关（机构）及其工作人员以外的参与到对社区矫正人员管理、教育、矫正、帮扶等工作的机构、组织、人员、资金、技术等的总称。广义的社会力量包括所有可以利用的、能够为社区矫正提供帮助和服务的社会资源的总和。本节探讨的参与社区矫正的社会力量主要是从狭义讲的，是指能够参与到社区矫正工作当中的社会组织和人员。

一、参与社区矫正社会力量的范围

尽管从理论上说，参与社区矫正的社会力量的范围很广，但实际上，真正能够参与到社区矫正中，并真正能够发挥相应作用的社会力量，是有限的。因为社区矫正毕竟是一项刑罚执行活动，参与到社区矫正中的社会力量所面对的是罪犯，是一项专业性、法律性和政策性非常强的工作，不是所有人都能够参与这项工作的，也不是所有人都能够胜任这项工作的。因此，我们对社会力量应该根据社区矫正的特点和实际需要，有选择性地加以利用，有目的、有组织地、科学地利用好、发挥好他们的作用。通常，参与社区矫正的社会力量主要包括：

（一）社会工作者及社工组织

1. 社会工作者（社工）

社会工作者通常简称为社工。关于什么是社会工作者？什么是社会工作？社会工作的基本理念、价值取向和基本精神是什么？该如何给社会工作下定义？可谓是见仁见智。1947 年联合国对各国社会工作教育情况进行了调查，结果 33 个国家提出了 33 种社会工作的定义。我国台湾地区学者李增禄先生将这些定义分析归纳为三类：第一类，社会工作是基于人道主义或宗教信仰而举办的慈善事业；第二类，社会工作是政府或私人社团为解决经济困难而产生的社会问题所开展的救济事业；第三类，社会工作是政府或者私人社团为激发个人潜能从而使其更幸福地生活而提供的专业服务。① 我国有学者认为，社会工作的基本内涵是具有福利性的专业助人活动，其本质特征是利他主义的社会互动。② 通常认为，"助人自助""平等爱人"是社会工作的基本理念和价值精神。在我国，社会工作其实就是按照"助人自助""平等爱人"等社会工作理念，在社会福利、社会救助、扶贫济困、慈善事业、社区建设、婚姻家庭、精神卫生、残障康复、教育辅导、就业援助、职工帮扶、犯罪预防、禁毒戒毒、矫治帮扶、人口计生、纠纷调解、应急处理、群众文化等领域直接提供的社会服务活动。

社会工作者，就是受过社会工作专业训练的，具有一定的社会工作专业知识和技能，在相关领域提供社会服务的专门人员。社会工作者是专业化、职业化程度均很高的专门人员。从美国、英国、我国香港地区等国家和地区社会工作者情况看，社会工作者具有以下特征：

首先，社会工作者都受过社会工作专业的专门教育。例如，美国要求作为一名专业社工，至少要具备社会工作专业本科学历，据统计，1991 年在美国社会工作者协会注册的 13.42 万名社会工作者中，88% 的人有社工学士学位，7% 的人有社工硕士学位，5% 的人有社工博士学位。③ 在英国，从 2005 年开始，英国政府要求所有从事社会服务的社工必须注册，而想成为注册社工，则必须按照"社会工作教育标准"修完学士或硕士课程，拿到学位。④ 也就是说，想要成为一名社会工作者，必须取得社会工作学士以上学位。

其次，社会工作者必须具有较丰富的实践经验。社会工作不仅是专业性很强的工作，同时也是实践性很强的工作。多数国家和地区的社会工作专业的学生要想毕业取得文凭，没有大量的社会实践是不可能的。如美国，在本科阶段，学生必须在高级社工师的督导下进行至少 400 小时的实习。在美国韦德恩大学，要求学生实习的时间是每周 16 小时或每学期 240 小时。研究生阶段，实习的时间则长达 900 个学时。⑤ 我国香港地区社会工作系的学生，除了必须通过社工理论知识课程的考试外，还必须完成 800

① 转引自倪勇：《社会工作本土化之路向分析》，载《山东社会科学》2007 年第 11 期。
② 王思斌：《社会工作：利他主义的社会互动》，载《中国社会工作》1998 年第 4 期。
③ 童小军：《美国社会工作者构成的三个阶段》，载《中国社会报》2007 年 3 月 19 日第 4 版。
④ 董小军：《英国社会工作的概况》，载《中国社会报》2007 年 12 月 13 日第 4 版。
⑤ 余建华：《社会工作服务：美国经验及其对中国的启示》，载《社会工作》（学术版）2011 年第 6 期。

小时的社会工作实习。在实习过程中,每周至少有1.5小时接受导师的督导。①

最后,社会工作者必须取得相应的职业资格。这是目前国际上社会工作者执业管理的通行做法。在美国,成为一名专业社工,除了要具备社会工作专业本科学历以外,还要参加社会工作职业考试,取得职业资格。② 英国,1970年至1995年间,采用的是社会服务证书(CSS)和社会工作资格证书(CQSW)制度,即从事日间照顾和住宅区照顾的社会工作者,必须取得社会服务证书;受聘于社会服务部门的社会工作者必须取得社会工作资格证书。1995年以后,英国采用社会工作专业教育与社工职业资格授予一体化的制度,即学生取得了社会工作专业大学毕业以上的证书就意味获得了社会工作的相关职业资格。③ 在我国香港,社工必须经过严格资格认证,香港的社工资格认证与学位也是紧密挂钩的。根据我国香港《注册体例》规定,具有社工注册资格的有四类:具有社会工作学位者;具有社会工作文凭者;没有社工学历,但已从事社会服务工作10年者;没有认可的社会工作学历但现在担任社工职位者(后两类需要严格的评审,并且人数不多,占全港注册社工总数不到8%)。④

社工有不同的种类,所服务的领域也非常广泛的,在社区矫正领域服务的社工只是其中的一小部分。根据社工受聘机构的不同,可以将社工分为受雇于政府部门的社工和就职于民间社工机构的社工。据美国联邦政府统计,截至2005年年底,美国共有社会工作者56.2万人,这些人服务于精神健康、儿童福利、医疗服务、家庭服务、政府救济、司法矫治、小组服务、残疾人服务和其他相关领域,其中作为政府雇员、高校教师、研究人员的社会工作者6.4万人,占11.39%。⑤ 作为社区矫正(司法矫治)的社工,仅占1%左右。⑥ 我国深圳市截止到2010年,全市有社工5000名,其中大约有1000名受雇于政府机构,是属于编制内的员工。⑦ 在社区矫正领域从事服务的社工也是占很少的一部分。

这就引出了一个问题,那就是社工是什么性质的,尤其是从事社区矫正相关工作的社工是否属于社会力量的问题。我国由于社会工作起步比较晚,大多数人包括政府

---

① 夏丽丽:《社会工作在香港》,载《传承》2008年第11期。

② 佘建华:《社会工作服务:美国经验及其对中国的启示》,载《社会工作》(学术版)2011年第6期。

③ 李迎生、张朝雄、孙平、张瑞凯:《英国社会工作教育发展概况及其启示》,载《华东理工大学学报》(社会科学版)2007年第3期。

④ 夏丽丽:《社会工作在香港》,载《传承》2008年第11期。

⑤ 陈鲁南:《当前美国社工职业状况》,载《中国社会导刊》2007年第6期。

⑥ 董小军:《美国社会工作者构成的三个阶段》,载《中国社会报》2003年3月19日第4版。

⑦ 李舒瑜:《社工制度的关键是民间运作》,载《深圳特区报》2007年10月8日A6版。

公务人员对社会工作比较陌生，对社工的概念、性质，任职条件、要求，工作的内容、方法，社工的作用等都缺乏全面、准确的了解。有的将社工与志愿者等同起来，有的认为社工就是社会力量，甚至将参与社会服务的所有人都当作社会工作者。其实，从社会工作的理论和实践来看，社会工作是一个专业门类，社工是专业人员，就像律师或者法律工作者一样，他们是具备专业知识和技能，并取得职业资格的专门人员。社工既可以在政府部门、事业单位从事社会工作，也可以在民间的社会组织任职从事社会工作。尽管社工绝大多数人服务于民办社工机构中，但也有受雇于政府部门、事业单位从事社会工作政策研究、制定，在教学、科研单位从事社会工作专业的教学和研究的社工。因此，不能简单地将社工等同于社会力量，要看他服务的机构。如果是在社区矫正机关或者事业单位的正式员工，那么这一类社工就不应该是社会力量。但他们也可以成为社区矫正的社会力量，那就是在工作之余，以社区矫正志愿者的身份参与到社区矫正工作中。因此，属于社区矫正社会力量中的社工，是指服务于民间社工机构或者虽然服务于国家机关、事业单位但以志愿者身份参与社区矫正工作的社工，才是社区矫正社会力量的一部分。

2. 社会工作服务机构

社会工作服务机构主要是对社会工作者进行管理、培训、注册、资格认证，研究制定行业标准、执业规范，保护社会工作者权利，开发社会服务项目、组织社会工作者提供社会服务，对社会工作者的服务进行监督、评价等的组织。多数国家或地区的社会服务工作是由专业的社工服务组织承担，社会工作者一般都隶属于社会工作服务机构。

美国成立各种社会工作服务机构，仅带国字头（National）的社会工作专业机构就有 30 多个，例如，全美社会工作者协会、美国社会工作教育委员会、美国临床社会工作联合会、美国社会工作与研究协会。① 此外，美国还有数量众多的私立社会工作服务机构。公立机构资金的主要来源是政府拨款，但也有个人、社会团体的捐助；私立机构的资金来源包括个人、社会团体的捐助、接受服务人员缴纳的费用及政府的拨款等。英国社会工作管理机构主要是全国社会照顾委员会（General Social Council – GSCC），管理全国社会服务事务，主要负责规章制度的建立、人员队伍的管理和服务效果的评估等。还有英国社会工作者协会、儿童工作人员开发委员会、照顾技能委员会等机构。

---

① 童小军：《美国社会工作的四大专业机构》，载《中国社会报》2007 年 3 月 26 日第 4 版。

此外,英国各地方还有各级社会照顾委员会、非营利社会工作服务机构。在英国所有注册的社工中,有1/3直接受雇于各级社会照顾委员会,2/3受雇于私人或非营利社工服务机构。① 我国香港绝大部分的社会服务工作由香港3000多家专业的社会服务机构承担。

(二)志愿者及志愿服务机构

1. 志愿者

志愿者是提供志愿服务的人员,他们为社会各个领域提供志愿服务,为社区矫正中的服刑人员提供志愿服务的志愿者,是社区矫正社会力量的重要组成部分。志愿服务是个人或者民间组织利用自己的知识、技术、财富、时间、体能,在不追求报酬的前提下,为社会、他人提供的各种服务活动。志愿服务体现的人类社会人与人之间的互助、互爱、协作、奉献、人道等价值精神。

19世纪初,志愿服务工作便在西方国家出现,它渊源于宗教性的慈善服务,主要是由教会首先推动起来的。宗教教义规定教徒有责任帮助平民、保护孤儿、照顾寡妇、帮助老弱病残的人。这既是信仰宗教者的义务,也是信仰者灵魂得到拯救的途径。当时的一些西方国家就成立了类似的民间慈善或者志愿组织,如英国,在伦敦成立了"慈善组织会社";德国,在各城市组织"公爱协会"。② 美国的志愿服务更是与美国的国家同源,美国是一个志愿者的国度。美国总统奥巴马在2011年国家志愿者周上说:"美国历史始于志愿服务"。③ 尽管这只是演讲词并非历史论断,但美国的国家起源确实与志愿服务同步,甚至志愿服务的历史早于美国的历史,即美国独立之前就已经出现了志愿服务。1620年,当第一批来自英国的清教徒乘坐"五月花"号船到达美洲的达科德角登陆之前,面对蛮荒的新大陆以及即将开始的新生活,他们缔结了"五月花公约",表达了通过志愿协助到达互助目的的承诺。刚来到美洲大陆的这些人,所面临的首要问题就是生存。在这荒芜、恶劣的环境中拓荒、生活需要战胜来自各方面的艰难险阻。而战胜这些复杂的困难,单靠个体是很难实现的。因此,当时是协作互助还是单打独斗成为是生存还是死亡的分水岭。为了生存,新移民之间尤其需要相互帮助,于是便逐渐养成了志愿帮助别人的群体精神,一大批怀有慈善之心的各阶层人士成为美国最早

① 童小军:《英国社会工作的概况》,载《中国社会报》2007年12月13日第4版。

② 张敏杰:《欧美志愿服务工作考察》(上),载《青年研究》1997年第4期。

③ 黄晓鹏:《美国志愿服务观察及其启示》,载《中国青年研究》2012年第11期。

的志愿服务人员。1818 年,纽约救贫协会对志愿人员的服务行为作了这样的叙述:他们“把城市划分为许多小社区,然后指定志愿人员到不同的小社区去从事服务工作,通常是一个社区有 2 ~ 3 名志愿者。①

当今世界,更需要志愿服务,志愿服务在不断地发展。各国或各地区的志愿者人数、志愿服务的机构都在不断增加,志愿服务的领域也不断扩展,服务的方式在不断发展。据美国统计,2010 年 6280 万美国人参与了志愿服务,约占总人口的 26.3% ,平均服务时间为 52 小时,服务时间共计 81 亿小时,价值近 1730 亿美元。② 英国,在 2003 年,27% 的公民每月通过俱乐部、协会或者其他组织参加至少一次志愿工作;39% 的公民在过去的一年最少参加一次志愿工作。③ 我国香港义务工作发展局 2010 年 5 月 5 日发布的调查结果显示,2009 年香港参与义务工作总人数由 2001 年的 80 万增加到 100 万,工作时数由 2800 万小时增加到 8700 万小时。2009 年,香港义工创造的经济价值 55 亿港元,占本地生产总值的 0. 34% ,相当于 4. 15 万份全职工作。④

世界各地志愿服务的领域非常广泛,似乎是无所不包,凡是有需要服务的领域,有需要帮助的地方均有志愿者的身影。从早期的扶贫救济、老年扶助、残疾扶助,发展到家庭关爱、儿童关爱、儿童福利、公益事业、卫生保健,再发展到罪犯教育、环保服务、教育辅导服务及技能培训等。志愿者在社区矫正领域的服务,是志愿服务的一个重要组成部分。随着犯罪率的上升,犯罪逐渐成为危害社会和谐、安全稳定的重要因素。因此,对于犯罪的治理,对罪犯的教育矫正、帮助成为志愿者服务的一大领域,尤其对社区矫正对象的志愿服务。

我国志愿服务事业的发展,相对国外要晚一些,但近几年发展也比较迅速。我国志服务兴起的最早标志是 1987 年广州市诞生的第一条志愿者服务热线。1988 年在天津市出现了第一个“为您服务”志愿者小组,这是中国社区志愿服务诞生的标志。20 世纪 90 年代初,青年志愿组织在共青团系统形成,并迅速发展壮大。进入 21 世纪,中国志愿服务发展有了进一步的提升。目前,全国累计已有超过 2. 68 亿人次的志愿者为社会提供超过 61 亿小时的志愿服务。国内志愿者的数量超过了 8000 万人,占全国总人

① 张敏杰:《欧美志愿服务工作考察》,载《青年工作研究》1997 年第 4 期。

② 黄晓鹏:《美国志愿服务观察及其启示》,载《中国青年研究》2012 年第 11 期。

③ 江泽全:《英国志愿服务发展及对中国的启示》,载《广东青年干部学院学报》2004 年第 9 期。

④ 陈静:《香港义工去年创造经济价值 55 亿港元》,载《人民日报海外版》2010 年 5 月 6 日第 3 版。

口的6%左右。[①] 当然,我国大陆的志愿服务,不管是在服务的人数、规模,还是服务的领域,服务的水平、质量以及服务的组织管理和实施与国外及我国的香港及澳门地区均有较大的差距。我国大陆,志愿者在社区矫正领域的服务就更晚,服务的方式、内容,服务管理的制度、体系等方面还在探索之中。

关于志愿者为什么要参加志愿服务,或者志愿者参加志愿服务的动机或者目的是什么?中西方是不一样的,或者说所提倡的、所宣传的、所要求的是不尽相同的。西方人选择做志愿者,在某种情况下可以说是出于自利的本能。美国黄石公园发生火灾时,大学生踊跃参加灭火志愿者队伍,是为了自己和自己孩子以后还能够看到黄石公园。西方国家志愿者的主体——社团、社区、教会和慈善团体都是没有功利目的的,志愿者活动不是为政治服务,而是为人民服务。他们吸引志愿者加入的方法就是顺应人的自利本能,在追求自利的过程中实现他利。西方招募志愿者的口号通常是尽"自己的社会责任,为了自己"。而我国的口号通常是"为了祖国、为人民、为子孙万代"。这是有很大的区别的,志愿者参与志愿服务的积极性、规模和效果也不尽相同。不过在我国,志愿者参加志愿服务所宣传、所提倡的价值目标是一回事,而实际上参与人员或者真实的目的和动机又是另外一回事。但如果这两者相背离,或者所提倡的价值追求与志愿者参与志愿活动的内在动机和目标相差很远,那么对于志愿服务事业的发展,对于激励志愿者的加入或者更好地投入志愿服务等方面均会有较大的影响。我国学者对此研究的结论的是:"无私奉献"的价值目标是最不能产生志愿者激励动力的因素。从无私奉献到损人利己,中间有很多层次,至少包括单纯利己、为己利他、无私利他三个层次。这三个层次都能够产生参加志愿服务的激励,但从人群的覆盖面角度看,他们所能产生的激励动力却有很大的不同。单纯利己是根基,产生的激励动力最大;为己利他是核心;无私利他产生的激励动力最小,因为这种激励只能覆盖极少数人群。[②] 据上海大学社会科学学院教授龚万达对参加上海特奥会的大学生志愿者的服务动机进行调查分析发现,有50.9%的志愿者渴望通过参与特奥会学习新知识、新技能,在丰富生动的实践中开阔眼界、增长知识、提高能力。[③] 这也从一个侧面反映出利己的动机是志愿服务的主要动力因素。也在一定程度上佐证了美国哈佛大学生物学教授

---

① 徐祖荣:《中国志愿服务的制约因素及制度改进》,载《武汉科技大学学报》(社会科学版)2010年第6期。

② 孙宝云、孙广夏:《志愿行动的主体、动机和发生机制》,载《探索》20007年第6期。

③ 龚万达:《志愿服务20年——中国志愿服务研究综述》,载《辅导员工作研究》2010年第11期。

爱德华·O. 威尔逊的研究结论:"人的利他行为的多数表现,说到底含有自私的成分。"①

2. 志愿服务机构

志愿者参与志愿服务一般都是通过志愿服务组织进行的,很少有志愿者个人直接与服务对象联系提供服务的。因此,西方国家为志愿者提供服务的公益性、非盈利性的非政府组织非常之多。美国学者赛拉蒙将在20世纪90年代中叶,席卷全球、种类繁多的非盈利性、非政府组织称之为"团体革命",称之为"第三域"。他认为,"团体革命"对于20世纪晚期的意义,如同民族国家的兴起对19世纪晚期的意义一样重大。

如美国,在1999年各种各样的社团达到了150万个。② 截止到2010年,美国各类社会组织多达1200万个,其中有相当一部分是志愿者组织。美国的志愿者组织形式一般分为两大类:一类是由社会工作者、社区委员会、学校、教区、居民等自发组织起来的综合性服务组织,所提供的服务项目非常广泛,包括各种文化体育娱乐服务活动、各种义务教育活动,居民所需的各种生活服务甚至包括住房、就业服务等;另一类是,由具有专业知识与技能的志愿者组成的专业性服务组织,③提供有关专业性比较强的志愿服务工作。志愿者参与社区矫正方面的志愿服务多数是由这一类专业志愿服务组织提供的。英国的志愿者服务组织也比较多,并且还形成了较为规范的监督运作机制。在英国,每一个志愿服务机构都是独立的法人单位,在董事会领导下自主运作。截至2010年2月,我国的香港地区已有1983个不同性质的注册慈善团体,共超过88.5万人登记成为义工(志愿者)。④

志愿服务机构是为志愿者从事志愿服务进行管理的组织,其职责主要包括招募志愿者,注册登记志愿者,对志愿者进行培训,提供志愿服务的项目、信息,组织、管理、监督志愿者服务活动,对志愿者的服务工作进行考核、评价,运作、筹集必要的经费,创建志愿服务品牌。志愿服务组织也有信誉和品牌效应,信誉好的志愿服务组织得到公民的信任,能够吸引更多的志愿者加入。总的来说,国外一些国家的公民对志愿服务机构比较信赖。据英国2002年的调查,63%的公民表示信任志愿服务机构,相比之下,只

① [美]爱德华·O. 威尔逊著:《论人的天性》,林和生、谢显宁、王作虹译,贵州人民出版社1987年版,第142页。

② 孙宝云:《中西方志愿者运动发生机制的比较研究》,载《北京电子科技学院学报》2012年第3期。

③ 高崃:《美国志愿服务发展的历史考察及其借鉴价值》,载《中国青年研究》2010年第4期。

④ 唐品:《香港义工名播世界——香港义务工作发展局行义40年回顾》,载《社会与公益》2010年第8期。

有 15% 的公民表示信任政党，37% 的公民表示信任议会。①

我国内地的志愿者组织主要有中国志愿服务联合会、中华志愿者协会、中国青年志愿者协会、中国文艺志愿者协会。2008 年底，有 35 个省级志愿者协会、2/3 以上的地市和区县志愿者协会、2000 多个高校志愿者协会、19 万个志愿者服务站。② 截止到 2013 年 12 月 13 日，北京共有志愿团体 12, 628 家，注册的志愿者总数 2, 286, 578 人。

（三）其他社会力量

除了以上的社工及机构、志愿者及其机构以外，参与社区矫正的社会力量还有村（居）民委员会、企事业单位、社区矫正人员所在单位、就读学校、监护人、保证人、家庭成员等。这些机构和人员既不能归类为社工及组织，也不能归类为志愿者及其组织，因此，应当将他们作为其他社会力量进行分类和管理。当然不能排除村（居）民委员会、企事业单位、社区矫正人员所在单位、学校的成员是社工或者作为志愿者参与到社区矫正中来，但这些单位由于自身的特点或者职责或者与服刑人员所形成的各种关系，决定了他们与前述两类社会力量是不同的。社区矫正人员的监护人、保证人、家庭成员等由于他们与矫正人员的特殊关系，也无不能与社工和志愿者参与社区矫正的性质、要求等相提并论。

村（居）民委员会是我国最基层的群众性自治组织，是村（居）民自我管理、自我教育、自我服务的基层群众性自治组织。它们负有办理本村（社区）的公共事务和公益事业，调解民间纠纷，协助维护社会治安等的职责和义务。村（居）民委员会参与到社区矫正工作中，是我国贯彻群众路线、专群结合方针处理、治理犯罪和社会治安问题的重要法宝。村（居）民委员会参与社区矫正是其职责所在，具有强制性的要求。服刑人员所在单位、学校、监护人、保证人、家庭成员等都与社区矫正人员有千丝万缕的关系，他们参与社区矫正工作中，同样是其职责也是其应尽的义务。2012 年 3 月 1 日起施行的最高人民法院、最高人民检察院、公安部、司法部印发的《社区矫正实施办法》第 3 条第 3 款规定："有关部门、村（居）民委员会、社区矫正人员所在单位、就读学校、家庭成员或者监护人、保证人等协助社区矫正机构进行社区矫正。"

因此，如何组织、利用、充分发挥这些社会力量在社区矫正中的作用，对于提高社区矫正工作质量、促使社区矫正人员早日融入社会、回归社会，预防和减少他们重新犯

---

① 江泽全：《英国志愿服务发展及对中国的启示》，载《广东青年干部学院学报》2004 年第 9 期。

② 张素蓉、刘永高：《中国志愿服务发展研究》，载《社科纵横》2010 年第 5 期。

罪具有非常积极的意义。

二、社会力量参与社区矫正的内容

社会力量在社区矫正中主要能够从事哪些方面的工作,或者说在社区矫正的工作内容中,哪些是可以由社会力量来协助完成的,哪些是社会力量无法参与的,需要加以明确。

关于社会力量参与社区矫正的内容,目前没有相关规定,学者的主张不一致,实践中的做法也有较大的差异。有的人认为,专业社工是社区矫正的得力助手和有益补充,主要从事事务管理和专业服务两个方面的工作。事务管理方面,专业社工主要开展矫正对象的档案管理、接收工作、请销假工作以及集中教育和公益劳动、奖惩工作、解除矫正工作等事务管理工作。专业服务方面,社工主要提供专业心理矫治服务、开展普法教育、禁毒教育、警示教育,以及矫正对象面临的部分问题的协调处理等服务工作。① 有学者认为,(1)接收社区矫正人员;(2)进行日常管理:包括日常考核、奖惩,对社区矫正人员的申诉、控告和检举的接待、调查和处理,请销假,迁居的审批,社区矫正人员接受媒体采访的审核;(3)解除社区矫正。这三项工作应该是社区矫正官员的职责,②不宜由社会力量来参与。实践当中,有的地方有专职社工的,似乎所有的工作都是由社工来完成的。

这里的问题是,社会力量参与社区矫正,参与什么?怎么参与?由于这一基本的问题没有统一的认识、也没有相应的规范。实践中也无分工可言,社会力量参与社区矫正的任务、职责不明确,这当然很难发挥社会力量的作用。

一般来说,凡是涉及刑罚执行、监督管理,尤其是有关对社区矫正人员的权利、人身自由的限制,对社区矫正人员的奖惩,执行方式、场所变更等方面的事务,应该由国家机关专门的社区矫正工作人员来承担,这是他们的法定职责。社会力量是没有权利行使这方面的职权的。社会力量主要是在教育矫正、帮扶方面协助社区矫正机构对社区矫正人员进行教育、矫正,帮助解决他们面临的或者将要出现的各方面的问题。当然,在社区矫正的刑罚执行、监督管理方面,一些辅助性的、事务性的工作,社会力量也是可以适当参与的,比如,收集、整理有关资料,协助走访、了解、核实有关信息等。

社会力量参与社区矫正的方式应该说是多种多样的,原则上,凡是有利于对社区

① 刘武俊:《社区矫正工作中的社会力量专论》,载《中国司法》2012年第7期。

② 吴宗宪:《社会力量参与社区矫正的若干理论问题探讨》,载《法学评论》2008年第3期。

矫正人员的教育矫正、帮困解难的方式均可以使用。根据我国国情及我国社区矫正工作的实际，参考国外一些成功的经验和做法，可以考虑通过这些方式来组织、引导、鼓励社会力量参与到社区矫正中来：一是通过政府购买岗位服务的方式；二是通过项目运作的方式；三是通过合作的方式；四是通过制定各种优惠、奖励政策，激励社会力量的参与；五是通过建立矫正小组的方式，促使社会力量的参与。矫正小组的方式，在我国社区矫正的实践中被广泛使用，并且也取得了一定的成效。

第二节　我国社会力量参与社区矫正的现状

我国社会力量参与社区矫正近些年来有较大的发展，也取得了一定的成效，但也存在各种各样的问题，需要研究解决，需要进行顶层设计。

一、社会工作者（社工）参与社区矫正的情况及问题

我国在2003年进行社区矫正试点以来，一些省（区、市）就开始尝试引入社会工作的理念和方法，采用不同的方式聘用社工协助进行社区矫正工作。目前，在一些地方社工已经成为社区矫正的一支重要力量，辛勤工作在社区矫正领域，取得了比较好的效果。不过，由于我国整体来说，对社工这一行业还比较陌生，对社会工作的理念、方法、特点、作用等还缺乏了解。因此，社会工作者参与社区矫正的过程中，存在这样或那样的问题也是情理之中的。

（一）我国社会工作者参与社区矫正的基本情况

1. 社区矫正社工数量、身份情况

截止到2015底，全国参与社区矫正的社会工作者总数为882,634人。其中，事业身份类社工占9.7%；政府直接招聘类（非事业身份）占40.7%；社团或企业劳务派遣类占5.3%；其他类型占44.3%。

从各省的情况看：目前，全国所有的省（市、区）或多或少聘用了一定数量的社工参与社区矫正工作。其中，使用社工在5000人以上的有：辽宁省（5462人）、云南省（7009人）；使用社工人数在2000人以上的有：吉林省（2882人）、江苏省（2644人）、江西省（2145人）、四川省（4172人）、陕西省（2780人）、甘肃省（2218人）、广西壮族自治区（3528人）等。社工人数在100人以下有：海南省（57人）、青海省（58人）、宁夏回族自

治区(56 人)、新疆生产建设兵团(5 人)。

2. 社区矫正社工年龄结构情况

在我国 8.17 万社工中,年龄在 18 ~ 29 岁的有 21,242 人,占总数的 26%;30 ~ 39 岁的有 22,713 人,占 27.8%;40 ~ 49 岁的有 26,307 人,占 32.2%;50 岁以上的有 11,438 人,占 14%。有的省社工年龄偏大,如陕西省,共有社工 2780 人,其中 40 ~ 49 岁的有 1230 人,占 44.2%,比全国平均水平 32.2% 高出 12 个百分点;50 岁以上的有 1090 人,占 39.2%,比全国平均水平的 14% 高出了 15.2 个百分点。

3. 社区矫正社工文化程度及专业结构情况

初高中、中专以下学历的 39,379 人,占总数的 48.2%;大专学历的 28,840 人,占 35.3%;本科学历的 13,317 人,占 16.3%;研究生及以上学历的 164 人,占 0.2%。大专以上学历的 42,321 人,占 51.8%。在大专以上学历的社工中,社会工作专业的 2757 人,占总数的 3.3%;法律专业的 13,210 人,占总数的 16.2%;心理学专业的 695 人,占总数的 0.9%;教育学专业的 3560 人,占总数的 4.3%;其他专业的 22,102 人,占总数的 27.1%。

4. 社区矫正社工薪酬及社保情况

2013 年,全国社工月平均工资 1355 元,其中月平均工资最高的是上海市,为 2800 元;最低的是河北省,为 641 元。在省(市、区)内,各地的工资水平也差异很大。例如,江苏省,全省社区矫正社工月平均薪酬为 1736 元,其中最高的苏州市,月平均工资为 3333 元;最低的徐州市,月平均工资仅为 1190 元。浙江省社区矫正社会工作者月平均工资为 1894 元,最高的杭州市西湖区社区矫正社工月平均工资为 4510 元,最低的建德市仅为 1000 元。贵州省社区矫正社会工作者月平均工资为 1000 元,最低的为 700 元,最高的为 3000 元。

目前全国有 39,869 人上了社会保险(已上“三险”或“五险”,“一金”),占总人数的 48.8%。平均有一半多的社工(51.2%)没有社会保险。社工参保的情况,各地差异较大。参加社会保险比例较高的如上海市,共有社工 610 人,全部参加社会保险,占 100%;北京市共有社工 869 人,参保的人数有 816 人,占总数的 93.9%。参保人数比较少的如云南省,该省共有社工 7009 人,但参加社会保险的人数只有 964 人,占 13.8%;陕西省共有社工 2780 人,其中参加了社会保险的只有 268 人,占 9.6%。

5. 获得社会工作师职业水平证书的情况

目前全国社区矫正社工获得社会工作师和助理社会工作师职业水平证书的人数

为 1552 人，占总人数的 1.9%。获得社会工作师证书人数比较多的省（市）是，上海市有 366 人，山西省有 138 人，江苏省有 101 人，广东省有 116 人。还有一些省（市、区）从事社区矫正的社工中没有人取得社会工作师和助理社会工作师职业水平证书，例如，天津市、重庆市、江西省、河南省、海南省、贵州省、甘肃省、青海省、内蒙古自治区、宁夏回族自治区、新疆生产建设兵团等均没有人取得社会工作师和助理社会工作师证书。此外，有约 1300 人取得了国家心理咨询师的资格证书，占总社工人数的 1.6% 左右。

6. 民办社会工作服务机构的情况

随着社会工作理念、方法的引入，我国也开始出现民办的社会工作服务机构。截止到 2013 年年底，北京、上海等 14 个省（市、区）共成立了 142 个开展社区矫正社工服务业务的民办机构。其中民办社工服务机构相对比较多的省份有山西省（24 个）、安徽省（36 个）、广西壮族自治区（24 个）、广东省（19 个）、江西省（10 个）、河南省（9 个）、上海市（5 个）。重庆、河北等 17 个省（市、区）目前尚没有专门的社区矫正社会工作服务民间组织。①

7. 社工招聘、使用、管理情况

目前我国社区矫正社工的招聘、使用和管理大致有以下几种方式：一是由司法行政部门直接招聘。例如，江苏省有些地区，由县（市、区）司法局直接招聘，被聘用者与司法局签订劳动合同。吉林省司法厅 2011 年下发了省司法厅关于印发《吉林省社区矫正专职工作者管理办法（试行）》的通知。通知规定：县级司法行政机关对考试合格的招聘人员，按照有关规定进行岗前培训，培训合格后，由县级司法行政机关与聘用人员签订用工协议。二是由司法行政部门和人力资源与社会保障部门联合招聘。人保部门公布报考条件、岗位要求，录取以后由人社部门与其签订劳动合同。三是由街道办、司法行政机关委托劳务公司招聘相关人员。例如，2006 年 5 月 9 日，北京市司法局与市劳动和社会保障局联合下发了《关于招聘社区矫正协管员工作的意见》，起初是由街道办事处直接招聘，由街道办事处与被聘用人签订劳动合同，现改为由街道办事处委托劳务公司招聘，被聘用者与劳务公司签订劳动合同。北京市对这些人采用双重管理的模式，各区县阳光社区矫正服务中心负责协管员的业务指导、培训、教育和考核等，各街、乡、镇司法所负责他们的日常管理和工作安排，他们的人事工资关系在劳务公司，由劳务公司从街道的拨款中支付。江苏省有的地区是由县（市、区）司法局委托

① 注：以上数据来源于司法部社区矫正局 2013 年的统计。

劳务公司公开招聘，人员录用后以劳务派遣的方式派到社区矫正部门工作。四是通过民政部门发布招聘信息，由民政部门通过购买服务的方式，向民办社工服务机构购买社工，社工服务机构向社区矫正部门派遣社工，例如，广东省深圳市就是采用这种方式来招聘、使用和管理社工的。五是由司法行政部门通过政府购买服务的方式，向民办社工服务机构购买社工，由社工服务机构向社区矫正机构派遣社工。社工的业务由社区矫正机构负责指导、考核，社工的工资由民政部门拨给社工服务机构再由社工服务机构发给被聘用社工。

这些方式中，通过街道、通过劳务公司派遣的所谓社工，并非真正意义上的社工，实质是各地为了安排“4050”人员再就业而设置的公益岗位。不仅被聘用的人员与社工相去甚远，而且劳务公司也不知道什么是社会工作或者社会工作者。由司法行政机关直接招聘的，可能具备一定的社会工作方面的知识或者受到过相应的专业训练，但他们可能成为社区矫正机构的一员，与社会力量意义上的社工也不是一回事。对于由民政部门通过民办社工服务机构招聘的社工，专业方面的素养要好一些，但由于用人者不直接招人、管人，不用人者负责招人、管人，会造成供需的脱节，用人单位无法得到真正需要的人。再加上目前一些民办社工服务机构也是中标以后临时去找人的，他们自己没有稳定的社工资源，基本上都是临时抱佛脚，也无法提供社区矫正机构真正需要的社工。

8. 参与社区矫正社工的工作情况

目前，服务在社区矫正工作岗位的社工，基本是属于专职的、无所不为的人员。以北京市的专职社工为例，北京市的专职社工不独立负责执法活动，协助司法助理员、矫正干警工作，在六个环节参与了22项社区矫正和安置帮教工作。

第一，在接收环节：(1)参与对拟接收社区矫正人员的居住地、户籍地和家庭情况进行核实了解；(2)参与接收过程，参与对社区矫正人员的谈话教育并进行记录；(3)参与对不按时报到和下落不明未接收社区矫正人员的查找，并做好记录。

第二，在管理环节：(4)参与对新接收社区矫正人员的家庭情况进行了解，提出适合担任监督人的亲属人选；(5)参与对新接收社区矫正人员的生活、就业、工作等情况进行调查，为分类测评工作提供参考依据；(6)参与分类测评过程，并负责数据统计；(7)参与对社区矫正人员的走访，掌握其动态和去向，发现社区矫正人员有违法犯罪苗头或者违反社区矫正管理规定或者家庭发生变故等异常情况及时报告，并做好走访记录；(8)参与社区矫正人员报到当日的电话接听，谈话记录；(9)参与对社区矫正人员动态的分析，汇报所管社区矫正人员的整体状况及存在的问题，并提出工作建议；(10)参与对脱管和不按时报到的社区矫正人员的查找，并做好工作记录；(11)按照司法所的安排参与突发事件处置。

第三，在教育环节：(12)协助组织社区矫正人员亲属在内的各方社会力量对社区矫正人员进行帮教；(13)参与矫正组织开展的矫正活动；(14)参与矫正方案的制定、实施以及个案矫正效果评估；(15)参与对社区矫正人员的谈话、思想教育等各项教育活动，并做好工作记录。

第四，在公益劳动环节：(16)对司法所直接组织社区矫正人员进行的公益劳动协助做好组织和监督，并负责做好工作记录；(17)对委托村(居)委会或有关单位分散组织社区矫正人员进行的公益劳动，负责定期向被委托单位了解公益劳动的落实情况并收取公益劳动反馈单，同时做好记录；(18)参与对社区矫正人员的公益劳动安全教育，并进行记录。

第五，在帮助服务环节：(19)了解社区矫正人员的生活、就业状况，对有关问题及时向司法所报告并提出工作建议。

第六，在解矫环节：(20)参与解矫过程，对社区矫正人员谈话教育并进行记录；(21)社区矫正人员解矫后，负责通知村(居)委会；(22)参与档案的建立、整理、装订、检查签字后归档。①

从以上的工作可以看出，社工参与社区矫正是全方位的，从评估、接收到解矫、归档等无所不包。即使这样，有的地方社区矫正社会工作者除了从事社区矫正工作以外，要承担人民调解、安置帮教、法律援助、法制宣传等司法行政工作，同时还要承担街道、乡镇综治办布置的大量工作任务。这样下来，多数社工工作量超负荷，工作时间每天大约10小时以上。

(二)我国社会工作者参与社区矫正存在的问题

我国将社会工作的理念、方法、制度引入社会管理领域还处于刚刚起步阶段。1988年，当时的国家教委决定在部分高校试办社会工作与管理专业，并首先批准在北京大学设社会工作专业。1991年中国成立了社会工作者协会。2006年7月人事部、民政部联合发布了《社会工作者职业水平评价暂行规定》和《助理社会工作师、社会工作

① 北京市社区矫正处：《北京市社区矫正社会工作者队伍建设情况调研报告》。

师专业水平考试办法》。2008 年首次在全国举行了助理社工师、社工师职业水平考试。社工引入社区矫正工作领域更是近几年的事情。由于是一个新的专业领域，是新的工作方法和服务方式，一切还在探索之中，在这种情况和环境下，难免出现或者存在这样那样的问题。

1. 对社会工作的认识存在偏差

由于社会工作在我国尚处于起步、探索之中，多数人不太清楚社会工作为何物。社会工作有什么特点、有什么功效，社会工作者是干什么的，什么样的人可以从事社会服务工作，他们的工作方式与其他部门或者人员的工作方式有什么不同，为什么要设立这样一种行业等，都太清楚，以至于实践中一些地方将社会工作者当做临时工、打杂工，有的甚至将他们当作志愿者；一些地方不知道什么是真正的社会工作，将协助社区矫正机构看管服刑人员，协助打听一些消息、收集一些信息等就以为是社会工作。有的甚至帮助打扫一下卫生、送一下饭菜等也以为是社会工作。因此，有些地方将安置的“4050”人员也称为社会工作者，将协管员当作社工。有的省份统计的从事社区矫正社工人数多达七八千人，其实真正能够称得上社会工作者或者属于社工的人寥寥无几。

2. 社区矫正社工的整体专业化、职业化程度不高

首先，从调查的情况看，从事社区矫正的社工中，初高中学历的占了将近一半(48.2%)，而这些人中有相当一部分是初中甚至是初中以下学历的。在另外 50% 具有大专以上学历的人当中，具有本科学历的有 13,317 人，占总人数 16.3%，占大专以上学历人数的 31.4%；具有研究生学历只有 164 人，占总人数的 0.2%，占大专以上学历人数的 0.4%。两项合计，即具有本科以上学历的社工占有专科以上学历人数的 31.8%，就是说，具有学历的社工中，绝大多数人是大专学历(占 68.2%)。其次，在所有具有大专以上学历的人员当中，学社会工作专业或者说受到过正规社会工作专业训练的人数很少，只有 2757 人，占总数的 3.3%，占大专以上人数的 6.5%，意味着在具有学历的人员中，93.5% 的不是学社会工作专业的。最后，在取得大专以上学历的社会工作者中，取得社工师、助理社会工作师水平证书的人就更是凤毛麟角。只有 1552 人，占总人数的 1.9%，占取得大专以上学历人数的 3.7%。我国在社区矫正领域从事服务的社工其实多数人既没有社会工作专业背景、相应的学历，也没有社会工作方面的实践经验。绝大多数人(90%)名为社会工作者，实际上并不具有社会工作者的专业素质、水平和能力。这与国外及我国香港地区的社会工作者绝大多数人(90%)拥有社会

工作专业学士以上学历,拥有社会工作者职业资格等相比确实存在很大的差距。

3.社工待遇低,队伍不稳定

根据统计,我国从事社区矫正工作的社工,2013年平均月工资为1355元。而2013年全国城镇居民月人均收入为2462月,这意味社区矫正社工的月均收入仅为城镇居民月均收入的55%,最低的月收入仅为600~700元。北京市2013年居民月均收入为5793元,最低月工资标准为1400元,而社区矫正的社会工作者月均工资仅为1578元,为北京市居民平均收入的27.2%,只比最低工资标准每月多了178元。浙江省算是社工的收入相对较高的省份,但也只有全省人均收入的65.7%。

工资很低,再加上有50%以上的人没有社会保险,队伍不稳定就是很自然的事情了。尤其是对于那些年轻、具有较高学历的人来说,更没有理由守着这个低收入的行业了。根据浙江省对一些地区的调查,杭州市江干区自2008年成立社区矫正社会工作者队伍以来,先后有7人离职,占总人数的37%;湖州地区自2008年以来先后有75名社区矫正社会工作者调离,占总数的46%,其中29名主动辞职,16名考取公务员或者事业单位。① 江苏省部分地区社区矫正社会工作者年流动率也在30%以上。

从国外的情况,社会工作者的待遇基本处于中等水平,具体的收入与他们从业领域、从业年限、学历、就业地区、性别等有很大的关系。据美国统计局公布的数据,2004年美国国民的平均年收入是48,020美元。在儿童、家庭和学校提供服务的社会工作者的年均收入在27,840~45,140美元,最高的10%的社工年收入超过57,860美元,最低的10%的社工年收入为23,130美元左右。在中小学服务的社工年平均收入为44,300美元,地方政府机构服务的社工年均收入为40,620美元,州政府机构服务的社工年均收入为35,070美元,个人与家庭服务机构工作的社工年均收入为30,680美元,其他住院照料机构服务的社工年均收入为30,550美元。此外,学历越高收入就越高。美国具有硕士学历的社工年薪都在4万美元左右,本科学历社工的年薪平均比硕士少2000美元左右;男性社工的收入要高于女性社工。②

将以上社工收入的数据对比,我们可以得出,行业的收入水平是决定这一行业的发展前景、队伍稳定的重要因素。要使有志之士加入到社会工作行业中来,这个行业必须有发展的前景,有上升的空间,同时收入水平最起码应在整个社会中等收入水平范围。否则,既吸引不了人才,也留不住人才。

---

① 浙江省矫正办:《浙江省社区矫正社会工作者队伍建设调研情况的报告》。

② 董小军:《美国社会工作者的薪酬》,载《中国社会报》2007年4月16日第4版。

4. 社会工作服务的社会化程度较低,民间社会工作服务机构少又难成规模

作为社会力量的社会工作者一般应该主要服务于各民办社工服务机构。利用社会力量主要是利用民办社工服务机构中的社工。如果是将社会工作者招聘到社区矫正机构中来,作为社区矫正机构的一员,那应该是属于社区矫正专职人员的一部分,属于国家公务员,不属于社会力量的范畴。这里要探讨的是如何利用民间社工服务机构及其社工的力量,参与社区矫正,为社区矫正服刑人员提供帮助和服务的问题。因此,一批运作规范、具有专业服务实力的民间社会工作服务机构以及一支高素质、有经验和能力的民间社工队伍是前提。多数国家及地区,社会工作者中的60% ~70%都是就职于民间的社工服务机构的,例如,美国、英国及我国的香港地区。

我国由于社会工作起步较晚,尚没有形成有实力、成规模的民间社会工作服务机构。不管是从数量,还是从质量上均没有形成相应的气候。尽管在统计数据上,目前全国为社区矫正提供社会工作服务的民间机构有142家,但这142家所谓的民间社工服务机构分布在14个省(市、区),其中最多的省有36家,最少的只有1家,此外有17个省(市、区)尚没有专门为社区矫正提供服务的民间社会工作服务机构。从民间社会工作服务机构的规模、实力、专业水平、服务能力、运作方式等来看,很难达到为社区矫正人员提供专业化服务的水平,多数民间社工机构有名无实,没有专业化的社工团队,缺乏提供专业服务的能力,也缺乏自我生存、自我发展的能力。目前,民间社工服务机构的经费来源主要是靠政府购买岗位和服务的经费,政府一般是通过招标的方式来确定提供社工及服务的机构,如果中标了就会获得政府的相应经费;如果没有中标,民间机构就很难生存。由于没有持续的、稳定的经费来源,多数民间机构往往是在中标以后才临时招聘社工。这样不稳定、临时抓人的机构,其服务能力、专业化程度是不言自明的。此外,我国是一个崇尚政府,有困难找警察,有问题找政府的国度,社会服务一直都是由政府提供的。政府部门对民间机构信不过,老百姓对它们更是信不过。上海一位政府官员的话基本可以反映我国目前社工机构及其政府和民众对其认同度的状况:“政府也不敢一下子投入大量经费,因为现在也无法证明社工机构的服务是否有效?而且我们也在老百姓中做过问卷调查,老百姓还是更信赖政府提供的公共服务。所以,我们也只能摸着石头过河……”。①

5. 社区矫正社会工作者职责定位存在问题

社会工作者在社区矫正中究竟应该扮演什么角色,尤其是作为社会力量的那部分

---

① 陈倍丽:《上海社工机构发展之制度困境及发展路径研究》,载《华东理工大学学报》(社会科学版)2011年第4期。

社会工作者如何参与社区矫正,职能如何定位,以什么身份,以什么方式参与到社区矫正工作中,他们的职责是什么,如何发挥他们的专业优势及特长等,目前均面临不少问题。实际上我国目前的所谓社工,充其量是打着这个名义,解决社区矫正人手不足的问题,跟真正意义上的,具有专业技能和理念的社会工作者相去甚远。

二、志愿者参与社区矫正的情况及存在的问题

我国社区矫正从2003年试点开始,就注意吸收志愿者参与。在2003年7月10日最高人民法院、最高人民检察院、公安部、司法部联合下发的《关于开展社区矫正试点工作的通知》中就明确指出:“社区矫正是与监禁矫正相对的行刑方式,是指将符合社区矫正条件的罪犯置于社区内,由专门的国家机关在相关社会团体和民间组织以及社会志愿者的协助下,在判决、裁定或者决定确定的期限内,矫正其犯罪心理和行为恶习……。”动员、鼓励、吸收志愿者参与社区矫正是社区矫正工作的特色之一。各地在社区矫正实践中均不同程度地利用志愿者这一社会资源,在社区矫正人员的教育矫正、社会帮扶等方面志愿者起到了一定的作用。不过,同时也要看到我国社区矫正中的志愿者参与的数量、质量、效果均存在不同程度的问题。

(一)志愿者参与社区矫正的主要情况

据司法部社区矫正管理局统计,截止到2015年底全国有社区矫正志愿者679,868人。这些人员主要是由社区的退休人员、下岗人员、街道居委会工作人员、学生(大学生、研究生)等组成。据华东政法大学叶慧娟对上海某街道志愿者参与社区矫正状况的调查,只有15.94%的被调查者称其家人或者朋友参加过社区矫正志愿者活动。在该街道社区矫正志愿者中,街道、居委会工作人员占绝大多数。在被调查的街道、居委会中,有21%的工作人员参加过社区矫正志愿者活动,一般居民参加社区矫正志愿者活动的在5%以下。另外,据北京零点公司的调查,北京有2%的居民参加过社区矫正志愿活动,参与者中以退休的老人和部分下岗职工为主。①

另据江苏省司法厅社区矫正工作局统计,截至2014年9月底,江苏省共有社区矫正志愿者62,726人。这些志愿者主要有街道社区、村(居)民委员会的治保干部,占47%;“五老”(老干部、老战士、老专家、老教师、老模范)人员,占12%;从事医疗、卫

① 叶慧娟:《志愿者:社区矫正制度功能实现的重要补充》,载《兰州学刊》2013年第11期。

生、教育、研究等工作的专业人员，占2%；高校老师、学生，占2%；社区矫正人员亲属，占29%；其他人员，占8%。志愿者主要是通过担任社区矫正小组成员，“一帮一”“多对一”地对社区矫正人员开展法制教育、心理辅导、社会认知教育、技能培训等工作。

据对北京市海淀区北太平庄街道社区315名志愿者的调查发现：社区志愿者中女性占56.8%，男性占43.2%；年龄在50～59岁的占28.6%，40～49岁的占22.2%，30～39岁的占16.8%。从文化程度看：小学占1.3%，初中占10.8%，高中占26.7%，大专占27.6%，本科占33.3%，硕士及以上占0.6%。志愿者月收入1000～3000元之间的占72.7%，3001～5000元的占21%。①

志愿者为社区矫正服刑人员提供帮助、服务的时间基本是不固定的，有的是利用业余时间，或者寻找双方合适的空余时间。从总体上看，志愿者服务的时间主要集中在4～9月份，其中7～9月份为最集中服务的志愿者服务的时间。服务的次数基本没有什么规律性，有时间或者能够凑上时间就举行一些活动。服务的内容也是泛泛的，服务的方式主要是以访谈、帮助协调有关关系、协调组织有关活动等为主。

（二）志愿者参与社区矫正的主要问题

尽管我国从数字统计上有679,868名志愿者参与社区矫正，但这可以说是统计意义大于实际意义。我国志愿者参与社区矫正尽管有一定的效果，但总体上还远远未发挥出应有的作用。

1. 我国志愿服务的精神、氛围尚需培育

一个国家要有较好的志愿服务，首先，必须要有志愿服务的精神基础，即要将志愿服务的精神植根于广大民众的思想中、头脑中。而我国有相当一部分人对志愿服务是什么，为什么要志愿服务，志愿服务有什么意义和价值等缺乏应有的认识。据对深圳市的调查，有46.53%的群众对志愿服务缺乏认识。② 深圳是我国改革开放的窗口，是志愿服务相对发达的地区，尚有将近一半的人对志愿服务缺乏认识，其他地方尤其是一些欠发达的中西地区的民众，对志愿服务了解的人就更少了。相当一部分人认为，社区矫正与罪犯打交道那是司法机关的事情，与老百姓没有太大的关系。其次，我们整个国家的志愿服务环境和氛围尚没有完全建立起来，公众志愿服务的习惯仍然没有

① 张珊珊：《北京市海淀区北太平庄街道社区志愿者服务与管理的现状调查》，首都体育学院2013年硕士学位论文。

② 张彩虹：《高校大学生志愿服务现状的调查与思考》，载《中国校外教育》2013年第6期。

养成。这跟我们的大政府、小社会的管理模式有直接关系，更与我们的教育方式和制度有很大的关系。我们很少将志愿服务纳入教育工作中，整个中小学阶段很少有学校将志愿服务纳入考核评价中，我们的教育评价指标主要是分数、是学习成绩。这跟国外有些国家有很大的不同，如在美国，在中小学阶段就鼓励学生参与社区志愿服务活动，高中学校更是明文规定，如果学生没有在社区志愿服务 60 小时以上，就不能如期毕业。美国的大学更是对学生的志愿服务提出具体、明确要求。纽约大学社会工作学院将社区服务列为必修课，规定学生一年至少有 75 个工作日的社会服务记录才允许学生毕业，像哈佛、耶鲁等一些常春藤名校，在录取新生时就把“社区志愿服务”记录作为重要的参考标准之一。①

2. 社区矫正志愿者的素质有待提高

志愿服务尽管是志愿的、没有报酬的，但也需要具备一定知识和能力，也需要受到一定的专业训练，尤其在社区矫正领域提供服务的志愿者，更需要具备相应的素质和技能。我国目前在社区矫正领域从事志愿服务的人主要包括街道、村(居)委会工作人员、离退休人员和下岗人员。他们有的文化程度比较低，如小学、初中；有的文化程度比较高，但缺乏社区矫正专业知识与技能；有的具有相应的专业知识，但又缺乏相应的实践经验，如在校大学生等。社区矫正的志愿服务，由于其面对人群的特殊性以及所需要专业知识和能力的特殊要求，一般不进行相应的培训或者不具备相应的专业知识、技能和经验，是很难提供有效服务的。而我国目前对社区矫正志愿者的培训比较缺乏，对志愿者也没有什么具体的要求，有的地方仅仅是凑人数而已。因此，现实当中的社区矫正志愿服务，可以说是形式大于内容，象征意义大于实质意义，志愿服务的实际作用很有限。

3. 缺乏社区矫正志愿服务组织

志愿服务也是一项有组织的活动，志愿者一般都在志愿组织中注册登记，通过志愿组织统一安排、协调、管理和监督而进行志愿服务活动。我国目前也成立了各种志愿服务组织，如中华志愿者协会、中国青年志愿者协会、北京市志愿服务联合会等；还有各种具体的志愿者组织，如社区志愿者分会、助残志愿者队、绿化志愿者队、便民志愿者队。社区矫正的志愿者目前一般是依托社区志愿者组织而开展活动的，目前全国尚没有专门为社区矫正提供志愿者服务的组织。社区矫正的志愿者服务相比其他领

---

① 黄晓鹏：《美国志愿服务观察及其启示》，载《中国青年研究》2012 年第 11 期；孙宝云：《中西方志愿者运动发生机制的比较研究》，载《北京电子科技学院学报》2012 年第 20 卷第 3 期。

域的志愿者服务需具备更高的规范性、专业性，对志愿者的素质、能力和专业知识的要求也更高。因此，更需要有相应的志愿者组织来组织开展有关志愿服务活动。实践中，社区矫正志愿服务活动开展的不好，效果不明显，跟没有相应的志愿者组织有很大的关系。

4. 社区矫正志愿服务的内容、方式单一

社区矫正志愿服务不是简单地跟社区矫正人员见个面、谈个话、聊聊天就能够奏效。它需要对社区矫正人员有比较深入的了解，需要有服务的项目和方案，需要有具体的计划和安排，需要效果的评估等，否则只能是走形式、走过场、做表面文章。这不仅是在社区矫正的志愿服务方面，在其他领域的志愿服务也同样存在这些问题。目前社区矫正实践中所谓的志愿服务，多数是没有具体的服务内容和计划的，提供什么样的服务，要达到什么样的目标，通过什么方式和路径进行服务，绝大多数人是不清楚的。一般都是临时起意、临时安排，或者服刑人员遇到什么问题需要帮助时，临时找志愿者来帮助一下。所以实践中就出现，一方面，服务者和被服务者很难找到共同的时间；另一方面，即使找到了双方合适的时间，也不知该干什么。因此，就出现志愿者与社区矫正人员见一次面也就访谈半个小时，时间长了就显得无所适从了，觉得没有什么事可做了。

5. 社区矫正志愿服务保障体系尚未建立起来

社区矫正志愿服务的保障体系主要包括经费保障、人员保障、组织保障和法律制度保障等。志愿服务需要一定数量的志愿者，这些人员开展活动需要在一定机构的组织、协调下才能有序进行。关于人员和组织保障的问题在前面已有论述在此不再赘述。这里主要讨论经费保障和法律制度保障的相关问题。

首先，志愿者提供志愿服务尽管是不计报酬的，但整个志愿服务的运作过程本身是需要一定经费支撑的。例如，志愿者的交通费用、提供志愿服务所需的设备、设施、资料、材料费用，志愿者招募、管理、培训的费用，一些志愿项目运作、组织实施的费用等。我国志愿服务缺少资金的支持是各类志愿者组织和各项志愿活动所面临的最为迫切的问题，社区矫正志愿服务的资金更是匮乏。这主要跟我国现行的志愿服务管理体制、志愿服务环境以及志愿服务的运作方式有很大关系。我国的志愿服务管理、运作像其他领域一样，同样是由政府主导的。经费由政府承担，但政府又不可能提供太多的费用，其他筹资渠道又不畅通，筹资环境不好。整个社会的公益氛围、志愿精神尚没有达到应有的水平。再加上我们对社会团体、民间组织、志愿组织的设立、登记、注册和管理都趋行政化，一般的志愿者组织多数不能面向社会、面向公众募集资金。从国外志愿服务的资金来源的情况看，资金来源是多渠道、多元化的，包括政府、个人、企业、基金会以及志愿组织运营收入等。如国际美慈组织在 2012 年 7 月开始的财年中，募集超过了 3 亿美元，其中个人占 11%，企业和基金会占 8%，美国政府占 59%，欧盟委员会占 7%，其他政府占 5%，联合国机构占 4%，下属微金融机构运营收入占 6%。①英国志愿服务的大量资金主要来源于社会，除了个人和企业的募捐外，英国有大量的社会公益基金，如儿童公益基金、千年志愿者公积金、欧洲慈善基金、健康部门与志愿行动基金。政府投入仅占 36%，且包括政府委托志愿组织的项目经费。②

我们也举行各种慈善活动，也有各种各样的基金会，但不管是个人还是企业捐赠的积极性都不是太高。这跟我们的传统、习惯和环境有关，也与我们的制度设计有很大的关系。我们的企业、个人捐赠的款项还要缴税，即使现在有减免税政策，但执行起来也非常繁琐，手续非常复杂。在此举两个例子来说明这个问题：一个例子是，民政部门救灾救济司司长王振耀自己做的实验。他于 2005 年 8 月 30 日捐助了 500 元给中华慈善总会，同时凭收据办理个税减免手续，让单位的财务人员计算减免抵扣税额，修改本月应税工资，再向税务部门提交修改后的“税务明细申报表”，然后由本人填写了 4 份“税收缴款书”送至银行，财务处再根据银行单据重新做账，下月恢复原工资明细。王司长终于在 10 月份工资条上减免了 50 元税款。另一个例子是，全国人大代表、广东茂名市工商联会会长倪乐在 2012 年两会期间说：他曾经在一次水灾后，给某山区捐了 100 万元，结果要征收 17% 的纯利税、33% 的企业所得税，因是以个人名义捐赠的，还要交个人所得税，最后交了共 60 多万元税，结果捐 100 万元，实际要出 160 万元。中美人均 GDP 相差 38 倍，而中美人均慈善捐款数额则相差 7300 倍。对于中国的这种现状，前世界银行行长沃尔弗. 威茨说出了真谛，现在中国慈善捐款少，不是文化层面的问题，恐怕是现实的体制问题。③

其次，志愿服务活动和志愿者需要在法律法规上加以规范，他们作为志愿者的权利义务需要得到法律法规的确认，他们提供志愿服务需要得到尊重、需要有法律上的依据，他们提供服务的责任风险、人身安全需要有法律上的保障。同时，也需要制定相

---

① 黄晓鹏：《美国志愿服务观察及其启示》，载《中国青年研究》2012 年第 11 期。

② 江泽全：《英国志愿服务发展及对中国的启示》，载《广东青年干部学院学报》2004 年第 9 期。

③ 转引自孙宝云：《中西方志愿者运动发生机制的比较研究》，载《北京电子科技学院学报》2012 年第 20 卷第 3 期。

应的法律法规和政策来激励、鼓励广大市民积极参与志愿服务。目前,我国对志愿服务的管理基本上是处于部门规章层面的或者是地方性法规层面的,尚没有制定国家的志愿服务法律法规。目前主要有《中国注册志愿者管理办法》《志愿者注册登记制度》《中国红十字志愿服务管理办法》《中国社区志愿者管理办法》等。多数省(市、区)颁布了志愿服务地方性法规,目前有北京、天津、上海、黑龙江等17个省市区颁布实施了志愿服务条例,深圳、杭州、南京等7个副省级城市也出台了相应的志愿服务规定。国际上的一些国家都有相应的志愿服务法律,美国就有《国内志愿服务修正法》、1990年颁布的《国家和社区服务法案》、1993年颁布的《全美服务信任法案》、1997年颁布的《志愿者保护法》、2009年颁布的《爱德华·肯尼迪服务美国法》等。

三、其他社会力量参与社区矫正的情况及存在的问题

除了以上的社工及组织、志愿者及其组织以外,参与社区矫正的社会组织及人员还有村(居)民委员会、企事业单位、社区矫正人员所在单位、就读学校、监护人、保证人、家庭成员等。这些机构和人员既不能归类为社工及组织,也不能归类为志愿者及其组织,因此,应当将他们作为其他社会力量进行分类和管理。当然不能排除村(居)民委员会、企事业单位、服刑人员所在单位、学校的成员是社工或者作为志愿者参与到社区矫正,但这些单位由于自身的特点或者职责或者与社区矫正人员所形成的各种关系,决定了他们与前述两类社会力量是不同的。社区矫正人员的监护人、保证人、家庭成员等由于他们与社区矫正人员的身份特殊关系,也不能与社工和志愿者参与社区矫正的性质、要求等相提并论。

(一)村(居)民委员会参与社区矫正的情况及存在的问题

村(居)民委员会是最贴近、最了解社区矫正人员的基层群众自治组织。依靠他们、动员他们积极参与到社区矫正中来,是我国社区矫正工作的重要方面。村(居)民委员会在司法机关决定是否对嫌疑人、罪犯实行社区矫正时,就参与到社区矫正的相关工作中了。《刑法修正案(八)》规定:宣告缓刑对所居住社区没有重大不良影响的条件;对犯罪分子决定假释时,应当考虑其假释后对所居住社区的影响。这些规定均要征求村(居)民委员会的意见,有的地方是村(居)民委员会成员直接参与对适用社区矫正的社会调查评估。多数村(居)民委员会在社区矫正人员的困难帮助、社区服务等方面协助社区矫正机构工作。不过,村(居)民委员会参与社区矫正的深度、广度以及参

与的效果,各地有较大的差别。有的社区管理比较规范,社区设施比较先进、齐全,村(居)民委员会工作人员比较年轻、有较高文化和专业水平,参与的力度和效果就要好一些,反之就要差一些,有的甚至是徒有形式。

村(居)民委员会参与社区矫正是一种什么性质的工作,尚需要深入研究。我国的村(居)委员会是自我管理、自我教育、自我服务的基层群众性自治组织,在社会的安全稳定方面起到举足轻重的作用。他们负有办理本村(社区)的公共事务和公益事业,调解民间纠纷,协助维护社会治安等职责和义务。村(居)民委员会参与社区矫正工作,是我国贯彻群众路线、专群结合方针处理、治理犯罪和社会治安问题的重要法宝。目前比较明确的是,村(居)民委员会参与社区矫正,既是群众自身的需要,也是职责所在,具有一定强制性的要求。但是,村(居)民委员会如何参与社区矫正,通过什么方式参与社区矫正,他们在社区矫正中应该承担什么样的职责,有什么样的权利义务,如何指导、管理和保障村(居)民委员会参与社区矫正,目前尚没有比较成熟的意见和规范。

(二)企事业单位参与社区矫正的情况及存在的问题

在我国社区矫正的实践中,有的地方企事业单位通过为社区矫正服刑人员提供临时就业场所、就业培训基地、公益劳动场所,为社区矫正场所建设提供场地、资金或者技术支持等方式,支持社区矫正工作。但总体来说,企事业单位参与社区矫正的规模、数量有限,参与社区矫正的积极性不高。这跟我们的体制、政策、宣传、激励等方面均有很大关系。

(三)社区矫正人员所在单位、就读学校、家庭成员或监护人、保证人参与社区矫正的情况及存在的问题

社区矫正人员所在单位、就读学校、家庭成员或监护人、保证人是最了解社区矫正人员的,他们融组织管理和亲情感化为一体,对社区矫正人员的教育、感化、矫正有不可替代的作用。这些组织和人员主要是通过参加矫正小组的方式协助社区矫正机构进行的。据统计,截止到2015年底,全国成立了67.2万个矫正小组,占同期在矫社区矫正人员总数(69.8万人)的96%。矫正小组是比较好的社会力量参与社区矫正的平台和方式,在协助社区矫正工作中起到了较好的作用。但如何更好地发挥矫正小组的作用,如何规范矫正小组的工作方式、工作内容,如何对小组成员进行科学分工及职责定位,如何鼓励、激励矫正小组成员积极投入到社区矫正工作中,如何对小组成员的工

作业绩进行考核、评价及表彰等均需要加以规范及完善。

第三节　建立与完善社会力量参与社区矫正的制度体系

《社区矫正实施办法》对社会力量参与社区矫正工作作了原则性规定，2014 年 11 月 14 日，司法部、中央综治办、教育部、民政部、财政部、人力资源社会保障部联合下发的《关于组织社会力量参与社区矫正工作的意见》（以下简称《矫正工作意见》），对如何组织社会力量参与社区矫正工作提出了指导性的意见，对建立与完善我国社会力量参与社区矫正工作体系具有重要意义。不过，《矫正工作意见》仍然比较原则，有些问题仍然需要进一步明确，需要有可操作的、能落到实处的政策制度措施。根据我国的国情，考虑到我国社会力量参与社区矫正的实践，借鉴国外成功的做法，我们认为应该从以下方面进行构建及完善。

一、培育社会力量参与社区矫正的环境氛围

广泛吸纳社会力量参与社区矫正工作，逐步扩大范围、规模，充分发挥社会力量的作用，必须大力培育整个社会鼓励、支持社会力量参与社区矫正的环境氛围。

（一）精心组织宣传

社区矫正的性质、功能作用、意义，尤其是与社会组织和广大人民群众的切身利益有什么样的关系，多数人并不清楚。因此，应该加强宣传，让社会组织和大众明白，社区矫正不仅仅是国家刑罚执行机关的事情，它与每个组织、每个人密切相关，它关系到社会的安全稳定，关系每个人的工作、学习和生活秩序的稳定，甚至与每一个人、每一个家庭的快乐、幸福密切相关。改变习惯上从远大的理想、从为社会作贡献、从无私奉献等角度去宣告、引导、鼓励大家去参与志愿服务和公益事业，因为它不太符合人的基本心理和本性，实际上效果并不好，而主要是从利己而不是利他的角度，从利己来实现利他的价值取向来进行激励、鼓励和宣传。

（二）培育整个社会的志愿、公益精神

从小学甚至幼儿园起就要开始培育每一个人的志愿、公益精神和习惯。我们应当

学习借鉴美国等西方国家的有益做法，将志愿服务和参与公益活动纳入教育工作中，整个中小学阶段将志愿服务和公益活动纳入考核评价体系中。志愿服务与其说是一种精神，还不如说是一种习惯。只有将知行合一，将公益精神融入日常的行为习惯中，才能建立起良好的环境氛围。

二、建立完善培育扶持发展民办社会组织的制度

（一）培育、扶持民办社会工作服务机构建设与发展

发展民办社会工作服务机构是社区矫正社会工作服务发展的主要方向。我国民办社会工作服务机构不仅数量少、规模小，而且服务能力、专业人才均不足。除了通过政府购买服务的方式引导、鼓励、促进民办社会工作服务机构的发展以外，也应该采用财政资金支持、提供服务场所等方式，引导有志之士及组织投身到民办社会工作服务机构的设立、建设和服务上来。力争通过扶持政策、制度环境的建设，整合现有资源或者新建等方式逐步促使民办社区矫正社会工作服务机构的健康发展。中组部等 19 个部委印发的《社会工作专业人才队伍建设中长期规划（2011 ~ 2020 年）》中提出通过建立 50 个国家级民办社会工作服务机构孵化基地，到 2020 年，培育发展 8 万家民办社会工作服务机构。为社区矫正提供服务的民办社会工作服务机构的建设，应该纳入国家民办社会工作服务机构建设计划中，加快社区矫正民办社会工作服务机构建设的步伐。

（二）鼓励、引导、扶持社区矫正志愿者服务组织的建设与发展

鼓励有为社区矫正提供志愿服务的意愿、条件和能力的人发起组织社区矫正志愿服务机构。只有拥有一定数量和规模的，专门为社区矫正提供志愿服务的组织，才能注册、招募相应数量的志愿者，才能真正为社区矫正机构和社区矫正人员提供所需要的、有效的志愿服务。国家应该逐步改革志愿者组织设立的条件、程序和要求，降低设立的门槛，加强对这些机构的管理。

（三）鼓励、扶持其他社会力量组织建设与发展

可以总结推广地方经验，如江苏等地，成立了矫正协会、社区矫正工作协会等组织，为企事业单位等其他社会力量参与社区矫正搭建平台，牵头组织、发动、整合相应的企事业单位参与到社区矫正工作中。

三、建立政府购买社区矫正社会化服务的常态机制

应该建立相应的、长期的将社区矫正中专业性比较强的工作内容、服务项目通过政府向社会组织购买服务制度体系，促进政府购买社会服务的有序发展。目前可以考虑将社区矫正人员的心理疏导、咨询和治疗项目，道德、行为的矫治，人际关系的处理和修复，生活指导，就业培训和指导等方面，纳入政府购买服务的范畴。

（一）建立社区矫正机构定期发布购买社区矫正服务项目的制度

社区矫正机构可以通过定期向社会公开发布购买社区矫正服务项目的名称、服务内容、服务的方式、项目的目标、服务的质量要求、服务的期限、项目的资金规模及支付方式、项目效果的评价、违约责任以及参与招投标专业组织的资质、专业技术力量、治理结构、以往的业绩要求等信息，鼓励、引导、促使社会去设立相应的专业机构，发展自身的专业技术人员队伍，提高自身的竞争力及提供专业服务的能力。政府购买社区矫正相关的专业服务，要能够长期、有序、有效地推进，取决于两个条件：一是政府要真正地、长期地将相关服务内容纳入工作计划、购买服务的经费纳入财政预算，并要形成长期的稳定的制度，否则，就无法吸引社会力量、机构和人才来关注、参与这项工作。二是政府购买服务要顺利进行，能够将服务内容委托给合格的、有实力的、有经验的社会组织，前提是社会上要有这样的组织，并且要有多家的、能够形成竞争格局的社会组织。这两个条件是相辅相成的，政府有相对稳定、长期的项目需要社会组织提供服务，就能够促使民间机构、专业人才去设立、经营管理这样的机构；社会上有这样适格的组织和队伍，政府就可以放心、大胆地将一些事务委托社会组织来完成，形成良性循环。

（二）建立以招投标方式决定提供社区矫正服务的制度

我国在工程建设、政府采购等方面的招投标制度、程序已经比较成熟了，也有好的经验。尽管社区矫正有其法律性、执法性、严格性、专业性等方面的特点，但招投标的程序、要求所要实现公正公平的价值理念是相同的。因此，面向全社会的专业机构通过招投标的方式，来选择服务机构，应该是社区矫正机构购买服务的主要通径。当然，有些个别的、规模不大的、资金量很小的服务，可以不走严格的招投标程序。

（三）建立社区矫正机构购买服务的合同管理、监督和专家评价制度

购买服务项目通过招投标确定中标单位以后，社区矫正机构应该与提供服务的单

位签订政府购买社区矫正服务合同。合同内容包括双方的权利义务，提供服务的种类、内容、数量、期限，服务的资金数量、支付方式、支付期限，项目所要达到的目标、要求，提供服务的场所、方式，社区矫正机构的监管权限和配合责任，项目完成后的评估、验收，违约责任等内容，均应该在服务合同中作出明确具体的规定。社区矫正类的政府购买服务，由社区矫正机构对服务提供者进行监管、配合及由专家团队来进行验收、评估，是确保服务合同顺利执行，并取得预期效果的必要环节和必经程序。

在我国的社区矫正领域，政府购买服务主要是购买社工服务，并且主要是购买社工服务的岗位，即通过民政或者街道招聘社工，由民政部门、司法机关或者街道与社工服务机构或者劳务派遣机构签订劳务合同，再将社工派到社区矫正机构来工作。由于这种方式招聘单位、签约单位和用人单位的不一致，无法实现引进社工服务所要达到的专业服务水平和要求。因此，建议采用由社区矫正机构直接与民办社工服务机构签订购买服务的方式，变现在的购买服务岗位为购买服务项目的方式进行。否则，就难以形成专业化、规模化、规范化、效率化的社工服务体系。目前，购买社工岗位的方式，可以是作为引导、过渡的主要形式，发展目标应该是购买服务项目的形式。

四、建立完善社会力量参与社区矫正的激励政策

建立相应的激励机制，鼓励、引导有能力、有条件的社会组织及人员积极投身到社区矫正工作非常必要。

1. 建立相关工作保障制度

包括提高社会工作者的待遇，制定有利于他们职业发展的配套政策措施，为社会力量参与社区矫正提供必的设备、技术及其他条件的支持，建立社会力量参与社区矫正的信息管理、信息共享平台等。

2. 建立相应的奖励政策

对于积极参与社区矫正工作的社工、志愿者及其他人员，给予就业、上学、晋升等方面的倾斜政策，在同等条件下优先录用、录取和提拔，并对有关人员给予表彰、发荣誉证书和物质奖励等。

3. 完善相关优惠政策

就落实《意见》规定的“提供社区矫正服务的社会组织符合规定条件的可以享受相应的税收优惠政策。”建议进一步明确政府有关部门根据企事业单位捐赠资金物资、提供工作岗位、提供技能服务、提供专业服务的情况，核免相关税收，并明确简便易操作

的减免税程序。除税收优惠政策以外,还应该对这些单位给予相应的扶持政策,例如,提供资金、技术及项目支持。明确个人捐赠也应该减免所得税。

五、建立完善对社会工作者、志愿者及相关人员的教育培训、资格认证制度

(一)对社会工作人才的教育培训

2011年9月14日,中组部等18个部委联合印发了《关于加强社会工作专业人才队伍建设的意见》(中组发〔2011〕25号),对社会工作专业人才队伍建设的指导思想、工作原则、目标任务、教育培训的措施要求等作出了规定,明确提出了"逐步建立社会工作专业人才培育、选拔、使用、流动、评价、激励等方面的体制机制"。2012年2月20日,中组部等19个部委印发了《社会工作专业人才队伍建设中长期规划(2011~2020年)》,提出到2015年,社会工作专业人才总量增加到50万人。通过发展社会工作专业教育、社会工作专业培训以及健全实习督导制度等方式促进社会工作专业人才的培养。矫正领域的社会工作人才是整个国家社会工作人才的一部分,对社区矫正社会工作人才的教育培训应纳入国家社会工作人才教育培训体系之中。

(二)建立完善志愿者及其他参与社区矫正人员的教育培训制度

参与社区矫正的志愿者、村(居)民委员会的成员、社区矫正服刑人员所在单位及学校人员、家庭成员或者监护人、保证人等都需要进行必要的教育培训。教育培训工作由社区矫正机构牵头,在村(居)民委员会和志愿者组织的协助下,就社区矫正的性质、有关法律法规、社区矫正服刑人员教育矫正、帮困扶助等方面的政策等进行培训,同时还要就与社区矫正人员沟通的技巧、知识等进行培训。

(三)建立完善相关考试资格认证制度

人事部(原)、民政部2006年印发了《社会工作者职业水平评价暂行规定》和《助理社会工作师、社会工作师职业水平考试实施办法》。将社会工作者职业水平评价制度,纳入全国专业技术人员职业资格证书制度统一规划中。将社会工作者职业水平评价分为助理社会工作师、社会工作师和高级社会工作师三个级别。社区矫正社会工作者的职业水平评价及资格认证制度应该纳入全国社会工作者的专业水平评价及考试、认证体系中,但应该增加实践的课程及工作经验的评价标准。应在法律上明确,社区矫

正机构应尽量使用取得社会工作者职业水平证书的人员为社区矫正人员提供相关专业服务。对志愿者及其他社会力量，通过培训也应该发给相应的培训证书，通过志愿者组织及相关组织注册、资格认证后参与相关社区矫正工作。

六、建立完善多元化社会力量参与社区矫正的筹措资金的渠道和机制

从国外志愿服务的资金来源情况看，资金来源是多渠道的，包括政府、个人、企业、基金会以及志愿组织运营收入等。在我国目前的国情和环境下，应该建立以财政资金投入为主、社会资金、公益资金为辅的社会力量参与社区矫正的资金筹措机制。财政资金投入主要通过政府购买服务的方式，通过直接投入资金扶持民办社会工作服务机构、志愿者服务组织以及村（居）民委员会等方式，来保障社会力量参与社区矫正的相关经费。由于我国个人、企业等社会捐款相对较少，财政经费应该占相对高一些的比例，如占50%左右。尤其是在发展初期，应该加大财政资金在这些领域的投入，以扶持民间机构的设立和运作。同时，逐步建立个人、企事业单位捐赠的体制机制，畅通资金筹措的渠道，可以考虑设立专门的社区矫正基金会或者在其他基金会中设立专门分会，以便从社会各界获得资金支持。

第十章　社区矫正资源保障体系

社区矫正资源保障，是指开展社区矫正工作所必需的经费和物质保障，主要包括工作经费保障、基本设施和信息化应用等建设。经费保障是开展社区矫正工作的基础，基本设施和信息化建设也依赖于经费保障。社区矫正工作开展以来得到中央和地方各级政府财政的支持，财政部和司法部联合下发文件为社区矫正经费保障提供政策支持，各地从实际出发，研究把握社区矫正工作规律，创新工作方式方法，理顺工作体制机制，为争取解决好经费保障相关问题做了大量工作，为提升社区矫正整体工作水平打下了资源保障的基础。

第一节　社区矫正财政经费保障体系

在社区矫正实践逐步深入的进程中，财政部、司法部联合下发《关于进一步加强社区矫正经费保障工作的意见》（以下简称《保障意见》），为构建社区矫正经费保障制度提供政策依据，各省（区、市）积极与财政部门沟通协调，着力解决经费压力及相关困扰。

一、社区矫正财政经费体系现状

我国社区矫正工作经费从无到有，从零星的、局部的、暂时的经费保障到将社区矫正经费纳入财政预算渠道，已经取得了可喜的进展。《保障意见》明确并规范了社区矫正工作经费开支规范，要求将社区矫正经费列入同级财政预算予以保障。此后，北京、宁夏、重庆等地司法厅、局与财政部门联合制定了社区矫正经费保障具体办法。江苏、湖南、浙江等地根据《保障意见》精神，探索按照社区矫正人员数量核定经费的做法，建立了社区矫正经费动态增长机制。经过十余年的探索发展，大体形成了省级、地市级、县级、乡镇街道等四个层级架构。目前，全国31个省(区、市)和新疆生产建设兵团均将社区矫正经费纳入同级财政预算，有286个地(市、州)和2007个县(市、区)社区矫正经费纳入同级财政预算，分别占全国地(市、州)和县(市、区)建制数的82%和70%。2014年，全国各地社区矫正经费预算总计11.38亿元，比2013年增加了1.44亿元。①

(一)基本业务经费保障

贯彻《财政部　司法部关于进一步加强社区矫正经费保障工作的意见》(财行〔2012〕402号)要求，有15个省(区、市)、84个地(市、州)、390个县(市、区)根据《意见》出台了社区矫正经费保障的具体规定。② 北京、河北、江苏、浙江、河南、湖南、广西、重庆、西藏、陕西、宁夏、新疆等12个省份建立了按照社区矫正人员数量核定社区矫正经费的制度。此外，全国还有65个地(市、州)、678县(市、区)按照社区矫正人员数量核定经费。③ 实践中，许多地方社区矫正基本业务经费是以人均年度费用标准的方式落实相关财政保障的。例如，2014年9月，重庆市第60次市政府常务会议决定社区矫正工作经费按社区矫正人员数量由市级财政1400元/人/年、区县财政600元/人/年的标准予以保障。④ 陕西省的县级社区矫正工作经费按照社区矫正人员2000元/人/年的标准分别列入财政预算(省级财政承担600元，市级财政承担400元，县级财政承担1000元)。⑤ 2012年6月，江西省11个设区市中有9个设区市明确了社区矫正经费以社区矫正人员2800元/人/年为标准，1个设区市明确了1500元的标准；一半以上县

---

① 周斌：《我国全面推进社区矫正工作　各地累计接收社区服刑人员223.7万人》，载《法制日报》2015年1月16日。

② 载《司法部社区矫正管理局简报》2015年第18期。

③ 载《司法部社区矫正管理局简报》2015年第18期。

④ 《重庆市做好社区矫正教育管理工作的情况》，载 http://www.moj.gov.cn/sqjzbgs/content/2015-07/24/content_6187173.htm?node=30093。

⑤ 《陕西：四年间有14,278名社区矫正者回归社会》，载 http://www.sxdaily.com.cn/n/2014/1211/c266-5576979.html。

(市、区)实现了按社区矫正人员数量核定社区矫正经费的制度。① 湖北省司法厅与财政厅在联合调研的基础上,协调下发按人头保障经费的标准,即人均每年 2000 元。② 2013 年湖南省司法厅、财政厅联合下发了《关于进一步加强社区矫正经费保障工作的实施意见》(湘司发〔2013〕72 号),目前,绝大部分县(市、区)都按文件要求落实了 1500 元/人/年的社区矫正工作经费。③ 河南省印发了《关于进一步加强社区矫正工作的意见》,社区矫正经费财政预算最低保障标准由社区矫正人员 1600 元/人/年提高至不低于 2000 元/人/年。按照《浙江省社区矫正经费使用管理办法》文件精神,社区矫正人员不低于 2000 元/人/年标准,纳入预算。近几年,浙江省台州市社区矫正管理经费每人每年平均达 4000 元/人/年左右,大大突破浙江省经费标准,主要用于社区矫正人员日常监督教育帮扶费用、基础装备、社会力量参与社区矫正工作等相关费用。④ 广西壮族自治区建立了按社区矫正人员数量核定社区矫正经费的制度,规定县级社区矫正经费按照年度社区矫正人员在册人数不低于 1200 元/人/年的标准核定,并明确自治区财政根据全区年度社区矫正人员在册人数,结合财力情况,对基层司法行政机关社区矫正经费予以适当补助,2014 年就争取到自治区财政补助基层司法行政机关社区矫正经费达 2000 万元。⑤ 来宾市人民政府出台《进一步加强社区矫正工作的意见》,明确市级、县级社区矫正经费分别按照社区矫正人员 100 元/人/年、2000 元/人/年的标准核定。⑥ 南宁市财政局、司法局联合下发《关于加强社区矫正经费保障工作的意见》,明确了市级 500 元,县区 1500 ~ 2000 元/人/年的社区矫正人员人均经费财政保障标准。⑦ 新疆维吾尔自治区昌吉州各县(市)财政局按社区矫正人员 1000 元/人/年的标

---

① 《江西省做好社区矫正教育管理工作的情况》,载 http://www.moj.gov.cn/sqjzbgs/content/2015 年 7 月 24 日访问。

② 《湖北 2014 年起将增设社区矫正“人头经费”》,载 http://news.ifeng.com/gundong/detail_2013 年 12 月 10 日访问。

③ 《省财政厅、省司法厅出台意见加强全省社区矫正经费保障工作》,载 http://www.hnssft.gov.cn/sfyw/sqjz/gzdt/201401/t20140116_1022891.html。

④ 《河南社区矫正工作新举措　经费保障标准提高至 2000 元》,载 http://henan.163.com/16/0109/08/BCSG8VJ8022701RF.html;《浙江台州社区矫正工作调研报告》,载预防犯罪研究所:《研究与探索》2016 年第 3 期。

⑤ 《广西全面推进社区矫正工作取得明显成效》,载 http://www.moj.gov.cn/sqjzbgs/content/2015 年 1 月 27 日访问。

⑥ 《来宾市人民政府关于进一步加强社区矫正工作意见的通知》,载 http://www.laibin.gov.cn/LBFront/zwgk/20140619/003009_f2a4530a-7ac0-411d-b437-f0c249640632.htm。

⑦ 《南宁市在全区率先制定社区矫正经费保障标准》,载 http://www.gxcz.gov.cn/gxzzzzqczt/ydd/dfdt_phone/201412/t20141223_47437.html。

准配套解决社区矫正工作经费。①

（二）专项经费保障

除了基本业务经费，各地还积极争取专项经费用于信息化建设、社区矫正中心建设等。如2014年，全国社区矫正中心建设预算经费达1.12亿元。② 北京市“中途之家”建设经费由各区县政府保障，日常运行经费也纳入各区县财政预算。③ 沈阳市和平区建立的社区矫正管理教育服务中心，占地面积约400平方米，并投资37万余元建成了社区矫正信息化应用系统。④ 2014年8月，云南省制定实施社区矫正综合矫治场所建设三年规划，首批启动34个县（市、区）综合矫治场所建设，省厅补助每个点10万元，今年第二批36个县（市、区）已启动，为基层开展社区矫正监管和教育工作提供必要的设施。2014年10月启动了33个社区矫正和刑释人员帮教示范基地建设，每个基地由省厅补助30万元，推动社区矫正人员集中教育和社区服务场地缺乏问题的解决。同时，省厅还投入200万元，在40个中心乡镇设立了心理咨询室。⑤ 截至2016年6月，浙江省台州市拨出专项经费近2000万，用于指挥中心设备购置、日常维护等经费支出；9个县（市、区）均建成社区矫正中心（劳动教育基地），当地政府都提供了必要的资金保障和场所保障，其中建设及装修等专项经费共计500余万元。此外，一些地方政府还拨付单项工作的专门经费，如仙居县专项拨款8万元用于解决社团经费；温岭市财政在2016年部门预算中专门安排了社区矫正走访工作专项经费70万元，解决社区矫正走访工作缺社工、缺交通工具的难题。⑥ 陕西省渭南市大荔县财政先后划拨专项资金28万元，对社区矫正中心办公场所进行了修缮装修，购置了办公桌椅、电脑、设备，制作了制度牌、文化墙等，为社区矫正创造了良好的工作环境。政府常务会专题研究解决社区矫正工作经费，每年拨付社区矫正工作经费42万元。⑦ 河南省开封市司法

---

① 张蕾、刘晓云：《昌吉州建立社区矫正补助经费人均2000元保障机制》，载 http://www.xjpeace.cn/zfzongzhi/dzzf/201401/t20140114_327322.htm。

② 《司法部社区矫正管理局简报》，2015年第18期。

③ 《北京阳光中途之家覆盖全市》，载 http://finance.ifeng.com/roll/20110622/4179705.shtml。

④ 参见王莹：《我国社区矫正制度适用的实例分析》，沈阳师范大学2012年硕士学位论文，第8~9页。

⑤ 《云南省全面推进社区矫正工作取得新成效》，载 http://www.moj.gov.cn/sqjzbgs/content/2015年6月5日访问。

⑥ 《浙江台州社区矫正工作调研报告》，载预防犯罪研究所：《研究与探索》2016年第3期。

⑦ 《破解难题 综合施策——渭南市大荔县社区矫正工作突破发展》，载 http://www.sxsf.gov.cn/9/7051/content.aspx。

局积极探索建立社区矫正信息化综合管理系统,共投入520万元用于全市社区矫正基层设施建设。已建成集定位管理、电子档案、办公审批、动态管理、统计分析、自动报警于一体的三级信息化管理系统;配置了集信息采集、定位管理、自动化办公等于一体的高科技执法车辆,达到了高效便捷、移动执法的要求。① 广西北海市合浦县司法局投入38万元配备执法记录仪等社区矫正执法装备,进一步提高社区矫正执法规范化水平。②

北京、江苏、江西等多地探索建立了社区矫正监管教育服务中心、中途之家等设施,作为县级层面的统一工作平台,取得了较好效果。南宁市青秀区投入30多万元,在南宁仙葫开发区青秀区政府大楼内打造了全区首个示范性社区矫正中心,设置了阅览培训室、教育矫正室、心理矫正室、中途之家、档案资料室等功能室。③ 湖北省咸宁、武汉、宜昌、荆州、黄冈、黄石、孝感、仙桃等地采取兴建、租赁、购买、政府划拨等方式已初步建立起集接收报到、入(解)矫宣告、集中教育、心理矫治、社区服务、技能培训、适应性帮扶和过渡性安置为一体的集中教育矫正场所。④ 目前这类工作平台主要有三种性质:政府创立、民办非企业和官民协办,经费来源和保障方式、保障标准等,三种性质工作平台各有不同。

二、社区矫正经费保障存在的困难和问题

经费保障到位是做好社区矫正工作的一个必要前提,特别是县、乡两级,具体承担对社区矫正人员的监督管理、教育矫正和帮困扶助任务,需要有足够的经费开展工作,全面履行社区矫正工作任务。但从目前情况看,尽管社区矫正经费保障程度有所提升,但总体的保障水平不高,不能满足实际工作需要。大体上,社区矫正工作经费保障的困难和问题主要有以下几方面:

---

① 《河南开封司法局搭建社区矫正中心实战平台》,载 http://www.shzgh.org/node2/pudong/node2882/u1ai718252.html。

② 《北海市合浦县:投入38万元配备执法记录仪等社区矫正执法装备》,载 http://www.gxsf.gov.cn/contents/6/791.html。

③ 《南宁市青秀区社区矫正管理教育中心依法管控真心帮扶见成效》,载 http://www.pagx.cn/html/2015/jrgz_0422/33304.html。

④ 《湖北省加强社区矫正教育管理工作》,载 http://www.moj.gov.cn/sqjzbgs/content/2015-06/19/content_6133661_2.htm。

(一)社区矫正基本业务经费标准和基础设施保障力度有待提高

1. 基本业务经费

尽管《保障意见》要求建立社区矫正经费的全额保障制度,但由于缺少必要的经费保障标准和受当地经济状况的制约,各地保障力度差异较大。随着经济发展、物价增长、监管要求提高、高科技手段的运用等因素,社区矫正保障标准偏低、工作经费不足的问题日显突出。随着社区矫正人员人数的逐年增加,基层社区矫正机构的工作量也大幅度提升,工作标准不断提高的同时,工作经费却不能充分保障,给社区矫正适用调查、走访、日常管理、教育矫正等工作的开展带来了诸多不便。例如,2012 年,河北省石家庄市大部分县(市)区社区矫正经费与人均 2000 ~ 3000 元的标准还存在很大差距。① 遵义市 2011 年接收社区矫正人员 2452 人,按贵州省司法厅 2011 年的调研结论(每年 3000 元/人)计算,所需经费预算为 700 余万元,但实际上仅争取到临时性拨付经费 105 万元。② 安徽省某市 2012 年社区矫正经费仅为 17.9 万元,每个社区矫正人员每月财政拨款标准仅为 100 元,这难以满足社区矫正工作的正常开展。③

2. 基础设施保障

2014 年全国社区矫正中心建设预算经费减少了 1510.82 万元,与上年相比减少约 13%。当然,其实际原因是有些省份 2013 年社区矫正中心建设预算投入很大,建设基本完成,所以,2014 年预算减少幅度较大,如安徽、山东、江苏等地;但确有部分省份 2014 年仍未将县区社区矫正中心建设经费纳入财政预算。④ 部分地区专门用于对社区矫正人员进行集中教育的场所仍然比较匮乏,社区矫正机构在开展集中教育活动时需借用政府机关或企事业单位的会议场所,使用时间的冲突和费用保障问题不仅不利于集中教育的组织实施工作,也影响教育学习的严肃性和权威性。有些司法所监管的社区矫正人员数量较多,难以找到合适的可供长期使用的教育场所,这也成为制约社区矫正教育开展的主要因素之一。例如,目前天津市 16 个区县中,仅和平、河北、东丽、武清四区成立了社区矫正管理中心,相比北京、上海、江苏、江西、安徽等地在辖区所有区

---

① 《河北省强力推进社区矫正工作信息化建设》,载 http://www.moj.gov.cn/index/content/2012 年 2 月 23 日访问。

② 参见汪峰:《当前我国社区矫正制度面临的问题及完善建议》,西南政法大学 2012 年硕士学位论文,第 18 页。

③ 参见李静:《N 市社区矫正管理模式研究》,安徽大学 2013 年硕士学位论文,第 35 页。

④ 《司法部社区矫正管理局简报》2015 年第 18 期。

县都建立了社区矫正管理中心等场所设施而言，差距较大。此外，天津市虽在全国率先建立了市级社区矫正中心，但职能定位不够明确，作用发挥不足。相比江苏在全省所有县（市、区）建立社区矫正管理教育服务中心，负责对社区矫正人员进行接收宣告、首次谈话教育、集中训诫教育和心理辅导，并作为公、检、法、司部门联动的场所而言，天津市社区矫正场所设施建设较为滞后。① 另外，执法装备的缺失，对脱漏管社区矫正人员的追逃和严重违法违规社区矫正人员的收监执行等工作也造成了极大的不便，严重影响了刑罚执行效果。杭州市西湖区的镇、街司法所都是在镇、街办公，社区矫正工作站也都是设在社区会议室，只是挂了一块牌子而已。没有专用车辆，在对矫正对象执行收监时还要公安部门配合，工作人员也缺少自身保护设备。②

（二）工作队伍所需相应的经费保障有待加强

2014 年全国专职社工聘用预算经费 3.43 亿元，比上年增长 6299.2 万元，增长率约为 22%。③ 但与工作实际需要相比，社区矫正专职社工工资仍未得到足够的专门财政保障，特别是存在津贴补助少，待遇低，缺乏激励机制，微薄的工资难以吸引和留住具有专业知识的社区矫正专职社工的情况，这支队伍人员流动性较大，不利于深入实施或者持续推进相关工作。例如，根据宁波市专职社会矫正工作者薪资指导建议，应关注矫正社工的经济待遇问题，理论上应超过本城区居民上年度的人均可支配收入，而宁波 2013 年的城区居民可支配收入为人均 49,208 元，而对社工财政实际保障仅有 20,000 元/人/年。④ 另外，部分地区缺乏日常办公设备经费的情况也较为严重，湖南省某市多数司法所与其他机构共用办公室，缺乏相关业务装备。2012 年，山东省威海市 72 个司法所办公用房平均仅 75 平方米，办公设备的配备也达不到工作所需水平。⑤ 内蒙古自治区巴林右旗辖 11 个苏木镇（街道），全旗共有 11 个基层司法所，大部分司法

---

① 《关于全面推进社区矫正工作的对策研究》，载 http://www.tjsf.gov.cn/system/2015/05/29/011220896.shtml。

② 《关于进一步加强我区社区矫正工作的建议》，载 http://www.hzxh.gov.cn/art/2014/11/06/art_chnl798_105126.html。

③ 载《司法部社区矫正管理局简报》2015 年第 18 期。

④ 参见王珏辉：《基于新刑法执行理念的城市社区矫正管理模式研究》，西南大学 2014 年硕士学位论文，第 29 页。

⑤ 参见赵剑海：《社区矫正的本土实践、困境与出路——以威海市为例的研究》，山东大学 2012 年硕士学位论文，第 32 页。

所没有专门的办公场所。[1] 温州市很多社区矫正人员居住地较为偏僻,但由于执法车辆配备不足,调查走访和日常管理等工作的开展受到很大制约,社区矫正工作人员因此产生的交通、通信等费用难以解决,也影响了工作的积极性。[2]

(三)财政经费管理制度有待进一步细化并规范

根据《保障意见》的规定,社区矫正经费列入同级财政预算予以保障,社区矫正经费开支范围包括:司法行政机关社区矫正工作指导管理费、社区矫正工作经费和社区矫正设备费等三部分,并不包括工作人员(含司法协理员)的工资。而当前大部分县(市、区)级财政下拨社区矫正经费很大一部分都用于支付司法协理员工资等,剩余经费很少,不利于开展社区矫正教育管理工作。

另外,从 2009 年起,中央加大政法转移支付资金的投入力度,在办案(业务)费中列支了社区矫正经费,给司法行政部门的工作注入了新的动力。但中央转移支付资金不仅仅是社区矫正工作,还包括人民调解、法律援助、安置帮教等,社区矫正只是其中的一项,而且比例不明确。此项资金的拨付方式是由省级部门直接下达到同级财政部门,年初预拨、年终到位的方式。这种下拨方式一方面造成了平时资金不够用,年终集中花钱的现象,另一方面也存在部分层级财政部门推延、截留的现象,极大地影响了社区矫正日常工作的开展。另外,在必须保证中央政法转移支付资金足额到位的前提下,个别地区却相应减少了同级预算公用经费,造成实际日常运行挤占专项资金的情况,无法实现专款专用,影响专项业务工作的顺利开展。

(四)财政经费保障存在较为明显的地区差异

2011 年天津、上海的人均 GDP 分别为 13,392 美元和 12,784 美元,但云南、贵州的人均 GDP 仅为 2952 美元和 2495 美元。[3]

经济发展水平不平衡导致了地区间社区矫正经费保障能力及水平不平衡的现象,欠发达地区社区矫正经费“配套难”“落实难”以及不能足额到位等问题长期存在。

举例而言,上海市社区矫正工作有诸多成功经验,但这与上海的经济实力密不可

---

① 参见王姝扬:《社区矫正制度的现状及对策研究》,内蒙古大学 2014 年硕士学位论文,第 10 页。

② 参见李海燕:《当前社区矫正制度存在的问题及应对措施》,西南政法大学 2012 年硕士学位论文,第 16 页。

③ 《2011 年各省市人均 GDP 数据出炉　25 省份超 4000 美元》,载 http://news.xinhuanet.com/local/2012-02/07/c_122667889.htm。

分，在经济落后地区的借鉴意义就不是太大。① 广东社区矫正工作也呈现显著的地区差异。在珠三角地区形成了独特工作模式的同时，由于粤东西北地区经济发展水平相对落后，社区矫正工作经费保障不足，社会发展水平不高，社会管理创新不足、社会组织不发达，粤东西北地区社区矫正工作明显滞后。内蒙古自治区巴林右旗为国家级贫困旗，2013 年全年财政收入仅为 5 亿元，社区矫正经费不仅难以列入年度预算，就连临时申请的经费也不能保证。② 西藏自治区的日喀则地区出台了相关文件针对社区矫正经费方面的问题作了一个原则性的规定，逐步把社区矫正工作经费纳入财政部门年度预算，建立并完善社区矫正经费的动态增长机制。虽然该项文件规定得比较完善，但实际上并没有得到落实。另外，由于西藏自治区特殊的社会状况，在自治区内维护稳定工作是各个部门最重要的工作，很大一笔财政经费都是用于维护社会稳定，于是在江孜县现在的社区矫正工作中，经费仍然难从财政部门获得相关的支持，从而阻碍社区矫正工作的顺利、有效开展。③

在某些经济落后地区，因地方财政经费紧张等原因，没有将社区矫正工作经费列入财政预算，只能通过积极争取党委政府重视支持等方式争取到了少量经费或从有限的中央转移支付经费中挤压，难以满足开展社区矫正工作的需要。许多县级司法局、乡镇司法所办公条件简陋，缺乏基本执法装备和交通工具，在履行社区矫正执法职责时存在较大局限性，就连矫正工作日常的交通费、通信费很多都要基层司法所工作人员自己支付，导致基层工作缺乏主动性和积极性，无法有效落实教育、监管和帮扶措施，公益劳动、技能培训、心理矫正等需要大量经费投入的项目都无法正常开展。

（五）社区矫正财政经费分级保障体制带来一些实践问题

我国地方财政实行分级管理，社区矫正的主要工作力量是县（市、区）司法行政机关。2014 年，全国社区矫正经费纳入各级财政预算共计 6.77 亿元，其中省级财政共投入 1.70 亿元，约占 25%；市级财政共投入 0.70 亿元，约占 10%；县级财政共投入 4.37 亿元，约占 65%。④ 可见，县（市、区）财政承担了较大部分的社区矫正财政经费保障任务。由此问题也凸显出来：在北京、上海等经济发达地区，社区矫正经费自然不成问

① 参见汤奇：《中国特色社区矫正制度的再构建》，华东政法大学 2012 年硕士学位论文，第 22 页。

② 参见王姝扬：《社区矫正制度的现状及对策研究》，内蒙古大学 2014 年硕士学位论文，第 14 页。

③ 参见魏亮亮：《针对江孜县社区矫正工作现状的调查研究》，吉林大学 2014 年硕士学位论文，第 11 页。

④ 载《司法部社区矫正管理局简报》2015 年第 18 期。

题，但在经济发展水平较低的地区，省、市级财政如果不能有意识地加大投入，县(市、区)级财政的压力就会大为增加。[①]

另外，浙江、陕西等省的财政体制较好地解决了省级司法行政机关与县级以下司法行政机关社区矫正工作经费问题，但市一级财政对社区矫正工作经费保障力度不够，本应由市级司法行政机关组织的社区矫正相关工作会议、执法检查、工作考核、培训教育等活动难以顺利开展。按照浙江现行的两级财政体制，近年来，社区矫正补助经费一直由省财政直接下达到各县(市、区)。这一做法对于防范截留、确保资金到位、实现专款专用发挥了重要作用。但是，这一做法没有把省财政经费补助与工作业绩、使用管理等方面的检查考核和审计监督情况相衔接，影响了社区矫正财政保障机制作用的进一步发挥。

三、完善社区矫正经费保障体系的思考和建议

根据中办、国办《关于加强政法经费保障工作的意见》(厅字〔2009〕32 号)、财政部《政法经费分类保障办法(试行)》(财行〔2009〕209 号)和《财政部、司法部关于进一步加强社区矫正经费保障工作的意见》(财行〔2012〕402 号)等有关规定，结合实际工作需求和条件并针对现实问题和困难，笔者建议从以下方面进一步改进并完善社区矫正工作经费保障：

(一)明确各级财政保障责任

2009 年实施政法经费保障体制改革以来，中央通过政法转移支付资金保障政法部门办案(业务)经费，该专项资金分(办案)业务费和(业务)装备费两部分，在拨付上体现出向基层倾斜的力度，要求专款专用、独立核算，目的在于提高司法效率。据此，有必要进一步明确各级财政在社区矫正经费保障上的责任，不断加大专项经费的投入和保障力度，保障司法行政部门履行社区矫正职能的各项必要经费，并做到相关职能部门之间财政保障的合理配置。

建议建立中央、省、地(市、区)、县(市、区)四级财政共同保障的体制。中央财政主要对经济欠发达地区采用转移支付的方式提供一定的经费保障，省、地、县三级可以按照一定比例分担的方式共同保障社区矫正的经费。社区矫正经费原则上由同级财政

---

① 参见王敏：《论社区矫正工作运行情况存在的问题与解决》，湘潭大学 2012 年硕士学位论文，第 14 页。

保障,列入同级(省、市、县)财政预算;省、市、县逐级落实保障责任,但维稳任务重的地区以及中西部经济困难的地市,由中央、省级和市级财政共同负担,适当加大对经济落后地区社区矫正经费投入,促进社区矫正工作的均衡发展,缩小各地工作水平差距。经费统一划拨至县级司法行政机关,县级司法行政机关扣除本级所需经费,再根据各乡镇(街道)社区矫正人员数量,将经费划拨至司法所。地市级社区矫正办案(业务)经费根据本地区社区矫正人员数量,按一定标准保障。建立多级财政共同保障的体制有助于解决基层工作经费不足的问题,特别是缓解较为贫困地区县级财政的压力。

建议将中央政法转移支付资金的拨付方式转变成年初全部集中下达的形式,这样不仅减少了资金下达的渠道,加快资金的到位速度,同时也能有效减少各级财政部门推延、截留的现象,提高专项资金的利用效率。此外,省财政下达年度社区矫正补助经费时,可先划拨给省级业务主管部门,由省级业务主管部门综合各地上年度社区矫正工作业绩、经费使用管理等检查考核和审计监督情况再下达到各地。对业绩不明显或使用管理有问题的地方,省级主管部门可以采取缓拨或降低省财政补助额度等措施和手段,实行动态考核和监管。

(二)健全和完善社区矫正工作经费足额保障制度

监禁行刑和社区矫正只是刑罚执行方式的不同,实施社区矫正的性质仍然是国家公权力的行使,因此,国家财政应当给予其充分的经费保障支持,这是政府义不容辞的义务。《保障意见》首次明确要求将社区矫正经费纳入同级财政预算予以保障,确定了社区矫正经费分级负担的基本体制。同时,《意见》还要求各地进一步加大投入,提高社区矫正经费保障水平。我们认为,应该以此为契机和依据,将社区矫正工作经费纳入财政预算体系,并建立科学的经费动态调整机制,从而形成社区矫正工作经费足额保障制度。

(三)确立社区矫正经费足额保障标准

与监狱工作经费相比,社区矫正工作减少了大量监禁罪犯所需的监狱场所、设备设施等经费,同时节省了监禁罪犯所需的监狱行政经费、监狱业务费和罪犯生活费用,一般来说,其经费开支会低于监禁行刑,有研究估算,用于每个罪犯的社区矫正经费大致相当于罪犯在监狱服刑所需费用的1/10。但是,社区矫正经费保障的具体水平和标准还需要根据实践情况而定,具体保障标准应当以省(区、市)为单位制定,允许有地区差异，但也应保持一定区域内的相对平衡。同时，根据相关要素的发展变化，建立经费保障标准的动态调整机制，以确保社区矫正工作经费足额保障。

总结地方经验，我们建议，确立社区矫正“人均”支出标准。社区矫正是刑罚执行工作，需要落实对每个社区矫正人员的监管、教育和帮扶措施，其工作量很大程度取决于社区矫正人员的数量。《保障意见》提出有条件的地区可以探索建立按照社区矫正人员数量核定社区矫正经费的制度。尽管出于各种考虑，没有制定具体的人头保障标准，但仍为地方探索按“人头”保障，也就是确立“人均”支出标准提供了依据。

目前，借鉴监狱经费保障方法，江苏、浙江、北京、重庆、海南、宁夏等省（区、市）按照社区矫正人员年“人头经费”予以保障，较好地促进了社区矫正工作开展。如上海市测算，除去信息化项目开发等一次性投入的经费，2010 年以来，全市社区矫正人员花费约为 3000 元/人/年；江苏省测算，全省社区矫正人员花费为 3500 元/人/年。① 各地应当以经济发展和社会生活水平为基础，对社区矫正工作所需经费进行标准化测算和评估分析后，确定符合当地实际情况的社区矫正“人均”所需经费标准，将此笔经费纳入省级财政预算予以保障，积极建立经费动态增长机制，以确保社区矫正工作的正常开展和社区矫正质量的提高。

（四）明确社区矫正经费开支范围

《保障意见》根据社区矫正实践发展的需要，首次明确了开支范围，地方可以依据所列具体科目如对社区矫正工作的指导管理费，社区矫正工作人员培训费，档案管理费，社区矫正办案经费，对社区矫正人员的监督管理费、教育帮扶费，对社会工作者、志愿者的培训、补贴费等向财政部门争取经费。

因此，建议根据全国各地的经济发展情况，确定社区矫正经费数额，再由地方财政列入当年的政府财政预算，由县级司法局根据社区矫正工作进展情况，及时拨付给基层司法所，并完善审计检查制度，确保专款专用，解决司法所因经费紧张而无法开展工作的难题。社区矫正工作人员经费、行政运行经费、办案业务经费、装备设施经费等均要纳入各级财政预算。社区矫正教育经费应单独列支，尤其是要足额保障县、乡两级社区矫正教育工作经费，并根据工作发展需要，建立社区矫正教育工作经费的动态增长机制。将教育矫正所需的场所建设费、设备购置费以及组织集中教育、心理矫正、社

---

① 数据来自课题组成员 2013 年赴上海、安徽、江苏调研报告。

区服务等活动所发生的资料费、运行费等全部纳入预算予以保障,确保各级社区矫正机构教育矫正工作的正常运转。各地根据实际情况,经费使用要求和标准也会有差异,应合理分配社区矫正经费用途,规范社区矫正经费预算和支出,切实加强经费预算及支出情况的检查考核与审计监督,落实资金监管,完善管理制度,真正做到科学合理、独立核算、专款专用,最大限度地发挥社区矫正经费对实务工作的保障作用。例如,一些社区基础设施建设较健全的地方,可以对社区矫正人员的心理辅导、就业指导及技能培训方面投入更多的经费,而在一些偏远地区,社区矫正的理念不能为社会群众所接受,便需要司法行政机关加大对社区矫正制度的宣传费用,保证社区矫正制度执行的群众基础,发挥社会舆论的积极力量。①

(五)强化专项经费保障

社区矫正工作经费大体可以分为两大块:一是日常经费,即用于社区矫正工作常规事务的开支费用;二是用于特定支出项目的专项费用,例如,建设社区矫正专门场所的经费、研发社区矫正管理信息技术和平台的项目经费。日常经费可以考虑按照社区矫正人员的数量,以“人头费”的方式纳入预算;专项经费采用专项申请和审批的方式纳入财政预算,实践中应强化以下几方面的经费保障:

1. 业务装备经费保障

建议县级社区矫正业务装备经费由中央、省级和县级财政分区域、按比例承担。经费划拨至县级司法行政机关,由县级司法行政机关统一使用管理。市级社区矫正业务装备经费原则上由同级财政保障,但维稳任务重的地区以及中西部经济困难的地市,由中央、省级和市级财政共同负担。《保障意见》提出在《财政部　司法部关于印发〈县级司法行政机关基本业务装备配备指导标准(试行)〉的通知》(财行〔2010〕294号)的基础上,优先保障社区矫正工作装备配备。这样的要求,为地方争取社区矫正业务用车、办公设备等业务装备经费提供了有力依据。在此基础上,有必要进一步明确社区矫正业务装备经费的开支类型和保障标准。

社区矫正业务装备经费主要用于社区矫正信息管理系统开发、使用和维护费用、对社区矫正人员定位监控费用、执法用车费用、开展心理矫正所需器材设施费用、社区矫正人员过渡性帮扶场所及相关设施经费等。根据2012年修订后的《刑事诉讼法》和

① 参见邓双:《论我国社区矫正实施中存在的问题与完善》,吉林大学2013年硕士学位论文,第22~23页。

“两院两部”《社区矫正实施办法》有关规定，县级司法行政机关承担社区矫正执法任务，履行对罪犯接收、押送、调查取证、提请执行变更等刑罚执行职责。为确保县级司法行政机关依法履行职责，应当基于实际需要配备相应的业务装备，包括基础设施、技术装备、交通工具等硬件和软件条件。例如，由于目前执行的司法行政系统公务用车配备标准未将基层司法所执法执勤用车编制列入，基层司法行政机关在对社区矫正人员脱漏管追查和乡（镇）司法所在开展社会调查评估、日常走访、教育管理以及监管考核等工作中无执法执勤用车保障，影响工作的正常开展。建议司法部会同有关部门制定用车标准，将社区矫正执法执勤用车列入基层司法行政机关车辆编制，切实解决基层社区矫正工作机构无执法执勤用车的问题。同时，制定省、市、县三级司法行政机关社区矫正机构装备配备标准。又如，目前各地都不同程度地构建了覆盖省市县乡的多级社区矫正信息管理平台，实现定位监控、警示告知、档案管理和考核管理等网上办理功能，缓解了管理人员不足问题，提高了监管效率。社区矫正信息化经费应当专款专用，按平台建设进度及时拨付到位，特别是加大对基层司法所的人力和物力投入，配备电脑、指纹扫描仪等必要的仪器设备，安排专人负责社区矫正信息化建设和使用。业务装备经费保障是夯实社区矫正基层实务工作的一个基础前提，直接关系到社区矫正的工作效率和应变能力，应当做好专项预算，保障必要的经费需求。

2. 工作人员经费保障

司法行政部门工作人员：这类人员属于公务员或者事业编制人员，其工资、津贴及医疗、住房等福利待遇，应当按照国家有关规定执行。其中，目前司法所普遍缺编的状况，要根据实际需求扩编增人，并将司法所工作人员工资和福利等各项经费全部纳入县级财政预算，保障水平应参照乡镇（街道）工作人员的基本待遇。

专职社会工作者：以专职招聘方式吸纳社会工作者参与社区矫正工作，要逐步建立、健全社区矫正社会工作者的薪酬保障和考核激励机制。应在司法行政机构财政预算中设立社区矫正社工专项资金，支付聘用社工的薪资待遇，薪资水平应参照当地社会同行业的报酬和考核晋升制度。根据司法部、中央综治办、教育部、民政部、财政部、人力资源和社会保障部《关于组织社会力量参与社区矫正工作的意见》“对于社区矫正工作试点以来已由政府有关部门公开招聘的社区矫正社会工作者，可依据国家有关规定享受相应的工作待遇，按照社会保险制度规定，按时足额缴纳社会保险费，实现应保尽保，保障其合法权益，并通过政府购买方式实行规范管理”的规定，鼓励社会工作者参加人力资源和社会保障部、民政部组织的全国社会工作者职业水平评价，用人单位可以根据需要对已取得全国社会工作者职业水平证书的人员通过竞聘上岗聘任相应级别专业技术职务。

志愿者:义务参与社区矫正工作的志愿者虽不领取工作报酬,与此项志愿工作相关的交通、通讯和误餐补贴等必要支出应该获得一定的经济补偿,这也是国内外针对志愿服务的通行惯例。因此,社区矫正工作人员的专项经费当中应当包括这项支出,可以列入基层司法所社区矫正工作经费预算,设立志愿者经费专项,确立稳定的保障机制。各地应当根据当地经济发展及居民消费的实际情况确定志愿者交通、通讯和误餐等补助标准,充分调动他们的积极性、主动性,实现留人、留心。

当前,急需出台相关政策,进一步提高社区矫正辅助人员的保障水平,激发工作热情。例如,从2011年开始,江西省财政每年核拨800万元,作为省级社区矫正专项经费,补助给各设区、县(市、区);同时,省司法厅、财政厅联合制定并下发了《江西省省级社区矫正专项资金管理暂行办法》,将聘请社区矫正辅助人员以及社区矫正志愿者补贴等费用列入了省级专项资金的开支范围,提高了资金使用效益,切实加强了对社会工作者参与社区矫正工作的经费保障。①

3. 基础设施建设经费保障

社区矫正基础设施建设,主要是社区矫正工作平台建设等方面。建议制定出台社区矫正基层基础设施建设规划纲要,明确建设标准、建设内容和建设要求,落实财政保障。目前按照中办、国办《关于加强政法经费保障工作的意见》(厅字〔2009〕32号)规定:业务基础设施建设经费由中央、省级和同级政府分区域按责任负担。

多地实践表明,基础设施建设有助于规范执法并提高工作效率,地方工作平台建设的经验值得总结推广,有必要制定社区矫正场所设施建设标准。社区矫正场所设施是保障社区矫正工作正常开展的重要支撑,而目前国家层面没有政策支撑,各地在建设中标准不一,且在争取项目立项和经费保障中十分困难。为确保社区矫正工作顺利开展,建议将县级社区矫正管理服务中心建设项目列入中央政法基础设施"十三五"规划,并制定相关建设标准。当然,相关的经费支撑可以根据各地实际情况,依平台建设性质寻求政府社区矫正专项资金或者引入社会支持。

① 《江西省做好社区矫正教育管理工作的情况》,载 http://www.moj.gov.cn/sqjzbgs/content/2015-07/24/content_6187176.htm?node=30093。

（六）促进“政府购买服务”发展

上海市社区矫正工作的特点之一，就是凸显“政府购买服务”特色，在社区矫正工作机构的专业指导下，主要依靠社会组织从事社区矫正工作。上海市这方面的工作走在全国前列，“政府购买服务”经费完全纳入市级和区县级财政预算。2004 年，上海市按照“政府主导推动、社团自主运作、社会各方参与”的方式，提出了构建预防犯罪工作体系的思路，由政府出钱购买服务，组建了民办非企业性质社团组织上海市新航社区服务总站，业务主管为上海市社区矫正管理局。业务范围是为本市社区矫正人员和五年内刑释解教人员提供专业服务。目前，在该市 14 个区县（浦东、奉贤、松江除外）设立工作站，并在所属街镇设立社工点，聘用社工 600 余名。新航社区服务总站以工作站带动项目化，以项目化带动专业化，以问题、需求、项目为导向，开展了一系列有特色的帮教服务项目。目前，新航社区服务总站的经费来源为按照工作人员人头核定经费，大约 6 万元/人/年，由上海市和区县两级财政共同出资，工作人员工资每月大约 3000 ~ 4000 元。市社矫局通过年度签订的《政府购买服务合同》间接对新航社工的业务进行指导，不直接管理其具体事务。在上海，政府向民间组织购买的服务已形成了“项目制”“招标制”等多种运作形式，并且逐渐趋于成熟。政府不再包办一切公共管理及服务事务，而是致力于转变政府职能、完善公共服务体系，节约行政成本，使政府与民间组织形成互惠关系，效果良好。近年来，上海市在市级财政预算层面提供的“政府购买服务”费用共 220 万元，包括购买市社会工作者组织（即新航社区服务总站）服务费 145 万元和购买市社会帮教志愿者协会服务费 75 万元。① 除上海外，有越来越多的地区也在开始探索这种形式。

2013 年 7 月，李克强总理指出，要重视和支持社会组织的发展，强调社会的自治功能。提出：“凡是社会能办好的事情，尽可能交给社会力量承担。”②要加大社会管理创新力度，培育和完善社会工作体系。推进行政体制和社会体制改革，还政于民，将社会和市场能够自我管理的社会管理职能交给社会本身，构建“小政府、大社会”的社会管理格局。大力推进社会工作发展，完善社会工作管理机制，将一般的社会事务交给社会组织完成，促进社工行业发展。政府要发挥社会组织孵化器的作用，积极培育非企业社会组织发展，降低专业社工机构审批门槛，鼓励社会资源积极参与。制定政府扶

① 数据来自课题组成员 2013 年赴上海、安徽、江苏调研报告。

② 李克强：《推进政府向社会力量购买公共服务》，载 http://politics.people.com.cn/n/2013/0731/c1024-22399826.html。

持政策，对社会工作发展滞后的地区进行适当政策和财政支持，促进落后地区社工专业机构的发展。

根据司法部、中央综治办、教育部、民政部、财政部、人力资源和社会保障部《关于组织社会力量参与社区矫正工作的意见》，结合部分地区基层司法所人员严重不足的现状，依据《意见》“按照有利于转变政府职能、有利于降低服务成本、有利于提升服务质量和资金效益的原则，公开择优向社会力量购买社区矫正工作服务”的要求，以及“鼓励社区矫正机构将疏导心理情绪、纠正行为偏差、修复与家庭和社区关系、恢复和发展社会功能、引导就学就业等项目，通过多种方式向具有社区矫正服务能力的社会组织购买服务”的精神，应当积极推动以政府购买服务的方式向社会力量购买社区矫正工作服务，既有助于调动社会力量的广泛参与，解决社区矫正工作人员紧缺的问题，也有助于提高社区矫正相关工作的专业化程度。根据司法部、中央综治办、教育部、民政部、财政部、人力资源和社会保障部《关于组织社会力量参与社区矫正工作的意见》“要明确购买服务的数量、质量要求以及服务期限、资金支付方式、违约责任等，加强购买服务资金管理，指导督促服务承接机构履行合同义务，保证服务数量、质量和效果”的精神，建议由司法行政部门牵头，联合民政、人社部门成立社会工作者协会，在民政部门注册审批，以协会的名义向社会公开招聘社区矫正社会工作者，人社部门负责培训发证，由政府出资，司法行政部门统一向协会购买心理疏导、行为偏差纠正、引导就学就业等相关专业人才服务。

（七）鼓励社会资源参与

社区矫正体现了国家与社会双本位的犯罪治理理念。现阶段，我国社区矫正的经费来源较为单一，未来有必要在以政府财政拨款支持为主的基础上，开拓更多经费筹措渠道，积极吸纳社会资源以多种方式支持社区矫正工作。

首先，要在立法中明确接收、使用各类社会资源的条件和相关程序性，以及相关的鼓励和奖励措施。其次，拓展吸纳社会资源的方式要多种多样，包括依托有条件单位、私人企业创建管理教育服务基地，引导企事业单位参与社区矫正工作，巩固教育矫正成果；鼓励社会组织在社区矫正机构的指导下，参与和协助开展社区矫正教育帮扶工作，等等。最后，确立激励机制，通过政策对相关企业及社会组织给予回报，如通过减免税收、公开表扬等形式鼓励热心公益的组织和个人进行捐助、赞助，提高社会公众的积极性。建议透过总结、交流既有经验，逐步推广、推进拓展社会资源的相关工作，促进社会参与的积极作用。

第二节 社区矫正的信息化应用体系

我国社区矫正工作尽管取得了极大的成就,但在实践中,也存在交接脱轨、分类管理执法标准执行不严、纸质档案制作管理成本高且难以实现信息的共享、GPS 电子监控效果难以完全实现、数据信息内容单一等种种问题。为解决相关问题,实现社区矫正工作的突破和发展,社区矫正由传统监管模式向信息化、系统化监管模式转变是实现社区矫正标准化建设的手段,也是未来发展的必然趋势。

一、社区矫正信息化概况

在社区矫正实践逐步深入的过程中,学界与实务工作者对社区矫正信息化的内涵、功能和作用的认识进一步加深,各地纷纷开展相关实践探索。目前,全国已普遍开展了社区矫正信息化工作,司法部也制定颁发了相关技术规范,为下一步建设全国社区矫正工作信息化平台打下了坚实的基础。

(一)社区矫正信息化的基本内涵

社区矫正信息化,就是用信息化技术对社区矫正工作进行管理,将现代信息技术与先进的管理理念相融合,转变传统管理方式和组织方式,重新整合内外部资源,核心要素是数据平台的建设和数据的深度挖掘,通过信息管理系统把社区矫正各个环节衔接起来,共享信息、整合资源、实时监控,建立各个环节的量化管理基础,促进社区矫正管理的专业化、规范化、标准化,有效地支撑决策系统,提高工作效率、面对问题迅速提出应对和解决方案。社区矫正信息化管理不是计算机、网络等信息化要素与管理的简单结合,而是对传统管理模式甚至社会结构的根本性变革。

(二)社区矫正信息化的功能和作用

将信息化手段应用于社区矫正实务,在国际上已有较为广泛的实践。美国、英国、德国、新加坡、日本等国将科技设备运用于监控社区矫正人员,在实施电子监控方面的经验已经相当成熟。日本宫城县政府 2011 年宣布考虑拟定法规,用 GPS 监视性侵犯

前科者或者家庭暴力实施者。① 社区矫正信息化的功能和作用得到了越来越广泛的认同,概括起来主要包括以下方面:

一是有助于强化监管。过去工作人员数量较少,应对日常工作捉襟见肘,对社区矫正人员违反禁止令和其他违规行为监管不力,不能确保及时发现并警告违规和越界行为,容易埋下监管安全隐患,通过 GPS 监控或其他信息化监控手段可以对社区矫正人员实施有效监控。

二是有助于提高工作效率。社区矫正是否真的能够大量节省行刑资源实际存在争议,而目前最主要的支出是人力资源的支出。社区矫正信息化应用体系建成后,将使得社区矫正管理者借助信息化平台摆脱大量重复性劳动,用更多精力对海量信息加以整合与分析,找出更好地开展工作的路径。使司法系统的社区矫正管理将更多的精力放在以社区矫正人员为中心的工作重心上,更加注重社区矫正管理的主动性和策略性。通过信息工程建设实现社区矫正标准化,从长远角度能够很大程度上节约管理成本。此外,还可以减少交通、通讯及办公用品等资源。此外,值得一提的还有对档案的信息化管理。目前,许多地区尚未实现对纸质档案的完全信息化管理,而纸质档案的缺陷在于制作、管理成本高,效率低下,信息孤立,难以实现信息的共享。制作主体、使用主体、保管主体为同一主体时,往往容易导致不重视、监管难。实现对纸质档案的完全信息化管理,尝试为社区矫正重要执法活动保留照片、声像等资料,应该是促进未来社区矫正工作开展的有效方法。

三是有助于规范执法。实践中,社区矫正执法人员执法标准并不严格,例如,有些地方社区服务无法实现《社区矫正实施办法》中每个月八小时的规定,思想汇报和活动情况汇报基本也就三言两语概括,甚至出现事后补个别谈话材料的情况。社区矫正信息化管理的实时可控使得社区矫正管理的工作流程更加透明,通过计算机设备实现社区矫正日常管理,储存相关视频、文字、声音信息,规范送达、接收、登记、建档、制定矫正个案、监督、考核、奖惩等工作程序提供事实依据,使各个环节的工作有章可循,对社区矫正人员实现标准化考核和评估。计算机软件管理可以限制修改或记录修改,对监督检查、教育矫正过程进行实况记录,执法过程透明,能够极大程度上预防执法中的腐败现象。对于严格执法情形既能备查,又能及时被上级机关调查了解,便于实现社区矫正机关内部监督,预防执法中的违规违纪行为。

---

① 《日本拟用 GPS 监视性侵前科者》,载 http://news.xinhuanet.com/world/2011-01/24/c_121018439.htm。

四是有助于加强部门之间的沟通合作，提升社区矫正工作效果。例如，《社区矫正实施办法》第6条规定：社区矫正人员应当自人民法院判决、裁定生效之日或者离开监所之日起10日内到居住地县级司法行政机关报到。县级司法行政机关应当及时为其办理登记接收手续，并告知其3日内到指定的司法所接受社区矫正。现实中发现有些被宣告缓刑的罪犯当庭释放，虽然法院对其宣告了相关义务，但法院与社区矫正机构缺乏常态、便捷的对接机制，社区矫正人员不报到或忘记报到，最终导致服刑人员脱管。而信息化水平的提高，能够使相关部门之间信息沟通及时、规范，能够实现部门间的高效合作。

总之，建设社区矫正信息化应用体系有助于发挥社区矫正对社区矫正人员的监督管理和教育矫治等多项功能，对社区矫正今后的工作意义重大。社区矫正信息化应用体系建成后必将为社区矫正管理工作的更好开展做出重要贡献，并且为司法行政系统其他方面的工作开展信息化建设打下良好的基础，具有广泛的应用前景。因此，社区矫正工作有必要寻求信息化要素的介入、建立借助信息化平台整合各方面资源，以社区矫正工作流程为抓手，集无纸化、自动化办公和人员监控定位、教育、帮扶于一体的一套实用、易用的信息化应用体系。

（三）社区矫正信息化的实践探索和基本现况

为规范社区矫正信息化工作，司法部按照“统筹规划、统一标准、分步实施、分类管理、突出重点、整体推进”的原则，根据《社区矫正实施办法》、国家有关信息化建设规范和相关行业标准，在深入调研论证和广泛征求意见的基础上，2013年1月向各地印发了《社区矫正管理信息系统技术规范》和《社区矫正人员定位系统技术规范》（以下简称“两个规范”），开发完成全国社区矫正人员信息管理系统，为实现全国社区矫正信息交换和资源共享打下基础。“两个规范”的主要内容包括社区矫正信息化建设和应用的基本框架、基本流程、数据采集、编码规范、数据交换规范以及系统安全规范等，进一步明确了全国社区矫正信息化建设和应用的总体要求和基本框架，规定了社区矫正管理信息系统的基本功能要求，为研发社区矫正工作相关业务应用系统提供了依据，有利于实现全国社区矫正信息的资源共享和交换。①

运用高科技信息化手段实施对社区矫正人员的管理，科学含量高、管理效果好，有

① 《司法部出台〈社区矫正管理信息系统技术规范〉和〈社区服刑人员定位系统技术规范〉》，载 http://www.moj.gov.cn/index/content/2013－02/18/content_4220043.htm? node＝7343。

利于避免或缓解人工监管方式存在的费时、费力问题，降低了刑罚执行成本。以网络化和智能化应用为主的信息系统，突破了传统的地域、时间限制，管理人员能够依照规定实现相应监控和智能管理，提高了监管工作的便捷性和时效性。但是，如果各地在信息化建设过程中各自为政，无法互联互通，不建立统一规范的全国社区矫正工作信息化平台，实现不了数据的共享，对社区矫正工作的深入开展就会形成新的阻碍。而“两个规范”的制定，就适时解决了各地在信息化建设过程中存在的数据不规范、标准不统一等问题，为下一步建设全国社区矫正工作信息化平台打下了坚实的基础。

目前，全国已普遍开展了社区矫正信息化工作。实践中，多地司法行政机关均与电信运营商合作建立了移动 GPS 定位系统，集位置查询、警示告知、档案管理、考核管理、信息群发、短号互拨等功能于一身，引入科技手段实现对社区矫正人员的适时动态监控，手机定位等电子监控措施加强对社区矫正人员进行监督管理，对重点社区矫正人员构筑一道无形的“电子围墙”，实现随时对其定位、跟踪和历史轨迹查询，以实践证明了科技手段的有效性。各地在实践中深入探索、积极推进，从不同角度进一步强化了社区矫正工作信息化建设。

1. 注重统一规范、功能全面的社区矫正工作信息化平台建设。

福建省 2011 年 9 月建成了“福建省社区矫正信息管理系统”，依托“数字福建”电子政务外网运行。目前，全省建立了统一的社区矫正信息管理系统，9 个地级市、84 个县（市、区）、1103 个司法所已全部纳入该系统管理。在系统设计中涵盖社区矫正工作各流程，坚持将社区矫正工作各个环节都融入系统，实现管理方式信息化、网络化、智能化。①

上海市建立了全市社区矫正工作信息系统，实现对社区矫正工作的信息化管理，同时鼓励区县司法局在系统框架下进行创新。例如，徐汇区司法局开发了区级“网上矫正中心”平台，建立三个系统：一是政法信息交互系统，实现了法律文书在区各政法单位间的无缝对接，“一判即见”的传递方式；二是社区矫正人员考勤系统，通过指纹考勤，提高了社区矫正人员台账记录的及时性和真实性，提高了工作效率；三是个别矫正管理系统，通过“信息入卡”及“矫正日志”对社区矫正人员进行全程监督。② 上海已经

---

① 《福建省——建立统一社区矫正信息管理系统》，载 http://www.legaldaily.com.cn/bm/content/2012-07/26/content_3729738.htm? node=20740。

② 《赴上海市学习考察社区矫正工作的见闻与启示》，载 http://www.wulanchabu.gov.cn/information/wlcbsfj4381/msg1637021906892.html。

开始试点“移动执法仪”①“社区矫正人员网上学习”、微博微信等信息化项目，确保教育管理工作组织规范、执法留痕、高效透明。

天津市研发启用了“天津市社区矫正人员动态管理系统”，②实现与全市检察系统社区矫正人员信息数据共享和与司法部社区矫正工作管理平台数据及中央综治委刑释解教人员信息管理系统有效对接；建立“指纹＋面部识别”报到管理系统，覆盖全市247个司法所，③进一步规范了社区矫正人员报到、社区服务等教育执法环节，实现全市社区矫正人员报到管理的实时化、规范化、科学化。

宁夏自2009年底开始至2011年底，利用三年时间在全区开展了社区矫正重点项目建设。通过三年社区矫正项目建设，在全区建立了“两个平台、一个数据库、一套教育培训网络、两个矫正室”的社区矫正基础平台。通过社区矫正项目建设，将社区矫正人员全部纳入矫正管理平台。④

江西于2012年建立了社区矫正信息化监管平台。平台涵盖1个数据库、13个子系统、28个功能模块，对各个工作环节的信息，做到实时连接、动态监控，实现了网上办公、动态监管、越界预警等监管功能。目前，省、市、县、乡镇四级平台已实现互联互通，在县乡两级统一配备了大屏显示器、高速扫描仪、指纹仪等设备，全省社区矫正人员已全部纳入了平台管理，统一配备指纹仪，社区矫正人员每月报到、参加学习教育、社区服务情况，由社区矫正人员在现场录入指纹生成相应数据，保证了日常教育监管工作的落实。通过信息平台，在强化手机定位监管的同时，对社区矫正人员进行法制宣传、发送通知和学习资料、提供社会关怀等教育管理信息，社区矫正人员可随时汇报生活、工作、心理等方面遇到的困难和问题，实现管理者与被管理者之间实时“零距离”沟通，保证了教育矫正的效果。⑤

江苏省2013年在司法行政系统推进“四个全覆盖”工作体系建设，部署全系统信

① 《完善执法平台　创新执行监管》，载 http://www.shzgh.org/node2/jingan/node1544/u1ai776306.html。

② 《关于全面推进社区矫正工作的对策研究》，载 http://www.tjsf.gov.cn/system/2015/05/29/011220896.shtml。

③ 《天津市司法局及时贯彻落实全国社区矫正工作会议精神》，载 http://www.moj.gov.cn/zt/content/2014-06/23/content_5620328.htm? node=70190。

④ 《宁夏社区矫正工作实现“三步走”重大跨越》，载 http://www.moj.gov.cn/sqjzbgs/content/2013-05/20/content_4472549.htm? node=30093。

⑤ 《江西省做好社区矫正教育管理工作的情况》，载 http://www.moj.gov.cn/sqjzbgs/content/2015-07/24/content_6187176.htm? node=30093。

息化建设总体方案，提出了构建“2+1+N”司法行政一体化智能平台，建立了县乡工作平台、省市管理平台融为一体的社区矫正信息系统。① 江苏移动承建的社区矫正信息平台，融“工作流、信息流、管理流”于一体，采用物联网技术、LBS 定位技术、网络监控及传感设备，可实现远程监控、矫正管理、移动定位、警示告知、轨迹回放等功能，力争实现全流程规范管理，全员化在管受控，全方位服务管理和全阶段信息共享，在确保社区矫正人员在管在控同时，运用信息化手段不断增强教育矫正质效。②

2.以制度建设促进信息化建设。

多地积极推进相关制度建设，促进信息化工作的发展。例如，安徽省自主编制《社区矫正管理信息系统技术规范》和《社区服刑人员定位系统技术规范》，形成社区矫正信息化标准体系。③ 湖北省印发了《社区矫正信息平台管理规定》，建立了社区矫正信息平台管理、值班、监管、考核等各项制度，保持每天对各地信息平台数据更新、使用管理等情况检查，促进了各级工作人员履职尽责。④ 天津市严格执行手机定位监管规定，切实发挥手机定位在社区矫正监管工作中的作用。在全市“指纹+面部识别”考勤管理系统全面启用的基础上，即将制定出台相关管理规定，对其使用作进一步规范。⑤ 湖北省为充分发挥司法 E 通信息平台管控作用，黄石、荆门、宜昌、鄂州、孝感、咸宁等地建立了司法 e 通管理“工作日志、周抽查、月通报”等制度，并制定了一系列相应的管理及违规惩处制度，真正实现了由人盯人的管理模式向人防、技防互补的根本转变，全面提升了社区矫正监管水平。⑥ 2010 年以来，安徽省某市司法局建立社区矫正信息化管理系统，并专门制定社区矫正定位手机告知书，督促、检查定位手机的使用和管理。⑦ 陕西省宝鸡市制定了《宝鸡市社区服刑人员 GPS 定位手机管理办法》，明确了各级司法行政部门工作职责和社区矫正人员的权利义务，规范了社区矫正人员定位手机的使

① 《江苏省社区矫正管理信息系统试运行》，载 http://www.chinapeace.gov.cn/，2014 年 4 月 9 日访问。

② 《江苏移动构建社区矫正信息化的“三级跳”》，载 http://www.js.xinhuanet.com，/2013 年 9 月 11 日访问。

③ 《安徽普建县级社区矫正中心》，载 http://www.legaldaily.com.cn/bm/content/，2014 年 10 月 13 日访问。

④ 《湖北省加强社区矫正教育管理工作》，载 http://www.moj.gov.cn/sqjzbgs/content/，2015 年 6 月 19 日访问。

⑤ 《市司法局全面启用社区服刑人员网络报到管理系统》，载 http://www.tjsf.gov.cn/system/，2015 年 5 月 13 日访问。

⑥ 《湖北省加强社区矫正教育管理工作》，载 http://www.moj.gov.cn/sqjzbgs/content/，2015 年 6 月 19 日访问。

⑦ 参见李静：《N 市社区矫正管理模式研究》，安徽大学 2013 年硕士学位论文，第 31 页。

用要求，量化了处罚标准。司法所向社区矫正人员发放《宝鸡市社区矫正人员手机定位监管告知书》，并由其填写《宝鸡市社区矫正人员接受手机定位监管承诺书》，确保矫正手段到位。①

3. 加强对社区矫正人员定位监管。

通过系统对社区矫正人员实行定位监管，能够实时查看社区矫正人员的活动轨迹，做到“行知去向、动知轨迹”，大大加强监督管理力度，有效预防和减少重新违法犯罪。

重庆市将严管类、外出请假类、适用禁止令、新接收矫正期限两年以上的四类人员纳入手机定位管控，构筑起覆盖市、区、镇的三级网络“电子围墙”，确保了重点对象不脱管、不漏管。②

上海市徐汇区司法局在运用手机定位技术对特定社区矫正人员实施监督管理的基础上，率先试点第二代脚环定位监管工作，解决了社区矫正人员监督管理中的“人机分离”现象。③

天津市建立完善手机定位管理系统，对在册社区矫正人员进行信息实时查询和行动轨迹实时监控，并通过短信方式对社区矫正人员进行实时警告提醒，截至 2014 年 3 月，全市已有 1440 余名社区矫正人员纳入手机定位管理。因违反手机定位管理规定而受处罚达 53 人次。④ 和平区司法局积极研发电子辅助监管系统，对社区矫正人员实施全天候监管。该系统采用状如手表的“电子手环”定位技术。小巧灵便、隐蔽性强的“电子手环”佩戴于社区矫正人员手腕，不会影响其正常交往，可实时监控社区矫正人员生活轨迹和行动规律，确保 24 小时监管无盲区，社区矫正人员活动异常时，就会自动报警。电子辅助监管系统的使用，有效防止了脱管、漏管现象的发生，进一步提升了社区矫正工作科技化水平。⑤

湖北省全面推行社区矫正司法 e 通，利用 GPS 手机定位技术对重点人员实行精确

---

① 参见赵燕：《我国社区矫正存在的问题及对策研究》，西北大学 2012 年硕士学位论文，第 16 页。

② 《重庆市做好社区矫正教育管理工作的情况》，载 http://www.moj.gov.cn/sqjzbgs/content/，2015 年 7 月 24 日访问。

③ 《赴上海市学习考察社区矫正工作的见闻与启示》，载 http://www.wulanchabu.gov.cn/information/wlcbsfj4381/msg1637021906892.html。

④ 《天津对社区服刑人员实现手机定位 提高监管效率》，载 http://tj.sina.com.cn/city/fbtj/，2014 年 3 月 21 日访问。

⑤ 《和平司法局创新科技全天候监管社区服刑人员》，载 http://tj.sina.com.cn/news/b/，2015 年 8 月 24 日访问。

定位、区域监控,随时准确掌握其动态情况,提高了科技管控水平。目前全省共有 12 个市(州)和 110 个县(市、区)已建立社区矫正信息化管理平台,对 14,741 名社区矫正人员实行了手机定位管理。①

河北省对 80.69% 的社区矫正人员实现了手机定位监管,手机定位成功率达到 90% 以上,提高了社区矫正技防水平。通过信息管理系统划定电子围栏,自动精准监测社区矫正人员地理位置,越界警示提醒,利用人脸识别技术有效解决了人机分离难题,防止了脱管现象的发生。对连续关机、欠费停机者,经其他方式查找无下落的,按脱管处理,提请撤销缓刑(假释)或收监执行。②

二、社区矫正信息化应用体系存在的困难和问题

近些年,全国各地相继探索社区矫正信息化途径和手段,特别是在动态定位监控和统计管理平台等方面,收到了积极的实践效果。但是,社区矫正信息化工作仍然存在诸多困难和问题,如法律保障和制度规范不足、信息化平台的功能建设规范性和共享性不足、信息监控和信息管理的实效性有待加强,如不尽快解决,将会影响社区矫正工作的全面健康发展。

(一)法律保障和制度规范不足

尽管多地在社区矫正工作信息化建设过程中,根据上级主管机关的要求出台了一些制度,规范辖区内的实践活动,取得了积极的成效。但是,法律保障和制度规范不足的问题依旧明显,主要表现:

1. 缺乏相应的法律依据

目前,《社区矫正法》尚未出台,而在现行的刑事法律规范当中没有关于社区矫正执行的信息化管理的要求,指导各地信息化制度建设的基础依据只是《社区矫正实施办法》。法律依据的缺失不利于信息化管理的建设和规范运行。特别值得注意的是,根据《社区矫正实施办法》的相关要求,各地都在积极探索通过运用手机定位等电子化监管措施来加强对社区矫正人员的监管,而电子监控等信息化手段的应用,一定程度

① 《湖北省加强社区矫正教育管理工作》,载 http://www.moj.gov.cn/sqjzbgs/content/,2015 年 6 月 19 日访问。

② 《社区服刑人员行踪点下鼠标全知道》,载 http://www.hbqnb.com/html/2015/bendi_0630/43224.html。

上限制了社区矫正人员的活动自由，甚至关乎其部分生活隐私，而这类监管手段实际上尚未有法律依据和保障，不仅其合法性不够充分，而且在产生人机分离、手机关机、恶意欠费等实践问题时也难以适用法律手段解决。

2. 各地信息化的标准规范差异较大

由于《社区矫正实施办法》关于信息化建设的相关要求不够具体，各地在操作层面的制度建设缺乏标准化和规范性依据。特别是在信息采集、数据统计、电子监控、档案管理、矫正评估等方面的差异，既无益于社区矫正执法的规范性，还可能反而影响社区矫正工作效率。例如，在推进信息化应用的过程中，有些地方存在电子档案与纸质档案重复制作的问题。这本质上是传统管理方法和信息化管理方法的冲突。在实际工作中，基层社区矫正工作被要求在做好信息平台录入管理的同时，还要按传统的办公程序，组织建立全套与信息平台内容相同的纸质档案材料，这造成了工作的重复、繁琐与人力物力的巨大浪费，背离了信息化建设的目的，极大地增加了基层工作量和工作成本。①

（二）信息化平台的功能建设规范性和共享性不足

1. 功能设计的系统性和整体性存在差异

目前，各地信息化平台的开发和建设虽然总体上是根据司法部主管机关相关的部署和要求，但是具体应用系统的功能建设各地还是存在一定差异，功能设计不尽合理、不够全面，也有少数地方将信息系统片面理解为跟踪监控功能，其他功能形同虚设，没能发挥应有的作用。

2. 信息交换和共享功能较为薄弱

社区矫正工作需要各成员单位共同参与，齐抓共管。目前，社区矫正成员单位的信息化管理基本上各自为政、自成一体，这样无助于相关部门之间的协调一致、快速反应，不利于社区矫正工作的顺利推进。由于现行行政管理体制的限制，以及出于数据安全考虑或数据格式不兼容等原因，信息共享从管理层面到技术层面一时还难以实现，应用机制不够完善，应用系统集约化程度低，统一协调管理难度大，各成员单位成

① 张立新：《论社区矫正信息化建设工作的现状及发展》，载 http://fz.jxnews.com.cn/system/2013/08/16/012580468.shtml。

为信息“孤岛”。[①] 例如，在实践中，基层司法所对社区矫正人员的户籍、档案等并不能完全掌握，但由于目前社区矫正信息化水平不高，公检法司各部门之间以及与社区之间的信息共享与沟通往往并不尽如人意，衔接协调方面容易出现漏洞，造成脱管漏管。即便是在同一行政系统内部，不同地区、不同层级之间信息化系统相互独立的情况也较为普遍，各单位分别租用不同通讯公司线路，有些单位基于保密需要还有与外网隔离的内网，且存在重复建设、标准不一等问题，信息系统无法实现统一运行维护，信息无法实现共享、交换、整合和分析，影响了数据对于决策和实务的有效支持。

（三）信息监控和信息管理的实效性有待加强

从目前社区矫正信息化系统的实际运行来看，在技术层面和操作程式设计上主要存在以下几方面的问题，一定程度上影响了信息化监管的实际效果，有待在完善信息化应用体系过程中加以相应改进：

1. 电子监控手段尚存技术盲点

实践中会发生人机分离的情况。比如，有时会出现手机信号不好和失灵的情况。而只要平台显示轨迹正常，平时偶尔联系的时候均能联系上，管理者就会放松警惕。手机基站定位或 GPS 定位虽然理论上能实时跟踪社区矫正人员的位置，但实际操作中仍然缺乏强制手段保证“人机合一”，实际应用经常遇到恶意规避等“非技术性”问题。对于恶意规避行为，目前也没有行之有效的管理手段。如有的社区矫正人员关机，或故意损毁手机，或将手机借给他人，或外出不携带手机等。社区矫正人员还常以缴不起手机话费、手机没电自动关机、无信号等位借口不接听司法所工作人员电话，不参加学习和劳动，使得这道电子围栏形同虚设，监控手机也就失去了应有的管控作用。工作人员通过现有的监控系统不能及时发现或者有效控制人机分离的情况，导致手机定位监控盲点、盲区频发，削弱了技术监控的效率。因此，GPS 定位手机本质上仅属于“知悉”的管理层面，根本无关“控制”的管理层面。近几年一些地方探索运用电子腕带（或脚环）实施技术监控，有效避免了手机定位实践中的“人机分离”。GPS 定位手机的管控效果显然不及电子腕带，但由于其成本低于电子腕带，目前，对两种监控方式的选择，更多地取决于当地经济条件。

---

① 田汉国：《试论科技信息手段在社区矫正工作中的应用》，载 http://www.hbsf.gov.cn/wzlm/hbsf/info/8103.htm。

2. 对信息质量、信息保密等环节的技术保障不足

信息化管理平台的应用效果取决于基础信息的质量,即是否全面、是否真实。实践中,这方面的问题较为多见。由于相关工作人员存在观念、态度及信息化应用系统的操作水平等多方面差异,导致对基础信息采集质量参差不齐,存在不同表现、不同程度缺损的较为多见,主要表现为对社区矫正人员的个人档案资料填写不全,填写不规范、不具体等,导致信息录入质量参差不齐。现有的信息录入系统缺乏快捷有效的信息甄别机制,信息采集的完整性和准确率难以得到保证,一定程度上影响信息化管理平台的应用效果,进而可能影响到对相关实际工作的判断和把握。目前,有些地区已有社区矫正的信息工程建设意识,逐步开始通过数字化信息反映社区矫正效果,但现有系统往往在运行过程中会暴露出诸多弊端。例如,有的地方在网格化服务管理系统中,社区矫正信息属于社会综合治理网络管理的一个部分,社会综合治理各个部分工作人员均能够进入该网站的管理员账户,无法确保社区矫正数据的保密性。该系统收集的数据内容单一,无法表现社区矫正工作的各个环节。数据最终通过互联网传播,无法确保数据的安全性。

三、进一步完善社区矫正信息化应用体系建设的建议

信息化是引领社区矫正工作现代化的重要抓手,也是牵引各项工作创新发展、规范透明、提高效率、增强实效的有效途径。社区矫正信息化工作应紧紧围绕社区矫正教育管理工作需求,在夯实法律保障,规范规章制度的前提下,提升信息化应用系统的实用性,通过通信基础设施、信息标准体系、数据信息资源、应用系统、指挥中心等建设项目,构建统一、高速、互联互通的业务网络,建立标准统一、资源共享的信息数据库,打造全员使用、全网通行的社区矫正信息管理系统和社区矫正教育帮扶等各类应用系统。

(一)夯实法律保障,规范规章制度

1. 要将信息化管理纳入法律保障

根据我国《立法法》的相关要求,限制与剥夺公民自由的刑罚方法和措施以及执行活动,应由国家最高立法机关通过立法予以规定。电子监控等信息化手段的使用会对社区矫正人员造成一定程度的人身限制,应该通过相关刑事立法的方式予以规定。在国外早已有相关的立法例,如英国 1991 年《刑事司法法》提供了运用电子监控实行宵

禁的法律根据,1997 年《犯罪法》将电子监控的使用范围扩大到不同条件的受监控者,2003 年《刑事司法法》则对电子监控有了更详尽的新规定。[①] 社区矫正是一类刑事执法活动,我们建议一方面,要将社区矫正的信息化监管手段纳入刑事法律规范,结合相关条款作出相应规定,特别要明确"禁止令"执行中电子监控手段的运用;另一方面,在专门的社区矫正立法中将信息化管理以专章规定,力求全面并具有可操作性。

2. 进一步规范信息化规章制度

建议各省(区、市)司法厅(局)根据《社区矫正实施办法》以及《社区矫正管理信息系统技术规范》和《社区服刑人员定位系统技术规范》的要求,制定信息化管理规范,统一辖区内的规章制度,有助于提高实务工作中信息化应用的规范化和标准化水平。

(二)规范社区矫正信息化应用体系的功能架构

社区矫正管理由传统监管模式向信息化、系统化、模块化监管模式转变是实现社区矫正标准化建设的手段,也是未来发展的必然趋势。实现社区矫正标准化建设,通过信息工程模块化建设,有助于突破目前社区矫正工作中存在的诸多困境。社区矫正信息化应用体系是支撑社区矫正整体工作的信息平台,服务于社区矫正工作的全过程和全方位,应该具备整体性的功能架构。

1. 功能定位

社区矫正信息化应用体系要服务于司法行政社区矫正工作的统一战略目标,将创新管理、结构优化、资源整合融入社区矫正的信息化建设中,实现信息资源集成化管理,建设便捷、准确、高效的社区矫正移动信息管理系统。

2. 功能设计

第一,要规制各级用户的操作权限,即按照省级司法行政机关、市级司法行政机关、区县司法行政机关及基层司法所四个层级进行权限分配设置。根据工作需要,不同级别的用户拥有不同权限,上级用户对下级用户的信息、权限可做新建、删除和修改等操作。社区矫正工作人员作为用户,凭账号和密码登录到系统中,对社区矫正人员的信息化资料进行管理。

第二,要确定软硬件架构,即社区矫正信息化应用体系主要由三部分组成:前端定位设备(社区矫正人员持有)、移动 GPS + LBS 系统(电信运营商位置管理平台)、社区

---

① 郑添成:《科技设备监控运用于我国社区处遇可行性评述》,载台湾地区《犯罪与刑事司法研究》2005 年第 4 期,第 167 ~ 207 页。

矫正管理平台(司法行政机关开展社区矫正工作的管理平台)。

第三,确定功能范围,即信息化应用平台所能够支撑的工作内容。从社区矫正信息化应用体系的使用人员主要分为两大类:社区矫正工作人员和社区矫正人员,他们对“功能”的需求是有区别的。社区矫正工作人员可使用的功能主要包括:对社区矫正平台进行管理和操作;管理权限分配;工作记录;公告发布、信息发送、日志查询;查看服刑人员行动轨迹、越界及报警功能;服刑人员电子档案管理;等等。社区矫正人员可使用的功能主要包括:思想汇报;声纹识别、验明身份;越过指定区域时的自动警告提示;接收执行机构的通知和指令;等等。

第四,设置动态跟进功能,即按照入矫——矫正——解矫三阶段分别设计模块内容,其中有侧重、有交叉,也有不同。例如,在入矫阶段,要突出对社区矫正人员基本信息录入及相应的数据库功能;在矫正阶段,主要功能要包括日常管理(学习教育、思想汇报、参加公益劳动、外出请假审批、奖惩管理)、电子监控、信息互动、统计分析等,即对社区矫正人员的各种行为进行管理,包括对社区矫正人员学习教育、思想汇报、参加公益劳动等情况的记录,谈话交流及奖惩情况记录,外出请假审批情况记录,对社区矫正人员行动轨迹的监控记录,动态数据分析;等等。在解矫阶段,侧重依规定程序和内容的申报和审批情况,对社区矫正期间表现情况的综合考评,转接安置帮教的情况记录;等等。

3. 功能结构

社区矫正信息化应用体系应该以社区矫正的工作任务为基础,区分不同功能,实施模块化管理,主要可以分为:系统管理、档案管理、日常管理、电子监控、信息互动、分析评估、信息互通及共享等功能模块。立足信息系统的整体性,各个模块之间设计内在关联性,如日常管理的数据会阶段性地转入档案管理,统计分析可连接到各个模块。

(1)系统管理

省级司法行政机关负责统筹组织辖区内信息工程建设,并利用信息化应用体系内的数据不断完善管理和决策水平。市级司法行政机关按照信息管理标准,有权对辖区内社区矫正机构工作范围内的信息资源进行采集、管理和维护,并负有向其他具有共享权限的单位提供相关信息的责任,可向其他单位申请获取所需信息,并对所获取的信息负有安全保密责任。市级社区矫正机构负责数据的加工,包括数据的抽取、集中、归类、对比、统计,并以报表、图形、文字等形式展现数据处理结果,对社区矫正人员作出公正、公开、合理的评价。县级社区矫正机构及基层司法所负责数据的采集、管理、共享和维护。各级部门在数据产生、修改和管理维护过程中，不认真履行职责，造成数据失实或保密数据泄密的，要追究有关人员责任。

(2)档案管理模块

通过档案管理模块进行矫正档案、心理测试等电子录入，实现对社区矫正人员档案的规范化管理。实行一人一档管理，极大地方便工作人员对档案的查询，统计分析。包括对象接收，矫正档案心理测试，矫正方案管理等子模块。

社区矫正人员个人电子档案包括基本信息、犯罪类型、监管信息等，以上信息在社区矫正人员被接收入矫后立即录入，力求全面，有利于为制定社区矫正人员的评估及矫正措施提供依据。根据社区矫正人员所犯的不同罪行，依据法院对社区矫正人员的审判结果，司法行政机关协同公安机关为每名社区矫正人员制订矫正方案，并且由司法行政机关进行存档。在之后的日常管理中，对社区矫正人员日常管理所生成的各项数据除用于日常管理外，也随即被纳入档案管理，直至按照相关法律的规定符合矫正解除条件的社区矫正人员办理矫正结束手续为止，所有的数据都将被纳入社区矫正人员的档案，以便对社区矫正人员进行长效机制管理。

(3)日常管理模块

日常管理模块是工作人员针对不同类型的社区矫正人员而采取具体管理措施，是实施矫正工作的一项重要功能流程。针对社区矫正人员的教育学习、思想汇报、外出请假、参加公益劳动情况、走访记录等建立电子档案，实现对社区矫正人员日常行为监控和考核管理信息化，做到全面的考核、鉴定、评分。

一是参加社区服务表现记录模块。社区矫正人员在社区矫正期间一个最重要的活动，就是参加社区服务。这也是让社区矫正人员融入社会，并且让其所在社区群众对他们认可的一种方式，要将各社区矫正人员在参加社区服务时的表现进行打分，并且记录下来，这也作为社区矫正人员矫正考核的一个指标。

二是思想汇报记录模块。社区矫正的目的就是改造社区矫正人员的思想和行为，因此，上级机关要及时、随时了解社区矫正人员的思想状况，发现出现不好苗头，可以及时调整方案，制订出确实可行的方法，使社区矫正人员能够不会再对社会造成危害，因此，要求社区矫正人员每周都要汇报自己的思想，按月写出总结，司法机关要将思想总结报告记录在案。

三是请假审批管理模块。社区矫正人员都要求其在规定的范围内活动，如果确实有需要离开其矫正社区的范围，就必须要向其所在的司法所请假，按照审批程序办理，司法所或上级部门审核同意后，方可请假外出。要将社区矫正人员的请假进行登记。

四是参加学习教育记录模块。大多数社区矫正人员缺乏法律知识，为了使他们更好地进行矫正，不会再去犯罪，因此，社区矫正人员所在的司法所、社区会定期组织社区矫正人员学习各种政策及相应的法律。此模块记录社区矫正人员是否参加了学习教育，并且记录他们的学习表现。矫正管理人员可以对这些记录进行查询、添加、编辑、删除操作。考核结果录入社区矫正人员档案，以备检查，并作为为社区矫正人员申请奖惩的依据。矫正机构根据系统数据对社区矫正人员的表现（报到登记、思想汇报、公益劳动、集中学习、奖惩登记）作出量化考核，有利于考核的合理化。

（4）电子监控模块

社区矫正人员定位系统是整个社区矫正信息化应用体系建设中的重点。实践中，全国多数地方运用手机定位管理，并通过设定电子围栏、越界报警等方式，加强对社区矫正人员特别是重点人员的监管；有地方还引入了“声纹比对”技术，以防“人机分离”现象。目前，全国对32万社区矫正人员采用了手机定位管理。[①]

社区矫正人员的身份是罪犯。在开放的社区中，存在多种诱发犯罪的因素，必须加强管理，严格督促社区矫正人员认真遵守法律法规、禁止令和各项监督管理规定，才能确保群众权益不受侵犯。

禁止令管理。《刑法修正案（八）》规定对社区矫正人员可以适用“禁止令”，禁止其“从事特定活动，进入特定区域、场所，接触特定的人”。其后《关于对判处管制、宣告缓刑的犯罪分子适用禁止令有关问题的规定（试行）》对执行禁止令的各相关部门的分工作了具体规定。定位系统的运用无疑有利于及时掌握和监控罪犯行踪，从而使禁止令的内容落到实处。[②] 禁止令的具体内容、时限、惩治手段等都会被信息化应用系统记录在案，并通过定位功能自动监管，防止服刑人员超出其被限定停留的区域，发现异常情况会及时报警提示。[③] 一方面，提示社区矫正人员返回划定的活动区域，另一方面，提示社区矫正管理人员关注当前社区矫正人员的活动动态。当连续出现异常情况时，系统管理员及时启动应急处置预案。报警时间、社区矫正人员姓名、限定范围、所处位置等历史报警信息可通过系统查询。

利用手机LBS+GPS定位技术，对社区矫正人员的活动情况进行动态管理，实现

---

① 周斌：《社区矫正：建立完善中国特色非监禁刑罚执行制度》，载《法制日报》2014年5月29日。

② 葛立刚：《南京市社区矫正“鼓楼做法”介评》，载《广州市公安管理干部学院学报》2011年第9期。

③ 程代娣、郑林：《社区矫正信息化管理模式新探》，载《宿州学院学报》2014年第4期。

社区矫正人员请假外出的监测、位置实时查询、活动范围和活动轨迹分析反馈及越界告警等工作。用户的使用终端可为普通移动 GSM 手机或专业终端(含 GPS 精确定位)。普通用户可选择普通移动手机,只需要有移动信号覆盖即可实现定位,对于需要精确定位的,可配置专业终端(含 GPS 精确定位功能),但是,GPS 在建筑物内等卫星信号盲区会无法识别,此时,可以通地基站定位(LBS)进行辅助。目前,基站信号已基本上达到全国覆盖,随时随地定位用户。

声纹识别。在社区矫正人员人机分离时,借助声纹识别技术,防止被社区矫正人员将手机交给其他人代为管理。系统管理员预先设置好呼叫条件,平台向社区矫正人员自动发出语音呼叫,系统对社区矫正人员语音样本自动匹配,判断是否本人接听,确认后进行备案考核。

在前文中已经提到了手机定位存在的一些问题。利用 GPS 和/或 GPRS 手机终端对部分社区矫正人员进行实时跟踪管理,在一定程度上提高了监管效能,但该监管系统,无法克服人机分离弊病。而电子腕带作为一种新型的罪犯电子监控方式,将定位跟踪技术、信息管理技术、系统整合技术融于一体,构建了一道无形的电子围墙。在有关社区矫正人员体表安装电子腕带,增强管控快速反应能力,减少人为干预环节,真正确保不脱管、不漏管。为了适应社区矫正适用范围扩大、人数增加的必然趋势,建议加快提高管理的信息化水平,着手研究先进科技电子监控管理系统和设备,在给予社会服刑人员人身自由的同时,对社区矫正人员"行知去向、动知轨迹、违规警示",使其不能越"雷池"半步,确保社会和谐稳定、社区公共安全和广大人民群众的生命财产安全。例如,鉴于目前对社区矫正人员手机定位监管存在定位精准度不高和人机分离难以解决等问题,内蒙古司法厅与北斗导航运营商和深圳定位终端生产商,就定位监控系统建设签署了合作意向协议,为社区矫正人员配备手机和腕带,采用北斗定位的方式实施定位监控。①

(5)信息互动模块

信息互动模块是工作人员针对不同类型的社区矫正人员,采取具体管理措施,是平台与社区矫正人员以及系统工作人员之间短信的交互,可以实现信息传递、信息告知、人机分离抽查等主要功能。管理人员可通过信息互动模块一次下发教育文件、教育通知、劳动通知、心理咨询、节日祝福等各类消息。重要节日和敏感时期发送提醒警

---

① 《推进社区矫正力争跻身全国先进行列》,载 http://www.nmgfzb.com/shownews2-27572-5227-276.html。

告信息。信息直接发送到社区矫正人员的手机上，系统保存信息内容和发送记录。电信运营商可设定社区矫正工作人员与服刑人员相互间通话免费，通过平台可进行教育文件、教育通知、劳动通知、心理咨询等消息交互。推广运用集录音录像、过程指导和检查考核于一体的个别谈话教育信息管理系统，增强个别教育的及时性、针对性和实效性。工作人员可以对矫正人员可以通过短信、电话、照片三种进行人机分离的抽查。

为提高教育效能，减少教育成本，推广网上监管、网上执法、网上教育、网上监督的“全网”工作模式，充分利用微博、微信等新媒体工具，开设“电子教育课堂”，积极拓展教育管理平台功能，集成在线教育模块，设立法律法规、社区矫正监管规定、健康生活等栏目，建设集学习、文化、咨询于一体的社区矫正人员远程教育平台，通过加载电子图书、推出精品课程、上传主题教育片等，进一步丰富社区矫正人员教育资源，定期更新和调整学习内容，使社区矫正人员能借助信息化技术，随时接受学习教育，增强教育学习的主动性和灵活性，使“社区矫正人员每月参加教育学习时间不少于八小时”的要求落实到位，促进社区矫正人员在线学习、了解社会、释疑解惑，提升综合素质。此外，还可以利用社区学院资源，在社区矫正人员中开展网上在线学习；拓展电视媒体教育方式，运用电视平台开展社区矫正人员远程教育；充分利用微博、微信公众号等新媒体，加大对法律法规的宣传教育；大力建设监地远程视频教育室，定期组织开展远程视频会见帮教。

运用科技手段实施远程网络教育，一方面，实现教育资源的共享，可以借力部、省、市（县）教育资源，对社区矫正人员开展有针对性、有质量的教育内容。另一方面，实现教育效率的最大化，通过远程网络教育，可以降低教育成本，减少人力奔波和交通运输成本，用最快捷的方式落实教育任务，充分发挥信息化在教育跟踪考察、日常短信学习、网络帮教等方面的作用，实现社区矫正人员日常监管教育网络化、全程化、无缝化。

（6）分析评估模块

在入矫、矫正、解矫各个环节开展信息采集，对各单位的社区矫正工作进行相应统计，自动生成月度报表及季度报表等。在此基础上，借助信息平台开展危险性评估、统计报表、数据分析等统计分析工作。社区矫正工作人员可以根据性别、年龄、民族、户籍、学历、就业、犯罪类型、服刑人员特点、管理情况等开展综合性分析，在横向和纵向部门之间实现信息互动交流，为工作决策提供参考依据，提高矫正工作质量和效果。①

① 程代娣、郑林：《社区矫正信息化管理模式新探》，载《宿州学院学报》2014年第4期。

该模块可包含社区矫正人员风险评估系统和社区矫正人员矫正质量评估系统等两个子系统。

一是社区矫正人员风险评估系统,可以对社区矫正人员是否适宜社区矫正作出科学的判断,同时还能够有针对性地提出教育矫正措施和制定个性化的教育矫正方案。社区矫正风险评估系统可筛选出人身危险性大和再犯可能性高的社区矫正人员,确定风险等级,锁定重点人员,实施分类管理,开展有针对性的监管和教育矫正,提高控制社区矫正风险的监管能力,从而有效预防重点社区矫正人员的重新犯罪。

二是社区矫正人员矫正质量评估系统。在矫正过程中,使用该系统可以对社区矫正人员的矫正情况得出客观的评价,对社区矫正人员各种数据进行统计分析,帮助社区矫正工作者适时调整社区矫正人员的矫正方案,采取有针对性的教育矫正措施。在正常情况下,当社区矫正人员达到矫正期限前一个月,其社区所在的司法所会向上级司法行政机关进行报告,上级司法行政机关通过社区矫正人员矫正质量评估系统查看社区矫正人员在矫正期间记录的各项指标,如果达到要求,司法行政机关会作出解除社区矫正人员社区矫正的决定。在解矫阶段,使用社区矫正人员矫正质量评估系统,能够对社区矫正人员解矫后的再犯罪风险进行评估,有助于更好地与安置帮教工作进行对接。在解除对社区矫正人员的矫正行为后,司法行政机关还要对其回归社会后的行为加以跟踪,看其是否真正的改造,看能否融入社会,如果需要帮助,司法行政机关会协同相关部门对其进行安置及帮扶。

(7)信息互通及共享

目前,可以首先在省级层面建立各省信息化管理系统,完善社区矫正统计和预警系统,与法院、检察院、公安、监狱等政法部门,和劳动、民政等有关单位建立统一的大数据平台,按照各自职能分配使用权限和工作任务,减少各部门间文书来往和审批程序,促进社区矫正工作平台与各部门综治信息系统对接,制定社区矫正安置帮教工作进网格的职责要求和工作流程,全面将社区矫正人员和刑满释放人员纳入网格化管理,拓宽日常管控途径,切实落实对社区矫正人员的日常管控,实现公检法司信息共享、信息互通,覆盖社区矫正的整体业务流程和具体工作。

后 记

《社区矫正执行体系研究》是司法部预防犯罪研究所承担的国家社科基金项目《社区矫正执行体系研究》(批准号 11BFX108)的最终研究成果,经全国哲学社会科学规划办公室审核通过结项。该项目立项时的主持人是时任司法部预防犯罪研究所主管科研的副所长、研究员郑霞泽,他曾长期致力于监禁刑和非监禁刑执行制度的研究,在其组织筹划下成立了课题组,开始有计划地推进相关研究活动。主持人郑霞泽曾经参与主持完成"关于改革和完善社区矫正工作的研究报告""关于开展社区矫正试点工作的研究报告",这两份研究报告对于推动社区矫正政策制定和社区矫正试点工作的展开发挥了重要作用,该课题组骨干成员当中的戴艳玲、陈志海两位研究员也曾参与了其中的调研和起草工作。值得一提的是,在理论界与实务部门广受好评并颇具学术影响力的专著《社区矫正通论》也是由郑霞泽参与主持研究,戴艳玲和陈志海承担部分章节调研和撰稿。这其中的经验成为课题组实施项目研究工作的基础和有利条件。

2011 年 4 月,课题申报主持人郑霞泽副所长工作发生变动,该课题的组织推进工作受到一定影响,2010 年 5 月至 2013 年 1 月期间,查庆九任司法部预防犯罪研究所所长也曾关心并积极支持课题实施情况。直至 2013 年 1 月,高贞任司法部预防犯罪研究所所长,全面负责该课题的主持领导工作。2015 年 9 月 7 日,经全国哲学社会科学规划办公室批准，该项目主持人实际变更为现任司法部预防犯罪研究所所长高贞。这期间，课题组成员也因工作变动及该项目研究需要等原因有所变化，在主持人高贞的组织下至该书成稿时，课题组成员如下：研究所监狱工作研究室主任、研究员戴艳玲，研究员陈志海，副研究员司绍寒，副研究员赵森；北京市朝阳区人民代表大会常务委员会内务司法工作委员会调研员刘勇。

主持人高贞带领课题组首先研究我国社区矫正基本的工作模式，了解、把握实践状况，包括基本经验和突出问题等，在此基础上抓住实践当中的重点环节及社区矫正立法过程中的焦点问题展开深入的专题研讨，在研究过程中密切关注实践发展进程和动态，同时跟进立法进度，这期间有关部门出台的制度规范也纳入了跟进研究范围。针对立法部门提出的“社区矫正机构定位、设置”“社区矫正工作人员的构成、是否警察身份”等需要重点研究的问题，从理论和实务两方面进行研究论证，取得了若干阶段性成果，得到了司法部有关领导及相关业务司局的肯定。《关于社区矫正机构队伍建设的研究报告》和《关于社会力量参与社区矫正工作的研究报告》等所提出的有些理论观点、政策建议，被司法部有关司局采纳，作为上报立法部门相关问题论证的参考。

该项目研究以我国社区矫正的实践历程及未来发展为基本出发点和落脚点，以改革、创新、发展、完善为宗旨，立足于系统性、科学性和实用性展开各项相关的研究活动。课题组从参阅、研究大量相关文献入手，以广泛、深入的实践调查为基础，透过对社区矫正执行实务多层次、多方位、多视角的考察、交流及研讨、分析，对我国社区矫正执行体系的相关理论和实践问题进行重点研究。《社区矫正执行体系研究》全书集理论前沿和实践发展于一体，以章、节为体例，内容涵盖社区矫正执行的基础理论和法律架构，执行机构和执行队伍，执行内容和执行程序以及社会支持和资源保障等方面，各部分以对现状的梳理、总结和分析、评价为基础，提出问题并阐释观点，更进一步提出相应改革完善的思路和建议。

全书由各撰稿人分工负责、沟通合作，由项目执行人戴艳玲逐章修改并统稿，主持人高贞通阅修改并审定书稿。各章撰写分工如下（以章节序排列）：

陈志海：引言、第一章、第二章、第九章；

司绍寒：第三章（与陈志海合作）、第四章；

刘　勇：第五章；

戴艳玲：第六章、第七章、第八章；

赵　森：第十章。

《社区矫正执行体系研究》这部专著，从课题立项到研究工作的全面实施，最终到该成果付梓出版，得到了多方面支持和帮助。我们感谢全国哲学社会科学规划办公室和中央党校科研部；感谢课题申报主持人，司法部预防犯罪研究所前副所长郑霞泽为课题策划、组织申报及前期的各项工作所作出的努力；感谢司法部预防犯罪研究所前所长查庆九对于该课题的关心和支持；同时，我们也感谢支持课题组调研工作各省（区、市）相关单位及参与调查及座谈活动的工作人员；感谢司法部社区矫正管理局姜爱东局长和郭健处长及司法部国家司法考试中心主任谢愚妮等对于我们研究工作所给予的大力帮助；感谢中国政法大学王平教授的热情支持。我们还要感谢司法部预防犯罪研究所办公室主任沈青以及马淑伶女士和王颀女士对于该项目的推进所给予的持续关心和帮助，感谢法律出版社及郑导编辑为本书出版提供的大力支持，感谢那些曾经给予我们研究工作各方面关注和支持的人们。

《社区矫正执行体系研究》课题组

2017 年 1 月

图书在版编目(CIP)数据

社区矫正执行体系研究 / 高贞主编. —北京:法律出版社,2017
ISBN 978 -7 -5197 -1153 -5

Ⅰ. ①社… Ⅱ. ①高… Ⅲ. ①社区—监督改造—研究—中国 Ⅳ. ①D926.7

中国版本图书馆 CIP 数据核字(2017)第 183420 号

社区矫正执行体系研究
SHEQU JIAOZHENG ZHIXING TIXI YANJIU

高 贞 主编

策划编辑 郑 导
责任编辑 郑 导
装帧设计 汪奇峰

出版 法律出版社
总发行 中国法律图书有限公司
经销 新华书店
印刷 三河市龙大印装有限公司
责任校对 杨昆玲
责任印制 张建伟
编辑统筹 独立项目策划部
开本 720 毫米×960 毫米 1/16
印张 19.5
字数 320 千
版本 2017 年 8 月第 1 版
印次 2017 年 8 月第 1 次印刷

法律出版社/北京市丰台区莲花池西里 7 号(100073)
网址/www.lawpress.com.cn
投稿邮箱/info@lawpress.com.cn
举报维权邮箱/jbwq@lawpress.com.cn
销售热线/010 -63939792
咨询电话/010 -63939796

中国法律图书有限公司/北京市丰台区莲花池西里 7 号(100073)
全国各地中法图分、子公司销售电话:
统一销售客服/400 -660 -6393
第一法律书店/010 -63939781/9782
西安分公司/029 -85330678
重庆分公司/023 -67453036
上海分公司/021 -62071639/1636
深圳分公司/0755 -83072995

书号:ISBN 978 -7 -5197 -1153 -5
定价:60.00 元
(如有缺页或倒装,中国法律图书有限公司负责退换)